VOTUM
VERLAG

Monika Nienstedt
Arnim Westermann

Pflegekinder

Psychologische Beiträge
zur Sozialisation von Kindern
in Ersatzfamilien

VOTUM
Verlag

4. Auflage
Münster 1995

4. Auflage 1995

Titelillustration:
Zeichnungen von Hilde Westermann, 11,5 x 16,5, 1940
Umschlaggestaltung:
Heiner Böckmann, Münster
Satz und Typographie:
edition liberatión auf PC mit dem Programm OptiPage, Münster
Belichtung und Druck:
Fuldaer Verlagsanstalt, Fulda

ISBN 3-926549-12-2

Die Deutsche Bibliothek – CIP-Einheitsaufnahme

Nienstedt, Monika:
Pflegekinder : psychologische Beiträge
zur Sozialisation von Kindern in Ersatzfamilien /
Monika Nienstedt ; Armin Westermann. –
4. Aufl. – Münster : Votum-Verl., 1995
ISBN 3-926549-12-2-
NE: Westermann, Arnim

Inhaltsverzeichnis

Vorwort

1. Seit Jahren haben wir den Wunsch, ein systematisches Buch über die Psychologie der Sozialisation von Pflege- und Adoptivkindern zu schreiben. Aber dies wird wohl ein Alterswerk bleiben, weil uns hierzu neben unserer alltäglichen Arbeit in der Psychologischen Praxis zu wenig Zeit bleibt.

Daher waren wir erleichtert und dankbar, als uns Thomas Böwer, Votum Verlag, den Vorschlag machte, in einer Aufsatzsammlung auf der Basis von Vorträgen, die wir auf Fortbildungsveranstaltungen und Tagungen für Sozialarbeiter, Heimerzieher und Pflegeeltern gehalten haben, einige Ergebnisse unserer Arbeit einer breiteren Öffentlichkeit zugänglich zu machen. Auf die den Aufsätzen zugrundeliegenden, zum großen Teil überarbeiteten Vorträge wird jeweils in den Fußnoten verwiesen.

Der größte Teil der hier wiedergegebenen Aufsätze verdankt seine Entstehung dem Umstand, daß für die in Adoptions- und Pflegekinderdiensten tätigen Sozialarbeiter vom Landesjugendamt Westfalen-Lippe Fortbildungsveranstaltungen angeboten werden, zu denen uns Reinhard Schnabel wiederholt eingeladen hat und der unsere Beiträge in den Mitteilungen des Landesjugendamtes veröffentlicht hat. Für diese »Hebammendienste« sagen wir ihm herzlichen Dank.

Vor sechzehn Jahren, als wir als Assistenten an der Pädagogischen Hochschule Münster tätig waren und uns mit ganz anderen Problemen der Allgemeinen Psychologie beschäftigten, wurden wir erstmals mit diesem Problemfeld konfrontiert, als wir gebeten wurden, uns um ein Kind zu kümmern, das gerade in ein Heim gekommen war und vorübergehend niemanden mehr hatte, der eine persönliche Verantwortung für es hätte übernehmen können. Diesem ersten Kind, das heute, nachdem es schließlich in eine Pflegefamilie vermittelt und später adoptiert wurde, ein von uns sehr geschätzter Erwachsener ist, und all den Kindern, die danach kamen und denen wir vorübergehend als – leider nicht immer erfolgreiche – Helfer zur Verfügung standen, gebührt unser Dank für die Fülle der Erfahrungen, in die wir hineingezwungen wurden.

2. Als wir 1973 mit unserer Arbeit in diesem Bereich begannen, mußten wir feststellen, daß die Probleme der Sozialisation von Kindern in Ersatzfamilien ein weitge-

hend weißer Fleck auf der Landkarte psychologischer Forschung und Theorienbildung waren. Die spezifischen Sozialisationserfahrungen fremdplazierter Kinder in ihren Ursprungsfamilien wurden ebensowenig gesehen wie die besonderen Bedingungen und Probleme der Verarbeitung traumatischer Erfahrungen und der Entwicklung neuer Beziehungen in der Ersatzfamilie.

Das Hauptergebnis unserer Arbeit ist die von uns entwickelte Theorie der Integration (vgl. Teil II, 1), die wir – erstmals 1980 in Umrissen formuliert – auf einer Fortbildungsveranstaltung des Landesjugendamtes Westfalen-Lippe vorgetragen und in einer als Festschrift für unseren akademischen Lehrer Wilhelm Witte konzipierten Aufsatzsammlung seiner Schüler veröffentlicht haben (Thomas/Brackhane 1980). Die Brauchbarkeit und Nützlichkeit dieser Theorie hat sich inzwischen nicht nur in unserer Arbeit erwiesen. Dank der frühzeitigen Verbreitung durch die Fortbildungsveranstaltungen und Veröffentlichungen des Landesjugendamtes und vielfältiger weiterer Fortbildungen für Sozialarbeiter und Pflegeeltern, zu denen wir eingeladen wurden, orientiert sich die Arbeit einer Reihe von Vermittlungsstellen, von Sozialarbeitern sowie Pflege- und Adoptiveltern nun schon seit Jahren erfolgreich an unserer Theorie.

Neben der Theorie der Integration hat sich unser methodischer Ansatz bei der Untersuchung und Therapie von Kindern als nützlich erwiesen, der eine Zufallsentdeckung war: Da wir mit unserer Arbeit in diesem Bereich als Hochschulangehörige begannen und zudem die ersten Kinder nicht dezidiert als Therapeuten, sondern als »Pateneltern« betreuten, spielte sich die Arbeit mit den Kindern in unserer Privatwohnung ab, und wir standen ihnen immer zu zweit zur Verfügung. Diese Rahmenbedingungen, die wir auch in unserer Praxis beibehalten haben – die »familiale Umgebung«, in der es kein spezielles Untersuchungs- und Therapiezimmer gibt, und die Konfrontation mit einem Untersucher- bzw. Therapeutenpaar als elterlichen Übertragungsobjekten –, begünstigen die Wiederbelebung und damit auch die Diagnose und Bearbeitung der an Eltern und familiale Situationen gebundenen Erfahrungen, Phantasien, Wünsche und Affekte der Kinder, die in der Regel den Kern der Störungen der Kinder und das zentrale Feld für die Korrektur dieser Störungen ausmachen (vgl. Nienstedt 1978; Nienstedt/Westermann 1980). In Anlehnung an Bettelheim (1971, 1975) haben wir unseren therapeutischen Ansatz »Familiale Milieutherapie« genannt.

Die Beschreibung dieses Ansatzes unserer diagnostischen und therapeutischen Arbeit haben wir in dieses Buch nicht aufgenommen, das sich ja nicht speziell an die Berufsgruppe der Psychologen wendet, sondern an alle, die in Studium, Forschung und Praxis mit den Problemen fremdplazierter Kinder befaßt sind: an Sozialarbeiter, Heimerzieher, Pflege- und Adoptiveltern, Richter und Rechtsanwälte, Ärzte, Lehrer, Kindergärtner und Psychologen.

3. Unsere psychologischen Beiträge zur Sozialisation von Kindern in Ersatzfamilien haben – wie jede Berufstätigkeit, die bei ihren Leisten bleibt – den Makel der Einseitigkeit und Begrenztheit an sich.

Rechtliche Aspekte (Napp-Peters 1978; Salgo 1987; Schwab/Zenz 1982), soziologische (Blandow 1972; Bonhoeffer/Widemann 1974), sozialpädagogische (Plinke/Sell/Sell 1979; Blandow, 1980) und Aspekte der Sozialarbeit (Fanshel/Shinn 1978) bleiben unberücksichtigt. Aber wie auch schon diese unvollständige Auflistung von Veröffentlichungen zeigt, scheint die Psychologie die Sozialisation in Ersatzfamilien noch kaum entdeckt zu haben, was unsere Konzentration auf psychologische Aspekte rechtfertigen mag.

Unsere Beiträge sind auch noch in einem weiteren Sinn einseitig und begrenzt: Sie beruhen auf langjähriger praktischer Erfahrung, der psychologischen Untersuchung von mehr als fünfhundert Kindern und teilweise auch ihren leiblichen Eltern und Ersatzeltern, der Beratung von Pflegeeltern und Sozialarbeitern, der gutachterlichen Tätigkeit bei Gerichtsverfahren zu Sorgerechts-, Rückgliederungs- und Besuchsregelungsentscheidungen und schließlich der therapeutischen Arbeit mit Kindern, die aufgrund tiefgreifender traumatischer Erfahrungen schwere Störungen ihrer Persönlichkeitsentwicklung erlitten haben. Aber all diese Erfahrungen sind nicht systematisch ausgewertet. Denn neben unserer täglichen Berufsarbeit war es uns immer nur möglich, aus unseren Erfahrungen zu lernen und diese Erfahrungen – mit Fallbeispielen belegt – weiterzugeben. Dabei kommen zwangsläufig die wissenschaftliche Durcharbeitung und Diskussion zu kurz. Schließlich ergeben sich auch aus einer ganzen Reihe von Erkenntnissen weitere Fragen, denen wir jedoch aufgrund unserer Arbeitsbelastung nicht nachgehen können.

Eine Einseitigkeit unserer Beiträge, die uns immer wieder vorgehalten wird mit dem Ziel, die Gültigkeit insbesondere unserer Integrationstheorie auf eine vermeintlich nahezu vernachlässigungswerte, kleine Gruppe von Extremfällen zu beschränken, ist eine scheinbare Einseitigkeit: In unseren Beiträgen dominieren als Fallbeispiele mißhandelte Kinder. Wir haben immer wieder auf diese Problematik zurückgegriffen, weil an ihr die Natur traumatischer Erfahrungen und ihrer Verarbeitung besonders eindrücklich und anschaulich darzustellen ist und wir zudem auf eine gerade zu dieser Problematik reichhaltig vorhandene und gut zugängliche Literatur verweisen können, in der der Zuhörer bzw. Leser sich selbst detaillierter kundig machen kann.

Die Mißhandlungsproblematik, zu der im übrigen der sexuelle Mißbrauch von Kindern wie auch die schwere Vernachlässigung von Kindern als Spezialfall gehört, muß jedoch als exemplarisch für andere Arten traumatischer Erfahrungen betrachtet werden, die Kinder beispielsweise in der Abhängigkeit von Eltern machen, die psychotisch und schwer neurotisch, verwahrlost, debil, alkohol- und drogenabhängig in ihrer Erziehungsfähigkeit deutlich eingeschränkt sind.

Außerdem ist es nach unseren Erfahrungen in der Tat so, daß sich in der Gruppe der fremdplazierten Kinder Kinder mit Mißhandlungserfahrungen und anderen schweren traumatischen Erfahrungen häufen, auch wenn dies immer wieder zu verleugnen und zu bagatellisieren versucht wird und in den offiziellen Angaben über die Fremdplazierungsgründe nicht unbedingt in Erscheinung tritt. Vielfach werden die Traumata, die die Kinder tatsächlich erlitten haben, erst in der Übertragungsbeziehung zu Ersatzeltern oder auch in einer späteren psychologischen Untersuchung und Therapie – sofern sie sich nicht auf die Diagnose von Fähigkeiten und »Verhaltensstörungen« und das Bemühen um Verhaltensmodifikationen beschränkt – deutlich.

Im übrigen beschränken sich weder unser Interesse noch unsere Erfahrungen und Erkenntnisse auf die – wenn auch große und besonders problematische – Gruppe fremdplazierter Kinder, die tiefgreifende traumatische Erfahrungen gemacht haben.

Gegenstand unserer Arbeit und unseres Interesses ist es, einen Beitrag dazu zu leisten, daß es Kindern ermöglicht wird, in Eltern-Kind-Beziehungen eine schließlich gesunde Persönlichkeitsentwicklung zu nehmen, auch wenn die leiblichen Eltern für die Bewältigung dieser Sozialisationsarbeit nicht zur Verfügung stehen oder dazu nicht in der Lage sind. Tagespflegeverhältnisse wie auch Kurzpflegeverhältnisse sind ebensowenig zentraler Gegenstand unserer Betrachtung wie die kleine Gruppe von Dauerpflegeverhältnissen, in denen die Beziehungen des Pflegekindes zu seinen leiblichen Eltern positiv, befriedigend und tragfähig sind, so daß das Kind sich selbst weder neue Eltern-Kind-Beziehungen wünscht noch sie braucht, um eine gesunde Persönlichkeitsentwicklung zu nehmen (vgl. Teil IV, 1).

Unsere Beiträge sind geschrieben für alle Kinder, die sich nicht an die leiblichen Eltern, sondern an Ersatzeltern binden können und gebunden haben, die aufgrund des Verlustes eines oder beider Elternteile neue Eltern-Kind-Beziehungen (beispielsweise auch zu einer Stiefmutter oder einem Stiefvater) entwickeln müssen und in Dauerpflege- und Adoptivfamilien die Chance brauchen, die Folgen gestörter Sozialisation zu korrigieren und bisher entbehrte, hinreichend befriedigende Eltern-Kind-Beziehungen zu entwickeln.

Münster, im Juni 1989
Monika Nienstedt und Arnim Westermann

Teil I: Nach dem Scheitern familialer Beziehungen

Die historische Entwicklung des Pflegekinderwesens, die eine alte Geschichte des Weggebens leiblicher Kinder und des Aufnehmens fremder Kinder ist, hat zwei verschiedene Wurzeln: die Ammenbeziehung und die Fürsorgebeziehung.

Seit dem römischen Altertum ist das Weggeben der eigenen Kinder zur Säugamme jahrhundertelang eine Selbstverständlichkeit gewesen. Diese Ammentradition setzte sich bis ins 20. Jahrhundert fort, daß Kinder nicht von ihren Müttern, sondern von Kindermädchen erzogen wurden. Dies ist der älteste, als Dienstleistung verstandene Typus der Pflegebeziehung, den es auch noch heute, wenn auch aus anderen Gründen, gibt.

Die zweite, spätere Wurzel des Pflegekinderwesens, dem eine Helfermotivation zugrunde liegt, kommt aus der christlichen Tradition, daß man die in die Gosse geworfenen, ausgesetzten Kinder nicht umkommen lassen wollte. Deswegen nahm man sie in Klöstern auf oder gab sie, wenn sie überhaupt überlebten, aus Kostengründen gegen Bezahlung in fremde Familien zu Ziehmüttern zur Verrichtung von Dienstleistungen. Aus dieser Tradition der Fürsorge (vgl. Schnabel 1974) entwickelte sich die bis heute bestehende Alternative von Heim- oder Familienerziehung.

Aber erst dann, wenn das Scheitern familialer Beziehungen einerseits nicht verleugnet wird und andererseits auf dem Hintergrund der Evolution der Eltern-Kind-Beziehungen gesehen wird, welche Art Beziehungen Kinder für eine gesunde psychische Entwicklung brauchen, werden die besonderen therapeutischen Aspekte der Heimerziehung wie auch die therapeutische Funktion der Entwicklung neuer Eltern-Kind-Beziehungen in Pflegefamilien berücksichtigt werden können.

Kapitel 1: Heim- oder Familienerziehung*

Wenn man nicht naiv davon ausgeht, daß Menschen natürlicherweise nur in Familien heranwachsen können, wird man sich die Frage gefallen lassen müssen, warum Kinder überhaupt in Ersatzfamilien untergebracht werden sollen.

Ist Erziehung in einer Ersatzfamilie in jedem Fall die beste oder nur die am wenigsten schädliche Alternative zur Sozialisation in der Ursprungsfamilie? Möglichkeiten und Grenzen der Unterbringung von Kindern in Ersatzfamilien werden vielleicht am ehesten deutlich, wenn man die Aufgaben und Funktionen der Familienerziehung der Heimerziehung gegenüberstellt.

Die berechtigte, aber vielfach auch überzogene Heimkritik (Roth 1973), wonach jede Familie besser sei als das Heim, hat sich in dem Slogan niedergeschlagen: »Holt die Kinder aus den Heimen.« Ein solcher Slogan läßt keinerlei Differenzierungen zu und tut vor allem so, als sei Familienerziehung ein Garant für eine nicht defizitäre Sozialisation. Hat man die Alternative so im Kopf, wird natürlich auch nicht mehr die Frage untersucht, wozu Familienerziehung taugt und was sie gerade nicht leisten kann. Denn es scheint schon alles klar zu sein, wenn man die Familienerziehung als die natürlichste Lebensform idealisiert, während die Heimerziehung als künstliche Gegenwelt dämonisiert wird. Diese Haltung führt vielfach dazu, daß ohne nähere Nachprüfung und ohne fachliche Beratung Heimkinder aus den Heimen geholt werden nach dem Motto: »Meine eigene Familie ist in jedem Fall besser als das Heim.« In dieser Haltung zeigt sich natürlich – neben allen guten Absichten – auch ein gerüttelt Maß an Selbsttäuschung und Überschätzung, die allerdings sorgfältig verborgen werden können, weil alle Schwierigkeiten mit dem Kind der vorausgehenden Heimsozialisation angelastet werden dürfen.

1. Aufgabe und Funktion der Familienerziehung

Die Familie als ein »Beziehungsgefüge eines Elternpaares mit einem oder mehreren Kindern« (Zweiter Familienbericht 1975) ist eine universell entstandene Kulturform menschlichen Zusammenlebens. Aber die Familie ist sicher keine natürliche Lebensform und schon gar nicht die uns allen vertraute Kleinfamilie. Warum ist sie dann aber, wenn auch in sehr verschiedenen Ausprägungen, entstanden, und was macht sie für die Sozialisation von Kindern überhaupt geeignet?

Zusammenfassend kann man sagen, die Familie hat sich aufgrund der Notwendigkeit entwickelt, die Pflege und Aufzucht des extrem abhängigen Nachwuchses

* *Westermann, A.:* Vortrag auf der Fortbildungsveranstaltung des Landesjugendamtes Westfalen-Lippe für Sozialarbeiter, Hardehausen 1980.

durch Unterstützung der Lern- und Entwicklungsmöglichkeiten abzusichern. Dadurch wird die Integration zweier ursprünglich getrennter Lebensbereiche (Funktionskreise) ermöglicht: Der Funktionskreis der individuellen Lebenssicherung durch Nahrungserwerb und Umweltkontrolle wird mit dem durch Sexualität und Brutpflegeverhalten charakterisierten Funktionskreis der Fortpflanzung verknüpft (siehe das Schema familialer Sozialisation). Man kann dementsprechend nach Habermas (1973) drei verschiedene Familienfunktionen unterscheiden, die zugleich drei verschiedene Beziehungsebenen zwischen den Familienmitgliedern definieren:

1. Die ökonomische Versorgung aller Familienmitglieder: das ist die Arbeitsbeziehung.
2. Die privilegierte Befriedigung sexueller Bedürfnisse der Eltern: das ist die Ehebeziehung.
3. Die Erzeugung und Sozialisation der Nachkommen: das ist die Erziehungsbeziehung.

Diese drei verschiedenen und weitgehend divergierenden Funktionen der Familie, die auch schlicht mit den Begriffen Erziehung, Liebe und Arbeit gekennzeichnet werden können, machen die Familie zu einem hoch komplexen System und erzwingen geradezu die Aufrechterhaltung bestimmter Familienstrukturen. Das allen Familien gemeinsame Strukturmerkmal besteht nach Lidz (1971) darin, daß sich in der Kernfamilie zwei Generationen und zwei Geschlechter gegenüberstehen. Aufgrund dieser Tatsache sind Rollen vorgeformt. Durch die gegenseitig abgestimmte Vater- und Mutterrolle können Aufgaben geteilt und die für die Unterstützung der Lern- und Entwicklungsmöglichkeiten notwendigen konfliktfreien Bereiche, d.h. sich stetig erweiternde Spielräume geschaffen werden. Dazu ist es nach Lidz erforderlich:

- daß die Eltern eine Koalition bilden, d.h. ein Bündnis zwischen Vater und Mutter, in dem den Eltern verschiedene Rollen zukommen;
- daß die Generationsschranken zwischen Eltern und Kindern gewahrt werden;
- daß die Eltern an ihren geschlechtsgebundenen Rollen festhalten.

Die Bildung einer elterlichen Koalition geht also von der Tatsache aus, daß die unterschiedlichen elterlichen Rollen und Funktionen verschieden, aber doch aufeinander bezogen sind und sich ergänzen, so daß gerade wegen dieser Unterschiede die Eltern gegenüber ihren Kindern als ein zusammengehöriges Paar, als eine Einheit auftreten. Diese Einigkeit wirkt der Tendenz entgegen, daß sich die Familiengruppe in Dyaden, in Zweierbeziehungen auflöst. Und schließlich werden durch die elterliche Koalition die ödipalen Wünsche des Kindes, die darauf gerichtet sind, die Eltern auseinanderzutreiben, um einen Elternteil für sich zu haben, frustriert.

Wo z.B. der Vater weitgehend aus der Familieninteraktion ausgeschlossen wird, wo er zu einem bloßen Anhängsel seiner dominierenden Frau wird, der seinen Platz im Schlafzimmer seinem Sohn überläßt, da wird der Sohn zu einem Ersatzpartner der Mutter gemacht, der sich weder mit seinem Vater identifizieren noch von seiner Mutter ablösen kann. So entstehen unausgewogene Rollenbeziehungen, in denen der Unterschied zwischen den Generationen verwischt wird und die Generationsschranke nicht gewahrt bleibt. Das Familiensystem zerfällt, es entstehen neurotische Familienbeziehungen. Solche oder ähnlich verzerrte Familienstrukturen (Richter 1969), denen wohl die meisten in Ersatzfamilien zu vermittelnden Kinder ausgesetzt waren,

Schema familialer Sozialisation

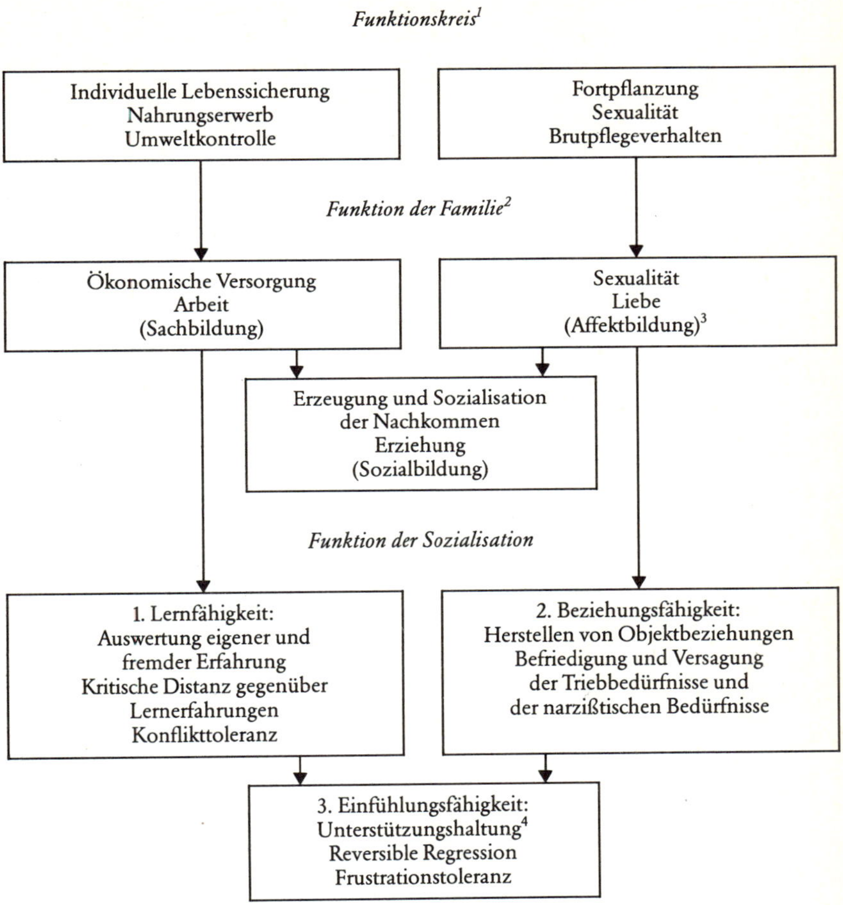

1. Nach Holzkamp-Osterkamp (1975).
2. Nach Habermas (1973).
3. Nach Mitscherlich (1963).
4. Nach de Mause (1978).

weisen eindringlich darauf hin, daß die Integration der verschiedenen Familienfunktionen naturgeschichtlich keineswegs abgesichert sind. Sonst gäbe es übrigens auch keinen Grund dafür, daß Ehe- und Familienfunktionen rechtlich normativ abgestützt werden müssen. Nicht einmal die in der Primatenevolution entstandene Intensivierung und Individualisierung der Mutter-Kind-Beziehung ist, wie die Lebensläufe mißhandelnder Eltern zeigen (vgl. Zenz 1979), naturgeschichtlich abgesichert.

Wenn man der Geschichte der Eltern-Kind-Beziehung nachgeht, dann wird man mit der merkwürdigen Tatsache konfrontiert, daß bis ins 4. Jahrhundert hinein der Kindesmord an der Tagesordnung war und vor dem 16. Jahrhundert nur sporadisch bestraft wurde (de Mause 1977, 50). Die Tatsache, daß unabhängig von der wahrscheinlich großen Kindersterblichkeit Kinder in großer Zahl getötet, ausgesetzt und zu fremden Menschen weggegeben wurden, zeigt, daß es offensichtlich keine gerade Entwicklungslinie vom Brutpflegeverhalten der Primaten zum Menschen gibt. Von daher scheint es ganz plausibel, von einer »Evolution der Kindheit«, d.h. der Eltern-Kind-Beziehung zu sprechen, die darauf hinausläuft, daß erst heute Beziehungsformen zwischen Eltern und Kindern möglich werden, die de Mause als Unterstützungsbeziehung beschreibt: »Die Beziehungsform Unterstützung beruht auf der Auffassung, daß das Kind besser als seine Eltern weiß, was es in jedem Stadium seines Lebens braucht. Sie bezieht beide Eltern in das Leben des Kindes ein; die Eltern versuchen, sich in die erweiternden und besonderen Bedürfnisse des Kindes einzufühlen und sie zu erfüllen. ... Die Kinder werden weder geschlagen noch gescholten. ... Diese Form verlangt von beiden Eltern außerordentlich viel Zeit, Energie und Diskussionsbereitschaft, insbesondere während der ersten sechs Jahre, denn einem kleinen Kind dabei zu helfen, seine täglichen Ziele zu erreichen, bedeutet, ständig auf es einzugehen, mit ihm zu spielen und seine Regressionen zu tolerieren, ihm zu dienen, statt sich von ihm bedienen zu lassen, seine emotionalen Konflikte zu interpretieren und ihm die für seine sich entwickelnden Interessen erforderlichen Gegenstände zur Verfügung zu stellen« (ebd., 85).

Die Sozialisation des Kindes wird also durch die Familienstruktur und die in ihr verwirklichten, spezifischen Eltern-Kind-Beziehungen bestimmt. Die Persönlichkeitsentwicklung, während der das Kind die Grundqualifikation eines handlungsfähigen Subjektes erwirbt, vollzieht sich auf dem Wege wechselseitiger Handlungsregulation in zwischenmenschlichen Beziehungen, die durch die Familienstruktur determiniert sind: »Die Grundstrukturen der Kernfamilie legen die Muster des Sozialisationsvorgangs fest: das Kind lernt durch Identifikation mit den Eltern Geschlechts- und Generationsrollen. An der Unterscheidung der Generationen (der ›mächtigen‹ Eltern und ›abhängigen‹ Kinder) hängt die Verinnerlichung der elterlichen Autorität, die die motivationale Grundlage für sekundäres Rollenlernen überhaupt bildet« (Habermas 1973, 135).

Aber mit welchem Ergebnis diese Bildungsprozesse abgeschlossen werden, das hängt von den in der Familie verwirklichten Eltern-Kind-Beziehungen, d.h. konkret den Erziehungspraktiken ab. Die Erziehungspraktiken wiederum sind nicht naturgeschichtlich vorgeformte natürliche Verhaltensweisen, sondern Ergebnis eines sich lange hinziehenden Vorganges sozialer Evolution, die ihren Niederschlag in der Persönlichkeitsstruktur findet. Die psychischen Strukturen werden, wie de Mause es ausdrückt, von Generation zu Generation durch den Engpaß der Kindheit weitergegeben, und sie bestimmen wiederum ihrerseits, wie die Kindererziehung gehandhabt wird und welche Beziehungsformen möglich sind.

Strenggenommen haben wir es hier natürlich mit einem Zirkel zu tun nach dem Motto: Wer selbst als Kind geschlagen und gedemütigt wurde, wird als Erwachsener mit seinen Kindern nicht anders umgehen. Aber gerade dadurch, daß Eltern durch ihre Kinder wieder an ihre eigene Kindheit erinnert werden und sich ihre Beziehungen zu ihnen an alten Erfahrungen und Vorbildern orientieren, sind – so paradox es klingt – Veränderungen möglich: Die soziale Evolution der Eltern-Kind-Beziehungen beruht nach de Mause auf der Fähigkeit der jeweils nachfolgenden Generation, sich in das psychische Alter ihrer Kinder hineinzuversetzen und die Ängste dieses Alters, wenn sie ihnen zum zweiten Mal begegnen, besser zu bewältigen.

Daher hängen die Möglichkeiten und Grenzen der Familienerziehung nicht nur von der Integration der Familienfunktionen und der Aufrechterhaltung der Familienstrukturen ab, sondern vor allem auch davon, welche Erfahrungen die Eltern als Kinder in ihrer Familie selbst gemacht haben und ob sie – wie schmerzlich die Erinnerung auch immer sei – ihre Ängste und Konflikte ein Stück besser bewältigt haben als ihre Eltern. Auch wenn Eltern aus ihrem Erleben diese Zusammenhänge klar werden und sie selbst die Grenzen familialer Beziehungen darin sehen können, daß unaufgearbeitete Konflikte und Ängste das Verhältnis zu ihren Kindern stören, mögen sie zwar vor manchen blinden Wiederholungen geschützt sein, wirksame Verhaltensänderungen sind damit u.U. jedoch noch nicht erreicht; sie werden nur durch mühsame Arbeit möglich.

Ein Pflegevater, der selbst einen ausgesprochen starren und autoritären Vater hatte, vor dem sich die Söhne stets fürchten mußten, kann sich zwar durch Einsicht und Einfühlung davor schützen, in kritischen Situationen draufzuhauen, so wie er es bei seinem Vater erlebt hatte, er kann sich aber nicht auf eine von seinem Pflegekind gewünschte Balgerei oder einen spielerischen Boxkampf einlassen, ohne Angst zu haben, daß er dann von seinen eigenen, abgewehrten Aggressionen überwältigt werden könnte. An dieser Stelle wird er u.U. nicht über seinen Schatten springen können.

Hier – in der Bewältigung alter Erfahrungen – liegen die Grenzen und Möglichkeiten familialer Sozialisation, und das um so mehr, weil das Kind auf die Lernfortschritte der Eltern nicht warten kann.

2. Aufgabe und Funktion der Heimerziehung

Betrachtet man die historische Entwicklung der Heimerziehung (vgl. Sauer 1979), so zeigt sich, daß sie der Evolution familialer Beziehungen und der Familienerziehung weitgehend parallel verläuft. Sie spiegelt recht genau die Grenzen und Notstände familialer Erziehung wider.

Zu Anfang ihrer Geschichte ging es in der Heimerziehung zum einen um die Sicherung des Überlebens der Findelkinder, derjenigen, die weggeworfen oder in die Drehlade der Klöster gelegt wurden mit dem Ergebnis, daß trotzdem der größte Teil (82 Prozent) starb (vgl. Langmeier/Matejcek 1977). Zum zweiten ging es in der

Heimerziehung um die Sicherung des Gehorsams nach dem Motto »ora et labora«, d.h. die Ausbeutung der Kinder durch Kinderarbeit. Zum dritten schließlich ging es im 19. und der ersten Hälfte des 20. Jahrhunderts um die Sicherung der Anpassung, d.h. um die Herstellung gesellschaftlicher Tüchtigkeit, was sich in § 1 des Jugendwohlfahrtsgesetzes (JWG) (»Erziehung zur leiblichen, seelischen und gesellschaftlichen Tüchtigkeit«) widerspiegelt. Auf diesem Stand der Entwicklung befinden sich sicher noch sehr viele Heime. Daß Heimerziehung aber, was Aichhorn (1925) und Bettelheim (1950) sowie Redl/Wineman (1951) gezeigt haben, als eine therapeutische Aufgabe begriffen werden muß, hat sich noch längst nicht allgemein durchgesetzt.

Aber erst eine Heimerziehung, der es um die Absicherung bzw. Wiederherstellung der Lern- und Entwicklungsmöglichkeiten geht, ist eine adäquate Antwort auf die Herausforderung, für Kinder zu sorgen, die mit erheblichen psychischen Belastungen, mit traumatischen, verletzenden Erfahrungen in der Beziehung zu ihren Eltern aus den Familien herausgenommen werden müssen.

Um diesen Kindern zu helfen (seien es psychotische, psychopathische, Borderline-Fälle oder Kinder mit erheblichen neurotischen Störungen), ist die Herstellung eines therapeutischen Milieus erforderlich, das allein darauf ausgerichtet ist, Kindern eine gesunde psychische Entwicklung zu ermöglichen, ein Milieu, das den Kindern erlaubt, ihre Ich-Fähigkeiten langsam zu entwickeln, damit sie schließlich selbständig, liebes- und arbeitsfähig werden können. Das ist aber nur dann möglich, wenn sie ihre traumatischen Erfahrungen durch Spieltherapie und vielfältige differenzierte Beziehungsangebote aufarbeiten können.

Eine Familie – und sei sie noch so kompetent –, in der die verschiedenen Beziehungsebenen konkurrieren, wird in der Regel nicht in der Lage sein, ein solches therapeutisches Milieu herzustellen, besonders dann nicht, wenn Geschwisterkinder da sind. Ich will das therapeutische Potential von Ersatzeltern keineswegs gering einschätzen. Was Eltern zu tolerieren und zu ertragen bereit sind, obwohl gleichzeitig die eigenen Kinder nicht vernachlässigt werden dürfen, der Haushalt weiter reibungslos laufen muß und die Berufsarbeit Zeit und Anstrengungen verlangen, das hat uns immer wieder tief beeindruckt. Es gibt aber durch diese anderen Aufgaben auch ständig Anpassungszwänge, denen kein Kind entkommt.

Der wesentliche Unterschied zwischen einer therapeutischen Heimerziehung und der Erziehung in einer Ersatzfamilie ist doch der, daß das Kind einmal mit Eltern und einem komplexen Familiensystem konfrontiert wird, während es bei der Heimerziehung gerade nicht auf Elternbeziehungen angewiesen ist. Das erscheint vielen ein Mangel, wenn nicht sogar ein Makel zu sein, daß Kinder ohne Eltern leben müssen. Deswegen nennt man dann in Verkennung der Tatsachen die Heimgruppe auch »Familiengruppe«, obwohl ihr alle Strukturelemente einer Familie fehlen. Ich habe manchmal den Eindruck, daß die Erzieher selbst ein schlechtes Gewissen haben, daß sie gerade nicht die Elternrolle übernehmen dürfen und können. Das liegt wohl daran, daß Erzieher die Chancen und Möglichkeiten der Heimerziehung aufgrund von Verunsicherungen und des berechtigten Zweifels an ihrer therapeutischen Kompetenz gar nicht realistisch wahrnehmen können. Sonst würde deutlich, daß der Mangel der Heimerziehung, daß Kinder gerade nicht auf elterliche Beziehungen angewiesen sind, nicht nur ein Nachteil, sondern sogar ein Vorteil ist.

Was emotional gestörte Kinder brauchen, um mit ihren aus der Ursprungsfamilie mitgebrachten Ängsten und den die Realität verzerrenden Abwehrmechanismen besser umgehen zu lernen, hat Bettelheim (1971 u. 1975) vielfach und ausführlich beschrieben. Zur Aufgabe und Funktion eines therapeutischen Heimes und seiner Struktur schreibt er:

»Die meisten Kinderheime sind stolz darauf, wie erfolgreich die Heimeltern den Platz der richtigen Eltern ausfüllen. Es ist aber allgemein bekannt, daß die Schwierigkeiten fast aller psychisch gestörten Kinder ihren Ursprung in der Beziehung zu Vater und Mutter haben. Deshalb ist es unrealistisch, wenn man von ihnen erwartet, sie sollten nach so kurzer Zeit in der Lage sein, gute Beziehungen zu Ersatzeltern herzustellen. Da aber keine anderen Arten von Beziehungen (als) zu Ersatzeltern zur Verfügung stehen, muß das Kind sich dem üblichen Schema fügen, wenn es seine Bedürfnisse befriedigen will. Es erkennt, was ihm nützlich ist, und tut so, als bestehe eine Beziehung wie zwischen einem Kind und seinen Eltern. Das Ergebnis ist eine Pseudobeziehung, die die Bildung einer echten Beziehung von vornherein ausschließt. ...

Die Einstellung solcher Heime läßt sich vielleicht am besten beschreiben, indem man sagt, ihre Anschauung laute (freilich niemals explizit): Da die Beziehung zu Mutter oder Vater diejenige ist, die das Kind beim besten Willen nicht zustande bringen konnte, ist sie der beste Ausgangspunkt für seine Genesung (ungeachtet der Einsicht jedes Erwachsenen in die Komplexität seiner Beziehung zu seinen eigenen Eltern)« (1971, 26).

Und ich brauche kaum noch hinzuzufügen, daß diese Anschauung nicht nur für eine Reihe von Heimen und familienorientierten Kleinsteinrichtungen zutrifft, sondern in gleicher Weise bei der Unterbringung von Kindern in Ersatzfamilien eine Rolle spielt und zu dem Ergebnis führt, daß sich Kinder an die Normen und Werte in der Ersatzfamilie nur oberflächlich anpassen, aber keine neuen tragfähigen und die eigene Selbstidentität bestimmenden Eltern-Kind-Beziehungen entwickeln.

»Eine Schule für psychisch gestörte Kinder« – so fährt Bettelheim fort – »sollte im Gegenteil bei der Rehabilitation des Kindes damit beginnen, daß sie ihm die einfachste und nicht die schwierigste aller persönlichen Beziehungen anbietet. ... Darum erwarten wir nicht, daß ein Neuankömmling in der Schule Elternfiguren sucht und findet und eine Beziehung zu ihnen herstellt. Statt dessen werden ihm flüchtige Bekanntschaften mit verschiedenen Leuten angeboten, die ihn mit allem Nötigen versorgen, was er braucht, einschließlich der Achtung vor seinem Bedürfnis nach Ungestörtheit und Für-sich-sein. ... Mit Ausnahme der Liebe auf den ersten Blick kann Liebe eines Erwachsenen zu einem Kind, die sofort aufflammt, nur auf emotionales Ausgehungertsein zurückgehen; sie enthält dem Kind eines von jenen Erlebnissen vor, die der Reifung am förderlichsten sind – die Erfahrung einer sich langsam entwickelnden, beide Partner befriedigenden Beziehung. Wenn ein Kind sofort geliebt und bemuttert wird, fühlt es sich verpflichtet, diese Liebe zu erwidern. Diese Reaktion übersteigt zunächst die emotionale Kapazität des gestörten Kindes, und es kommen nur Gefühle der Wertlosigkeit und Schuldgefühle dabei heraus. ...

Gewiß wird im Verlauf von einigen Monaten gewöhnlich eine bestimmte Figur in der Gesamtumwelt der Schule vom Kind in einer elterlichen Rolle akzeptiert. Aber dies geschieht erst, nachdem die eigenen Erfahrungen das Kind gelehrt haben, eine derartige Beziehung zu wollen, nachdem es durch eine Anpassung dazu bereit geworden ist und nachdem es sich selbst langsam davon überzeugt hat, daß es eine solche Beziehung erfolgreich handhaben kann. Aber solche Fortschritte brauchen sehr viel Zeit« (ebd., 27).

Das emotional gestörte Kind, das in vielfach verwirrenden und seine Abhängigkeitsgefühle ausbeutenden Familienverhältnissen gelebt hat, muß persönlichen Beziehungen gegenüber zutiefst mißtrauisch sein. Darum muß es erst langsam überzeugt werden, daß man es nicht erneut in eine Abhängigkeitsbeziehung hineinzwingt, von der es glauben muß, daß es ihm in dieser neuen Beziehung genauso ergehen wird wie in seinen früheren. Eine solche Rücksicht auf die Ängste und das beherrschende Mißtrauen verlangt gleichzeitig auch eine erhebliche Toleranz gegenüber den vielfältigsten Verhaltens- und Persönlichkeitsstörungen – sei es ein völlig verwahrlostes Verhalten, ein angsterfülltes aggressives Verhalten oder eine depressive Handlungsunfähigkeit. Ein so hohes Ausmaß an Toleranz und Geduld wird aber in vielen Familien, in denen das Kind mit ganz bestimmten, altersspezifischen Verhaltenserwartungen konfrontiert ist, ob es die Eltern wollen oder nicht, nicht aufgebracht werden können. Erzieher, die nicht darauf angewiesen sind, rasch befriedigende Beziehungen herzustellen, können gewöhnlich dem Kind einen größeren Spielraum einräumen und es erst einmal so akzeptieren lernen, wie es ist. Die Eltern-Kind-Beziehung läßt oft eine solche Toleranz nicht zu, allein schon deswegen, weil Eltern von der verständlichen Sorge beherrscht werden, ob das Kind in Zukunft als »normales« Mitglied in der Familie funktionieren wird. Diese Sorge versetzt Eltern – und nicht nur Ersatzeltern – unter einen solchen Druck, daß sie vom Kind verlangen, daß es für übermorgen, aber nicht für heute lernen soll: »Wenn Du nicht fünf Minuten bei einer Sache bleiben kannst, was soll denn dann später einmal werden, wenn Du in der Lehre bist? Wenn Du nicht einmal die einfachsten Tischsitten akzeptieren willst, die in unserer Familie gelten, wie willst Du später einmal mit anderen auskommen?«

Wenn man absehen kann, daß ein Kind aufgrund seiner emotionalen Störungen keine langdauernde therapeutische Heimerziehung mehr braucht, scheint es uns nützlich zu sein, die zukünftigen Pflegeeltern beim Kind als Pateneltern einzuführen, die das Kind zunächst einmal in der Woche besuchen, es dann am Nachmittag und schließlich am Wochenende zu sich holen, d.h. die dem Kind zusätzliche Beziehungsmöglichkeiten anbieten, ohne daß sie selbst oder das Kind unter dem Zwang stehen, ein harmonisches Familienleben führen zu müssen. Unter dieser Bedingung, daß zukünftige Pflegeeltern sich nicht – auch vom Kind nicht – rasch in die Rolle von Ersatzeltern drängen lassen, wird erst das Kind die Freiheit haben, diese Beziehung zur Bewältigung seiner Probleme zu nutzen und aktiv zu gestalten.

Eine solche vorläufige, behutsame Anbahnung von Beziehungen kann manchmal lange dauern. Das hängt von den spezifischen Erfahrungen ab, die das Kind in seiner Ursprungsfamilie oder in anderen Beziehungen gemacht hat. So konnte uns ein siebenjähriger Junge beispielsweise fast ein Jahr lang nicht erwarten, wenn wir ihn als seine Pateneltern jeden Dienstag um fünfzehn Uhr im Heim abholten. Er konnte sich nicht darauf verlassen, daß das, was wir ihm versprachen, auch wirklich eintreten würde. Dieses Gefühl, daß menschliche Beziehungen nicht zu kalkulieren sind, daß man sich auf andere Menschen nicht verlassen kann, drückte sich gleichzeitig darin aus, daß er kein Zeitgefühl entwickelte, kaum wußte, was gestern und morgen bedeutet, und folglich auch nicht lernen konnte, die Uhr zu lesen.

Oder ein anderer, achtjähriger, in seiner frühen Kindheit maßlos verwöhnter Junge, der immer nur erwartete, daß ihm ständig alle Wünsche erfüllt wurden, und der tief beleidigt war, wenn er nicht das bekam, was er wollte, und der dann doch nur unzufrieden war, hat zu Anfang unserer Beziehung kaum ein Wort mit uns gesprochen. Statt dessen verdunkelte er das Zimmer, legte sich auf die Couch und hörte mitgebrachte Märchen-Schallplatten, so als wollte er uns sagen: ich kann euch gar nicht gebrauchen, bis er sich schließlich nach Wochen und Monaten auf die für ihn neue Erfahrung einließ, daß wir ihm beim Spielen nützlich sein konnten.

Solche Anfänge von Beziehungen in einer Familie hätten wahrscheinlich bei Ersatzeltern rasch zu dem Schluß geführt, daß sie mit einem solchen Kind nicht zusammenleben könnten. Uns ist es in diesem Fall ja auch nicht anders gegangen, obwohl wir nicht jeden Tag mit diesem Kind zusammenlebten. Trotzdem waren wir an einem Punkt angekommen, wo wir das Gefühl hatten, »das wird nichts mit uns«, und unsere therapeutischen Bemühungen aufgeben wollten.

Auf dem Hintergrund solcher Erfahrungen denken wir, daß ein Kind nicht in eine Ersatzfamilie integriert werden kann, solange es noch nicht beziehungsfähig ist, es sei denn, man riskiert, daß es wieder aus der Familie ausgestoßen wird, oder aber, daß es, wenn es in der Familie bleibt, ein Fremdkörper, bestensfalls ein gelittener Gast in der Familie sein wird. Die Frage aber, ob ein Kind familienfähig ist oder nicht, kann in den meisten Fällen nicht grundsätzlich beantwortet werden. Die Frage muß vielmehr lauten: Ist das Kind jetzt schon oder ist es jetzt noch nicht in der Lage, die Beziehungsmöglichkeiten in einer Familie für sich sinnvoll zu nutzen. Da, wo in der Heimerziehung die langsame und schrittweise Entwicklung von neuen Paten- bzw. Pflegeelternbeziehungen kooperativ unterstützt wird, wo sich das Heim als eine therapeutische Übergangsstituation begreift, können Wege begangen werden, die es dem Kind erlauben, sich schließlich neue Eltern zu wünschen, um dann den Schritt in die Familie – wenn auch immer mit gemischten Gefühlen – selbst aktiv zu tun. Wenn dagegen ein Kind, ohne daß es die Möglichkeit zum Neinsagen hat, in eine Ersatzfamilie gebracht wird, sind in vielen Fällen schon die Weichen für ein Scheitern gestellt. Das Kind fühlt sich verkauft und von diesen mächtigen »Eltern« überwältigt, die (so seine Phantasie) halt nur mehr Geld haben, um es zu kaufen. Dann begreift sich das Kind als eine Ware, die den Bedürfnissen der Eltern zu dienen hat.

3. Erziehungsfähigkeit

Bei der Herausnahme von Kindern aus ihrer Ursprungsfamilie ist ebenso wie bei der Aufnahme eines Kindes durch Pflegeeltern die Frage der Erziehungsfähigkeit bzw. die Frage elterlicher Kompetenz zu prüfen. Auch wenn viele dazu neigen, Erziehungsfähigkeit als eine dem Menschen natürlicherweise zustehende Begabung anzusehen, als eine Fähigkeit, über die eigentlich jeder erwachsene Mensch verfügt, weil jeder ja selbst erzogen worden ist, muß doch diese Frage in jedem Einzelfall gestellt und geprüft werden. Insbesondere, wenn es darum geht, geeignete kinderlose Pflegeeltern für ein Kind zu suchen und deren Eignung zu prüfen, läßt sich ja oft nicht einmal am Erfolg oder Mißerfolg der Sozialisationsarbeit ihre elterliche Kompetenz abschätzen, ganz davon abgesehen, daß oft unklar zu sein scheint, an welchen Kriterien elterliche Kompetenz zu messen ist. Die hier skizzierte Sozialisationstheorie (vgl. das Schema der familialen Sozialisation) erlaubt aber vielleicht, Kriterien der Erziehungsfähigkeit bzw. -unfähigkeit abzuleiten.

Die Frage der Erziehungsfähigkeit ist angesichts unterschiedlicher Erziehungsstile – sieht man von eindeutigen Fällen elterlicher Erziehungsunfähigkeit wie bei Kindesmißhandlung oder -vernachlässigung ab – nur schwer am konkreten Erziehungsverhalten zu messen. Die Bewältigung der Sozialisationsaufgabe durch Eltern (oder Großeltern) erweist sich vielmehr erst an der Qualität der Eltern-Kind- bzw. Großeltern-Kind-Beziehungen, die im Sozialisationsprozeß hergestellt werden. Die Eltern-Kind-Beziehungen bilden die Basis für die Entwicklung der Persönlichkeitsstrukturen: der Ich-Fähigkeiten – des Gewissens, der Selbstachtung. Insofern steht die Frage der Erziehungsfähigkeit oder -unfähigkeit in engem Zusammenhang mit der Frage, welche Qualität die Eltern-Kind-Beziehungen haben, ob sie dazu beitragen können, daß aus einem Kind ein gesunder, erwachsener Mensch werden kann, der liebes-, arbeits- und schließlich auch erziehungsfähig sein wird.

Eine auch nur halbwegs gesunde Persönlichkeitsentwicklung ist nicht allein dadurch gewährleistet, daß das Kind in seinen Eltern (Großeltern) konstante Bezugspersonen hat. Die psychoanalytische Forschung und die Familienforschung haben vielmehr deutlich gemacht, daß gerade psychische Störungen (neurotische Fehlentwicklungen, Identitätsstörungen, psychosomatische Erkrankungen) ganz wesentlich auf gestörten Familienbeziehungen beruhen (vgl. Richter 1969; Stierlin 1975). Beziehungen, gerade auch, wenn sie außerordentlich bindend sind, können dazu führen, daß kindliche Entwicklungen neurotisch oder psychotisch entgleisen. Die Bindung ist für sich genommen kein Kriterium für eine gesunde Entwicklung. Nur als Beispiel sei auf den psychologischen Tatbestand hingewiesen, daß mißhandelte Kinder häufig außerordentlich stark, nämlich durch eine auf der Identifikation mit dem Aggressor beruhenden Angstbindung an ihre Eltern gebunden sind. Das heißt, durch das konkrete Erziehungsverhalten – in diesem Fall die Machtausübung, die zu Angst und Ohnmacht beim Kind führt – wird eine ganz bestimmte Qualität der Eltern-Kind-Beziehung hergestellt.

3.1 Beziehungsfähigkeit

Eltern-Kind-Beziehungen existieren nicht von vornherein, sondern werden im Verlauf des Sozialisationsprozesses durch die Regulation der Bedürfnisse des Kindes hergestellt. Die Befriedigung der kindlichen Bedürfnisse durch die Mutter (bzw. die Eltern) führt zur Entwicklung von Objektbeziehungen (vgl. Kernberg 1981; Kutter 1982), so daß man vereinfacht sagen kann, daß die kindlichen Bedürfnisse überhaupt erst Beziehungen hervorbringen. Die Befriedigung der kindlichen Bedürfnisse durch die Mutter bzw. Eltern ist folglich davon abhängig, ob eine Mutter überhaupt in der Lage ist, sich auf eine vollständig versorgende Haltung gegenüber dem Kind einzulassen, was u.a. davon abhängig ist, ob sie selbst primäre Mütterlichkeit erfahren hat. Die spezifischen eigenen Kindheitserfahrungen determinieren weitgehend die Motivation und die Fähigkeit, sich dem Kind gegenüber als befriedigendes »Objekt« zur Verfügung zu stellen. Da sich im Verlauf der kindlichen Entwicklung die Wünsche und Bedürfnisse differenzieren, müssen sich zwangsläufig auch die Eltern-Kind-Beziehungen verändern. Objektbeziehungen dürfen nicht auf einem einmal erreichten Niveau konstant bleiben, was z.B. dann geschieht, wenn eine Mutter aufgrund ihrer eigenen Wünsche und Bedürfnisse an der frühen symbiotischen Mutter-Kind-Beziehung festhält und die ersten Schritte der Ablösung nicht toleriert und dadurch die altersspezifische Autonomieentwicklung verhindert und folglich mit einem älteren Kleinkind so umgeht wie mit einem Säugling. Eltern, die aufgrund ihres Rollenverständnisses an einer einmal erreichten Beziehungsdefinition festhalten, zementieren Beziehungsformen, die den Entwicklungsprozeß nachhaltig beeinträchtigen, weil in ihnen eine Regulation von Distanz und Beziehung, von Nähe und Ferne, die in lebendigen Beziehungen stets neu definiert werden müssen, nicht erfolgt. In solchen Fällen ist die Beziehungsfähigkeit auf seiten der Eltern durch mangelnde Rollenflexibilität eingeschränkt. Da die Herstellung differenzierter Beziehungen Voraussetzung dafür ist, um ein Kind zu erziehen, wird man die Beziehungsfähigkeit als ein erstes Kriterium für die Erziehungsfähigkeit ansehen dürfen.

3.2 Einfühlungsfähigkeit

Objektbeziehungen und ihre Differenzierung, die die Grundlage für das eigene Selbstverständnis und die Selbstidentität sind, führen zu qualitativ verschiedenen Beziehungsformen und schließlich dazu, daß ein Kind einen Erwachsenen, von dem es abhängig ist, liebt. Dabei ist die Liebe eines Kindes zu seinen Eltern (und umgekehrt) je nach Entwicklungsstand des Kindes etwas sehr Verschiedenes. Darum verlangen die kindlichen Wünsche und deren Befriedigung oder Versagung von den Eltern ein hohes Maß an Einfühlung in die kindlichen Wünsche und Bedürfnisse.

Die Fähigkeit zur Empathie, zur Einfühlung, die durch eine vorübergehende, reversible Regression im Dienste des Ichs und der Identifikationsbereitschaft mit dem Kind ermöglicht wird, bringt Eltern überhaupt erst in die Lage, die kindlichen Wünsche und Bedürfnisse, Ängste und ihre Abwehr realistisch wahrzunehmen, eine angemessene Symptomtoleranz in Krisen- und Konfliktsituationen des Kindes zu entwickeln und unter Berücksichtigung der kindlichen Fähigkeiten die Regulation von Befriedigung und Versagung so zu handhaben, daß zwangsläufige Frustrationen durch die Erfahrung von Befriedigungserlebnissen ausgeglichen werden können. Nur dann, wenn Eltern zur Empathie fähig sind, ist es ihnen möglich, eine die kindlichen Wünsche und Ängste berücksichtigende »Unterstützungshaltung« (de Mause 1977), die den sich verändernden kindlichen Fähigkeiten und Entwicklungsnotwendigkeiten Rechnung trägt, zu verwirklichen. Da Einfühlungsfähigkeit überhaupt erst das Management von angemessener Befriedigung und Versagung steuert, kann man sie als zweites unabdingbares Kriterium der Erziehungsfähigkeit ansehen.

3.3 Lernfähigkeit

Die Einfühlungsfähigkeit, die vielleicht in einem Lebensabschnitt des Kindes, d.h. für bestimmte altersspezifische Wünsche und Bedürfnisse, vorhanden sein mag, kann jedoch aufgrund eigener unbewältigter Sozialisationserfahrungen in einem anderen Entwicklungsabschnitt blockiert und beeinträchtigt sein. Eine Mutter, die z.B. selbst große Schwierigkeiten in der Autonomieentwicklung gehabt hat, wird sich in die mit diesen Entwicklungsproblemen verbundenen Wünsche und Konflikte nicht oder nur schwer einfühlen können. Das heißt, Einfühlungs- und Beziehungsfähigkeit sind davon abhängig, wie man selbst erzogen worden ist und wie diese frühen Erfahrungen mehr oder minder erfolgreich bewältigt worden sind.

Die Bewältigung der eigenen Sozialisationserfahrungen ist deswegen für die Erziehung von Bedeutung, weil man diesen Erfahrungen im Umgang mit dem Kind noch einmal begegnet. Nur der Zugang zur eigenen Geschichte, die Fähigkeit, aus den eigenen schmerzlichen Erfahrungen zu lernen, kann Eltern vor einer blinden Wiederholung ihrer eigenen Erziehungserfahrungen bewahren. Ohne Lernfähigkeit sind Eltern nicht in der Lage, gegenüber ihren eigenen Verhaltens- und Reaktionsweisen eine kritische Distanz zu gewinnen, die es ihnen ermöglichen würde, eigenes Verhalten zu verändern. Dann sind Eltern gezwungen, an Erziehungsklischees festzuhalten, die sie gegenüber der Realität des Kindes blind machen. Ihr Verhalten kann nicht durch Einsicht und Verständnis für die Bedürfnisse und Fähigkeiten des Kindes gesteuert und auch nicht durch Lernen aus zweiter Hand, d.h. durch andere, vermittelte Erfahrungen korrigiert werden. Wenn z.B. eine Mutter nicht belehrbar ist, daß ein einjähriges Kind nicht die Fähigkeit besitzt, seine Ausscheidungen selbst zu kontrollieren, und folglich das Einnässen als gegen die Mutter gerichtete Bosheit verstanden wird, bleiben eigene und fremde Erfahrungen unberücksichtigt. Oder wenn z.B. der frühkindliche Trotz und die damit einhergehenden Eltern-Kind-Konflikte als Machtkampf mißverstanden werden, wird das elterliche Erziehungsverhalten auf eine machtorientierte Anpassungsstrategie hinauslaufen.

Gerade dann, wenn der Umgang mit spezifischen Entwicklungsproblemen des Kindes durch eigene negative Sozialisationserfahrungen behindert ist, wird sich dies nur dann nicht störend auf die Entwicklung des Kindes auswirken, wenn die Eltern über eine hinreichende Lernfähigkeit verfügen, d.h. zugleich die Fähigkeit besitzen, Spannungen und Konflikte ohne Einbuße an Selbstwertgefühl zu ertragen, da Lernen in jedem Fall nur möglich ist, wenn man akzeptiert, was man nicht kann und nicht weiß. Daher ist die Lernfähigkeit als drittes Kriterium der Erziehungsfähigkeit anzusehen.

Kapitel 2: Anmerkungen zur Rolle des Heimes bei der Vermittlung*

Wenn wir immer wieder dafür plädieren, ältere Kinder, Kinder mit traumatischen familialen Vorerfahrungen und Kinder, deren Geschichte, Problematik und Perspektive noch eine unklare ist, nicht rasch von einer Familie in die nächste zu vermitteln, sondern sie vorübergehend im Heim unterzubringen, so hat dies folgende Gründe:

- Ein Kind, das in eine Ersatzfamilie integriert wird, sollte die Trennung von der Ursprungsfamilie ein Stück weit realistisch verarbeitet haben und offen sein für die Entwicklung neuer Eltern-Kind-Beziehungen.
- Ein Kind, das höchst beängstigende oder desorientierende Erfahrungen mit Eltern gemacht hat, erlebt Elternobjekte in der Übertragungsbeziehung als bedrohlich und braucht gerade deshalb erst einmal keine Beziehung zu Eltern. Es braucht zunächst eine nicht familial strukturierte Lebenssituation, in der es sich geschützt fühlt, Distanz gewinnen kann und von der aus es behutsam und in kleinen Schritten korrigierende Erfahrungen in dichteren Beziehungen (therapeutische Einzelbeziehung, Besuchskontakte zu den späteren Ersatzeltern) machen kann, ohne ihnen schon völlig ausgeliefert zu sein.
- Gerade ein Kind, das Überwältigungserfahrungen in Beziehungen gemacht hat oder Beziehungen als nicht verläßlich und willkürlich erlebt hat und distanz- und beziehungslos geworden ist, sollte nicht durch eine rasche Vermittlung in neue familiale Beziehungen hineingezwungen werden, sondern den Schritt in die Familie selbst aktiv tun können. Kontakte zu neuen Eltern, die sich verläßlich wiederholen, bis das Kind sie als positiv und unverwechselbar erlebt und sich die Aufnahme in die neue Familie aktiv wünschen kann, können der Gefahr erneuter Überwältigungsgefühle und der Aufrechterhaltung des Gefühls der Austauschbarkeit von Beziehungen vorbeugen.
- Die Auswahl der für ein Kind optimalen Ersatzfamilie erfordert Sorgfalt ohne Zeitdruck. Eine möglichst genaue Kenntnis des Kindes und seiner Geschichte und der neuen Eltern kann die Gefahr einschränken, daß Probleme und negative Vorerfahrungen des Kindes sich mit Problemen und Reaktionstendenzen der neuen Eltern verschränken und so nicht aufgearbeitet werden können.

* *Nienstedt, M.:* Vortrag auf der Fortbildungsveranstaltung des Landesjugendamtes Westfalen-Lippe für Sozialarbeiter, Hardehausen 1984.

1. Klärung der Perspektive

1. Insbesondere dann, wenn ein Kind in einer akuten Krisensituation von seinen leiblichen Eltern getrennt wird, ist vielfach die Qualität der Eltern-Kind-Beziehungen nicht hinreichend bekannt, um Entscheidungen über die Perspektive des Kindes treffen zu können. Die vorübergehende Unterbringung des Kindes in einem kompetent arbeitenden Heim bietet u.E. sehr viel bessere Möglichkeiten, hier zu einer Klärung zu kommen, als es bei einer raschen Vermittlung in eine Ersatzfamilie der Fall wäre. Denn bei einer übergangslosen Integration in eine Pflegefamilie kann das Kind gerade dann, wenn an familiale Beziehungen beängstigende oder frustrierende Erfahrungen gebunden sind, keine Distanz gewinnen. Es ist noch vor der Klärung der Beziehung zu seinen leiblichen Eltern und einer realistischen Verarbeitung der Trennung von ihnen sogleich wieder mit einer höchst komplizierten und höchst irritierenden und beängstigenden Aufgabe konfrontiert, nämlich sich in dichten, verbindlichen, familialen Abhängigkeitsbeziehungen zu orientieren. Es wehrt z.B. die Angst, die dadurch mobilisiert wird, durch eine verstärkte Idealisierung der leiblichen Eltern ab. Es gerät in Loyalitätskonflikte dadurch, daß es die neuen familialen Beziehungen deutlich als konkurrierende Rollenbeziehungen wahrnimmt. Oder es muß die an familiale Beziehungen gebundenen Ängste, die aufgrund von Übertragungen auch die neuen familialen Beziehungen bestimmen, nur um so weitreichender abwehren, verdrängen, verleugnen und durch Überanpassung zu beherrschen versuchen, so daß sie mitunter über lange Zeit unerkannt bleiben.

Die Klärung der bisherigen Beziehungsgeschichte wird überlagert und erheblich erschwert, wenn das Kind sogleich neuen Eltern-Kind-Beziehungen, d.h. strukturell gleichen Rollenbeziehungen ausgesetzt wird. Und auch die Beziehung der leiblichen Eltern zum Kind wird eher überlagert und verzerrt durch Probleme und Ansprüche, die sich aus der Konkurrenzbeziehung zu eben auch Eltern, den Pflegeeltern, ergeben.

2. Das Heim wird seinem Vorteil als gerade nicht familial strukturierte Situation und seiner wichtigen Aufgabe, zu einer Klärung der Beziehungsqualität zwischen Eltern und Kind und der an familiale Beziehungen gebundenen Erfahrungen, Selbstdefinitionen und Affekte des Kindes beizutragen, jedoch nur dann gerecht werden können, wenn es sich (bezogen auf das Kind und seine Eltern) weniger als pädagogisch-erziehende denn als diagnostisch klärende Institution begreift.

Bei Heimerziehern sind wir vielfach wie bei naiven Laien der Überzeugung begegnet, daß leibliche Eltern grundsätzlich in der Lage sein müßten oder in die Lage versetzt werden könnten, ein Kind zu erziehen und mit ihm kompetent umzugehen. Sie bemühen sich dann bei den Eltern wie beim Kind, durch Appelle, Forderungen und Belehrungen, durch erzieherische Interventionen dazu beizutragen, daß die Eltern-Kind-Beziehungen aufrechterhalten und verbessert werden, bevor überhaupt geklärt ist, ob hierfür hinreichende Voraussetzungen gegeben sind. Unter diesen Bedingungen werden bei den Eltern Illusionen geschürt oder ein erheblicher Anpassungsdruck erzeugt, der aber nicht mehr tragen wird, wenn sie tatsächlich wieder die Verantwortung für das Kind übernehmen müßten. Und das Kind wird seinen Eltern so verpflichtet, daß es sich gerade auch unter der Bedingung traumatischer Erfahrungen nicht von ihnen distanzieren und sich geschützt fühlen kann.

Wenn ein Kind ins Heim kommt, müssen die Erzieher offen sein sowohl für die Möglichkeit einer positiven als auch einer negativen Beziehungsqualität zwischen Eltern und Kind. Es muß für sie ebenso denkbar sein, daß sich Eltern in ihre Kinder aufgrund ihrer eigenen Lebensgeschichte nicht einfühlen und auf sie Rücksicht nehmen können wie daß sich die Beziehung der Eltern zum Kind als tragfähig und befriedigend erweist. Es muß ebenso denkbar sein, daß ein Kind keine positiven Bindungen an die leiblichen Eltern hat, sondern nur durch Angst an sie gebunden ist oder ihnen in pathologisch verzerrter Weise – beispielsweise in einer Rollenumkehr – verpflichtet ist (vgl. Teil III, 2 u. IV, 4), wie daß das Kind sich aufgrund hinreichend befriedigender Beziehungserfahrungen in positiver Weise durch die Eltern definiert.

Eine solche offene und annehmende Haltung nehmen Kinder wie auch Erwachsene rasch wahr; und man wird so am ehesten einen Zugang zur Realität der Beziehungen und der an sie gebundenen Erwartungen, Phantasien und Gefühle gewinnen.

3. Eine ebenso wichtige Voraussetzung dafür, zu einer sicheren Diagnose der Eltern-Kind-Beziehungen und insbesondere der Qualität der Beziehung des Kindes zu seinen Eltern zu kommen, ist die, daß das Kind sich im Fall einer Angstbindung an die Eltern im Heim und durch seine Erzieher geschützt fühlen kann, weil es sonst die Angstabwehrmaßnahmen, wie z.B. Verleugnung von Angst und Wut, Idealisierung der Eltern und Überanpassung an ihre Erwartungen und Wünsche, aufrechterhalten muß (vgl. Teil III, 1 u. IV, 4). Daher empfehlen wir in Anlehnung an Bettelheim (1975) dringend, daß Besuchskontakte der Eltern im Heim nicht unmittelbar in der Gruppe stattfinden sollten, damit die Gruppe ein geschützter Raum bleibt. Gespräche mit den leiblichen Eltern sollten nicht in Anwesenheit des Kindes erfolgen und, solange nicht geklärt ist, daß die Eltern-Kind-Beziehungen nicht angstbesetzt und frustrationsreich sind, auch nicht durch den Erzieher, sondern durch einen gruppenübergreifend arbeitenden Mitarbeiter, damit das Kind den Erzieher als allein für sich zuständig und verantwortlich erlebt und nicht befürchten muß, daß er sich mit den Eltern verbünden könnte. Außerdem sollten Besuchskontakte – zumindest in der ersten Zeit der Klärung – immer in Anwesenheit des Erziehers, Heilpädagogen oder Heimpsychologen stattfinden; und das Kind sollte jederzeit die Möglichkeit haben, sich dem Kontakt zu entziehen. Weder das Kind noch die Eltern dürfen durch Appelle verpflichtet werden, sich miteinander zu beschäftigen.

4. In diesem Zusammenhang ist anzumerken, daß es m.E. sehr unglücklich ist, wenn in einem Heim die Regelung besteht, daß in den ersten acht bis zwölf Wochen keine Kontakte stattfinden sollten, damit sich das Kind besser im Heim eingewöhnen und erst einmal zur Ruhe kommen könne.

Ein Kind, das positive, tragfähige Beziehungen zu seinen Eltern hat und diese auch aufrechterhalten soll und kann, wird eine solche Regelung, wenn sie ohne Not getroffen wird, als blanke Willkür erleben, was die Annahme der Heimsituation sicher nicht begünstigt. Wenn das Kind positive Beziehungen hat und mit Trauer auf die immer wiederkehrende Trennung von den Eltern reagiert, kommt es darauf an, die Trauer nicht zu verleugnen und zu verdrängen, sondern sie anzunehmen und den Prozeß des Trauerns aktiv zu unterstützen (Furman 1977; vgl. Teil III, 4 u. IV, 3). Dabei ist sorgfältig zu unterscheiden zwischen Trauerreaktionen und einer angstmotivierten Überanpassung des Kindes an die Erwartungen der Eltern. Wenn sich ein

Kind am Ende eines Besuchskontaktes beispielsweise weinend an die Eltern anklammert und sie nicht gehen lassen will, so ist dies durchaus noch kein eindeutiger Hinweis auf positive Bindungen an sie und auf Trauer wegen ihres Verlustes. Wenn z.B. zu beobachten ist, daß die Tränen versiegen, sobald die Eltern außer Sichtweite sind, und sich das Kind rasch fröhlich und entspannt wieder auf das Gruppengeschehen einläßt, zwischen den Besuchen nicht von den Eltern spricht, keine Anzeichen depressiver Reaktionen oder gar ein ausgeprägt distanz- und beziehungsloses Verhalten zeigt, dann spricht alles dafür, daß es nicht in positiver Weise an die Eltern gebunden ist, sondern sich nur in direktem Kontakt zu ihnen ihren Erwartungen anpaßt.

Ein Kind, von dem bekannt ist oder mit großer Wahrscheinlichkeit anzunehmen ist, daß es erhebliche verletzende Erfahrungen in der Beziehung zu seinen Eltern gemacht hat (das beispielsweise nach vielfältigen Hinweisen auf Vernachlässigung durch die Eltern deutlich untergewichtig aus einer verwahrlosten Wohnung geholt wird oder bei dem Verletzungen, mit denen es in eine Klinik eingewiesen wurde, auf Mißhandlungen hinweisen), braucht die Sicherheit verläßlichen Schutzes vor den Eltern, d.h. den Ausschluß von Kontakten zu ihnen (vgl. Teil IV, 4).

Bei unzureichend bekannten Vorerfahrungen des Kindes gilt es im Fall negativer, pathologisch verzerrter oder angstbesetzter Beziehungen, diese so rasch wie möglich zu klären. Wenn das Kind neu ins Heim kommt, wird es die Tatsache erst einmal als »natürlich« erleben, daß Kontakte zu den Eltern weiterhin stattfinden. Und gleichzeitig wird es – unter den oben angedeuteten schützenden Bedingungen und angesichts einer offenen und kritisch distanzierten Haltung des Erziehers den Eltern gegenüber – zunehmend mehr in der Lage sein, wahrzunehmen, daß auch ablehnende Gefühle den Eltern gegenüber erlaubt sind und als berechtigt angenommen werden. Eine dann sich als notwendig erweisende Reduktion der Besuche oder ein Ausschluß von Kontakten wird das Kind davon überzeugen können, daß es Menschen gibt, die es schützen können. Werden die Kontakte jedoch zunächst unterbrochen und dann nach Wochen wiederhergestellt, so wird nur allzuleicht zunächst beim Kind die Hoffnung geweckt, daß es nun vor den beängstigenden oder hoch frustrierenden Eltern geschützt ist, um dann nur einige Wochen später zutiefst enttäuscht zu werden, wenn dieser Schutz plötzlich wieder aufgehoben ist, was nur zu einem noch weitreichenderen Einsatz von Angstabwehrmaßnahmen führt.

2. Unterstützung einer realistischen Verarbeitung der Trennung von den leiblichen Eltern

Wir sind bei der Untersuchung von Kindern, bei denen die Pflegebeziehung keine befriedigende, progressive Entwicklung nahm, wiederholt mit Fällen befaßt gewesen, bei denen die Integration des Kindes in die Ersatzfamilie gescheitert war oder zu scheitern drohte, weil es die Trennung von der Ursprungsfamilie nicht realistisch verarbeitet hatte.

Ein Beispiel: Marie, zum Zeitpunkt der Untersuchung sechs Jahre alt, konnte sich, als sie mit vier Jahren in die Pflegefamilie integriert wurde, überhaupt nicht auf die Pflegemutter einlassen. Sie sprach nicht mit ihr und suchte ihr ständig aus dem

Weg zu gehen. Die Untersuchung machte deutlich, daß sie die Phantasie hatte, die leibliche Mutter, zu der kein Kontakt mehr bestand, könnte alles sehen, was das Kind tut. Und wenn sie eines Tages zurückkehren würde, würde sie das Kind furchtbar strafen, wenn es sie verraten hätte, indem es sich auf eine neue Mutter eingelassen hätte. Nachträgliche Recherchen klärten auf, daß kurz vor der Inpflegegabe und der endgültigen Trennung von der Mutter das Kind die Mutter noch einmal besucht hatte. Die Mutter, die sich zuvor vernachlässigend dem Kind gegenüber verhalten hatte, hatte ihm gleichwohl ihre Liebe versichert und ihm angekündigt, daß es bald wieder zu ihr zurückkehren werde, was unwidersprochen durch die anwesende Sozialarbeiterin geblieben war.

In der Pflegefamilie verschränkten sich die an die leibliche Mutter gebundenen Ängste und Schuldgefühle mit den Wünschen des Kindes nach befriedigenden neuen Beziehungen so unentwirrbar, daß sowohl die Ängste als auch die Wünsche weitreichend abgewehrt, verleugnet und verdrängt werden mußten und dem Kind und der Bearbeitung erst wieder zugänglich wurden, als Marie nach dem Abbruch des Pflegeverhältnisses vorübergehend in ein Heim kam.

Im Heim fiel es Marie nicht schwer, sich in der Gruppe zu orientieren und befriedigende Beziehungen zu den Kindern und Erziehern herzustellen. Sie wirkte entspannt und wie von einer schweren Last befreit. Sie kam nun – wie es bei einer behutsamen Pflegeanbahnung oder einer einzeltherapeutischen Beziehung im Heim auch der Fall gewesen wäre – einmal pro Woche für eine Stunde zu uns.

Marie entwickelte in der Beziehung zu uns rasch regressive Bedürfnisse, z.B. aus einer Babyflasche zu trinken oder in einer Wiege zu liegen. Dabei wurden gleichzeitig auch ihre Ängste deutlich, sich auf mütterliche Versorgung einzulassen. So flüsterte sie, wenn sie mit der Therapeutin sprach, als dürfe es jemand nicht hören. Oder sie bestand darauf, die Rolläden herunterzulassen, bevor sie in die Wiege kletterte, so als habe sie Angst, sie könnte von draußen beobachtet werden. Indem wir diese Ängste ansprachen, konnte Marie schließlich über ihre Phantasien, eine Hexe, eine böse Mutter (die leibliche Mutter) könnte alles sehen und würde sie dann bestrafen, sprechen. Auch der Zusammenhang zu dem letzten Besuch bei der Mutter wurde deutlich und ein Gespräch darüber möglich, warum sie nicht bei der leiblichen Mutter, an die sie tatsächlich keine Bindung hatte, sondern ihr nur durch Angst verpflichtet gewesen war, bleiben konnte und warum die Mutter Marie auch nie mehr zurückholen könnte.

Marie entwickelte nun rasch den Wunsch nach neuen Eltern-Kind-Beziehungen, den sie zunächst an uns festmachte und später auf die für sie ausgewählten neuen Pflegeeltern übertrug, so daß sie schon wenige Monate nach ihrer Heimaufnahme mit Erfolg in eine neue Pflegefamilie integriert werden konnte.

Ein anderes Beispiel: Michael wurde mit sechs Jahren von seinen leiblichen Eltern ins Heim gebracht, weil sie wegen seiner erheblichen Aggressionen nicht mehr mit ihm fertig wurden. Er war aufgrund des Angstabwehrmechanismus der Identifikation mit dem Aggressor hoch mit seinem aggressiven Vater identifiziert, so daß er in Frustrationssituationen und zur Abwehr von Angst und Ohnmachtsgefühlen ebenso drohend und zerstörerisch aggressiv reagierte wie sein Vater, der die Kinder und die Mutter prügelte. Außerdem haßte er die leibliche Mutter und war tief enttäuscht von ihr, weil sie sich, selbst hilflos und ohnmächtig, ihm gegenüber vernachlässigend und nicht schützend verhielt. Bei den Kontakten im Heim wußte sie nichts mit dem Kind anzufangen, sondern beklagte immerzu den Heimerziehern gegenüber ihr Schicksal.

Dennoch blieb Michael durch unerfüllte, übermäßige Wünsche nach primärer Mütterlichkeit, die er weiterhin an seiner leiblichen Mutter festmachte, an sie gebunden. Das Faktum, daß die Mutter ihn, nicht aber seine Schwestern, die in der Identifikation mit der Mutter statt mit dem Vater angepaßter und weniger aggressiv reagierten als Michael, abgegeben hatte, verstärkte sein negatives Selbst, seine Selbstüberzeugung, ein böses, unmögliches Kind zu sein und für alles Unglück allein verantwortlich zu sein.

Michael wehrte seinen Haß gegen die Mutter ab, idealisierte sie, entwickelte Rettungsphantasien der Mutter gegenüber, den Wunsch, zu ihr zurückzukehren und sie vor dem aggressiven Vater schützen zu müssen. Seine eigenen Aggressionen brachten ihn immer wieder zur Verzweiflung. Er konnte sie nicht annehmen und daher auch nicht steuern lernen.

Im Heim wurde zwar der Zusammenhang zwischen den Aggressionen des Kindes und den familialen Sozialisationsbedingungen gesehen, aber nicht genauer verstanden und vor allem nicht bearbeitet. Man war vielmehr bemüht, durch direkte erzieherische Interventionen die Aggressionen des Kindes »abzubauen« und die Mutter durch Ratschläge und Appelle zu befähigen, sich mehr auf das Kind einzulassen. Besuchskontakte wurden schon bald ausgeweitet und das Kind auch zu Wochenendbesuchen und in den Ferien zu den Eltern entlassen in der Hoffnung, daß – wie es sich das Kind und zunächst auch noch die Eltern wünschten – das Kind irgendwann zu ihnen zurückkehren könnte. Als sich diese Hoffnung als trügerisch erwies und die Mutter, die sich inzwischen von ihrem Mann getrennt hatte, selbst wünschte, daß Michael sie nicht mehr zu Hause besuchte, weil er sich nicht »besserte« und sie ihn nicht mehr steuern konnte, wurde mit ihr über eine Inpflegegabe gesprochen, der sie auch zustimmte. Michael wurde mitgeteilt, daß er nicht mehr zur Mutter zurückkehren könne und statt dessen Pflegeeltern bekommen solle. Nach wenigen Kontakten, während der er sich sehr angepaßt verhielt, wurde er dann in die Pflegefamilie integriert.

Schon bald brach die Überanpassung des Kindes in der Pflegefamilie zusammen, und es wurde deutlich und kam in vielfältigen Selbstanklagen bis zu Suiciddrohungen zum Ausdruck, daß Michael die Trennung von den leiblichen Eltern überhaupt nicht verarbeitet hatte, daß er keinerlei kritische Distanz zu ihnen entwickelt hatte, daß er auch die Inpflegegabe nur unter dem Aspekt sehen konnte, wegen seiner eigenen Bösartigkeit von der leiblichen Mutter abgelehnt zu werden. Er idealisierte weiterhin die leibliche Mutter und hielt an dem Wunsch nach Rückkehr zu ihr fest, während er alle an sie gebundenen Enttäuschungen und Aggressionen in der Übertragungsbeziehung zur Pflegemutter, die er bei Frustrationen hoch aggressiv attackierte, ausagierte.

Hier wird deutlich, daß der eineinhalbjährige Heimaufenthalt vor der Vermittlung in die Pflegefamilie dem Kind nicht geholfen hat, eine kritische Distanz zu seinen leiblichen Eltern zu gewinnen und offen zu werden für neue Beziehungen. Die bloße Bedingung der neutralen, nichtfamilialen Situation als Übergang reicht nicht aus, wenn diese nicht wie eine diagnostische und therapeutische Situation genutzt wird, um dem

Kind zu helfen, eine kritische Sicht seiner Erfahrungen zu gewinnen und die eigenen Wünsche, Affekte und Abwehrmaßnahmen genauer zu verstehen und als berechtigt annehmen zu können.

Wenn man die Probleme der leiblichen Eltern und die Einschränkungen ihrer Erziehungsfähigkeit ernst genommen hätte, wenn man die aus den Störungen der Eltern-Kind-Beziehungen resultierenden Wünsche, Affekte und Persönlichkeitsstörungen des Kindes und seine Abwehrmaßnahmen genauer verstanden hätte, dann hätte die Chance der Übergangssituation anders genutzt werden können. Dann hätte man Michael beispielsweise gefragt: »Warum bist Du hier?« Und er hätte vielleicht geantwortet: »Weil ich immer so wütend bin.« Dann hätte man ihm sagen können: »Aber wenn ein Kind so viel Wut im Bauch hat, dann hat es meist gute Gründe dafür.« Und Michael hätte vielleicht geantwortet: »Ne. Meine Mama ist lieb. Aber ich hab' sie getreten und den Fernseher kaputtgeschlagen.« Dann hätte man ihm sagen können: »Aber das macht ein Kind nicht einfach so, sondern dann hat es meist viel Angst oder ist sehr enttäuscht. Und das kann ich mir auch gut denken. Wenn Deine Mutter Dich besucht, dann merkt sie gar nicht, was Du möchtest und Dir wünschst. Dann erzählt sie immer nur von sich. Das muß ein Kind auch wütend machen. Und daß Du viel Wut hast, versteht sie auch nicht. Sie will nur, daß Du Dich änderst, und meckert an Dir rum, und dann denkst Du, Du wärest ein böses, unmögliches Kind. Aber Du hast ja recht, enttäuscht und wütend zu sein.«

Ein solcher Dialog ist bei Michael leider nicht zustande gekommen. Wir haben ihn in ähnlicher Weise mit vielen Kindern im Rahmen von Untersuchungen geführt, und dies hatte oftmals unmittelbar eine befreiende Wirkung und brachte den Prozeß des Gewinns einer kritischen Distanz in Gang.

Gerade im Heim, d.h. in einer neutralen, nichtfamilial strukturierten Situation, in der es keine direkte Konkurrenzbeziehung zu den Eltern gibt und in der die an die Eltern gebundenen Ängste und Abwehrmaßnahmen des Kindes reduziert werden, weil das Kind nicht mehr so weitreichend von den Eltern abhängig ist, ist es am ehesten möglich, das Thema der Trennung von den Eltern, der Gründe, die dazu geführt haben, der Probleme und auch der Unfähigkeiten der Eltern und der Wünsche, Gefühle und Abwehrmaßnahmen des Kindes relativ direkt und offen anzusprechen und auch durch realistische Informationen und Beurteilungen dem Kind beim Gewinn einer kritischen Distanz zu helfen. Das ist natürlich nicht mit einem Gespräch getan, sondern wird bei vielen kleinen, an unmittelbaren Ereignissen, Erlebnissen und Äußerungen des Kindes ansetzenden Gelegenheiten, in mitunter auch sehr beiläufigen Bemerkungen und Fragen fortgesetzt werden müssen, bis das Kind sich selbst und die Notwendigkeit der Trennung von den Eltern annehmen kann.

3. Kontaktanbahnung zur Ersatzfamilie

3.1 Die Vermittlung eines Kindes in eine Ersatzfamilie sollte erst dann angestrebt und behutsam vorbereitet werden, wenn die Ängste des Kindes vor Abhängigkeitsbeziehungen so weit reduziert sind, daß es sich überhaupt auf eine dichtere, wenn auch noch unverbindliche Beziehung zu einem Erwachsenen einlassen kann. Wenn ein

Kind selbst die Nähe zu einem Heimerzieher kaum aushalten und sich wünschen kann, wenn es selbst in der Heimgruppe ständig auf der Flucht ist und sich nur wohlzufühlen scheint, wenn es mit anderen Kindern zusammen ist oder draußen herumtoben kann, wenn es sich auch durch einen Erzieher nicht mütterlich versorgen läßt, sich bei Berührung ganz steif macht, bei Annäherung den Blick abwendet oder aggressiv die Flucht nach vorn antritt, dann ist ein Kind nicht beziehungs- und vermittlungsfähig, dann würde die Herstellung einer individualisierten Beziehung zu möglichen elterlichen Objekten noch allzu angstbesetzt sein. Die Reduzierung solch ausgeprägter Ängste und ihrer Abwehr wird um so eher gelingen, je mehr die Arbeit in der Gruppe sich an Grundsätzen für die Gestaltung eines therapeutischen Milieus orientiert, wie sie von Bettelheim (1971) und Redl (1978) formuliert worden sind (vgl. Muss 1973).

Bei Kindern mit tiefgreifenden, frühen traumatischen Erfahrungen und schweren, komplizierten Beziehungs- und Persönlichkeitsstörungen wäre es nützlich und zuweilen auch notwendig, wenn darüber hinaus vor der Kontaktanbahnung zu Pflegeeltern das Kind seine Beziehungserfahrungen und -probleme in einer psychoanalytisch orientierten Einzelspieltherapie in der Übertragungsbeziehung zum Therapeuten bearbeiten könnte.

Andere therapeutische oder heilpädagogische Hilfen im Vorfeld der Vermittlung sind zwar insoweit nützlich und hilfreich, als sie zu einer Ich-Stärkung und der Verbesserung der Anpassungsfähigkeit des Kindes beitragen können, so daß auch die Ausgangslage für eine Kontaktanbahnung zu Eltern verbessert wird, aber sie sollten nicht zum Vorwand genommen werden, mit der Suche nach geeigneten Eltern und der Kontaktanbahnung zu ihnen so lange zu warten, bis diese Maßnahmen so weit abgeschlossen sind, daß das Kind ein »normales Entwicklungsniveau« erreicht hat. Denn zu wirklichen Strukturveränderungen und der Korrektur traumatischer Beziehungserfahrungen kommt es auf diesem Wege nicht. Und folglich tragen die erreichten Fortschritte schließlich auch nicht, wenn die an familiale Beziehungen gebundenen Erwartungen, Wünsche, Ängste, Aggressionen und Selbstdefinitionen in der Beziehung zu Pflegeeltern als elterlichen Übertragungsobjekten wiederbelebt werden. Vor allem darf man sich daher nicht der Illusion überlassen, daß eine Ich-Stärkung des Kindes aufgrund heilpädagogischer Maßnahmen den Integrationsprozeß in eine Familie wesentlich erleichtern würde und die Aufnahme des Kindes in die Ersatzfamilie nach erfolgreicher Ich-Stärkung des Kindes in der Gruppe rasch erfolgen könnte.

So hatte sich die sechsjährige Nadine, ein abgelehntes und mißhandeltes Kind, das hoch mit dem Aggressor identifiziert war und ein ausgeprägt negatives Selbst besaß, im Heim und auch mit Hilfe einer heilpädagogischen Spieltherapie von einem äußerst frustrationsintoleranten und aggressiv agierenden Kind zu einem relativ gut gesteuerten offenen, charmant humorvollen Kind gewandelt. Als Nadine die für sie ausgewählten Pflegeeltern kennenlernte, wurde sie von den Heimerziehern bald darüber informiert, daß dies ihre neuen Eltern seien, und sie wurde zu einer raschen Ausweitung der Kontakte zu ihnen ermutigt, so daß dann auch die Aufnahme in die Familie schon nach wenigen Wochen erfolgte. Kaum lebte sie bei den Pflegeeltern, d.h. war in der Realität wieder vollständig von Eltern abhängig, brachen ihre Anpassungsfähigkeiten zusammen, und sie wurde von Ängsten überschwemmt, die sie nun wiederum hoch aggressiv agierend abzuwehren suchte. Nicht nur die Pflegeeltern gerieten an die Grenzen ihrer Belastbarkeit, sondern auch für das Kind war die Nähe in Abhängigkeitsbeziehungen offenbar kaum erträglich, was in ständigen Trennungsdrohungen und Fluchttendenzen zum Ausdruck kam.

3.2 Insbesondere dann, wenn ein Kind in familialen Beziehungen tiefgreifende traumatische Erfahrungen gemacht hat bzw. wenn dies nicht auszuschließen ist, sollte die Kontaktanbahnung zu zukünftigen Pflege- oder Adoptiveltern sehr behutsam erfolgen und wie ein therapeutischer Prozeß genutzt werden, so daß bereits während der Kontaktanbahnung die in unserer Integrationstheorie beschriebene zweite Phase der Integration, die Phase der Übertragungsbeziehung, erreicht und so weit bewältigt wird, daß das Kind sich annehmend auf beide Eltern einlassen kann und aktiv den Wunsch entwickelt, bei ihnen zu leben und ihr Kind zu sein. Dabei ist nicht die Zeit, d.h. die Dauer der Kontaktanbahnung der entscheidende Faktor. Wir waren wiederholt mit Fällen konfrontiert, in denen die Kontaktanbahnung über lange Zeit (ein bis zwei Jahre) gelaufen war, ohne daß dies für die Integration förderlich gewesen ist, weil das Kind während der gesamten Zeit in der Überanpassung steckengeblieben war. Erst nach der Aufnahme in die Familie setzten heftige Übertragungsreaktionen ein, mit denen niemand mehr gerechnet hatte und die um so schwerer anzunehmen und zu handhaben sind, wenn über so lange Zeit bereits der Eindruck von »Normalität« und Alltäglichkeit in Beziehungen entstanden ist.

Von entscheidender Bedeutung ist die Herstellung von Rahmenbedingungen, unter denen sich am ehesten Übertragungsbeziehungen entfalten können und eine Konzentration auf ihre Bearbeitung möglich ist.

1. Wenn ein Kind weiß, daß es in eine Pflege- oder Adoptivfamilie vermittelt werden soll, und wenn es die Ersatzeltern als die für es vorgesehenen Eltern kennenlernt, dann führt dies allzuleicht dazu, daß die Ängste vor erneut zu erwartenden Abhängigkeitsbeziehungen so stark werden, daß es – wenn es nicht gar die Kontaktaufnahme vollständig verweigert oder mit großen Widerständen reagiert – die Ängste nur heftig abwehren, verdrängen und verleugnen kann und sich durch Überanpassung vor erneuten Frustrationen oder Überwältigungen in Abhängigkeitsbeziehungen zu Eltern zu schützen sucht. Oder der Wunsch nach Annahme durch Eltern ist so stark, daß das Kind alle Ambivalenzen, Ängste und Aggressionen, die an Eltern gebunden sind, weitreichend abwehrt, bis es sich durch die Aufnahme in die Familie sicher sein kann, daß es seinen primären Wunsch nach neuen Eltern-Kind-Beziehungen nicht mehr durch eigenes Fehlverhalten grundsätzlich gefährdet.

In beiden Fällen werden die Angstabwehr und die Tendenz zur Überanpassung reduziert, wenn das Kind die Pflegeeltern nicht als mögliche reale Eltern, sondern beispielsweise als Bekannte eines Erziehers oder des Therapeuten, oder des für das Kind zuständigen Sozialarbeiters kennenlernt, als Menschen, die sich nach einem vermeintlich »zufälligen« ersten Kontakt für das Kind interessieren und die Zeit und die Möglichkeit haben, diesen Kontakt zeitlich begrenzt (z.B. einmal pro Woche für eine oder wenige Stunden) fortzusetzen. Unter dieser Bedingung kann das Kind seine an Eltern gebundenen Phantasien und Gefühle in der Übertragungsbeziehung rasch an diesen elterlichen Objekten wie an Therapeuten festmachen und zulassen, gerade weil es sich hier im Erleben des Kindes nicht um Ernstbeziehungen, um reale Eltern-Kind-Beziehungen handelt.

Wir sind oft mit dem Einwand konfrontiert, daß dies in einer Heimgruppe so gar nicht durchführbar wäre. Auch wenn man dem Kind nicht sagen würde, daß dies die für es vorgesehenen Pflegeeltern sind, würden schon die anderen Kinder der Gruppe das Kind rasch darauf bringen.

Es macht jedoch einen Unterschied, ob man etwas »schwarz auf weiß« nach Hause trägt oder eine Phantasie entwickelt, diese aber aufrechterhalten oder auch verwerfen, oder verleugnen kann in Abhängigkeit von den eigenen Bedürfnissen und Ängsten. Wenn das Kind die Eltern – wie beschrieben – kennengelernt hat und auch die beteiligten Erwachsenen dabei bleiben, daß es sich nicht um Eltern handelt, sondern um Menschen, die Zeit und Interesse für das Kind haben, dann kann es sich selbst – wenn seine Vorstellung von Eltern noch zu beängstigend ist – sagen, daß die anderen ja viel reden können, daß es aber tatsächlich nur Bekannte sind. Es kann (probeweise) in Gedanken und im Handeln sie in die Rolle von Eltern manövrieren, dies aber auch wieder zurücknehmen und negieren, ganz wie es seinen Möglichkeiten und Bedürfnissen entspricht, gerade weil es sich dem Gefühl überlassen kann, daß es real nicht von ihnen abhängig ist.

2. Wenn die Kontaktanbahnung nicht nur als eine Zeit des gegenseitigen Kennenlernens und des Sicheingewöhnens verstanden und genutzt wird, sondern als ein Prozeß, der der Klärung und Bearbeitung der an Eltern gebundenen Erfahrungen des Kindes dient und der es den zukünftigen Eltern erleichtern soll, eine helfende, quasi therapeutische Haltung dem Kind gegenüber zu entwickeln, dann müssen spezifische Bedingungen geschaffen werden, unter denen ein solcher Prozeß überhaupt erst in Gang kommt.

Dies ist zweifellos nicht der Fall, wenn die Kontakte in der Gruppe, d.h. in einer höchst komplexen Situation stattfinden, in der es im übrigen geradezu vorprogrammiert ist, daß die anderen Kinder der Gruppe mitunter sofort die Frage stellen: »Sind das Deine neuen Eltern?« Dies ist auch nicht der Fall, wenn die Besuche des Kindes in der Ersatzfamilie unter dem vielfach vertretenen Motto stehen, daß die Familie keine Besuchssituation herstellen darf, sondern daß das Kind den Alltag der Familie erleben soll, in den es sich eingewöhnen soll. Dann steht die Anpassung an die Realität der neuen Situation vollständig im Vordergrund, und die Chance wird vertan, gerade bei der Kontaktanbahnung eine Situation zu schaffen, die vom Realitätsdruck, von Anpassungsforderungen weitreichend befreit ist und die eine Konzentration auf das für den Integrationsprozeß zentrale Thema erlaubt: die Herstellung von Eltern-Kind-Beziehungen bzw. die Bearbeitung der an diese Beziehungen gebundenen Wünsche und Ängste.

Bei Empfehlungen, daß das Kind z.B. von vornherein »den Alltag der Familie« kennenlernen soll, wundert es mich im übrigen immer wieder, daß Erwachsene so leicht vergessen, wie es war, als sie selbst am Beginn der Entwicklung neuer Liebesbeziehungen (zu einem Partner) standen, bzw. daß sie offenbar übersehen, daß es sich auch bei der Entwicklung von Eltern-Kind-Beziehungen um dasselbe, nämlich um die Herstellung von Liebesbeziehungen handelt. Ist nicht auch jede erwachsene Liebesbeziehung am Anfang dadurch gekennzeichnet, daß sie sich aus dem Alltäglichen hervorhebt, daß jeder sich dem anderen attraktiv zu machen sucht, daß man sich in hohem Maß in den anderen einzufühlen, seine Wünsche zu erraten und, soweit es geht, zu erfüllen und seine Ängste und Widerstände zu verstehen sucht?

Sich einem Kind attraktiv zu machen wird am ehesten gelingen, wenn man sich »von ihm an die Hand nehmen läßt« (vgl. Teil II, 1), wenn man eine zunächst distanziert abwartende, annehmend beobachtende Haltung einnimmt und dem Kind dadurch, daß man auf seine Signale wartet und sie zu verstehen und zu beantworten sucht, signalisiert, daß man bereit ist, sich von ihm manipulieren zu lassen. Eine solche Haltung ermöglicht es dem Kind, die Eltern in von ihm bestimmten Schritten zu erforschen. Und das Erforschen der Eltern wird ihm leichter möglich sein in einer Situation, die nicht durch viele andere und durch lärmende Aktivitäten bestimmt ist. Daher erscheint es uns nützlich, wenn die Kontaktanbahnung in der Regel in einer Situation erfolgt, die das Herstellen individualisierter Beziehungen bahnt und die störende, nicht kalkulierbare Einflüsse durch andere ausschließt – beispielsweise in einem Spielzimmer außerhalb der Gruppe, in dem das Kind zuvor schon einige Stunden allein mit demjenigen verbracht hat, der den Kontakt zu den neuen Eltern bahnt.

3.3 Zwei Fallbeispiele sollen die in jedem Fall nützlichen Grundsätze bei der Kontaktanbahnung sowie die große Varianz hinsichtlich der einzelnen Schritte in Abhängigkeit vom Ausmaß der traumatischen Erfahrungen und der Persönlichkeits- und Beziehungsstörungen des Kindes verdeutlichen:

1. Marie, sechs Jahre alt, war ein ichstarkes und beziehungsfähiges Kind ohne tiefgreifendere frühe Traumata und Persönlichkeitsstörungen. Nachdem im Verlauf von zehn spieltherapeutischen Stunden ihre Angstbindung an ihre leibliche Mutter bearbeitet und gelöst war, war sie in der Lage, die Einzelbeziehung zu uns aktiv und befriedigend zu nutzen und sich eine Ausweitung der Beziehung zu uns zu wünschen.

Zu diesem Zeitpunkt lernte Marie die für sie ausgewählten Pflegeeltern, die sich aufgrund ausführlicher Vorinformationen über sie und ihre Vorgeschichte für ihre Aufnahme entschieden hatten, auf folgende Weise kennen: Es klingelte geplant »überraschend«, und die Pflegeeltern kamen als »unsere Bekannten« angeblich zufällig vorbei, um uns zu besuchen. Wir sagten, daß wir im Moment keine Zeit für sie hätten, weil Marie bei uns wäre. Aber sie könnten ja solange warten und vielleicht mitspielen. Wir hatten zuvor mit den Eltern vereinbart, daß sie zunächst freundlich abwartend unsere Interaktionen mit dem Kind beobachten sollten und sich, soweit es das Kind inszeniert und zuläßt, in das Spiel mit einbeziehen lassen sollten. Wenn sie im Verlauf dieses ersten Kontaktes in ihrem Entschluß, dieses Kind aufnehmen zu wollen, bestärkt würden, sollten sie gegen Ende der Stunde zu Marie sagen, daß es ihnen Spaß gemacht habe und daß sie gern einmal wiederkommen würden, wenn sie bei uns sei.

Gebahnt durch die befriedigenden Erfahrungen in der Interaktion mit uns und in der Identifikation mit unserer positiven Einstellung unseren »Bekannten« gegenüber, nahm Marie die Besucher freundlich an und stimmte dem Vorschlag, wieder einmal zusammen zu spielen, freudig zu. Wir sagten den Pflegeeltern – was sie natürlich längst wußten –, daß Marie in der nächsten Woche wieder bei uns sei und wenn sie Lust und Zeit hätten, sie dann ja wieder kommen könnten.

Nach einer Stunde wurde Marie von einem Gruppenerzieher abgeholt, und wir redeten mit den Eltern über die in dieser Stunde gemachten Erfahrungen.

Während des zweiten Kontaktes versuchten wir uns mehr als beim ersten Mal aus den spielerischen Aktionen herauszuhalten, und beim dritten Mal zogen wir uns weitgehend zurück unter dem Vorwand, etwas anderes erledigen zu müssen. Die Pflegeeltern bemühten sich in ähnlicher Weise, wie sie es bei uns beobachtet hatten, mit Marie umzugehen, und diese setzte die zuvor mit uns gemachten Spiele und Interaktionen unmittelbar mit den Eltern fort.

Da Marie sich bereits bei dieser Begegnung recht unbefangen, unängstlich und vergnüglich auf »unsere Bekannten« eingelassen hatte und sich auch interessiert nach ihrer Lebenssituation erkundigte, fragten die Pflegeeltern nach dieser Stunde, ob Marie Lust habe, auch einmal zu ihnen zum Spielen zu kommen. Es wurde ein Nachmittag vereinbart, an dem die Pflegeeltern das Kind nicht im Heim, sondern bei uns abholten und auch wieder zu uns zurückbrachten, weil die Heimerzieher zu diesem Zeitpunkt noch erhebliche Einwände und Widerstände gegen unsere Empfehlung hatten, die Pflegeeltern nicht in das Gruppengeschehen mit einzubeziehen.

Nachdem Marie sich bei diesem ersten Besuch in der Pflegefamilie auf eine intensive Interaktion mit den Eltern eingelassen hatte und am Ende bedauerte, ins Heim zurückgehen zu müssen, luden die Pflegeeltern sie für ein Wochenende ein. Bereits während dieses Wochenendes signalisierte Marie den Wunsch, bei den Eltern bleiben zu wollen. Die Eltern reagierten freudig überrascht, sagten dem Kind, daß sie sich das auch wünschen würden, daß sie es mit uns besprechen würden und daß Marie auch mit uns noch einmal darüber sprechen könne. Sie luden sie für eine Woche in den nahen Ferien ein und sagten ihr, daß sie, wenn sie dann wirklich bei ihnen bleiben wolle, dies auch tun könne und sie nur noch einmal mit ihr ins Heim fahren würden, um ihre Sachen abzuholen.

In der nächsten Stunde nach diesem Wochenende, zu der Marie allein zu uns kam, brachte sie uns ein Geschenk mit – offenbar eine Beschwichtigungsgeste, da der Wunsch, bei »unseren Bekannten« zu bleiben, Loyalitätskonflikte bei ihr erzeugt hatte. Denn im Laufe der, wenn auch wenigen Stunden bei uns war ihr auch die Beziehung zu uns bedeutsam geworden. Schließlich hatte sie an die Untersucherin auch erstmals den Wunsch geknüpft, ihr Kind zu sein, nachdem sie sich aus der Angstbindung an die Mutter gelöst hatte. Wir griffen diese Geste auf und sagten ihr, daß Hans und Grete (wie wir die Pflegeeltern nennen wollen) uns erzählt hätten, daß sie (Marie) sich überlege, ob sie nicht für immer bei ihnen bleiben wolle. Und wir versicherten ihr, daß wir das sehr gut fänden und ihr überhaupt nicht böse seien. Wie geplant fuhren die Pflegeeltern mit Marie nach der Ferienwoche ins Heim, holten dort ihre Sachen ab und kamen anschließend noch bei uns vorbei. Marie signalisierte sehr deutlich, wer nun für sie zuständig sei, und suchte diesen Abschiedsbesuch rasch hinter sich zu bringen.

2. Bei Johanna, zum Zeitpunkt der Heimunterbringung drei Jahre alt, dauerte der Anbahnungsprozeß insgesamt eineinhalb Jahre. Sie hatte bis zur Heimaufnahme unter verwahrlosenden Bedingungen in der Ursprungsfamilie gelebt, hatte heftige aggressive Auseinandersetzungen zwischen den Eltern miterlebt und war selbst von der Mutter häufig geschlagen und ablehnend und kränkend behandelt worden. Das ganze

Ausmaß ihrer traumatischen Erfahrungen und der daran gebundenen Ängste vor Eltern, insbesondere auch vor dem Vater und vor der elterlichen Koalition, wurde jedoch erst deutlich, als wenige Wochen nach der Heimaufnahme Kontakte zu den für das Kind ausgewählten Pflegeeltern hergestellt wurden.

Die Heimerzieher und die vermittelnde Sozialarbeiterin waren – aufgrund des Alters des Kindes und weil im Heim zunächst Ängste des Kindes oder andere schwerwiegende Probleme nicht zu beobachten waren – davon ausgegangen, daß die Integration des Kindes in eine Pflegefamilie rasch erfolgen könnte. Unglücklicherweise hatte man daher nicht nur mit dem Kind sehr klar über seine Perspektive, nicht mehr zu den leiblichen Eltern zurückzukehren, gesprochen, was Johanna auch ohne Widerstände annehmen konnte. Man suchte vielmehr auch dem Kind deutlich zu machen, daß es nicht im Heim bleiben werde, sondern neue Eltern bekommen solle. Johanna reagierte zwar ablehnend auf diesen Gedanken und verhielt sich zunächst ängstlich distanziert den Pflegeeltern gegenüber, suchte sich dann aber den Erwartungen der Erwachsenen anzupassen und ließ insbesondere in der Beziehung zur Pflegemutter zunehmend größere Nähe zu. Als die Kontakte jedoch weiter intensiviert wurden, löste dies bei ihr panische Ängste aus. Sie weigerte sich, die Pflegeeltern zu besuchen, formulierte im Heim auch deutlich ihre Angst vor Eltern, sprach nun häufig über ihre bedrohlichen Erfahrungen in der Ursprungsfamilie, reagierte mit Schlafstörungen und Alpträumen, und in der Beziehung zu den Erziehern und zu anderen Kindern wurde nun eine ausgeprägte Identifikation des Kindes mit den leiblichen Eltern als Aggressor deutlich. Bei Frustrationen oder auch spontan schimpfte Johanna schrecklich: »Du alte Sau. Du Fotze. Du Hure« u.ä., schlug, kratzte, trat und verhielt sich sehr drohend oder ausgeprägt negativistisch-trotzend. Rasch von dem Gefühl bedroht, von anderen beherrscht zu werden, suchte sie andere zu beherrschen, oder sie machte sich phobisch klein und klammerte sich schutzsuchend an die Erzieherin.

Die Kontakte zu den Pflegeeltern wurden nun – nach der psychologischen Untersuchung des Kindes – auf eine Stunde pro Woche im Spielzimmer des Heimes beschränkt. Den Pflegeeltern gegenüber blieb Johanna sehr ambivalent: Einerseits freute sie sich auf ihre Besuche und erwartete positiv erregt deren Ankunft, andererseits äußerte sie auch immer wieder Angst und bestand darauf, daß eine Erzieherin in der Nähe bleiben müsse. Vor allem aber konnte sie die Anwesenheit des Pflegevaters nicht ertragen. Mehrere Monate lang sperrte sie ihn aus dem Spielzimmer aus. Er mußte – meist gemeinsam mit der Erzieherin – im Flur sitzen bleiben, während Johanna sich hinter verschlossener Tür zunächst sehr angepaßt, später in vorsichtigen Schritten provokant und aggressiv und schließlich auch regressiv auf das Spiel und die Interaktion mit der Pflegemutter einlassen konnte. Die Pflegeeltern und die Heimerzieher stellten sich sehr einfühlend und annehmend auf die Bearbeitung ihrer Ängste, Aggressionen, Widerstände und Bedürfnisse ein.

Als Johanna schließlich in der Beziehung zur Pflegemutter den Wunsch nach größerer Nähe, nach einer Intensivierung der Kontakte und nach Eltern-Kind-Beziehungen entwickelte, wurde ihr gesagt, daß sie sich eigentlich keine Eltern, sondern nur eine Mutter wünsche; daß die Pflegeeltern zusammengehören würden, es ihr aber offenbar noch zu große Angst mache, sich auf beide zusammen bzw. auch auf den Pflegevater einzulassen, der ja immer draußen bleiben müsse.

Erst als Johanna sich auf beide Eltern einlassen konnte und aktiv den Wunsch äußerte, die Pflegeeltern wieder einmal zu Hause zu besuchen, dann bei ihnen zu übernachten, erfolgte entsprechend ihren Wünschen eine Intensivierung der Kontakte, bis sie schließlich sehr dezidiert den Wunsch äußerte, das Kind der Pflegeeltern zu sein, immer bei ihnen zu bleiben und nie mehr ins Heim zurückzukehren.

Johanna konnte sich nun, nach Aufnahme in die Pflegefamilie, regressiv auf die Pflegeeltern, insbesondere die Pflegemutter einlassen. Gleichzeitig wurden noch einmal in höchst provokanter Weise all ihre an Eltern gebundenen Ängste und Aggressionen thematisch. Die Pflegeeltern hatten inzwischen eine hohe Kompetenz im Umgang mit diesen Übertragungsreaktionen entwickelt. Gleichzeitig waren die regressiven Wünsche des Kindes inzwischen so weit gebahnt, daß all diese Probleme in relativ kurzer Zeit erfolgreich bewältigt wurden. Sieben Monate nach der Aufnahme in die Pflegefamilie konnte in der Nachuntersuchung festgestellt werden, daß Johanna sich eindeutig und in positiver Weise durch die Pflegeeltern definierte und alle Chancen hatte, ein gesundes, ichstarkes und beziehungsfähiges Kind zu sein.

4. Zum Rollenverständnis der Heimerzieher

1. Wenn wir empfehlen, Kinder vor der Vermittlung in eine Ersatzfamilie vorübergehend im Heim unterzubringen, begegnen wir dem Einwand, daß dann die Gefahr bestehe, daß sich ein Kind an einen Erzieher binden und zwischen ihnen eine so intensive Beziehung entstehen könnte, daß die Integration in eine Pflegefamilie erheblich erschwert, wenn nicht gar unmöglich gemacht würde. Tatsächlich sind wir aber noch keinem Fall begegnet, in dem die Bindung des Kindes an einen Erzieher, wohl aber, in dem die verpflichtenden Beziehungswünsche des Erziehers die Vermittlung eines Kindes be- oder verhindert haben.

Ein Beispiel: Der zum Zeitpunkt der Untersuchung zwölfjährige Robert lebte seit seinem zweiten Lebensjahr im Heim, in das er als schwer depriviertes Kind aufgenommen worden war. In den ersten Jahren wurde sein Verbleib im Heim mit der Schwere seiner Deprivationsstörungen begründet, später dann damit, daß die Gruppenerzieherin, die das Kind von Beginn an betreut hatte und sich besonders intensiv um dieses Kind kümmerte, im Erleben des Kindes seine Mutter sei und der einzige Mensch, dem das Kind vertraue. Und auch die Gruppe sei eindeutig das Zuhause des Kindes geworden.

Als Robert von seiner Erzieherin zu uns zur Untersuchung gebracht wurde, klammerte er sich an sie und konnte sich kaum auf uns einlassen. Aber auch die Erzieherin klammerte sich an das Kind an. Zwar sagte sie zu ihm, daß er sie doch loslassen und mit uns ins Untersuchungszimmer gehen solle, zog ihn aber gleichzeitig an sich und brachte auch mimisch deutlich ihre Widerstände zum Ausdruck. Erst als wir energisch ansprachen, daß sie offenbar die Trennung von Robert nicht wolle, ließ sie ihn los, und er ging nun problemlos mit uns mit.

In den Untersuchungsbefunden (Sceno-Test, Thematischer Apperceptionstest [TAT]) gab es keinerlei Hinweise auf eine Bindung des Kindes an die Erzieherin als psychologische Mutter, und auch die Heimgruppe wurde überhaupt nicht thematisch. Das Kind schien vielmehr in einer Phantasiewelt zu leben, als einziges Kind eines Vaters und einer Mutter, die mächtig und bewundernswert wie Könige waren und dem Kind alle Wünsche erfüllten. Durch diese idealisierten Phantasieeltern definierte sich das Kind, nicht aber durch seine Erzieherin, von der er im übrigen als von »Fräulein Hilde« sprach.

In der Konkurrenzbeziehung zu sechs, acht oder zehn anderen Kindern, die alle erhöhte Anforderungen an die Betreuer stellen und in der Beziehung zu einem Erwachsenen, der seine Arbeit erledigt völlig unabhängig davon, ob gerade dieses Kind in der Gruppe lebt oder ein anderes, entwickelt kein Kind Eltern-Kind-Beziehungen. Es entwickelt unter günstigen Bedingungen eine Vorstellung davon, daß ein Erwachsener nicht bedrohlich ist, daß er für die Befriedigung der primären Bedürfnisse des Kindes sorgt, daß er sich schützend, einfühlend und helfend verhält. Und aufgrund dieser Erfahrungen in helfenden Beziehungen wird das Kind, gerade wenn es in frühen Beziehungen zu Eltern traumatische Erfahrungen gemacht hat, wieder die Fähigkeit entwickeln können, sich auf Abhängigkeitsbeziehungen ohne allzugroße Angst einzulassen und sich schließlich auch befriedigende Eltern-Kind-Beziehungen zu wünschen. Aber diese Wünsche werden die nach individualisierten und ausschließlichen Beziehungen zu einer Mutter und zu einem Vater sein, die in einer Gruppe nicht erfüllt werden können. Und folglich wird ein Kind, wenn es für neue Eltern-Kind-Beziehungen offen geworden ist, rasch seine Wünsche an denjenigen festmachen, bei denen es ahnt, daß sie auch durch sie erfüllt werden könnten.

Diese Erfahrung haben auch wir wiederholt gemacht. Wenn wir Kinder auf die Vermittlung in eine Ersatzfamilie therapeutisch vorbereitet haben, während sie noch im Heim lebten, wurden wir – gerade weil es sich in der einzeltherapeutischen Beziehung um eine hoch individualisierte und befriedigende Beziehung handelt – schließlich für jedes dieser Kinder vorübergehend zu seinen Wunscheltern. Aber diese Wünsche wurden durch das Faktum hinreichend frustriert, daß die Beziehung zu uns immer eine zeitlich begrenzte sein würde. Und aus dieser Frustration erwächst die hohe Bereitschaft des Kindes, die in der Beziehung zu uns entwickelten Wünsche rasch auf die für das Kind vorgesehenen Pflegeeltern zu übertragen, von denen das Kind, wenn es sie kennenlernt, hofft und dann ja auch erfährt, daß sie mehr Zeit haben und sich in anderer Weise auf das Kind einlassen können, als es uns unsere Berufsrolle gestattet (vgl. Nienstedt/Westermann 1980).

2. Wenn Erzieher ihre zeitlich begrenzte Helferrolle annehmen können, wenn sie ihre Funktion als eine therapeutische begreifen, wenn sie nicht insgeheim mit Eltern konkurrieren, sondern die Andersartigkeit der Beziehungen in der Gruppe und der Beziehung zu Eltern anerkennen, dann wird es ihnen am ehesten möglich sein, die Kontaktanbahnung zu Pflegeeltern kompetent zu begleiten.

Zunehmende Probleme der Anpassung des Kindes an die Gruppe, die daraus resultieren, daß an familiale Beziehungen gebundene Ängste, Affekte, Selbstdefinitionen und Beziehungsformen wiederbelebt werden, werden dann nicht so leicht als Störung und Rückschritt erlebt oder als Hinweis auf die Inkompetenz der Pflegeeltern mißverstanden. Sie können vielmehr als Chance begriffen werden, auf einer neuen, zuvor nicht zugänglichen Ebene dem Kind bei der Bewältigung seiner traumatischen Erfahrungen zu helfen.

Wünsche und Ansprüche des Kindes, die nun entstehen (beispielsweise nach ausschließlicher Zuwendung oder vollständiger Bedürfnisbefriedigung) und die in der Heimgruppe zwangsläufig frustriert werden müssen, mögliche Vorwürfe und Klagen des Kindes, die hieraus resultieren und darauf hinweisen, daß das Kind nun aufgrund veränderter Bedürfnisse die Gruppensituation als Mangelsituation erlebt, können dann besser angenommen werden. Sie werden auch nicht zu Kränkungen der Heimerzieher führen, zu angestrengten Versuchen ihrerseits, dem Kind die Gruppensituation wieder annehmbar zu machen, oder zu verhängnisvollen Ratschlägen an die Pflegeeltern, daß sie ihre Umgangsformen mit dem Kind denen der Heimerzieher anpassen sollen. Kritik und Aggressionen des Kindes können dann als angemessene Schritte der Distanzierung und Ablösung des Kindes vom Heim und als hilfreiche Unterstützung der zunächst vielleicht noch ambivalenten Wünsche des Kindes nach Eltern verstanden werden.

Vor allem aber werden Erzieher leichter in der Lage sein, den Wunsch des Kindes nach Intimität in den neuen Beziehungen und nach Distanzierung von all dem, was vorher war, zu respektieren. Wir wissen von vielen Kindern, bei denen die Aufnahme in die Familie als vom Kind gewünschter, aktiver Schritt erfolgte, daß sie selbst keinerlei Interesse hatten, den Kontakt zum Heim aufrechtzuerhalten, wenn sie hierzu nicht durch die Heimerzieher verpflichtet worden wären. Das passiert leicht, indem beispielsweise beim Abschied das Kind aufgefordert wird, mal zu schreiben oder zu Besuch zu kommen, oder wenn Besuche vom Erzieher angekündigt werden. Verpflichtungen und daraus resultierende Schuldgefühle werden hergestellt durch die Gedanken und Wünsche der Erzieher nach Kontinuität der Beziehung.

Forderungen wie beispielsweise die von Nietzschmann/Riemann (1983), daß das Heim im Sinne eines Jugendhilfezentrums auch nach der Vermittlung weiter für das Kind zuständig sein solle, die Beratung und Kontrolle der Pflegeeltern durch die Heimpädagogen erfolgen soll und es auch jederzeit möglich sein müsse, das Kind bei Problemen mit den Pflegeeltern kurzfristig (d.h. zur vorübergehenden Entlastung der Pflegeeltern) wieder im Heim unterzubringen, tragen dem Bedürfnis nach Intimität und einem wirklichen Neuanfang in familialen Beziehungen keine Rechnung. Eine solche Allkompetenz des Heimes wird nur allzuleicht dazu führen, daß Pflegeeltern falsch, nämlich nach heimpädagogischen Gesichtspunkten beraten werden, daß ein Kind die familialen Beziehungen nur als Fortsetzung der Heimerziehung erlebt und daß Ängste verstärkt aufrechterhalten bleiben, daß es in Krisen und bei unzureichender Anpassung wieder ins Heim abgegeben wird.

3. Tobias, fünfzehn Jahre alt, spricht mit uns über sein Leben. Gefragt, wie er heute, im Rückblick, die zwei Jahre seines Heimaufenthaltes vor der Vermittlung in seine Pflegefamilie mit neun Jahren erlebt hat, beschreibt er sie als »leere Zeit«, als eine Episode, eine Übergangssituation, an die es keine herausragenden, emotional bedeutsamen Erinnerungen gibt, und das heißt auch, in der die Menschen, mit denen er zusammengelebt hat – die anderen Kinder der Gruppe und die Heimerzieher –, keine seine persönliche Identität bestimmende Bedeutung gewonnen haben.

Und dennoch war diese »leere Zeit« von großem Wert für die ganze weitere Entwicklung des Kindes. Wir erinnern uns gut an die von den Heimerziehern kompetent unterstützten, mühsamen Ablösungsprozesse, die die Befreiung des Kindes aus der verwirrenden und außerordentlich stark verpflichtenden Beziehung zur leiblichen Mutter ermöglicht haben, an die einfühlende Annahme der vielfältigen Ängste und Angstabwehrmaßnahmen des Kindes durch seine Erzieher, an das emotionale Erwachen des Kindes in dieser Zeit, die vorsichtige Herstellung von Vertrauen in andere Menschen und schließlich das Freiwerden des Kindes für die Entwicklung neuer Eltern-Kind-Beziehungen.

Wenn all dies erreicht wird und es dem Kind schließlich auch erlaubt wird, sich ohne Schuldgefühle und weitere Verpflichtungen von seinen Betreuern zu distanzieren, sich von ihnen so zu verabschieden wie ein Patient nach erfolgreicher, vielleicht lebensrettender Operation von seinem Chirurgen oder wie ein Klient sich endgültig am Ende der Therapie von seinem Psychotherapeuten verabschiedet, dann hat der Erzieher eine schwierige Arbeit komplett geleistet, was ihn stolz machen sollte, auch – oder gerade – weil das Kind ihn nicht mehr braucht.

Teil II:
Theorie der Integration

Fritz sagte mir: »Mach mal Deine Augen zu.« Er nahm mich an die Hand und führte mich. Ich landete beinahe in einem Gebüsch oder vor einem Baum. Und ich merkte, wie schwierig es ist, sich vom Kind an die Hand nehmen zu lassen.

Aus der Betreuung einzelner Kinder als Pateneltern hat sich unsere psychotherapeutische Arbeit mit Kindern als psychoanalytische Spieltherapie in Form einer »familialen Milieutherapie« entwickelt. Dabei haben wir die Erfahrung gemacht, daß bei einem Kind in der Beziehung zu einem Therapeutenpaar in ihrem privaten Lebensraum gerade die Erfahrungen, Wünsche und Ängste wiederbelebt werden, die es in der Beziehung zu seinen Eltern entwickelt hat. Die Durcharbeitung dieser Erfahrungen in der Übertragungsbeziehung zu einer Frau und einem Mann, die das Kind in seiner Phantasie zu seinen enttäuschenden oder überwältigenden Eltern, zu angst- und aggressionsbesetzten Objekten machen darf, bis es diese von seinen früheren Eltern unterscheiden kann und sie sich dann als neue Eltern wünscht, hat uns gelehrt, welche Wege Kinder gehen, um neue befriedigende Beziehungen zu entwickeln, welche Anstrengungen Kinder unternehmen, um sich aus beängstigenden Beziehungen zu befreien und seelisch gesund zu werden.

Bei der Untersuchung bestehender Pflegeverhältnisse haben wir charakteristische Übereinstimmungen und Divergenzen zwischen den Entwicklungen in Pflegebeziehungen und der Entwicklung in der therapeutischen Beziehung gesehen, die es uns ermöglichten, den Prozeß der Integration als Theorie zur Entwicklung neuer Eltern-Kind-Beziehungen zu beschreiben.

Voraussetzung für die Theorie der Integration ist, daß ein Kind in der Lage ist und ihm erlaubt wird, noch einmal neue Eltern-Kind-Beziehungen zu entwickeln. Dieser Prozeß der Entwicklung neuer Eltern-Kind-Beziehungen ist abhängig von den besonderen traumatischen Erfahrungen, die das Kind in der Ursprungsfamilie mit Vater und Mutter gemacht hat. Denn die aus den frühen Beziehungserfahrungen resultierenden Persönlichkeitsstrukturen finden ihren Niederschlag im Erleben, in den Ängsten und Wünschen des Kindes, die die Beziehung zu neuen Eltern prägen.

Unter Berücksichtigung dieser Voraussetzungen verläuft die Integration – in Abhängigkeit vom Verständnis und Verhalten der Pflegeeltern für die Entwicklungsgeschichte des Kindes und den Integrationsprozeß – in drei charakteristischen, mehr oder weniger deutlich voneinander unterscheidbaren Phasen: In der ersten Phase paßt sich das Kind passiv den Wünschen und Erwartungen der Pflegeeltern an und gewinnt erst dadurch, daß sich die Eltern vom Kind an die Hand nehmen lassen, Einfluß auf sie und die Überzeugung, ein angenommenes Kind zu sein. In der zweiten Phase werden die Beziehungen zur Pflegemutter und zum Pflegevater durch die frühen Erfahrungen mit Eltern verzerrt: Es entstehen Übertragungsbeziehungen. In diesen werden alle Beziehungsstörungen wieder mobilisiert, die das Kind in der Beziehung zu seinen Eltern entwickelt hat. Die Annahme der Übertragungsbeziehung ermöglicht dem Kind eine Korrektur der prägenden Beziehungsstörungen. Ihre Bewältigung ist die Voraussetzung für die dritte Phase, die Regression: die Rückkehr auf frühkindliche Entwicklungsstufen, die einem Kind die Entwicklung neuer Eltern-Kind-Beziehungen in den Entwicklungsschritten ermöglicht, die für die frühkindliche Entwicklung charakteristisch sind. Die Integration ist dann gelungen und abgeschlossen, wenn sich das Kind in geschlechtsspezifischer Weise mit den Pflegeeltern identifiziert und seine Selbstidentität als Kind durch die Zugehörigkeit zu diesen Eltern geprägt ist.

Nach dem Grundsatz von Lewin (1943), »daß nichts so praktisch ist wie eine gute Theorie« (ebd., 205), dient die Theorie der Integration wie eine Landkarte der Orientierung in einem unübersichtlichen Gelände. Ihr Gebrauch ermöglicht die Vorbereitung auf die Schwierigkeiten und Probleme bei der Aufnahme eines Pflegekindes, die Diagnose des Integrationsverlaufs, die Feststellung von Abwegen und Umwegen oder Fehlern und die Beantwortung der Frage, ob die Integration gelungen und abgeschlossen ist. Bei ihrem Gebrauch ist jedoch – wie bei einer groben Landkarte – zu berücksichtigen, daß sie nicht unter allen Umständen gilt und richtig gehandhabt wird, was jedem, der einen Stadtplan oder eine Wanderkarte benutzt, geläufig ist. Bei der Aufnahme eines zehn Tage alten Säuglings in Adoptionspflege oder eines siebzehnjährigen Jugendlichen ist der Gebrauch der Integrationstheorie nicht angemessen. Ihr praktischer Nutzen würde aber ebenso durch Mißverständnisse in Frage gestellt werden, wenn man z.B. die Integrationsphasen nicht wie Abschnitte eines Entwicklungsprozesses mit unscharfen Grenzen versteht, sondern erwartet, daß es keine Überschneidungen der phasentypischen Probleme geben könnte.

Kapitel 1: Zur Entwicklung von Beziehungen in Ersatzfamilien*

Wir denken, wenn die Integration eines Kindes in eine Ersatzfamilie Sinn haben soll, muß man als Ziel eines Pflegeverhältnisses den Aufbau und die Entwicklung neuer, intensiver, individueller Eltern-Kind-Beziehungen ansehen. Dabei geht es nicht um die Verwirklichung eines Ideals, sondern darum, bestimmte Sozialisationsziele zu erreichen. Beziehungen haben ja nur dann einen Sinn, wenn sie einen bestimmten Zweck erfüllen, wenn sie dazu beitragen, daß sich Menschen entsprechend ihren Möglichkeiten entwickeln können.

Eltern-Kind-Beziehungen sind die Grundlage und notwendige Bedingung für die Ausbildung von Persönlichkeitsstrukturen, d.h. für die Entwicklung der Ich-Fähigkeiten, der Gewissensentwicklung und der Selbstachtung. Beziehungen sind die Grundlage dafür, daß ein Kind überhaupt von einem Erwachsenen ohne zu große Frustrationen erzogen werden kann und nicht nur zu Unterwerfung und Gehorsam gezwungen ist. Und schließlich sind Beziehungen die Voraussetzung dafür, daß sich ein Kind in der Pubertät von den Eltern wie von einem festen Steg abstoßen kann (Mitscherlich 1963), um als Jugendlicher und schließlich als Erwachsener Beziehungen und Bindungen außerhalb der Familie eingehen zu können. Man könnte es auch so sagen: Persönliche, individuelle Beziehungen im Verhältnis von Eltern und Kindern dienen dazu, daß ein Kind aus seiner Kindheit als gesunder Mensch herauskommt, daß er – wie sich Freud (1917) ausgedrückt hat – liebes- und arbeitsfähig wird, und man sollte hinzufügen: daß er als Erwachsener schließlich erziehungsfähig wird. Wo dies alles nicht erreicht wird, sind im Endeffekt die Pflegeverhältnisse gescheitert. Wo der Beziehungsaufbau bei der Integration nicht gelingt, werden – selbst wenn das Pflegeverhältnis nicht abgebrochen wird – allenfalls Teilziele erreicht.

1. Familiale Beziehungen und kindliche Bedürfnisse

Wenn man einmal von der in der Sozialisationsforschung üblichen Vorstellung ausgeht, daß die Erziehung und Sozialisation eines Kindes in einer Ersatzfamilie so etwas wie ein Eingewöhnungsprozeß (Bowlby 1972) sei, dann unterstellt man, daß die kindliche Entwicklung als abhängige Variable eine Funktion der als unabhängigen Variable gedachten Familie sei:

Kindliche Entwicklung = f (Familie).

* *Nienstedt, M.:* Vortrag auf der Fortbildungsveranstaltung des Landesjugendamtes Westfalen-Lippe für Sozialarbeiter, Hardehausen 1980. – *Westermann, A.:* Vortrag auf der Jahrestagung der Internationalen Gesellschaft für Heimerziehung, Münster 1985.

Diesem Ansatz entsprechend betrachtet man die Familie als eine vorgegebene natürliche oder gesellschaftliche Organisationsform menschlichen Zusammenlebens, an die sich das Kind im Verlauf seiner Entwicklung anpaßt. Deswegen stellt die Familie und die in ihr verwirklichten Erziehungsstrategien die entscheidende Bedingung für die Entwicklung des Kindes dar, dafür, was aus dem Kind wird.

Dieser Ansatz ist deswegen zunächst so überzeugend, weil die Hilfsbedürftigkeit und vollständige Abhängigkeit des Kindes von den mächtigen Eltern unübersehbar ist. Und ebenfalls unübersehbar ist, daß Kinder entsprechend den elterlichen Bedürfnissen, entsprechend den familialen Strukturen auf verschiedene Weise hergestellt werden.

Einfach gesagt: Jede Familie produziert die ihr entsprechenden Kinder, die Kinder, die sie braucht (vgl. Richter 1969). Folglich würde die Integration eines Kindes in eine Pflegefamilie lediglich bedeuten, daß sich bestimmte, für die Entwicklung von Kindern maßgebliche Bedingungen ändern, die dann wiederum dazu führen, daß das Kind, indem es sich diesen neuen familialen Entwicklungsbedingungen anpaßt, schließlich das Kind dieser Familie wird.

Dieser – so vereinfachte – sozialisationstheoretische Ansatz übersieht, daß Menschen geschichtliche Wesen sind, daß sie eine Geschichte haben, die auch von ihnen selbst gemacht wird. Bei der Integration eines Kindes in eine Pflegefamilie, insbesondere bei älteren Kindern, zeigt sich, daß die Integration nicht als ein Eingewöhnungsprozeß verstanden werden kann. Die Lebensgeschichte setzt sich nicht einfach bruchlos in der Ersatzfamilie fort. Gerade wenn Integration gelingt, erfährt die Lebensgeschichte einen Bruch, weil die aus den früheren familialen Beziehungen stammende Identität des Kindes erschüttert und nicht aufrechterhalten werden kann, es sei denn, das Kind bleibt weiter seiner Ursprungsfamilie verhaftet und ein Fremdling in der Ersatzfamilie. Deswegen unterscheidet sich die Sozialisation des Kindes in einer Ersatzfamilie grundsätzlich von der in der Ursprungsfamilie, und zwar unabhängig davon, wie ähnlich oder unähnlich die Ersatzfamilie der Ursprungsfamilie auch ist. Der Unterschied besteht vor allem darin, daß die Sozialisation in der Ersatzfamilie sozusagen ein zweiter Anlauf ist, familiale Beziehungen, also Liebesbeziehungen zu entwickeln. Und so erstaunlich das auch immer ist: Das Kind ist in der Lage, noch einmal neue, individuelle und persönliche Eltern-Kind-Beziehungen herzustellen. Insofern ist die Sozialisation in der Ersatzfamilie nicht nur ein neues Kapitel in der Lebensgeschichte, sondern auch so etwas wie der Versuch, noch einmal die Lebensgeschichte neu zu schreiben.

Wenn man behauptet, daß das Kind, das drei, sechs oder neun Jahre in seiner Ursprungsfamilie gelebt hat, fähig ist, neue Eltern-Kind-Beziehungen zu entwickeln, muß man natürlich die Frage beantworten, wie es kommt, daß ein Kind dazu in der Lage ist. Die Antwort ist verblüffend einfach: Das Kind ist deswegen in der Lage, neue Eltern-Kind-Beziehungen herzustellen, weil seine Bedürfnisse nach verläßlichen Beziehungen zur Absicherung seiner Lern- und Entwicklungsmöglichkeiten überhaupt erst Familienstrukturen hervorbringen.

Das heißt, wenn der Satz gilt, daß die kindliche Entwicklung und schließlich auch seine Identität, seine durch familiale Beziehungen bestimmte Selbstdefinition eine Funktion der Familienstruktur und der Familienbeziehungen ist, dann gilt auch die

Umkehrung des Satzes: Die Familie, die Familienstrukturen und Beziehungen sind eine Funktion der sich entfaltenden kindlichen Bedürfnisse:

Familie = f (kindliche Bedürfnisse).

Dies ist, zugegebenermaßen, eine ungewohnte Perspektive, wenn man nicht die Familie, sondern das Kind und seine sinnlich-vitalen Bedürfnisse als unabhängige und die Familienstrukturen und Beziehungen als abhängige Variable betrachtet. Eltern werden eben nicht – und das gilt für leibliche Kinder ebenso wie für Pflegekinder – schon dadurch zu Eltern, daß sie ein Kind haben. Vielmehr weist das Kind aufgrund seiner kindlichen Bedürfnisse den Eltern bestimmte Aufgaben und Rollen zu und bestimmt dadurch die Entwicklung familialer Beziehungen. Der Grund dafür ist in der einfachen Tatsache zu sehen, daß es nicht natürlicherweise so etwas wie Eltern-Kind-Beziehungen gibt. In diesem Sinne schreibt Hassenstein (1973): »Nicht nur Tierkinder, auch der menschliche Säugling trägt von der Zeugung und Geburt her keine verhaltensbestimmenden Informationen über seine leibliche Verwandtschaft mit sich. Er ist völlig offen für die individuelle Bindung an seine künftigen Betreuer, seien es die leiblichen Eltern, Adoptiveltern oder Pflegeeltern. Auch die leibliche Elternschaft bedarf, soll sie für den Säugling zur Wirklichkeit werden, dieses Lernprozesses, des Sichanschließens. Anders ausgedrückt: Auch leibliche Eltern werden erst dadurch die richtigen Eltern, daß die individuelle Bindung des Säuglings im ersten Lebensjahr vollzogen wird; auch sie adoptieren gewissermaßen ihre eigenen Kinder und dürfen sie eigentlich erst danach als ihre eigenen Kinder ansehen« (ebd., 383).

Liebesbeziehungen, die Liebe des Kindes zu seinen Eltern, die Liebe der Eltern zum Kind oder die Liebe zwischen Erwachsenen, erscheinen uns zwar oft wie Naturereignisse. Denn wir haben die glücklichen und manchmal gerade auch die unglücklichen Beziehungen wie eine Naturgewalt erlebt und dabei kaum beachtet, wie Beziehungen gemacht, wie sie hergestellt werden, also gerade keine Naturereignisse sind (weil wir Beziehungen, in denen unsere Bedürfnisse und Wünsche befriedigt werden, mit unseren Bedürfnissen gleichsetzen). Aber die Bedürfnisse sind nur der Motor für die Herstellung von Beziehungen. Das gilt für die Entwicklung von Eltern-Kind-Beziehungen ebenso wie für Paar- oder Ehebeziehungen. Ohne sexuelle Bedürfnisse gäbe es keine Paarbeziehungen.

Eltern-Kind-Beziehungen sind nicht einfach von vornherein da, sondern werden im Laufe der Ontogenese schrittweise in Abhängigkeit von den sich differenzierenden Bedürfnissen des Kindes entwickelt. Das bedeutet natürlich auch, daß Eltern-Kind-Beziehungen nicht konstant bleiben, sondern sich verändern. Sie dürfen nicht auf einen bestimmten Entwicklungsstand gleichsam eingefroren und konserviert werden. Das Verhältnis von Distanz und Beziehung, von Nähe und Ferne muß ständig neu reguliert werden. Dadurch werden Beziehungen immer wieder neu definiert: durch die Art der Bindung und die Art der Trennung.

Wenn Eltern-Kind-Beziehungen nicht von vornherein existieren, sondern hergestellt werden, lassen sich drei Thesen formulieren:

- Beim Aufbau von Familienbeziehungen ist das Kind nicht passives Objekt elterlicher Einflüsse, sondern aktives Subjekt.
- Das Kind strukturiert persönliche Beziehungen entsprechend seiner eigenen elementaren Bedürfnisse nach Sicherheit, Versorgung, Schutz und Zugehörigkeit.

- Die Entwicklung familialer Beziehungen in der Kindheit durchläuft darum eine irreversible, nicht umkehrbare, aber wiederholbare Stufenfolge verschiedener Beziehungsformen: von der einfachen Zwei-Personen-Beziehung bis hin zu komplexen Rollenbeziehungen.

Wenn man entsprechend dieser drei Thesen sagt, daß das Kind – sei es ein leibliches oder ein Pflegekind – persönliche Beziehungen aufgrund seiner eigenen vitalen Bedürfnisse aktiv herstellt, dann wird deutlich, daß dazu bestimmte Voraussetzungen vorhanden sein müssen. Es muß seine Bedürfnisse unverstellt, unmittelbar in der Interaktion mit den neuen Eltern zum Ausdruck bringen können, so wie etwa ein kleines Kind, das, wenn es Hunger hat, schreit, um von der Mutter versorgt zu werden. Aber wird ein älteres Pflegekind einfach schreien können, wenn es Angst hat, daß es verhungern könnte? Wird es sein Bedürfnis nach Schutz und Sicherheit, seine Hilfsbedürftigkeit unverstellt zum Ausdruck bringen können, wenn es gleichzeitig den Anspruch an sich hat, schon größer und selbständiger zu sein?

Bei einem älteren Kind, das plötzlich von neuen unbekannten Erwachsenen abhängig ist, wird man nicht erwarten dürfen, daß es seine Bedürfnisse so zum Ausdruck bringt, daß sie den Eltern Aufgaben und Funktionen zuweisen und dadurch Beziehungen strukturieren. Denn Bedürfnisse und Wünsche kann ein Mensch nur unverstellt äußern, wenn er Befriedigung oder zumindest Verständnis erwarten kann und nicht negative Sanktionen befürchten muß. Und außerdem hat ja gerade das ältere Kind, das in ein Heim oder in eine Pflegefamilie kommt, die Erfahrung gemacht und ist durch sie geprägt, daß familiale Beziehungen gerade nicht auf der Anerkennung, Befriedigung und Durchsetzung kindlicher Bedürfnisse beruhen, sondern daß die Beziehung zu Eltern durch Versagungen, Frustrationen, Nicht-wahrnehmen-Können und Akzeptieren der kindlichen Bedürfnisse geprägt ist, also dadurch, daß die elterlichen Wünsche und Bedürfnisse vollkommen dominieren. Folglich wird das Kind in der Ersatzfamilie zunächst nicht nur in seiner Aktivität eingeschränkt sein, solange es nicht so viel Sicherheit erfahren hat, daß es die Befriedigung seiner Bedürfnisse erwarten kann. Aufgrund seiner Ohnmachtserfahrungen wird es vor allem hinsichtlich seiner Beziehungsmöglichkeiten eingeschränkt sein, wenn und solange es nicht die Erfahrung macht, daß es selbst Einfluß auf die Menschen gewinnt, von denen es abhängig ist.

2. Anpassung und Annahme

Wir haben die ersten Schritte familialer Integration Anpassungsphase genannt, weil in ihr die Tendenz vorherrscht, daß sich das Kind den neuen familialen Lebensbedingungen, den Eltern und ihren Erwartungen scheinbar leicht und konfliktlos anpaßt. Von außen betrachtet gewinnt man den Eindruck, als wäre ein Kind für die Integration in eine Ersatzfamilie – ähnlich wie für den Übergang vom Kindergarten in die Schule – hinreichend ausgerüstet:

- Es scheint in der Lage zu sein, sich altersgemäß im neuen Lebensraum zu orientieren, Neugier und Interesse für neue Erfahrungen zu entwickeln, die es ihm erlauben, rasch zu lernen, wie das Leben im neuen Lebensraum funktioniert.

- Es scheint in der Lage zu sein, die Befriedigung seiner Bedürfnisse entsprechend den kultur- und gruppenspezifischen Normen in der Familie zu kontrollieren, so daß es seine Bedürfnisse nach Versorgung, Schutz und Sicherheit den in der Familie bestehenden Befriedigungsmöglichkeiten anpassen kann.
- Es scheint in der Lage zu sein, neue kooperative Beziehungen zu anderen Menschen, deren Andersartigkeit es fraglos toleriert, herstellen und sich auf ein gemeinsames Leben mit ihnen einstellen zu können.

Auf allen drei Bildungsebenen, die Mitscherlich (1963, 28f) als Sach-, Affekt- und Sozialbildung unterschieden hat, scheint sich das Kind zwanglos den bestehenden neuen Umweltbedingungen anzupassen.

2.1 Überanpassung

Wenn man die Sozialisation nicht einseitig als ein von den übermächtigen Eltern auf das Kind sich erstreckendes Ursache-Wirkungs-Verhältnis sieht, sondern auch umgekehrt – weil Sozialisation keine Einbahnstraße ist – den Einfluß auf die Lebenspraxis der Eltern berücksichtigt (Holzkamp-Osterkamp 1975), darf man die Anfänge von sozialen Beziehungen eines Kindes in der Ersatzfamilie nicht nur vom Gesichtspunkt der Anpassung des Kindes und der Erziehung durch die Eltern, sondern muß man sie auch vom Gesichtspunkt der Absicherung seiner vitalen Bedürfnisse und von der Möglichkeit der Einflußnahme auf die sozialen Beziehungen untersuchen.

Wenn ein älteres Kind als Pflegekind in eine Familie kommt, bewegt es sich in einem vollkommen fremden sozialen System, das unabhängig von der An- oder Abwesenheit des Kindes als quasi natürliches, unveränderliches Beziehungsgefüge existiert und in bestimmter Weise funktioniert. Das Pflegekind ist einer gänzlich neuen, unbekannten Situation ausgesetzt, die sich nicht nur durch die Neuheit der bestehenden Lebensverhältnisse, sondern vor allem durch die Abhängigkeitsbeziehung des Kindes von den Eltern auszeichnet, da nicht das Kind, sondern die Eltern über die Mittel der Bedürfnisbefriedigung verfügen.

Aufgrund dieser Anfangsbedingungen geht das Pflegekind auf die neue Situation mit ausgesprochen gemischten Gefühlen zu; denn es kann noch nicht wissen, wieweit ihm die neuen Lebensbedingungen zu- oder abträglich sein werden. Der Anfang der Pflegebeziehung ist folglich durch die Ambivalenz von positiven und negativen Erwartungen angesichts neuer familialer Beziehungsmöglichkeiten gekennzeichnet.

Man kann immer wieder feststellen, wenn man die ersten Schritte der Integration bei älteren Kindern beobachtet, daß der Wunsch des Kindes, sich auf neue Menschen, auf neue familiale Verhältnisse einzulassen, nicht eindeutig, sondern höchst widersprüchlich ist. Diese Widersprüchlichkeit, die aus Hoffnungen und Befürchtungen erwächst, wird natürlich vollständig verdeckt, wenn über das Kind einfach verfügt wird und es den Wunsch, in einer neuen Familie leben zu wollen, nicht in eigene, aktive Handlungen umsetzen kann. Aber auch in den Fällen, in denen das Kind nicht überwältigt und von anderen zu einem Wechsel seiner Lebenssituation gezwungen wird, läuft es nicht mit fliegenden Fahnen ins Lager der Pflegefamilie über. Krüger (1980) beschreibt diese Unsicherheit bei ihrem Adoptivkind Timmi, der mit acht Jahren in ihre Familie aufgenommen wird: Nach einer über mehrere Wochen gehenden vorsichtigen Kontaktaufnahme durch Heim- und Wochenendbesuche in der Familie und nachdem Timmi selbst zum Ausdruck gebracht hatte, daß er gerne in die Familie wolle: »Schade, die wollen keinen Jungen, die haben ja schon einen« (ebd., 15), erscheint er plötzlich unglücklich, kapselt sich im Heim und in der Schule ab und lehnt die neue Familie ab: »Er hat geschluchzt, war nicht zu trösten. Stockend kam dann (als ihn die Erzieherin fragte) wohl heraus, daß er nicht ›Krüger‹ heißen wolle. Er will seinen Namen behalten und überhaupt gar nicht mehr zu uns. Mag auch die gekauften Sachen nicht. Er zog sich blitzschnell die Latzhose aus und schmiß die Schirmmütze mit Schwung auf den Boden« (ebd., 29).

Auch wenn ein Kind seine zukünftigen Pflegeeltern als Bekannte Dritter kennenlernt und gerade nicht als zukünftige Eltern, wird es, wenn es bei ihnen günstigere Lebensmöglichkeiten wahrnimmt, den Wunsch äußern, daß es bei ihnen leben möchte. Aber auch dann ist der tatsächliche Entschluß und aktive Schritt in die Familie mit sehr gemischten Gefühlen verbunden, die das Kind zögern lassen: Ein neunjähriger Junge hatte seine zukünftigen Pflegeeltern als unsere Freunde kennengelernt, die ihn dann, weil wir zu wenig Zeit hätten, zu sich einluden. Schon nach drei Tagen hatte er ihnen gesagt, daß er gerne bei ihnen wohnen würde. Als er wieder im Heim und bei uns war, wurde ihm die Sache unheimlich, und er zögerte, den Pflegeeltern mitzuteilen, daß er tatsächlich zu ihnen kommen wolle. Er ließ sie eine Woche lang – in höchster Gespanntheit – warten. Erst als er mit seinem Freund im Heim gesprochen hatte und dieser ihm sagte, daß das das Beste wäre, was er tun könne, rief er die Pflegeeltern an und sagte in einem knappen Satz, daß er zu ihnen kommen wolle.

Hinter solchem Zögern verbergen sich auf den ersten Blick eine Reihe nicht sichtbarer Ängste und Befürchtungen, z.B. was aus den Beziehungen wird, die mit einem solchen Entschluß in Frage gestellt werden. Aber es handelt sich auch um ganz konkrete, die neue Lebenssituation betreffende Ängste, beispielsweise die, daß Kinder oft davon ausgehen und erwarten, in der Familie von den Eltern geschlagen zu werden, was sie entweder aufgrund eigener Erfahrungen wissen oder bei Freunden und Klassenkameraden bestätigt finden. Wie kommt es aber dann – angesichts erheblicher Befürchtungen –, daß sich Kinder auf ein solches Abenteuer einlassen können, dessen Ausgang völlig ungewiß ist?

Es scheint, als hätten Kinder, wenn sie von ihrer Familie getrennt im Heim leben, ein Gespür dafür, unter welchen Bedingungen ihre Bedürfnisse befriedigt und ihre Lern- und Entwicklungsmöglichkeiten am ehesten gesichert werden können. In einer überschaubaren, klar strukturierten Familiengruppe zu leben bedeutet ja nicht nur, daß ein Kind persönliche, individuelle Eltern-Kind-Beziehungen entwickelt, auf die es angewiesen ist, sondern daß sich in familialen Beziehungen die Möglichkeit der Umweltkontrolle und damit die Möglichkeit zur kontrollierten Einflußnahme auf die eigenen Lebensmöglichkeiten erhöht. Um die Erhaltung und Verbesserung der Umweltkontrolle geht es immer dann, wenn Menschen – besonders in der Kindheit – mit unbekannten Lebenssituationen konfrontiert sind, die nicht nur passiv hingenommen, sondern aktiv und neugierig erkundet werden.

Holzkamp-Osterkamp (1975) hat gezeigt, daß das Bedürfnis nach Umweltkontrolle aufgrund der Offenheit und Unsicherheit angesichts neuer Situationen das Neugier-

und Explorationsverhalten hervorbringt. Die Motivation des Neugier- und Explorationsverhaltens ist darauf gerichtet, die bei Schwierigkeiten und neuartigen Situationen auftretende mögliche Orientierungs- und Handlungsunfähigkeit durch erhöhte Anstrengungsbereitschaft, durch erhöhte Aktivität zu überwinden, um so die Verhaltensunsicherheit angesichts des Neuen zu reduzieren. Da aber die Reduktion von Verhaltensunsicherheit gelingen oder mißlingen kann, besteht gegenüber unbekannten Situationen eine »charakteristische Ambivalenz«.

»Einerseits ist das Tier (ebenso wie der Mensch) offen gegenüber neuen Umweltgegebenheiten und Handlungsmöglichkeiten, und auftretende Umwelt-Widerstände führen zu positiver Zuwendung und Mobilisierung der Anstrengungsbereitschaft, andererseits befindet sich das Tier gegenüber den neuen Gegebenheiten in einer steten ›Angstbereitschaft‹ angesichts möglicherweise eintretender Zustände der Handlungsunfähigkeit und Hilflosigkeit und ist demgemäß auf ›Zurückhaltung‹ und Abwendung gestimmt« (ebd., 183).

Wenn die neue Situation ein komplexes familiales Beziehungssystem ist, in das ein Kind mit sehr unterschiedlichen Erfahrungen und Fähigkeiten eintritt, ergeben sich aus der Ambivalenz der Zu- und Abwendung gegenüber neuen unbekannten Situationen zwei grundsätzlich verschiedene Anpassungsformen:

- Die Bewältigung der neuen Situation ist durch exploratives, die neuen familialen Gegebenheiten erforschendes Verhalten möglich, das zur Reduzierung der Angstbereitschaft führt.

  Neugierverhalten ist aber nur dann möglich, wenn das Kind grundsätzlich orientierungs- und handlungsfähig bleibt. Wenn familiale Beziehungen aufgrund früherer, angstmachender Erfahrungen die Ich-Fähigkeiten und damit die Orientierungs- und Handlungsfähigkeit einschränken, wird Anpassung durch Neugier und Explorationsverhalten nicht möglich sein. Das bedeutet andererseits, daß ein Kind, das z.B. jahrelang ohne konstante Familienbeziehungen im Heim gelebt hat, aber gerade durch negative, traumatische Familienerfahrungen geprägt ist, die Fähigkeit zu explorativem Verhalten u.U. besser nutzen kann.

  Außerdem ist die Bewältigung der neuen Situation durch Neugier und Explorationsverhalten um so eher möglich, je klarer und durchschaubarer die neue Situation strukturiert ist. Um so eher kann das Kind herausfinden, welche Befriedigungsmöglichkeiten vorhanden sind und welchen Einfluß es selbst auf die sozialen Beziehungen gewinnen kann. Wenn z.B., was vielfach geschieht, die Pflegefamilie am Anfang der Integration mit Freunden oder Verwandten in die Ferien fährt, wird das Kind in vielen Fällen vor eine Anpassungsaufgabe gestellt, die kognitiv kaum lösbar ist, so daß die Angstbereitschaft erhöht wird und interne Mechanismen der Angstabwehr mobilisiert werden.
- Wenn sich angesichts neuer familialer Beziehungen die Angstbereitschaft erhöht, weil dem Kind die zur Situationsbewältigung nötigen Handlungskompetenzen fehlen oder weil es durch Orientierungsverlust ein Stück Umweltkontrolle verliert, kann es sich nicht mehr auf aktive Weise anpassen. Erhöhte Angstbereitschaft reduziert exploratives, die neue Situation erforschendes Verhalten. Die daraus resultierenden, aktiv nicht bewältigten Anpassungsdefizite müssen dann vom Kind auf andere Weise ausgeglichen werden.

Unabhängig von der Neuheit der Situation, die nicht erkundet wird, verhält sich das Kind auf der Grundlage minimaler Information (»hier sind Eltern, die mir sagen, was ich tun soll«) nach alten, in anderen Situationen durchaus bewährten Verhaltensklischees. Das Kind greift auf bewährte Handlungsschemata zurück in der Überzeugung, daß diese zur Bewältigung der neuen Situation beitragen könnten. Das distanz- und beziehungslose Kind flieht in viele flüchtige Außenbekanntschaften, weil es sich nicht auf Eltern einlassen kann. Oder es hält an heimspezifischen Gewohnheiten in der Familie fest, selbst wenn sich diese jetzt als unnötig oder nutzlos erweisen, indem es etwa ständig fragt, was es tun oder lassen darf, oder indem es scheinbar die Kontrollfunktion der Erwachsenen akzeptiert, hinter deren Rücken aber in gewohnter Weise seine Bedürfnisse zu befriedigen sucht.

Oder das Kind versucht das Anpassungsdefizit dadurch zu bewältigen, daß es sich fraglos den in der Familie herrschenden Normen und Rollenerwartungen unterwirft, um so die aus dem Anpassungsdefizit resultierenden Konflikte und Rollendiskrepanzen durch Überanpassung zu vermindern oder gänzlich zu vermeiden. In beiden Fällen erreicht das Kind nur eine partielle Anpassung an die neue Situation. Im ersten Fall findet keine hinreichende Annäherung an die neue Situation statt. Es kann sich auf die neuen Gegebenheiten eigentlich nicht einlassen, bleibt distanziert und wird dadurch von seinen frühen Erfahrungen beherrscht, die verhindern, daß es die gegenwärtige Situation realistisch berücksichtigt. Im anderen Fall wahrt es gerade nicht genügend Distanz gegenüber der neuen Situation und nimmt scheinbar keine Rücksicht auf seine bisherigen Lebenserfahrungen. Insofern kann man sagen, daß in beiden Fällen die Anpassung nur partiell gelingt bzw. mißlingt, weil das Kind in den neuen Abhängigkeitsbeziehungen seine Autonomie durch Kontrolle über die eigenen Lebensverhältnisse und aktiven Einfluß auf sie nicht wahren kann.

Die Überanpassung des Kindes an die Erwartungen der Eltern, sein Wohlverhalten und seine Orientierung an den elterlichen Normen und Werten, die von einem Tag bis zu mehreren Wochen anhalten kann, dient nicht dazu, einen guten Eindruck zu machen. Wenn das Kind den Eltern ihre Wünsche von den Augen abliest, beunruhigend gut funktioniert, hält es seine eigene Unsicherheit unter Kontrolle, als müßte es darauf bedacht sein, seine Lage nicht zusätzlich zu gefährden. Die Überanpassung des Kindes wird aber oft nicht als eine vorübergehende und für die Entwicklung neuer Beziehungen hinderliche Anpassungsform erkannt, sondern als Hinweis darauf verstanden, daß das Kind gut in die Familie paßt, daß es schon die neuen Pflegeeltern als seine Eltern akzeptiert, daß die Eltern schon die Eltern des Kindes geworden sind. Durch diese Form der Überanpassung werden die Pflegeeltern dazu verführt, vom Kind Bestätigung und Anerkennung in ihrer Elternrolle zu erwarten, und sie werden dazu verführt, das Kind rasch erziehen zu wollen, wie es ihren Vorstellungen entspricht. Infolge dieses Mißverständnisses übernehmen die Eltern dann zu rasch eine Erziehungshaltung und reagieren mit Anpassungsdruck, wenn das Kind beginnt, die Beziehungen zu den Eltern aufgrund seiner früheren Erfahrungen nach alten Mustern zu gestalten. Der Anpassungsdruck kann z.B. durch Sätze erfolgen wie: »Das geht aber in unserer Familie nicht; wenn Du Dich nicht änderst, mußt Du wieder gehen«, oder auch dadurch, daß die Eltern dem Kind signalisieren, daß sie das gute Funktionieren geschätzt haben und möchten, daß es so bleibt.

Das Auftreten von Konflikten wird nicht als Entwicklungsfortschritt erlebt, als Hinweis auf gewachsene Sicherheit und als Chance für eine Klärung der Beziehung und eine Aufarbeitung der bisherigen Erfahrungen des Kindes, sondern als Rückschritt und u.U. als Hinweis auf die eigene Unfähigkeit, mit dem Kind angemessen umzugehen: »Es war doch zunächst so gut gegangen – warum jetzt nicht mehr? Haben wir etwas falsch gemacht? Ist das Kind doch schwerer gestört, als wir dachten?«

Die Fragen, die sich Eltern in dieser Situation selten stellen, lauten: »Was sagt mir das Kind durch sein Verhalten über seine bisherigen Erfahrungen, über seine Gefühle und Erwartungen?« Eltern fragen eher: »Was kann ich tun, damit sich das Verhalten ändert? Welche Belohnungen, Anreize, Ablenkungen oder Zurechtweisungen und Strafen könnten wirksam sein?« Ein rasches Bewältigen der Probleme wird als Erfolg verbucht, bedeutet aber in vielen Fällen nur, daß das Kind in die äußere Anpassung zurückgedrängt wird, ohne die Chance eines wirklich neuen familialen Beziehungsaufbaus zu erhalten, da ihm die neuen Normen und Werte aufgezwungen oder andressiert werden, statt daß das Kind sie aktiv erwirbt aufgrund seines Wunsches, sich mit den Eltern zu identifizieren. Bis dahin braucht man jedoch eine sehr viel längere Perspektive. Bei älteren Kindern muß man in der Regel mit mindestens einem Jahr rechnen, bis man an diesem Punkt angelangt ist.

Eine zu rasche Erziehung führt nicht selten zum Aufrechterhalten der Überanpassung beim Kind und schließlich zum Scheitern des Beziehungsaufbaus (vgl. Teil V, 5). Die Anpassung bleibt nur eine äußere; neue Beziehungen werden nicht entwickelt, in denen sich das Kind aktiv an die Normen und Werte der Eltern anzupassen sucht.

Die Annahme des Kindes erfolgt nicht dadurch, daß die neuen Eltern das Kind an die Hand nehmen, sondern dadurch, daß sie sich von seinen Wünschen und Bedürfnissen führen lassen. Sie müssen zulassen, daß das Kind diejenigen, die es ja erst zu seinen Eltern macht, manipuliert. Die Eltern müssen dem Kind erlauben, daß es sie in einen von ihm in Gang gesetzten Dialog verwickelt. So gewinnt es Einfluß auf diejenigen, von denen es abhängig ist. Und nur auf diesem Weg kann es das Gefühl entwikkeln, daß es ein angenommenes Kind ist. Indem die Eltern sich vom Kind an die Hand nehmen lassen, ermöglichen sie ihm, daß es Einfluß auf sie gewinnt und die aus ängstlicher Unsicherheit resultierende Überanpassung aufgeben kann.

2.2 Einfluß haben

Gerade die Kinder, die ihre Eltern als rücksichtslos und überwältigend erlebten, haben kaum je erfahren, daß sie selbst Einfluß auf die Menschen haben, die die Befriedigung ihrer Wünsche und Bedürfnisse ermöglichen könnten. Die daraus erwachsende Überzeugung von der eigenen Ohnmacht und Hilflosigkeit, die ein Kind zwar durch Größenphantasien und Pseudounabhängigkeit zu kompensieren sucht, kann nur korrigiert werden, wenn ihm ein solcher Einfluß zugestanden wird, den auch jedes kleine Kind in der Beziehung zu seiner Mutter braucht.

Jedem Menschen geht es zunächst angesichts der eigenen Ohnmacht darum, selbst Einfluß auf seine Umwelt zu gewinnen, um die Befriedigung von Bedürfnissen sicherzustellen und die Erfüllung von Wünschen zu ermöglichen. Hierbei handelt es sich um einen alloplastischen Anpassungsprozeß, der darauf gerichtet ist, daß die das Überleben sichernden elementaren Bedürfnisse gestillt werden.

Repräsentant der Welt, die alle Befriedigungen und Enttäuschungen enthält, ist die Mutter. Einfluß auf die Umwelt gewinnen muß dann zuerst heißen, daß das Kind mit seinen begrenzten Mitteln und Fähigkeiten Einfluß auf die Mutter gewinnt. Sein Schreien muß sie herbeirufen, damit Hunger und Erregungen gestillt werden. Auf diese Weise manipuliert das kleine Kind die Mutter, mit seinen Signalen gewinnt es Einfluß auf ihre Handlungen, Gefühle und Gedanken, versetzt sie in Erregung, in Kummer oder Freude. Aber es ist weder natürlich noch selbstverständlich, daß eine Mutter die Signale des Kindes genau wahrnimmt und in befriedigender Weise beantwortet. Nicht nur in der historischen Vergangenheit wurde das Schreien des Säuglings kaum je ertragen (vgl. de Mause 1977) und erst recht nicht differenziert verstanden und entsprechend beantwortet. Denn die im Lauf der Stammesgeschichte in der Primatenentwicklung hervorgebrachte Intensivierung und Individualisierung der Mutter-Kind-Beziehung (Holzkamp-Osterkamp 1975) setzt sich in der Entwicklung zum Menschen nicht bruchlos fort, sondern wird selbst abhängig von den Erfahrungen »primärer Mütterlichkeit« (Winnicott 1974), also davon, was man selbst für eine Mutter gehabt hat.

Eine das Kind mißhandelnde Mutter, die das Schreien des Säuglings als ein sie kritisierendes und herabsetzendes Schimpfen mißversteht und deswegen von einer schrecklichen Wut gegenüber dem Kind gepackt wird, hat in der Regel in ihrer eigenen Kindheit kaum selbst Einfluß auf die Mutter gehabt und Rücksicht und Annahme erfahren. Eine solche Mutter kann darum ein Kind, das noch keinerlei Rücksicht auf die Bedürfnisse und Gefühle der Mutter nimmt, nicht annehmen und sich von den kindlichen Bedürfnissen und Wünschen manipulieren lassen. Das kleine Kind, das nach dem Grundsatz verfährt, was mir gut ist, ist dir recht, und wie selbstverständlich davon auszugehen scheint, daß es keinen Unterschied zwischen Eigeninteressen und Interessen des Liebesobjektes gibt (Becker/Zons 1982, 362), ist für die Mutter nicht nur eine Quelle der Freude, sondern auch eine die Autonomie und Unabhängigkeit in Frage stellende Gefahr. Umgekehrt kann man in jeder geglückten Interaktion einer Mutter mit ihrem Säugling sehen (vgl. Stern 1979, 11f), wie das Kind die Mutter manipuliert. Indem seine Signale (z.B. Schreien, Lächeln, Anklammern) wahrgenommen, interpretiert und angemessen beantwortet werden, werden erst befriedigende Interaktionsformen möglich, entsteht ein Dialog zwischen Mutter und Kind, der die Voraussetzung für die Entwicklung von Liebesbeziehungen ist.

Wenn sich eine Mutter vom Kind steuern und beeinflussen läßt, entspricht dies voll und ganz psychoanalytischer Erkenntnis, daß die Bedürfnisbefriedigung nur gesichert und Objektbeziehungen entwickelt werden können, wenn dem Kind die Beeinflussung des libidinösen Objekts ermöglicht wird. »Wird dem Kind nicht erlaubt, das Objekt zu beeinflussen und sich ihm gegenüber aktiv zu verhalten, so gelingt es ihm nicht, der Objektbesetzung ein hohes Aktivitätspotential zu verleihen. Die aggressive Besetzung entwickelt sich getrennt von der libidinösen. ... Die libidinöse Besetzung andererseits wird in hohem Maße passiv, sie trägt die Zeichen der Ohnmacht und Hilflosigkeit« mit der Folge, daß »Frustrationen kaum ertragen werden und die Fähigkeit der inneren Bedürfniskontrolle wenig entwickelt« wird (Moser 1967, 103).

Ohne Einfluß auf das Objekt bleibt das Kind hinsichtlich seiner Liebesbedürfnisse passiv und ohnmächtig, aber hinsichtlich seiner aus den Enttäuschungen stammenden Wut und Aggression aktiv. Dann können Liebe und Haß nicht integriert werden, die »Triebmischung« (Freud 1915a) gelingt nicht. Die Liebe wird nicht aktiv erobernd, und die Aggression wird nicht durch Zuneigung gemildert.

Die aktive Beeinflussung der Mutter oder eines Erziehers sichert nicht nur die Befriedigung der elementaren Bedürfnisse, um zu überleben, sondern ist eine unerläßliche Voraussetzung für die Herstellung von Objektbeziehungen, schließlich von Liebesbeziehungen. Da, wo diese Voraussetzungen – z.B. bei vernachlässigten Kindern oder bei Kleinkindern im Heim – nicht erfüllt sind, weil das Kind keinerlei Einfluß auf seine unmittelbare Umwelt, auf einen anderen Menschen hat, weisen die Symptome des Hospitalismus oder der Deprivation darauf hin, daß ein Kind keine Objektbeziehungen entwickelt hat (vgl. Bielicki 1971b).

Aus dieser Erkenntnis läßt sich unschwer folgern, daß für die Herstellung befriedigender Beziehungen auch dem älteren Kind in der Beziehung zu einer Mutter oder einem Vater, einem Erzieher oder Therapeuten dieser Einfluß zugestanden und dem Kind erlaubt werden muß, einen anderen Menschen zu manipulieren, ihn durch seine Signale zu steuern. Nur wenn das Kind die Erfahrung macht, daß seine Signale und Wünsche – und seien sie noch so unartikuliert oder diffus – genau wahrgenommen und interpretiert werden, d.h. den anderen in seinem Erleben und Verhalten steuern und beeinflussen, wird es sich trotz vieler vorausgegangener Enttäuschungen auf neue Abhängigkeitsbeziehungen einlassen können. Dies ist aber nur möglich, wenn Eltern oder Erzieher davon ausgehen, daß das Kind besser als der das Kind erziehende Erwachsene weiß, was es braucht. Alle Bemühungen, das Verhalten des Kindes in einer bestimmten Richtung zu verändern oder bestimmte Fähigkeiten des Kindes zu fördern, durch die es nur darin bestätigt wird, daß es selbst ohnmächtig ist, stehen in unmittelbarem Widerspruch zu der Absicht, dem Kind zu ermöglichen, noch einmal neue, befriedigende Beziehungen zu entwickeln. Wenn dagegen dem Kind erlaubt wird, aufgrund eigener Wünsche und Bedürfnisse einen bestimmenden Einfluß auszuüben, wenn ihm erlaubt wird, den Erwachsenen hierhin oder dorthin zu rufen oder hin und her zu kommandieren, wenn es dem Erwachsenen befehlen darf, sich zu verstecken oder das Kind auf dem Rücken zu tragen usw., dann wird häufig der Einwand erhoben, daß man dem Kind schließlich nicht alles erlauben dürfe.

Natürlich darf man einem Kind nicht alles erlauben, wenn man die Schutzfunktion wahrnimmt, die es braucht: Wenn das Kind bei roter Ampel über die Straße rennt, werde ich es notfalls festhalten, um es zu beschützen, und wenn es mir befiehlt, jetzt spring aus dem Fenster, werde ich ihm nicht gehorchen, weil ich nicht töricht bin, und ihm vielleicht sagen, du glaubst wohl, ich könnte fliegen wie ein Vogel. Aber ich kann nicht fliegen und du auch nicht, obwohl wir es uns manchmal wünschen. Sich vom Kind manipulieren lassen heißt nicht, daß man sich als Erwachsener töricht und unvernünftig benimmt.

Wieviel und welche Aktivität und Initiative dem Kind zugestanden wird, berührt die Frage elterlicher oder erzieherischer Autorität und hängt meistens mit dem Anspruch der Eltern zusammen, daß das Kind lernen müsse, Rücksicht zu nehmen, weil es sonst nur sein Bedürfnis zu verwirklichen trachtet, den anderen zu beherrschen. In diesen Vorbehalten kommt die Angst des Erziehers zum Ausdruck, selbst in eine hilflose und ohnmächtige Position zu geraten. Dadurch werden eigene, vergessene und verdrängte Ohnmachtsgefühle mobilisiert, die ihrerseits rationalisierend abgewehrt werden müssen. Zum Beispiel sagen Eltern oder Erzieher dann, daß man einem Kind schließlich nicht alles (!) erlauben und durchgehen lassen dürfe. Die Schwarz-Weiß-Malerei, wenn dann von immer, ständig, niemals usw. die Rede ist, weist auf den Abwehrcharakter hin. Darum sind Eltern bemüht, in der Interaktion mit dem Kind über die Handlungspläne, Ziele und Absichten zu verfügen und zu bestimmen.

Die vom Erwachsenen verfolgten Ziele werden u.a. beim Spielen mit dem Kind offensichtlich: Der Turmbau soll die Geschicklichkeit, das Memory-Spiel das Gedächtnis, das Mensch-ärgere-Dich-nicht-Spiel vielleicht die Frustrationstoleranz, das Rollenspiel die Dialogfähigkeit üben. In erster Linie geht es meist darum, Fähigkeiten zu verbessern oder Verhalten zu verändern. Das haben viele Eltern und Erzieher schließlich von der Psychologie gelernt, die die Geschichte der menschlichen Beziehungen unbeachtet läßt. Darum freuen sie sich selten, wenn der gerade errichtete Turm mit Vergnügen vom Kind zerstört wird (immer zerstört das Kind das, was es gerade aufgebaut hat), wenn das Memory-Spiel zu einem vielleicht intelligenten Mogelspiel umfunktioniert wird (nie kann es Mißerfolge zugeben), wenn es beim Mensch-ärgere-Dich-nicht-Spiel wirklich Ärger oder Verdruß gibt (ständig gerät es außer Fassung, wenn ein anderer gewinnt) oder das Rollenspiel nicht der Grimmschen Fassung oder ihren Idealen entspricht.

Wenn man sich vom Kind manipulieren läßt, dann weiß man nicht, was im nächsten Augenblick passieren wird, welche Wünsche und Affekte entstehen und wie diese beantwortet werden könnten. Das heißt, der Erwachsene verliert zwangsläufig einen Teil seiner Handlungsautonomie, weil das Kind die Handlungsziele und Pläne definiert. Die mit dem Verlust der Zielsetzung verbundene Handlungsunsicherheit versetzt einen ja leicht in die Lage, die man als Kind selbst erlebt hat, daß ein anderer über einen verfügen konnte. Dadurch entsteht das Gefühl, daß ich mit meinen Gefühlen und Bedürfnissen selbst nicht zum Zuge komme. Und typischerweise fragen dann Eltern und Erzieher: »Wo bleibe ich mit meinen Wünschen und Bedürfnissen?« Man fühlt sich selbst als Opfer und will nicht noch einmal Opfer sein, verlangt also Rücksicht auf die eigenen Bedürfnisse, nicht weil deren Erfüllung gerade so wichtig wäre, sondern weil sie grundsätzlich Berücksichtigung erfahren sollen.

Da jedes kleine Kind rücksichtslos ist und in vollkommen egozentrischer Weise die Erfüllung seiner Bedürfnisse erwartet, gehen die meisten Eltern und Erzieher davon aus, daß dieser paradiesische Zustand kaum freiwillig von einem Kind verlassen wird und es deswegen mühsam aus Enttäuschungen lernen müsse, die Interessen und Bedürfnisse eines anderen zu berücksichtigen.

Damit ein Mensch aus Enttäuschungen und Versagungen seiner Wünsche, d.h. aus Frustrationen überhaupt lernen kann, müssen bestimmte Voraussetzungen gegeben sein (vgl. Redl 1978). Es müssen nicht nur Fähigkeiten entwickelt sein, etwa Einsichtsfähigkeit in Ursache-Wirkungs-Zusammenhänge oder eine Zeitperspektive, sondern vor allem befriedigende Beziehungserfahrungen. Erst die Erfahrung, daß ein anderer Mensch auf eigene Wünsche und Bedürfnisse Rücksicht nimmt, schafft die Voraussetzung dafür, die Wünsche und Bedürfnisse des anderen, die die eigenen einschränken, berücksichtigen zu können. Nur so wird Frustrationstoleranz entwickelt: also die Fähigkeit, Frustrationen realistisch wahrzunehmen und auszuhalten.

Viele Eltern und Erzieher gehen aber wie selbstverständlich davon aus, daß man aus Enttäuschungen in jedem Fall lernen würde, zumindest, daß man bei nächster Gelegenheit versuchen wird, die Enttäuschung zu vermeiden. Darum werden Kinder bestraft. Einfache Leute sagen: damit sich das Kind merkt, was falsch war oder was die Eltern ärgert. Darum der Klaps auf den Po oder die Tracht Prügel, das Schimpfen und Meckern. Aber die Strafe kann diese Wirkung oftmals gar nicht erzielen, weil die Voraussetzung nicht erfüllt ist, daß die mit der Strafe verbundene Frustration wahrgenommen, erinnert und ausgehalten wird. Das Gegenteil ist meistens der Fall: Die Frustration wird verleugnet (»die Schläge haben mir nichts ausgemacht«), bagatellisiert (»so schlimm war's ja nicht«) oder rationalisiert (»die Schläge haben mir gutgetan«). In allen Fällen, wo die frühe Kindheit durch ein Übermaß an Frustrationen, Vernachlässigungen und Überwältigungserfahrungen geprägt ist, werden gerade Frustrationen nicht realistisch wahrgenommen, sondern abgewehrt. Und damit verlieren sie ihre vom Erzieher angenommene Wirkung. Ja, sie bewirken meist das krasse Gegenteil. Das heißt, bei den meisten gestörten Kindern fehlen die beiden Voraussetzungen, die erforderlich sind, damit man aus Frustrationen lernen kann: die Frustrationstoleranz und die selbst erfahrene Rücksicht auf eigene Bedürfnisse. Deswegen ist bei solchen Kindern jeder rücksichtslose und frustrierende Umgang zwangsläufig erfolglos: eine Sackgasse, in die man gerät, wenn man sich auf die Erziehung durch Lohn und Strafe oder ein vermeintlich »konsequentes« Verhalten verläßt. Konsequentes Verhalten, das oft in Berichten von Ärzten oder Psychologen empfohlen wird, heißt ja nichts anderes, als daß das Kind für seine Enttäuschungen aufgrund des eigenen Verhaltens eben selbst Schuld ist nach dem Motto: »Das hab' ich nun davon.« Aber konsequent, also folgerichtig ist ja hier nur der unbeirrbare pädagogische Unverstand, der durch die eigene Bequemlichkeit motiviert ist. Vor allem aber wird nicht gesehen, welche Folgen der frustrierende und rücksichtslose Umgang mit den Wünschen und Bedürfnissen für das Selbst des Kindes, sein Selbstwertgefühl und seine Selbstachtung haben.

Wir werden oft mißverstanden, wenn wir sagen, daß Eltern oder Erzieher die Bedürfnisse und Wünsche von Kindern berücksichtigen sollten, daß sie sich von den Bedürfnissen des Kindes steuern lassen sollten, so als würden wir einem Kind jeden Wunsch erfüllen wollen, als würden wir alles ertragen und alles »durchgehen lassen«. Nein, auch eine durch das Kind bedürfnisgesteuerte Erziehung (und Therapie) ist nicht frustrationslos. Das Paradies oder Schlaraffenland, wo einem die gebratenen Tauben ins Maul fliegen, ist ein schöner Traum, eine narzißtische Phantasie. Diese muß man anerkennen, aber versprechen oder gar erfüllen kann man sie nicht.

2.3 Dialogische Beziehungsformen

Wenn ein Kind Einfluß auf diejenigen Menschen zu gewinnen sucht, von denen es abhängig ist, indem es ungeheure Ansprüche, Erwartungen hinsichtlich der Erfüllung von Wünschen und Bedürfnissen entwickelt und gleichzeitig elterliche Forderungen und Erwartungen negiert, gewinnen Eltern oder Erzieher den Eindruck, daß sie sich nicht alles gefallen lassen dürften, um sich nicht beherrschen zu lassen. Das ist insbesondere dann der Fall, wenn das Kind aufgrund seiner beängstigenden Erfahrungen von elterlicher Rücksichtslosigkeit wie ein verletztes Wesen mit Wut und Aggression, mit provokanten Beschwerden oder autistischem Rückzug reagiert, sich z.B. nichts sagen und sich nicht anfassen läßt, bei der geringsten oder vermeintlichen Kritik wütend aus dem Ruder geht, Anpassungsforderungen negativistisch beantwortet usw. Dann sehen sich viele Eltern und Erzieher zu einem Machtkampf herausgefordert nach dem Motto: »Wir werden noch sehen, wer stärker ist und wer sich hier beherrschen läßt.« Es wird versucht, das Kind um so mehr zu erziehen, zu kontrollieren, zu steuern, es in seine Schranken zu verweisen, um einen vermeintlichen Machtkampf nicht zu verlieren. Dabei wird aber verkannt, daß das Kind durch seine ungezügelten Bedürfnisse, die bekämpft und zurückgewiesen werden, durch seine Ängste, die als unbegründet hingestellt werden, durch lärmende Symptome, die verleugnet und – als Gipfel pädagogischer Einsicht – nicht beachtet oder bekämpft werden, in außerordentlicher Weise Einfluß auf Eltern oder Erzieher ausübt. Das Verhalten versetzt sie in Angst und Schrecken, stürzt sie in Erregung und verführt sie zu blinden Handlungen, mit denen sie das Kind in Schach zu halten versuchen. Zweifellos übt das Kind auch auf diese Weise Einfluß aus.

Wenn das Kind auch auf diese Weise Einfluß auf einen anderen Menschen hat, der diesen aber als Machtanspruch abwehren und bekämpfen muß, dann nutzt dieser Einfluß niemandem, denn er führt nur zu Enttäuschungen, aber nicht zu befriedigenden Interaktionen und schließlich zu guten Beziehungen. Auf diese Weise wird nichts anderes erreicht, als daß die das Kind beherrschenden Ohnmachtsgefühle aufrechterhalten werden und die erfahrenen narzißtischen Kränkungen durch Mobilisierung von Größenphantasien, Wut und Aggression abgewehrt werden müssen, so daß die als Verhaltensstörung verstandenen Symptome ebenso bestehen bleiben wie der daraus resultierende Machtkampf.

Diesen Zusammenhang hat Adler (1920) betont, wenn er das Machtstreben auf Minderwertigkeits- und Ohnmachtsgefühle bzw. deren Kompensation zurückgeführt hat. Denn das Machtstreben, bei dem die Macht des einen die Ohnmacht des anderen voraussetzt, erweist sich als eine auf Frustration und Enttäuschung beruhende Pervertierung des Bedürfnisses, Einfluß zu haben. An diesem Aspekt des Einflußhabens wird deutlich, daß Einfluß allein noch nicht für die Herstellung befriedigender Beziehungen wertvoll ist, sondern erst der Einfluß, aus dem sich ein Dialog und befriedigende Interaktionsformen entwickeln. Aber umgekehrt gilt auch, daß ein Dialog nicht möglich wird, wenn man sich nicht beeinflussen läßt. Wer dem anderen nur sagt, daß er seinen Mund zu halten habe, monologisiert, läßt sich aber auf einen Dialog nicht ein.

Die Funktion des Einflußhabens besteht nicht allein darin, daß die elementarsten Bedürfnisse gestillt werden, sondern daß in der dyadischen Beziehung ein Dialog durch die Initiative des Kindes in Gang gesetzt wird. Spitz (1976), der die dialogische Struktur der frühen Mutter-Kind-Beziehung hervorgehoben hat, weist in diesem Zusammenhang auf die von Harlow unter dem Titel »The Nature of Love« (1958) beschriebenen Primatenversuche hin. Die von Harlow an Attrappenmüttern aufgezogenen Rhesusaffen, die zwar mit ausreichender Nahrung versorgt wurden und deren Anklammerungsbedürfnis befriedigt wurde, entwickelten tiefgreifende sozialemotionale Störungen, die sich auch auf die nachfolgende Generation vernichtend auswirkten. Die an den Attrappen aufgezogenen Rhesusaffen konnten als Mütter keine artspezifische Mütterlichkeit entwickeln: Die Kinder wurden nicht angenommen, wurden mißhandelt und gingen zugrunde.

Diese Versuche machen deutlich, daß eine gesunde Affenmutter dem Kind mehr als Nahrung und körperlichen Kontakt zu bieten hat. Zwar sind das Nahrungs- und Kontaktbedürfnis anaklitische Bedürfnisse, die unbedingt befriedigt werden müssen, sie sind aber nur die unmittelbarsten Bedingungen für das nackte Überleben, garantieren jedoch nicht das Überleben der Art. Was der Attrappenmutter und den an ihr aufgezogenen Kindern fehlt, ist die wechselseitige Interaktion, der gegenseitige Austausch affektiv getönter Handlungen zwischen Mutter und Kind.

Eine normale Rhesusaffenmutter hat ebenso wie eine menschliche Mutter neben dem Bedürfnis der Versorgung des Kindes selbst eigene, nicht auf das Kind bezogene Bedürfnisse und soziale Verpflichtungen. Diese tragen dazu bei, daß die symbiotische Beziehung, in der es kaum Grenzen zwischen Selbst und Objekt gibt, gelockert und der Erfahrungsbereich und Spielraum des Kindes ständig erweitert wird. Vor allem aber entstehen gegenseitig ausgesteuerte und wechselseitig beeinflußte Interaktionen, ein Dialog, eine »Unterhaltung« zwischen Mutter und Kind, wenn die anaklitischen Bedürfnisse befriedigt und die Signale des Kindes beantwortet werden. Dadurch wird erst die Befriedigung der elementarsten Bedürfnisse – wie in anderen Liebesbeziehungen auch – zum Instrument zur Herstellung persönlicher Beziehungen.

Diese Interaktionsformen hat Spitz (1972) als Dialog beschrieben: »Die psychischen Reaktionen, die von der Mutter durch die Initiative des Kindes und die beim Kind durch das ausgelöste Verhalten erzeugt werden, bewirken immer neue Konstellationen von zunehmender Komplexität« (ebd., 256). Das, was der eine in der Dyade tut, kommt wieder – wie durch einen Spiegel – auf ihn zurück. Aus Filmanalysen, in denen die aufeinander bezogenen Interaktionsmuster sichtbar werden, geht hervor, daß sich zwischen Mutter und Kind »eine Interaktion in beide Richtungen vollzieht, bei der sich beide Partner nicht nur gegenseitig stimulieren und belohnen, sondern auch gegenseitig durch eigenes Verhalten beeinflussen lernen ..., daß auf beiden Seiten Wege gesucht werden, das Verhalten des Partners in angenehmer Weise zu beeinflussen, im guten Sinne zu manipulieren. In anderen Begriffen ausgedrückt, bildet das Kind aufgrund seiner Erfahrungen ein vertrautes Konzept über das Verhalten der Mutter aus und erprobt es praktisch. Erfüllt sich seine Voraussage oder Erwartung, löst allein dies innerliche Gefühle des Behagens aus« (Papousek/Papousek 1974, 94), so daß die »Unterhaltung« oder der Dialog Spaß macht und, weil er Spaß macht, wiederholt wird. Die Wechselseitigkeit von Aktion und Reaktion mündet schließlich in gegenseitig hergestellte Befriedigungserlebnisse oder auch in Versagungen. Aber »es bleiben ... Spuren davon in der Psyche und im Gedächtnis beider Partner erhalten. Diese Spuren modifizieren den nächsten Kreisprozeß« (Spitz 1972, 256), so daß auch gegenseitig modifizierte Anpassungsprozesse die Beziehungsmöglichkeiten erweitern: Indem (i.S. alloplastischer Anpassung) das Kind im Dialog Einfluß auf einen anderen Menschen gewinnt, verändern sich auch (i.S. autoplastischer Anpassung) die eigenen Wünsche und Bedürfnisse.

In solchen dialogischen Beziehungsformen erfährt das Kind Befriedigung seiner auf ein Objekt gerichteten Bedürfnisse und Wünsche. Dabei handelt es sich um zwei Gruppen von Wünschen und Bedürfnissen: einmal die der Lust-Unlust-Regulation dienenden Triebwünsche und andererseits die der Wert-Unwert-Regulation dienenden narzißtischen Wünsche nach Anerkennung und Bestätigung, die schließlich in einer dialogischen Beziehung zu dem Wunsch nach einer »erwünschten Interaktion« (Sandler 1982, 62) integriert werden. Das Kind wünscht sich nicht nur, daß sein Hunger oder seine Erregungen gestillt werden, sondern daß es von der Mutter gestillt, auf den Arm genommen, durch bestimmte Gesten und Worte getröstet wird. Dabei entwickelt es eine Vorstellung (Repräsentanz) von sich selbst und dem befriedigenden und bestätigenden Objekt. »Der Wunsch enthält Repräsentanzen von Selbst und Objekt in Interaktion miteinander« (ebd., 62). Aber während das Kind die Selbsterfahrung als lustvoll erlebt und sich so in seinem Selbst bestätigt fühlt, werden die zwangsläufig eintretenden Frustrationen dem Objekt zugeschrieben, dem folglich Wut und Aggression gelten. Werden dann die Enttäuschungen nicht durch ein einfühlendes Frustrationsmanagement, d.h. durch einen Ausgleich an Befriedigung, gemildert, so werden gleichzeitig auch die narzißtischen Bedürfnisse nach Bestätigung und Anerkennung frustriert, so daß die Eltern-Kind-Beziehung zu einer von Angst und Mißtrauen, von Wut und Aggression bestimmten Beziehung wird, die wiederum einen befriedigenden Dialog verhindert und die die Entwicklung von »Urvertrauen« (Erikson 1973) nicht zuläßt. Blandow (1972) hat darauf hingewiesen, daß aus diesen für Heim- und Pflegekinder charakteristischen Sozialisationserfahrungen, wenn die kindlichen Bedürfnisse qualitativ und quantitativ unzureichend erfüllt werden und daher kein Urvertrauen entsteht, die Unfähigkeit resultiert, »die kulturelle Kindesrolle zu übernehmen« (ebd., 41), d.h. sich auf neue Eltern-Kind-Beziehungen einzulassen. Um so erstaunlicher ist es, daß die meisten Kinder, welch fürchterlichen Erfahrungen sie auch immer mit ihren Eltern gemacht haben, doch den Wunsch nicht aufgeben, Eltern für sich haben zu wollen. Dies ist um so mehr der Fall, wenn die an Eltern gebundenen Ängste durch ein Stück kritischer Distanzierung reduziert sind. Und auch nach wiederholtem Scheitern von Eltern-Kind-Beziehungen bleibt dieser Wunsch u.U. ein Leben lang lebendig. Er ist nicht identisch mit dem, eine Familie zu haben oder in einer Familie zu leben. Im Kern handelt es sich um den Wunsch nach individualisierten Liebesbeziehungen, die sich dadurch auszeichnen, daß ein Kind Einfluß auf ein Liebesobjekt gewinnt und mit seinen Wünschen und Bedürfnissen Anerkennung und Bestätigung erfährt, so daß es sich als ein angenommenes Subjekt in Beziehung zu einem anderen Objekt wahrnehmen und begreifen kann. Und dieser Wunsch erscheint dem Kind in Familien eher als im Heim erfüllbar. Das liegt wohl weniger daran, daß ein Heimerzieher nicht ständig anwesend ist, daß seine Tätigkeit durch Dienstpläne reglementiert ist, als vielmehr daran, daß das Kind einen Erzieher kaum einmal für sich allein hat und er sich eher von Erziehungsplänen als vom Kind lenken läßt.

Nun weiß jeder Erwachsene, daß Liebesbeziehungen nicht damit beginnen, aber oft damit enden, wenn einer den anderen erziehen will, also so haben will, wie er gerade nicht ist; vielmehr beginnen Liebesbeziehungen gerade damit, daß einer um den anderen wirbt, indem die Wünsche und Bedürfnisse des anderen die eigenen Wünsche beeinflussen.

In dyadischen Eltern-Kind-Beziehungen, d.h. in Beziehungen ungleicher Partner, sind die Anpassungserfordernisse ungleich verteilt. Gewöhnlich versucht eine Mutter sich nach den Bedürfnissen des Kindes zu richten, macht sich ihm attraktiv, indem sie es so nimmt, wie es ist, und sucht seine Wünsche und Bedürfnisse zu befriedigen und – wo dies nicht möglich ist – dem Kind einen tröstenden Ausgleich zu schaffen.

Bei der Entwicklung von Beziehungen zu einem älteren Kind dürfte es eigentlich nicht anders sein. Dem Kind muß vor allem erlaubt sein, daß es aufgrund seiner eigenen Wünsche und Bedürfnisse oder seiner Ängste und Befürchtungen den Erwachsenen manipuliert und selbst aktiv Einfluß auf ihn gewinnt, was natürlich nur gelingen kann, wenn sich der Erwachsene auch beeinflussen läßt.

Dazu ein Beispiel: Bei der Untersuchung malt der dreijährige Fritz einige Striche auf ein großes Papier, und ich mache auch einige Striche. Plötzlich, als ich gerade angefangen habe, ihm ein Haus aufs Papier zu malen, nimmt er mir meinen Stift weg und alle übrigen aus dem Kasten und versucht sie unter seinen Händen auf seinem Schoß zu verstecken. Dabei schaut er mich fragend und neugierig an. Ich denke: Aha, jetzt macht er etwas mit mir. Er nimmt mir die Stifte weg und vereitelt mir meine Absichten, aber er ärgert mich nicht. Vielleicht würde ein anderer sich schon ärgern, weil die eigenen Handlungspläne gestört, unterbrochen oder nicht mehr zu verwirklichen sind. Ich schaue in den Kasten und sage: »Oh, alle sind sie weg! Wo sind die Stifte geblieben?« Bei Fritz steigt die Spannung. Er schaut mich weiter groß und fragend an, als wollte er sagen: Und was machst Du nun? Ich verstehe, ich weiß, was er mit mir macht: Er verwickelt mich in ein von ihm inszeniertes Spiel, in einen Dialog, so wie ein Erwachsener, der mir eine vielleicht provozierende Frage zuwirft, mich in eine Diskussion verwickelt. Als ich mit trauriger, dann mit verwunderter Stimme wieder frage: »Wo sind die Stifte geblieben?«, versteht Fritz ganz genau, daß ich auf sein Spiel, seinen von ihm in Gang gesetzten Dialog eingehe. Er guckt ganz pfiffig und sagt nichts. Plötzlich fliegt ein grüner Stift vor mich hin. »Ah«, sage ich, »da ist der grüne Stift ja wieder!«, und dann kommt ein gelber angeflogen, und nach und nach wirft er die anderen Stifte vor mich hin.

War das ein befriedigender Dialog? Der Junge hat nichts gesagt, aber es hat ihm sichtlich Spaß gemacht. Und das, was Spaß macht, wird wiederholt. Nach einer ganzen Weile, als er auf dem Blatt gekritzelt hat, greift er plötzlich wieder alle Stifte und versucht sie vor meinen Blicken zu verstecken. Und noch einmal kann dieses Versteckspiel von neuem beginnen, das sich ja kaum von einem Spiel unterscheidet, bei dem sich das Kind selbst versteckt.

In so einem Spiel, das durch plötzliche Einfälle und unvorhergesehene Wünsche in Gang gesetzt wird, das den anderen nicht aus dem Auge verliert, kleine und große Kompromisse und Änderungen von Absichten, Plänen und Zielen zuläßt, gibt es keinen Gewinner und keinen Verlierer, denn es gewinnen beide wie bei einem Nullsummen-Spiel, wie in einer befriedigenden Unterhaltung.

Daß das Kind Einfluß auf einen Erwachsenen gewinnt und ihn in einen befriedigenden Dialog verwickelt, wird ein Erwachsener dem Kind nur erlauben können, wenn er nicht die Erfüllung seiner eigenen Wünsche und Bedürfnisse erwartet, wie z.B. Bestätigung und Anerkennung vom Kind, oder die Erfüllung eigener, ungestillter Liebesbedürfnisse erwartet, was oft gerade dann geschieht, wenn der Erwachsene das

Kind, kaum daß er es gesehen hat, zu lieben meint. In solchen Fällen – darauf hat Bettelheim (1971) hingewiesen – dominieren die elterlichen Wünsche und Gefühle und lassen dem Kind keinen Spielraum, so daß nur Pseudobeziehungen daraus entstehen können.

Man wird sich von einem Kind nur dann in einen Dialog verwickeln lassen können, wenn man davon ausgeht, daß das, was das Kind auch immer tut, denkt oder sonstwie zum Ausdruck bringt, nicht unbegründet ist und deshalb als notwendig akzeptiert werden muß – was nicht zwangsläufig bedeutet, daß man es auch gutheißt und billigt. Dieser Bettelheimsche Grundsatz gilt um so mehr, wenn das Kind mit dem, was es tut, die Erwartungen, Normen und Werte derjenigen verletzt, an denen ihm etwas gelegen ist. Gerade dann wird es seine guten Gründe dafür haben.

Das Akzeptieren von Symptomen und Schwierigkeiten gelingt natürlich um so leichter, je größer die Distanz zum Kind ist. Das gilt wohl allgemein: Je größer die Distanz zu einem anderen Menschen ist, um so eher ist man in der Lage, fremd erscheinende Eigenschaften und Verhaltensweisen zu tolerieren. Die professionelle Erzieherrolle ermöglicht u.U. dem Erzieher im Heim eher als den Pflegeeltern, die Distanz einer helfenden Beziehung zu wahren, ohne daß sie so groß wird, daß sie in Gleichgültigkeit umschlägt. Pflegeeltern können oft die Schwierigkeiten und Symptome des Kindes besser ertragen, wenn es noch im Heim ist. Das ändert sich oft schlagartig, wenn das Kind in der neuen Familie lebt und von anderen als Mitglied der Familie angesehen wird. Dadurch wird die Distanz so weit vermindert, daß Schwierigkeiten nicht mehr akzeptiert werden oder daß die Zugehörigkeit des Kindes zur Ersatzfamilie durch eine definitive Rollenzuweisung als Pflege- oder Heimkind eingeschränkt wird. Durch diese Rollenzuweisung erfolgt eine Distanzierung, die es den Pflegeeltern ermöglicht, ohne Schuldgefühle auf die Eigenheiten des Kindes zu reagieren. Als beispielsweise ein zehnjähriger Junge beim Schuhekaufen im Laden herumtobte und schrie, daß wir für ihn nicht die richtigen Schuhe aussuchen würden, und es empörend fand, daß wir mit seinen Wünschen nicht einverstanden waren, waren wir froh, als er plötzlich sehr laut und deutlich sagte: »Meine Mutter hat mir auch immer zu große Schuhe gekauft.« Damit war klar, daß wir nicht seine Eltern waren und nicht für sein Benehmen verantwortlich gemacht werden konnten.

Wenn dem Pflegekind definitiv die Rolle des Pflegekindes zugewiesen wird und an dieser Definition festgehalten wird, sieht es seine Zugehörigkeit als eine Rollenzugehörigkeit, durch die es an seine Ursprungsfamilie gebunden bleibt und die die Annahme des Kindes verhindert.

Das Kind kann vor allem nur dann den Erwachsenen in einen Dialog verwickeln, wenn der Grundsatz gilt: Alle Wünsche und Bedürfnisse sind erlaubt, und alle Ängste und deren Abwehr sind berechtigt. Während ein Säugling seine Bedürfnisse und Wünsche zwar undifferenziert, aber unmittelbar zum Ausdruck bringt und auf Befriedigung drängt, sind die Wünsche und Bedürfnisse eines älteren Kindes durch die Erfahrungen geprägt, die es mit anderen Menschen und besonders mit Eltern gemacht hat. Auch wenn die Wünsche noch so verstellt und verzerrt sind, man wird nur etwas von ihnen erfahren, wenn man das, was das Kind in seinem Verhalten, in seinem Spiel und in dem, was es mit dem Erwachsenen macht, als Ausdruck seiner berechtigten Wünsche und Bedürfnisse interpretiert.

Nur wenn man von dem Grundsatz »alle Wünsche sind erlaubt« ausgeht, wird man auch etwas von den Wünschen eines Menschen erfahren und dadurch die Chance haben, ihn verstehen zu lernen. Denn die Wünsche erzählen etwas über die individuelle Geschichte der menschlichen Beziehungen. Wenn man nicht die Wünsche – und seien sie noch so geheim und phantastisch – begreift, begreift man vom anderen wenig. Sie sind ein wesentlicher Bestandteil der eigenen Identität. Aber weil Wünsche allzu phantastisch sein können und deswegen nicht zu realisieren sind oder den eigenen Werten und Normen widersprechen, so daß man sich ihrer schämt, oder mit allzuvielen Enttäuschungen und Ängsten verbunden sind, so daß sie verdrängt, vergessen oder ins Gegenteil verkehrt werden, kommen die eigenen Wünsche nur allzuleicht verzerrt und entstellt zum Ausdruck. Sie verbergen dann mehr, als sie offenbaren. Was man im manifesten Wunsch zu sehen bekommt, ist häufig ein Kompromiß aus latenten Wünschen und seiner Bearbeitung. Dann ist selbst die Erfüllung des Wunsches eine Enttäuschung, weil sich das, was man sich sehnlichst wünschte, doch nicht erfüllte. Der Wunsch nach Annahme und Bestätigung wird aber durch kein noch so großartiges Geschenk wirklich befriedigt. Oder das Kind, das sich sehnlichst Nähe und Zärtlichkeit wünscht, vor der es gleichzeitig panische Ängste hat, fängt statt dessen u.U. an zu raufen und den anderen aggressiv anzugreifen. Und wenn dann diese Wünsche als ungehörig, nicht passend zurückgewiesen werden, hat es nicht die Möglichkeit, in der Interaktion die eigenen latenten Wünsche zu modifizieren. Oder ein Kind in einer Pflegefamilie, das seinen Vater als höchst bedrohlich und mörderisch wahrgenommen hat und das gefragt wird, ob es sich einen Besuch des Vaters wünsche, wird, wenn alle anderen Menschen die Bedrohlichkeit des Vaters verleugnen, auch seine Wünsche den Erwartungen anpassen und sagen, daß es nichts dagegen hat, und schließlich sogar den Wunsch entwickeln, den Vater als Opfer zu beschützen und zu retten.

Nur allzu leicht werden die Wünsche des Kindes nicht als etwas begriffen, was überhaupt erst Verständnis ermöglicht, sondern allein hinsichtlich ihrer Erfüllbarkeit oder Unerfüllbarkeit bewertet und beurteilt. Wenn man von einem Kind erfährt, was es sich wünscht, so heißt das ja noch lange nicht, daß jeder Wunsch auch erfüllt werden könnte oder müßte. Aber das Wünschen selbst muß erlaubt sein – seien es maßlose kindliche Liebesansprüche oder mörderisch-aggressive Wünsche.

Nun gibt es ja Wünsche, deren Erfüllung nun wirklich nicht erlaubt sein darf, wie z.B. mörderische Wünsche oder Wünsche, deren Erfüllung einfach nicht möglich ist, wie z.B. das einzige Kind einer Mutter zu sein, wenn gleichzeitig noch Geschwister da sind oder wie im Heim eine ganze Gruppe. Folglich denken viele, daß man auch das Wünschen verbieten müsse, weil sonst keine Barriere zwischen Wunsch und der wunscherfüllenden Handlung bestehen würde. Also versuchen Eltern oder Erzieher dem Kind mit Argumenten zu zeigen, daß seine Wünsche unmögliche Wünsche sind, daß es diese unmöglichen, nicht berechtigten Wünsche aufgeben müsse. Aber so entsteht kein Dialog, und so werden auch keine Wünsche aufgegeben. Das Gegenteil ist der Fall: Nicht anerkannte und angenommene Wünsche bleiben unverstanden und u.U. ein Leben lang bestehen, und ihre Erfüllung wird auf indirektem Weg immer und immer wieder versucht. So hält z.B. das in seiner frühen Kindheit oral und narzißtisch frustrierte Kind trotz aller Enttäuschungen an gerade diesen frühen Wünschen, doch noch wie ein Säugling im Paradies zu leben, fest. Oder aggressive Wünsche und Rachephantasien bleiben aufrechterhalten, aber machen sich nicht mehr an den Menschen fest, denen sie ursprünglich galten, sondern an beliebig austauschbaren anderen, bis z.B. die mörderische Wut gegen die eigenen Eltern am schreienden Kind erfüllt wird.

3. Wiederholung früherer Beziehungsformen in der Übertragungsbeziehung

In der ersten Phase der Integration – die Überanpassung des Kindes an die neue Situation – werden die tatsächlichen Wünsche und Bedürfnisse des Kindes, insbesondere aber seine aus frühen traumatischen, verletzten Erfahrungen resultierenden Überzeugungen, Ängste und Aggressionen wenig sichtbar. Sie werden erst zugänglich, wenn das Kind eine größere Sicherheit in der neuen Situation gewonnen, seine Angst reduziert und die neuen Eltern als nicht bedrohlich und potentiell befriedigend wahrgenommen hat.

Dieser Fortschritt in der Pflegebeziehung wird deshalb so leicht verkannt und als Rückschritt erlebt, weil die früheren Erfahrungen und die daran gebundenen Affekte nicht als Erinnerung an die früheren Situationen thematisch werden, sondern vielmehr in den jetzigen Beziehungen neu inszeniert werden, was zuweilen zu erheblichen Konflikten und Mißverständnissen führt. Das Kind erlebt die neue Situation durch die Brille seiner frühen Erfahrungen, die es auf die jetzige Situation überträgt, und die neuen Eltern werden perfekt mit den früheren elterlichen Bezugspersonen verwechselt. Indem das Kind dies tut, nutzt und gestaltet es die Beziehung zu den Pflege- und Adoptiveltern wie eine therapeutische Situation. Und gerade hierin liegt die Chance für eine weitreichende Korrektur gestörter Sozialisation durch die Integration eines Kindes in eine Ersatzfamilie, wenn Pflegeeltern bereit und in der Lage sind, sich zunächst auf eine solche quasi therapeutische Beziehung einzulassen.

3.1 Übertragungsbeziehung

1. Es war eine der größten Entdeckungen Freuds, zu sehen, daß die Interaktion zwischen Arzt und Patient durch frühere Beziehungserfahrungen geprägt ist, daß die aus der Vergangenheit stammenden Gefühle und Erwartungen den Umgang mit einer anderen Person völlig beherrschen können.

Übertragung »bezeichnet in der Psychoanalyse den Vorgang, wodurch die unbewußten Wünsche an bestimmten Objekten im Rahmen eines bestimmten Beziehungstypus, der sich mit diesen Objekten ergeben hat, aktualisiert werden. Es handelt sich dabei um eine Wiederholung infantiler Vorbilder, die mit einem besonderen Gefühl von Aktualität erlebt werden« (Laplanche/Pontalis 1972, 550).

Übertragung ist ein allgemeines Phänomen. In der Übertragungsbeziehung tritt der andere – z.B. das Kind für die Mutter, der Schüler für den Lehrer und umgekehrt – ganz in den Hintergrund (vgl. Fürstenau 1973; Richter 1969). Die Beziehungen gestalten sich nach alten Mustern. Sie sind in gewisser Hinsicht gar keine neuen Beziehungen, sondern Neuauflagen alter affektiver, emotionaler Beziehungen. Der andere gerät in eine Rollenbeziehung, die eigentlich mit ihm selbst nichts zu tun hat. Wenn ein Kind, kaum daß es mich gesehen hat, mich als mörderisches Monstrum wahrnimmt, das es angreifen, verjagen oder vor dem es in panischer Angst fliehen muß, wird es von vergangenen Erlebnissen und Erfahrungen so weit beherrscht, daß es zu einem realitätsbezogenen Handeln, zu einem Verhalten, das Rücksicht auf die andersartige gegenwärtige Situation nimmt, gar nicht mehr in der Lage ist.

Die Verzerrung von Beziehungen aufgrund von Übertragungen wurde von Freud zunächst als ein Hindernis in der psychotherapeutischen Beziehung angesehen. Auf der anderen Seite hat sich aber gerade die Übertragung als eines der wesentlichsten Momente für die Psychotherapie erwiesen, weil in ihr Elemente der frühkindlichen Entwicklung »frisch, so als seien sie gerade erst entstanden, in statu nascendi« (Freud 1912, 374) zum Ausdruck kommen. Die alten Konflikte, Ängste und Wünsche werden als aktuelles Erlebnis lebendig. Und diese Art der Wiederbelebung ist die Bedingung, die frühen Erfahrungen zu korrigieren.

Ob und in welchem Ausmaß gegenwärtige Beziehungen durch prägende Erlebnisse der Vergangenheit zu Übertragungsbeziehungen führen, ist einerseits davon abhängig, wie beängstigend und bedrängend die früheren Erfahrungen waren, so daß sie die Kontrollfunktion des Ichs, durch das der Kontakt zur gegenwärtigen Realität aufrechterhalten wird, außer Kraft setzen. Andererseits ist die Entwicklung von Übertragungsbeziehungen davon abhängig, wieweit die gegenwärtige Situation für das Kind eine wirklich beschützende ist, so daß sich die gegenwärtige Beziehung als therapeutische entfalten kann.

In der psychoanalytischen Therapie wird die Kontrollfunktion des Ichs durch die Aufforderung herabgesetzt, das auszusprechen, was einem gerade in den Sinn kommt, in der analytischen Spieltherapie dadurch, daß der Therapeut eine abwartende Haltung einnimmt und darauf wartet, was das Kind mit ihm macht, wo also das übliche auf Erziehung ausgerichtete Beziehungsmuster umgekehrt wird und dem Kind erlaubt wird, den Erwachsenen zu manipulieren. Dabei muß das Kind wie der erwachsene Patient sicher sein können, daß alle seine Phantasien und Affekte, die unter diesen Bedingungen zugelassen werden können, ihm nicht zum Schaden gereichen werden, d.h. keine negativen Konsequenzen, keine Sanktionen oder vernichtende Kritik heraufbeschwören. Dieser Schutz und diese Sicherheit, die auch »mit dem Fehlen jeglicher Forderungen nach altersgemäßem oder sozial angepaßtem Verhalten« (Bettelheim 1975, 209) zusammenhängen, sind auch in der realen Lebenssituation – in der Heimgruppe oder Ersatzfamilie – notwendig, wenn diese therapeutisch wirksam werden, d.h. Qualitäten eines therapeutischen Milieus gewinnen sollen. Das therapeutische Milieu muß zudem den Schutz vor beängstigenden Erfahrungen gewährleisten (beispielsweise auch vor Kontakten zu als bedrohlich und höchst frustrierend erlebten leiblichen Eltern [vgl. Teil IV, 4]) und die Sicherheit, daß hier alles getan wird, um die Grundbedürfnisse des Kindes zu befriedigen (Bettelheim 1975).

Unter diesen Umständen gewinnen die früheren traumatischen Erfahrungen (vgl. Teil III, 1) so große Bedeutung, daß sie das gegenwärtige Verhalten und Erleben des Kindes weitgehend bestimmen und der Verarbeitung zugänglich werden.

2. Ein Kind, das früh vernachlässigt, viel allein gelassen und nicht angemessen mit Nahrung versorgt worden ist, wird lange Zeit die Erwartung haben, daß es sich auf die neuen Eltern nicht verlassen kann, daß sie es allein lassen werden oder es verhungern lassen könnten. Es wird überempfindlich auf vermeintliche Trennung reagieren. Am Abend muß die Tür aufbleiben, das Kind wird u.U. immer wieder rufen und sich vergewissern, ob die Eltern noch da sind. Es wird beim Verreisen darauf bestehen, daß die Eltern seine Sachen mit in ihren eigenen Koffer packen, damit sie es nur nicht mit seinem Koffer irgendwo zurücklassen werden. Es wird ständig das Gefühl haben, zu kurz zu kommen. Es wird u.U. gierig und riesige Mengen essen, Lebensmittel klauen und horten, um sich notfalls selbst versorgen zu können. Bei kleinen Frustrationen, z.B. wenn die Mutter ihm kurz vor dem Essen eine Schnitte oder ein Bonbon versagt, wird es mit dem Vorwurf reagieren, daß sie es verhungern lassen will. Ein Kind, das vom leiblichen Vater verprügelt oder mißhandelt worden ist, wird u.U. den Pflegevater über längere Zeit ablehnen, ängstlich und überangepaßt auf ihn reagieren und jeden Körperkontakt vermeiden. Und schließlich, wenn die Ängste ihm gegenüber geringer geworden sind, weil es wahrgenommen hat, daß dieser Vater nicht so bedrohlich ist, wird es die Wut, die es gegen den leiblichen Vater entwickelt hat, aber wegen der übergroßen Angst nicht äußern konnte, nun gegen den Pflegevater richten, indem es ihn z.B. wild beschimpft oder verprügelt.

Ein Kind, das die Erfahrung gemacht hat, daß der Wunsch nach befriedigender Nähe, nach Verläßlichkeit und Sicherheit in Eltern-Kind-Beziehungen vielfach enttäuscht wird, daß familiale Beziehungen unzuverlässig sind und zerbrechen können, wird auch diese Erfahrung als Überzeugung auf die neue Situation übertragen. Gerade dann, wenn die neuen Beziehungen dem Kind schon attraktiv geworden sind, wird Angst davor entstehen, daß sich die Beziehungen schließlich doch als Illusion erweisen, daß das Kind wieder abgestoßen wird. Durch ständige Provokationen oder schließlich durch die Drohung, wieder zu gehen, weil es im Heim viel schöner war oder weil die leiblichen Eltern oder andere Eltern viel besser wären, sucht das Kind dann beispielsweise die Frage zu klären, wieviel es den Eltern wert ist, wie sicher sie zu ihm halten, auch wenn es sie so sehr beleidigt, indem es mit Trennung droht. Die Trennungsdrohung ist oft eine vorweggenommene Erwartung: Bevor ihr mich wegschickt, weil wir uns wieder so gekracht oder mißverstanden haben, weil ich so ein böses Kind bin, gehe ich lieber selbst. Denn viele fremdplazierte Kinder haben im Spiegel frustrierender, überwältigender oder das Kind emotional ausbeutender Eltern die Selbstüberzeugung entwickelt, böse, schlecht, nicht liebenswert und selbst verantwortlich für alles Unglück und für das Scheitern von Beziehungen zu sein. Reagieren die neuen Eltern (die Drohung des Kindes mißverstehend) mit einem Satz wie: »Gut, wenn es Dir bei uns nicht gefällt, kannst Du ja gehen«, statt mit einem Satz wie: »Dann wären wir furchtbar traurig«, oder statt einfach hinter dem Kind herzugehen, wenn es wirklich geht, bis es stehen bleibt und zurückkommt, so bestätigen sie das Kind leicht in seiner Befürchtung, daß den Eltern nicht viel an ihm liegt.

In all diesen Fällen scheinen die Kinder zunächst nicht wahrnehmen zu können, daß sie es nun mit ganz anderen und andersartigen Eltern zu tun haben, die sich vielleicht sehr versorgend, gewährend, zuverlässig schützend und freundlich verhalten. Die alten Probleme und Konflikte müssen noch einmal durchgearbeitet werden. Und nur schrittweise, wenn das Kind immer wieder die verläßliche Erfahrung macht, daß die Ausgänge andere sind als früher – und hierbei ist das Handeln der Eltern überzeugender als ihr Reden –, kann die Übertragungsbeziehung gelöst werden und sich in eine neue, persönliche Beziehung verwandeln.

Diese Integrationsphase der noch wirksamen Übertragungsbeziehungen ist im Gesamtprozeß die krisenhafteste, in der am ehesten der Wunsch nach Abbruch bei den Eltern auftaucht. Übertragungsbeziehungen wirken befremdend und verwirrend und lösen leicht Angst aus, mit diesem, auch den Eltern im Grunde noch fremden Kind nicht zurechtzukommen. Sie wirken fremd, weil sie ja in der Tat nicht der gemeinsamen und kalkulierbaren Geschichte angehören und aus der aktuellen Situation heraus nicht verständlich sind. Sie wirken verwirrend, weil auch die Eltern sich ständig vom Kind mißverstanden fühlen. Wenn das Kind Eltern oder Erzieher überhaupt nicht realistisch wahrnehmen kann, sondern durch die Brille seiner früheren Erfahrungen sieht, wenn die Beziehungsformen so etwas wie eine Neuauflage früherer Beziehungen darstellen, wenn entsprechend auch die Wünsche und Ängste des Kindes unrealistisch verzerrt sind, dann müssen die Interaktionen durch Mißverständnisse und Diskrepanzen gekennzeichnet sein.

Ein harmloses Beispiel: Ein Pflegevater sieht den sechsjährigen Sohn freundlich an, als sie sich am Tisch gegenübersitzen. Der Junge bekommt ein motziges Gesicht und sagt dann: »Guck nicht so doof. Du guckst so streng.« Man ahnt, daß er gar nicht den Pflegevater und sein Lächeln wahrnimmt, sondern seinen eigenen strengen Vater meint. Das Problem besteht darin, daß das Kind nicht nur an seinen Vater erinnert wird, sondern das väterliche Objekt wirklich verwechselt und die Verwechselung normalerweise selbst nicht erkennt und so auch dem Vater nicht mitteilen kann. Entsprechend erkennen die Eltern die Übertragungsbeziehung oft auch nicht und erleben die Reaktionen des Kindes als Kränkung. Sie fühlen sich persönlich vom Kind abgelehnt oder aggressiv attackiert.

Eine gute Kenntnis der Geschichte des Kindes und die Vorbereitung auf diese Phänomene können den Eltern helfen, die Übertragungsreaktionen besser zu verstehen, distanzierter zu betrachten und angemessener darauf zu reagieren. Andernfalls entwickeln sich leicht Hilflosigkeit, Ablehnung und Abwehr. Oder die Eltern geraten in die Gefahr, sich in ein den Erfahrungen des Kindes entsprechendes Verhalten drängen zu lassen, was oft vordergründig zu einer raschen Lösung der Konfliktsituation führt.

Ein mißhandeltes Kind beispielsweise geht nach einiger Zeit positiver Erfahrungen mit den freundlichen Pflegeeltern »aus dem Ruder«. Es »provoziert« die Eltern, bis diese schließlich den Eindruck gewinnen, daß es geschlagen werden will. Sie tun es, und das Kind verhält sich wieder angepaßt. Ein weiteres Beispiel: Ein verwöhntes Kind reagiert auf Versagungen von materiellen Wünschen zutiefst beleidigt und mit Kontaktabbruch. Die Eltern bekommen ein schlechtes Gewissen, erfüllen seine Wünsche und haben wieder ein strahlendes Kind. Damit aber wird die Chance der Revision der bisherigen Erfahrungen vertan – die Übertragungsbeziehung wird aufrechterhalten.

3. Die in der Übertragungsbeziehung wiederbelebten, oft weitreichend verdrängten und verleugneten Erfahrungen, Bedürfnisse und Gefühle sind an persönliche, familiale Beziehungen, an die Abhängigkeitsbeziehung zu Eltern gebunden, in denen sie

entstanden sind. Daher werden diese Erfahrungen, Selbstüberzeugungen und Gefühle in der Regel auch nicht so unmittelbar in der Beziehung zu anderen, die nicht Elternrepräsentanten sind, thematisch.

Ein Kind, das in der Phase der Übertragungsbeziehungen größte Schwierigkeiten in den familialen Beziehungen produziert, kann mitunter in der Schule oder in Nachbarschafts- und Verwandtschaftsbeziehungen prächtig funktionieren. Pflegeeltern stoßen daher zuweilen auf größtes Unverständnis, wenn sie von erheblichen Auffälligkeiten und Beziehungsstörungen ihres Pflegekindes berichten, weil es sich u.U. in anderen außerfamilialen Beziehungen »ganz normal« verhält. Dies ist um so eher der Fall, wenn die Ich-Fähigkeiten des Kindes durch die frühen Sozialisationserfahrungen nicht so weitreichend beeinträchtigt sind, daß ihm auch eine Anpassung an emotional weniger tangierende und bedeutsame Situationen nicht mehr gelingt.

So ist es auch verständlich, daß Kinder, die übergangsweise im Heim untergebracht sind, von den Heimerziehern zuweilen als relativ problemlos geschildert werden, auch wenn dann nach ihrer Integration in die Pflegefamilie oder schon während der Anbahnung der Beziehung zu den Pflegeeltern erhebliche Probleme offenkundig werden. So hat es uns zunächst auch immer wieder verblüfft, daß auch bei Kindern, die nach der Herausnahme aus der Ursprungsfamilie, in der sie z.B. mißhandelt oder vernachlässigt worden waren, im Heim mitunter jahrelang ganz andersartige, positive Erfahrungen gemacht haben, bei der Integration in eine Ersatzfamilie nicht die im Heim gemachten positiven Erfahrungen tragen, sondern die frühen, an die Eltern gebundenen Beziehungserfahrungen bestimmend sind.

Die Strukturähnlichkeit der familialen Situation, die Möglichkeit intimer familialer Beziehungen, das Erleben des Kindes in Abhängigkeitsbeziehungen als Kind von Eltern provoziert die Wiederbelebung der an Eltern gebundenen Erfahrungen und Affekte, was die Herstellung von Übertragungsbeziehungen begünstigt.

3.2 Rekonstruktion der Vorerfahrungen

Wenn in der Übertragungsbeziehung zu Pflegeeltern die an Eltern gebundenen Erfahrungen und Gefühle wiederbelebt werden und bearbeitet werden müssen, dann versteht es sich von selbst, daß Ersatzeltern (wie auch Heimerzieher, betreuende Sozialarbeiter und Therapeuten) so genau wie eben möglich über die Vorerfahrungen des Kindes informiert sein sollten. Eine Vermittlungspraxis, in der das Kind seiner Geschichte beraubt wird, indem beispielsweise ein für die Ursprungsfamilie zuständiges Jugendamt sich weigert, der Vermittlungsstelle alle für das Kind und seine Entwicklung relevanten Informationen zur Verfügung zu stellen, handelt verantwortungslos.

Eine genauere Kenntnis der Vorerfahrungen ermöglicht eine sichere Einstellung auf die zu erwartenden Probleme und ein rascheres Verständnis der Verhaltenssignale und Gefühle des Kindes. Je weniger über seine Vorgeschichte bekannt ist, desto mehr ist man darauf angewiesen, die Vorerfahrungen des Kindes aufgrund seines Verhaltens zu erschließen und zu rekonstruieren.

Das wichtigste Material für diese Rekonstruktionsarbeit sind die Übertragungsbeziehungen selbst. Gerade dann, wenn die Eltern das Gefühl haben, daß das Kind sie gänzlich mißversteht, daß es ihre Absichten verkennt, ihnen unrealistische Motive und Handlungen unterstellt, sie immer wieder in einer bestimmten Richtung verzerrt wahrnimmt und ihnen mit Affekten begegnet, die aus der realen Situation heraus nicht verständlich erscheinen, können hieraus Schlüsse auf die Erfahrungen des Kindes und sein daraus resultierendes Selbsterleben in Beziehungen gezogen werden.

Wenn ein Kind beispielsweise, obwohl es zuverlässig mit Nahrung versorgt wird, bei der kleinsten oralen Frustration enttäuscht und vorwurfsvoll reagiert: »Nie bekomme ich was«, dann ist es hinsichtlich seiner Wünsche nach Versorgung zutiefst enttäuscht worden. Wenn ein Kind eine nur kurze Trennung der Mutter, die rasch zum Kaufmann oder in den Keller gehen will, nicht ertragen kann und mit einem Satz wie: »Immer läßt Du mich allein« beantwortet, dann deutet dies auf erhebliche Verlassenheitserfahrungen in den früheren Beziehungen hin. Wenn ein Kind, sobald der Vater ohne jede Strafabsicht die Hand hebt, es berührt oder nur lauter spricht, sofort zurückweicht, sich duckt oder schützend den Arm vors Gesicht hält, dann sind beängstigende Straferfahrungen anzunehmen.

Ein weiterer Hinweis sind die Phantasien des Kindes, die im Spiel oder in spontanen Äußerungen gegenüber Dritten zum Ausdruck kommen. Dabei sind besonders die Phantasien aufschlußreich, die sich ständig wiederholen. Wenn ein Kind z.B. ständig von Unfällen phantasiert, bei denen Kindern Schreckliches passiert und Rettung nicht gelingt, dann deutet dies auf Erfahrungen hin, durch die es sich existentiell bedroht und gänzlich schutzlos fühlt. Wenn ein Kind in der Nachbarschaft erzählt, daß es zu Hause, in der Pflegefamilie, geprügelt, angekettet und eingesperrt wird und nichts zu essen bekommt, dann tut es dies nicht, um Aufmerksamkeit und Mitleid zu erwecken – wie dies häufig mißverstanden wird –, sondern dann spiegelt dies Erwartungen und Erlebnisweisen wider, die aus entsprechenden frühen Erfahrungen resultieren. Wenn ein Kind seine Puppe immer wieder schlägt und einsperrt, so kann man ziemlich sicher sein, daß es selbst in seiner Vorgeschichte entsprechende Beziehungserfahrungen gemacht hat bzw. in seinen früheren Beziehungen Gefühle und Erwartungsängste entwickelt hat, die sich in diesen Phantasien widerspiegeln.

Schließlich lassen sich aus der Art der Verhaltens- und Beziehungsstörungen Rückschlüsse auf die Vorerfahrungen des Kindes ziehen, da sich in ihnen vielfach ungelöste und aufrechterhaltene Entwicklungsprobleme aus früheren Entwicklungsphasen widerspiegeln. Wenn ein Kind z.B. ständig trotzig um seine Autonomie kämpfen muß, aus allem und jedem einen Machtkampf macht, sich negativistisch verhält, so kann man daraus schließen, daß sich die leiblichen Eltern oder Bezugspersonen in der Phase, in der die Entwicklung von Autonomie in Beziehungen ansteht, überwältigend, unterdrückend oder gänzlich desorientierend verhalten haben (vgl. Teil III, 6).

3.3 Korrigierende Erfahrungen

Eine genauere Kenntnis oder zunehmend sicherere Hypothesenbildung über die realen Vorerfahrungen des Kindes kann zwar den Eltern (wie dem Therapeuten) helfen, ein einfühlendes Verständnis der Verarbeitung dieser Erfahrungen durch das Kind selbst zu entwickeln, aber eine direkte Aufklärung des Kindes über diese Zusammenhänge wird ihm jedoch noch nicht unmittelbar helfen, seine traumatischen, verletzenden Erfahrungen und die daran gebundenen Gefühle und Vorstellungen zu verarbeiten und zu korrigieren. Es wird nichts nützen, wenn ich dem oral gierigen Kind sage: »Du bist so gierig und hast so viel Angst, nicht genug zu bekommen, weil Deine Eltern Dich früher als kleines Kind nicht richtig versorgt haben«, wenn es selbst noch nicht zu einer solchen Einsicht bereit und in der Lage ist, wenn es die realen frühen Erfahrungen, die in der Wirklichkeit zu schmerzhaft und bedrohlich gewesen sind, noch abwehren und verleugnen muß oder die mit diesen Erfahrungen verbundenen Gefühle – z.B. die existentielle Angst, verhungern zu können – noch gar nicht annehmen kann. Wir kennen Kinder, die ihre ganze Geschichte wie einen Roman erzählen können und dies auch jedem Beliebigen gegenüber tun, aber so, als hätte es mit ihnen nichts zu tun, d.h. ohne jede affektive Beteiligung. Verarbeitet und bewältigt ist damit jedoch noch nichts.

Was therapeutisch, heilend wirksam wird, ist »nicht das Erinnern an die Vergangenheit, nicht einmal das Wiedererleben in der Vorstellung noch das Aufdecken des Unbewußten, sondern es ist die Neustrukturierung, die Integration der Persönlichkeit« (Bettelheim 1975, 209).

»Es ist eine wohlbekannte Tatsache der Psychoanalyse, daß der Patient nicht nur seine traumatischen Erlebnisse erzählen muß, er muß sie vielmehr, um sie ein für allemal zu bewältigen, emotional noch einmal mit einem ganz anderen Resultat durchleben. Das kann er während der Therapie tun, weil er dann durch die Gegenwart und den Beistand des Therapeuten geschützt ist. Daß der Patient das Geschehene geistig erfaßt, trägt nur wenig zur Neustrukturierung seiner Persönlichkeit bei; es kann sogar eine starke Verteidigung gegen eben diejenige Gefühlserfahrung sein, die allein korrigierend wirkt« (ebd., 171).

Das Wiederbeleben von Ängsten, heftigen Wünschen, Enttäuschungen, Ohnmacht, Wut und Zorn in der Übertragungsbeziehung zu elterlichen Objekten in Situationen, in denen sie entstanden sind – z.B. beim Anziehen, Waschen, Essen, Ins-Bett-Gehen –, in denen jetzt aber ganz andersartige Ausgänge möglich sind – z.B. befriedigend versorgt zu werden, Rücksicht zu erfahren, nicht überwältigt zu werden, geschützt zu sein –, ist therapeutisch wirksam und ermöglicht korrigierende Erfahrungen. Auch Bettelheim weist darauf hin, daß an vielen Beispielen belegt werden kann, »daß eine korrigierende Erfahrung vor allem dann wirksam wird, wenn sie in genau der Situation gemacht wird, in der das Trauma ursprünglich entstand« (ebd., 172). »Monatelange Bemühungen, derartige Erfahrungen im Behandlungszimmer wiederzubeleben, können u.U. sehr viel weniger ausrichten, als wenn der Patient ein entsprechendes Erlebnis in der Realität noch einmal hat, und zwar unter gänzlich anderen physischen und menschlichen Umständen und daher mit einem entsprechend anderen Resultat. Wenn wir Stunden damit zubringen, im richtigen Zeitpunkt den Patienten zu umsorgen oder nur seine Hand halten, während er auf der Toilette sitzt, ist das für ihn überzeugender als jegliche Bereitschaft, ihm zuzuhören, wenn er über seine Gefühle, Probleme und Ängste spricht« (ebd., 171f).

3.3.1 Schutz, Sicherheit und Bedürfnisbefriedigung durch gegenteilige Erfahrungen

1. Die gänzlich anderen physischen und menschlichen Umstände, die korrigierende Erfahrungen ermöglichen, müssen sich dadurch auszeichnen, daß das Kind in neuen Beziehungen vor einer Wiederholung früher erlittener Traumata überzeugend geschützt ist und gerade in den Bereichen, in denen es verletzt worden ist, gegenteilige, wirklich befriedigende Erfahrungen machen kann, auch wenn es dies zunächst in der Übertragungsbeziehung noch nicht realistisch wahrnehmen und nutzen kann.

Bedingungen, unter denen sich die Überzeugung eines Kindes, daß es beispielsweise verhungern könnte, schutzlos größten Gefahren ausgesetzt sei, niemandem trauen könne und selbst wertlos sei, Schritt für Schritt zu der Gewißheit wandeln kann, daß es in Eltern befriedigende Schutzobjekte hat und selbst von Wert und in Ordnung ist, sind nicht solche des Mittelmaßes, des »Normalen«. Es reicht nicht aus, daß ein Kind mit frühen existentiellen Mangelerfahrungen jetzt in der neuen Familie regelmäßig gute Nahrung bekommt. Es muß vielmehr seinen Bedürfnissen entsprechend überversorgt werden. Es muß im Gegensatz zu seinen frühen Erfahrungen die Überzeugung gewinnen können, daß es den Eltern von größter Wichtigkeit ist, daß es ihm gutgeht, daß seine Bedürfnisse befriedigt werden. Wenn ein früh vernachlässigtes Kind in der Pflegefamilie oral gierig wird, ständig etwas im Mund haben muß, sich große Mengen auf den Teller häuft, das Essen hinunterschlingt, dann muß jederzeit – selbst wenn das Kind fünf Minuten, bevor das Essen auf den Tisch gestellt wird, etwas zu essen verlangt – und in der Menge, die es verlangt, Nahrung verfügbar sein.

Eltern haben oft die Sorge, daß sich ein Kind dann angewöhnen wird, ständig zu viel zu essen, daß es für seinen Organismus nicht gut ist, so viel zu essen, oder daß das Kind, wenn es zu dick wird, von anderen gehänselt werden könnte, wovor sie es bewahren möchten. Daher versuchen sie frühzeitig, die orale Gier einzudämmen und steuernd und einschränkend einzugreifen. Aber genau damit wird erreicht, daß die orale Gier ein unbewältigtes, sich vielleicht nur in andere Bereiche verlagerndes Problem bleibt. Ein Kind ißt dann mitunter zu Hause ganz zivilisiert und kontrolliert, aber es klaut Geld für Süßigkeiten oder bettelt bei Klassenkameraden um deren Schulbrote. Vor allem aber – und das ist das eigentlich gravierende Problem – wird es die Überzeugung aufrechterhalten, daß Eltern Menschen sind, denen ihre eigenen Vorstellungen und Wünsche wichtiger sind als die Bedürfnisse des Kindes, daß Eltern nicht verläßlich für ein Kind sorgen, daß Eltern ein Kind auch verhungern lassen können.

Wenn dagegen ein Kind, dessen Gier von den Eltern als berechtigt angenommen wird, schließlich eine befriedigende Antwort auf die schreckliche Frage, ob die Eltern Eltern sind, die es auch verhungern lassen würden, gefunden hat, dann wird es von sich aus die Gier aufgeben. Die orale Versorgung tritt als Thema zurück, und andere Dinge werden dem Kind wichtiger: beispielsweise, daß es wieder dünner und beweglicher wird; daß es nicht mehr so viel essen will, bis ihm schlecht wird und es brechen muß – eine Unannehmlichkeit, die es angesichts der es zuvor umtreibenden Frage, deren Beantwortung ihm viel wichtiger war, in Kauf genommen hat.

Ein mißhandeltes Kind darf nicht geschlagen oder auch sonst nicht bestraft werden. Ja, man muß mit jeder Form von Übergriffen auf seine persönliche Sphäre äußerst vorsichtig sein, weil sie vom Kind leicht als drohende Überwältigung erlebt werden kann. Wenn man einem mißhandelten Kind auch nur einen kleinen Klaps gibt oder ihm beispielsweise droht: »Wenn Du das noch einmal tust, dann passiert was«, werden diese »kleinen« und vielleicht von den Eltern als ganz harmlos und nicht bedrohlich erlebten Attacken sofort zur Wiederbelebung des Gefühls wirklicher existentieller Gefährdung führen, zu der Erwartung, daß im nächsten Moment etwas noch viel Schlimmeres, vielleicht Mörderisches passieren kann. Und ist dies doch einmal passiert, haben die Eltern ihre Selbstkontrolle verloren, das Kind geschlagen oder ihm mit Strafe gedroht, dann darf dies – auch dem Kind gegenüber – nicht bagatellisiert werden. Denn dies wird dazu führen, daß das vielleicht inzwischen schon entstandene vorsichtige, ansatzweise Vertrauen des Kindes erst einmal wieder zerstört wird und die Überzeugung, daß Eltern bedrohliche Menschen sind, neue Nahrung bekommt, so daß die Übertragungsbeziehung länger aufrechterhalten bleibt.

2. Auch wenn die Realität der neuen Beziehungen eine gänzlich andere, in den traumatischen Bereichen wirklich gegenteilige ist, indem sich die Eltern als sehr befriedigend, respektvoll dem Kind und seinen Bedürfnissen gegenüber und verläßlich schützend erweisen, wird man es nicht erreichen können und darf es auch gar nicht als Ziel ansehen, daß man dem Kind jegliche Enttäuschungen, Ängste und Ohnmachtsgefühle und die Mobilisierung kindlicher Wut und Aggression ersparen könnte. Diese Gefühle und Affekte entstehen zwangsläufig. Denn keine Mutter und kein Vater können einem Kind, das aufgrund übermäßiger Enttäuschungen übermäßige Wünsche hat, tatsächlich alle Wünsche erfüllen; und selbst wenn eine Mutter dies täte – was vielfach die Grenzen der Vernunft überschreiten würde, so daß sie die Rolle als sicherer und schützender Erwachsener verlieren würde –, würde das in früheren Beziehungen übermäßig frustrierte Kind die Mutter in der Übertragungsbeziehung als frustrierend wahrnehmen, weil das verinnerlichte Bild vom Objekt Mutter das einer frustrierenden Mutter ist. Keine Mutter und kein Vater können verhindern, daß ein Kind aufgrund seiner bedrohlichen Erfahrungen von schrecklicher Angst und Wut vielfältige Situationen als erneut beängstigend, ohnmächtig und wütend machend erleben wird. Das Wiedererleben von Enttäuschung, Angst, Ohnmacht und Wut in der Übertragungsbeziehung ermöglicht ja gerade die Bearbeitung traumatischer Erfahrungen. Und die real ganz andersartigen Erfahrungen ermöglichen schließlich ihre Korrektur.

3.3.2 Annahme von beängstigenden Vorstellungen, Bedürfnissen und Affekten in der Übertragungsbeziehung

1. Ein wichtiger Schritt der Verarbeitung ist der, daß das Kind in der Übertragungsbeziehung, d.h. im Hier und Jetzt der neuen Beziehungen, überhaupt wieder einen Zugang zu seinen Gefühlen, Bedürfnissen und Vorstellungen gewinnt, die ja vielfach weitreichend abgewehrt werden.

Ein mißhandeltes Kind beispielsweise kann sich oft an die Mißhandlungen, den Schmerz und die Angst nicht mehr erinnern. Es hat sich unempfindlich gemacht gegen schmerzhafte Empfindungen, gegen Gefühle und Affekte, um sich vor erneuten unerträglichen Schmerzen und Ohnmachtsgefühlen und vor als gefährlich erlebter

Wut und Aggression zu schützen. Angst wird verleugnet und durch rasches Handeln abgewehrt, indem das Kind z.B. sofort bei lauter Ansprache den Arm vors Gesicht hält oder in Situationen, in denen Angst mobilisiert werden könnte, sofort die Flucht nach vorn antritt, sich groß und stark phantasiert und aggressiv reagiert.

Ein vernachlässigtes Kind wird u.U. eigene Bedürfnisse kaum mehr wahrnehmen und als Wunsch an einen anderen Menschen richten können. Seine orale Gier wird vielleicht nur in seinen Blicken zu erahnen sein, oder es wird seine Angst, nicht genug zu bekommen und verhungern zu müssen, durch rasches Handeln, durch Agieren abwehren, indem es sich z.B. den Teller übervoll packt oder Lebensmittel hortet. Ein oft allein gelassenes Kind tut rasch etwas gegen seine Verlassenheitsängste und wehrt sie durch Handeln, durch Agieren ab, indem es z.B. am Abend immer wieder aus seinem Zimmer kommt.

Der Weg, auf dem das Kind erneut Zugang zu seinen abgewehrten Gefühlen, Bedürfnissen und Vorstellungen gewinnen kann, ist der gleiche, auf dem auch ein Säugling seine Bedürfnisse und Gefühle wahrzunehmen und zu differenzieren lernt: indem die Eltern die Verhaltenssignale des Kindes in einfühlender Weise wahrnehmen, sie interpretieren und dem Kind zurückspiegeln (vgl. Teil III, 5). Und so gilt es auch beim älteren Kind, Gefühle und Bedürfnisse, die vielleicht nur in Andeutungen oder in verzerrter Form zum Ausdruck gebracht werden können, dem Kind widerzuspiegeln, für das Kind zu formulieren und ihm dadurch selbst erfahrbar zu machen: so, wenn man z.B. dem Kind, das rasch den Arm vors Gesicht hält, weil es offenkundig Schläge erwartet, sagt, daß es wohl Angst habe, geschlagen zu werden.

Was für die Wünsche gilt, sollte auch für die Ängste gelten: daß sie angenommen und nicht verleugnet oder wegdiskutiert werden. Wünsche, die peinlich oder beschämend sind, die Angst machen und darum abgewehrt werden müssen, und Ängste, die mit großen Gefahren oder wiederholten Enttäuschungen verbunden sind, kann ein Mensch oft nur dann als die eigenen annehmen, wenn ein anderer da ist, der sie akzeptiert, d.h. als berechtigt und begründet anerkennt.

Wenn beispielsweise ein Kind am Abend nicht einschlafen kann, immer wieder aufsteht und zu den Eltern kommt, so steht dieses Verhalten oft im Zusammenhang mit früheren beängstigenden Erfahrungen. Wenn man aus der frühen Lebensgeschichte des Kindes weiß, daß es von seinen Eltern sehr oft allein gelassen worden ist, kann man vermuten, daß das Kind Angst hat, wiederum hilflos und ohnmächtig allein gelassen zu werden, so daß es nachschauen muß, ob die Eltern in der Nacht noch da sind oder nicht. Wenn man aus der Lebensgeschichte weiß oder annehmen kann, daß es gerade nachts zwischen den Eltern zu heftigen aggressiven Auseinandersetzungen gekommen ist, wodurch ein Kind in Panik und Angst versetzt wird, wird man vermuten können, daß es die Eltern kontrollieren muß, um die Sicherheit zu haben, die es zum Schlafen braucht.

In solchen Fällen sagen Eltern oft dem Kind: »Du brauchst doch keine Angst zu haben; wir gehen nicht weg; wir lassen Dich nicht allein; Du brauchst nicht zu denken, daß wir uns streiten und schlagen.« Sie versuchen also, dem Kind seine Gefühle rasch auszureden, statt es darin zu unterstützen, sie selbst wahrzunehmen und sie genauer zu erforschen. Vor allem aber sind für denjenigen, der diese Ängste und Befürchtungen hat, solche Erklärungen wenig überzeugend. Wenn einem Kind gesagt wird, daß seine Ängste nicht berechtigt seien, könnte es sich ja ebensogut um eine Beschwichtigung handeln. Vor allem aber werden die Ängste selbst nicht ernst genommen, als gäbe es keinen Grund, ängstlich zu sein. Schließlich muß das Kind den Eindruck gewinnen, selbst nicht in Ordnung zu sein, weil es unsinnige Empfindungen hat und unsinnige Reaktionen zeigt und daß die Eltern es deswegen nicht akzeptieren würden. Es erlebt, daß die Eltern seinetwegen ärgerlich oder wütend werden, daß es selbst schuld daran ist, wenn es die Eltern nicht akzeptieren: Es erlebt sich selbst als unmögliches, böses Kind.

Würden sich die Eltern von den Wünschen und Ängsten des Kindes steuern und beeinflussen lassen, dann würden sie ihm die Berechtigung seiner Angst oder seines Mißtrauens zugestehen, selbst dann, wenn sie nicht die Gründe dafür genauer verstehen. Sie würden dem Kind sagen: »Ja, Du machst Dir vielleicht Sorgen, daß wir Dich allein lassen, Du traust uns nicht und mußt uns wohl kontrollieren.«

Mit der Annahme der Wünsche und Ängste werden nicht nur Wege eröffnet, mit ihnen realistischer umzugehen, sondern vor allem auch, daß das Kind diese selbst als berechtigt annehmen kann. Nur Gefühle und Affekte, die man als seine annimmt und als zur eigenen Lebensgeschichte dazugehörig verstehen lernt, kann man auch verändern, und man wird nicht zu einem blinden, agierenden Handeln gezwungen sein.

Dieser Grundsatz, daß ein Kind dann seine Ängste und Wünsche, seine Gefühle und Affekte selbst annehmen kann und schließlich lernen kann, sie in realistischer Weise zu verändern, wenn ein anderer sich auf diese einläßt, sich mit ihnen verbündet, anstatt sie zu bekämpfen, gilt insbesondere in den Beziehungen, die durch frühere Erlebnisse und Erfahrungen unrealistisch verzerrt und entstellt sind, also in Übertragungsbeziehungen.

2. Noch schwerer als die Annahme von Ängsten fällt es Eltern und Erziehern oft, Wut und Aggression des Kindes anzunehmen. Wenn Eltern oder Erzieher sich freundlich und auch befriedigend verhalten, aber vom Kind als bedrohlich und versagend erlebt werden, werden Angst und Wut des Kindes nur zu leicht als unberechtigt und unbegründet empört zurückgewiesen.

Wenn schon die geringsten Frustrationen das Kind wütend und aggressiv machen, weil es wieder nur bestätigt findet, daß eine Mutter oder ein Vater rücksichtslos und unbefriedigend ist, dann werden Eltern oder Erzieher dazu verführt, das Kind auf die Realität hinzuweisen und das unangemessene Verhalten verändern zu wollen. Sie akzeptieren nicht die Übertragungsbeziehung als eine durch frühere Erlebnisse geprägte Pseudobeziehung. Das aber ist der sicherste Weg, daß das Kind die Übertragungsbeziehungen nicht aufgeben und nicht nutzen kann, daß es keinen realistischen Zugang zu seinen Erfahrungen und zu anderen Menschen finden kann.

Die Übertragungsbeziehung stellt ja gerade die therapeutische Chance dar, die früheren Beziehungserfahrungen zu korrigieren und aufzuarbeiten, so daß das Kind schließlich zwischen Vergangenheit und Gegenwart, zwischen früheren und gegenwärtigen Beziehungen unterscheiden lernt. Dazu ist es aber erforderlich, das sich Eltern oder Erzieher vom Kind in seinem Erleben in die Rollen und Funktionen manövrieren und manipulieren lassen, die seinen früheren Erfahrungen entsprechen: z.B. in die Rolle der enttäuschenden, frustrierenden und rücksichtslosen Mutter, in die Rolle des überwältigenden, unkontrollierten Vaters. Dann wird auch der Zusammenhang klar zwischen der als enttäuschend und frustrierend erlebten Mutter und den Gefühlen von Haß und Ablehnung, zwischen den väterlichen Überwältigungserfahrungen und der daraus resultierenden Wut und Aggression. Gerade diese negativen Übertragungen im alltäglichen Umgang mit dem Kind als begründet und berechtigt anzunehmen, erfordert von Eltern oder Erziehern eine kritische (therapeutische) Distanz, die es ihnen ermöglicht, wahrzunehmen, was das Kind ihnen auf diese Weise mitteilt, was es mit ihnen als Repräsentanten früherer Beziehungserfahrungen macht.

Eine idealisierende Übertragung anzunehmen, fällt den meisten nicht schwer. Aber eine negative, aggressive Übertragung zuzulassen, fällt meistens viel schwerer, weil das kindliche aggressive Verhalten einerseits oft im Widerspruch zu den eigenen Beziehungswünschen und Erziehungsidealen steht und andererseits eigene abgewehrte, aggressive Affekte mobilisiert. Folglich sieht man oft, daß der Versuch gemacht wird, die Aggression des Kindes nach außen zu kanalisieren und aus der Übertragungsbeziehung herauszuhalten, zu verharmlosen und zu verleugnen. Dann wird z.B. einem Kind gesagt, daß es seine Wut und Aggression ruhig zeigen dürfe, oder es wird Eltern oder Erziehern empfohlen, dem Kind zu sagen, daß es seine Aggressionen nicht unterdrücken müsse: »Du darfst wütend und sauer sein und das auch sagen.« Oder es wird ihnen gar empfohlen, einen Boxball anzuschaffen, an dem das Kind seine Wut ausagieren kann.

Auf den ersten Blick scheint es, daß Wut und Aggression so angenommen werden. Aber es wird so getan, als handle es sich um nichts anderes als ein Ausdrucksproblem, als käme es nur darauf an, daß das Kind Wut und Aggression ausdrücken kann. Aber Wut und Aggression sind ganz andere Affekte, die so verleugnet werden: Ein wütendes Kind will einem anderen Schaden zufügen, ihm wehtun, so wie man auch ihm weh getan hat. Wenn Aggression zu einem Ausdrucksphänomen herabwürdigt und verharmlost wird, nimmt man das Kind nicht als böses und wütendes Krokodil an.

In der Phantasie töten und quälen Kinder den anderen, treten und ermorden ihn. Wenn wir von Kindern aggressiv angegriffen werden und ihnen erlauben, uns zu beschimpfen und zu schlagen, uns in der Phantasie zu töten, dann ist das keine harmlose Sache, sondern etwas sehr Ernstes, keine spielerische Idylle, sondern das Zulassen von vernichtendem Zorn und tödlicher Rache. Mit diesen Gefühlen in verharmlosender Weise umzugehen heißt, die Affekte nicht ernst nehmen. Nur wenn man die Wut und die aggressiven Wünsche als berechtigt gegen einen selbst gerichtet annimmt, kann ein Kind seine oft durch Strafängste oder Schuldgefühle in Schach gehaltene Aggressivität annehmen und schließlich kontrollieren lernen.

Die Annahme von Wut und Aggression bedeutet nicht, das Kind einfach aggressiv agieren zu lassen, ohne helfend und steuernd einzugreifen, wenn seine Wut in unkontrollierter Weise wirklich zerstörerisch und schädigend für es selbst oder einen anderen wird. Wenn das aggressiv aus dem Ruder gehende Kind Sachen zerstört, sich selbst oder einen anderen ernsthaft verletzt oder ihm schrecklich weh tut, dann erlebt es seine eigene Wut und Aggression selbst als höchst gefährlich und fühlt sich in seinem negativen Selbst, der Selbstüberzeugung, ein böses Kind zu sein, bestätigt. Darum braucht das Kind, das seine Wut und Aggression noch nicht selbst steuern und kontrollieren kann, den schützenden Erwachsenen, der dafür sorgt, daß in Wirklichkeit nichts Schlimmes passiert.

Wenn Eltern oder Erzieher die Wut und Aggression des Kindes als berechtigt annehmen, wenn sie ihm gute Gründe für seinen Affekt unterstellen, auch wenn sie diese nicht unmittelbar verstehen, dann läßt sich ein Kind am ehesten hinsichtlich seiner aggressiven Handlung durch direkte Appelle (z.B. nicht so feste zu beißen oder zu treten, oder die Vase nicht auf den Boden zu donnern) oder alternative Handlungsangebote (z.B. mit Boxhandschuhen statt mit Fäusten zu schlagen, mit Kissen zu werfen) steuern. Bei einem solchermaßen annehmenden, einfühlenden Umgang mit der kindlichen Aggression wird es selten notwendig sein, das Kind unmittelbar festhalten zu müssen, um es vor Schaden zu bewahren. Und ist dies doch einmal der Fall, so muß die helfende und schützende Absicht betont werden.

3.3.3 Handelndes Sich-Erinnern im Spiel

Neben der direkten Interaktion und Kommunikation in der Übertragungsbeziehung ist das Spiel ein wichtiges Mittel zur Verarbeitung der Vorerfahrungen (vgl. Flitner 1973; Zulliger 1970).

Das Spiel ermöglicht dem Kind, sich auf der Phantasieebene auf Erfahrungen, Bedürfnisse und Gefühle einzulassen, die als reale Erinnerung oder in der direkten Beziehung zu Elternobjekten vielleicht noch viel zu bedrohlich wären.

Das Spiel erlaubt Verwandlungen, Verschlüsselungen, symbolische Darstellungen und Inszenierungen von Vorstellungen, Wünschen und Affekten, die dem Kind vielleicht selbst noch gar nicht recht bewußt und real zugänglich sind. So kann ein Kind beispielsweise reale Versorgungswünsche noch vollständig abwehren und verleugnen und sich ihnen erstmals nähern, indem es im Spiel als kleiner Hund um Futter bettelt.

Im Spiel hat das Kind selbst in der Hand, wieweit es sich auf beängstigende Erfahrungen einläßt und wie lange es die damit verbundenen Spannungen aushält, weil es im Spiel nicht durch andere bestimmt wird, sondern selbst der Initiator ist. So wird beispielsweise ein Kind mit erheblichen Trennungsängsten immer wieder Versteckspielen wollen. Es wird es vielleicht zunächst nur kurze Zeit in seinem Versteck aushalten. Oder es wird die Spannung noch dadurch erhöhen und das Gefühl von Macht in einer es früher so ohnmächtig machenden Situation noch dadurch vergrößern, daß es den Eltern, die es schon längst gefunden haben, sagt, daß es unsichtbar wäre und sie es gar nicht sehen können.

Im Spiel kann sich das Kind – und das ist typisch – beängstigenden Erfahrungen zunächst in einer Rollenumkehr nähern und sich ihnen so erneut aussetzen: indem es nun nicht mehr der Ohnmächtige, Schwache und Ängstliche, sondern der Starke, Überlegene ist und dem anderen – Vater oder Mutter – die ohnmächtige Rolle zuweist, bevor es sich selbst wieder auf sie einlassen kann. Vielfach werden wir vom Kind als von einem Riesen, von Dracula, von einer prügelnden und schimpfenden Hexe angegriffen, ins Bett gesteckt oder eingesperrt, bevor es uns auffordert, daß wir nun den Riesen oder die schlagende Hexe oder Mutter spielen sollen.

Und im Spiel kann das Kind sich erinnern und etwas wagen und dennoch den Ernstcharakter verleugnen. Das Spiel ist ein Probehandeln, wobei das Kind noch so tun kann, als ob dies mit ihm in Wirklichkeit nichts zu tun hätte. Im Spiel, auf der

Phantasieebene, ist alles erlaubt und kann jederzeit zurückgenommen werden. Im Spiel kann das Kind mich umbringen und mich dann wieder lebendig machen. Es kann beispielsweise als gefährliches Krokodil Wut gegen die Eltern richten und muß nicht gleich Sanktionen befürchten. Und dennoch kann es herausfinden, wieweit diese Affekte und Wünsche von den Eltern angenommen und als berechtigt verstanden werden.

Auch im Spiel kommt es darauf an, daß man sich vom Kind an die Hand nehmen läßt, sich von ihm Rollen zuweisen läßt, sich von ihm den Weg durch das Spiel zeigen läßt und seine Vorstellungen und Phantasien akzeptiert, statt sie gleich zu bewerten.

3.4 Gewinn einer kritischen Distanz zur eigenen Geschichte

Wenn in der Übertragungsbeziehung die an die frühen traumatischen Erfahrungen gebundenen Bedürfnisse und Erwartungen, Gefühle und Affekte wiederbelebt werden und angenommen werden können und wenn ein Kind dabei gleichzeitig Schritt um Schritt zu der Erkenntnis und schließlich der Überzeugung gelangen kann, daß die neuen Eltern sich verläßlich ganz anders verhalten, als es seinen Vorstellungen und Befürchtungen entspricht, dann wird der Weg für realistische Erinnerungen und für den Gewinn einer kritischen Distanz zur eigenen Geschichte gebahnt.

Bei der Erinnerungsarbeit – der Wiederherstellung des Zusammenhanges zwischen Bedürfnissen, Affekten und Vorstellungen und den realen früheren Erfahrungen – kann man dem Kind behutsam helfen. Dabei ist es wichtig, das Kind nicht in die Erinnerung hineinzuzwingen, wie man es beispielsweise machen würde, wenn man dem geschlagenen Kind, das das Geschlagenwerden durch die leibliche Mutter aber noch weitreichend verdrängt und verleugnet, bei Strafängsten, die in der Übertragungsbeziehung zum Ausdruck kommen, direkt sagen würde: »Ach, Du hast wohl Angst, weil Dich Deine Mutter immer geschlagen hat.« Allgemeinere Formulierungen wie: »Ach, Du denkst, Eltern würden sich immer schrecklich über ein Kind ärgern und es dann verhauen«, oder Anmerkungen wie: »Das hast Du vielleicht so erlebt; das kennst Du vielleicht« helfen dem Kind eher, sich aktiv zu erinnern.

Wenn Kinder sich zu erinnern beginnen, sprechen sie zunächst oft von ihren früheren Erfahrungen in verstellter, idealisierender Weise, indem die traumatischen Erfahrungen verleugnet und – entsprechend den Wünschen des Kindes, wie es hätte sein sollen – in ihr Gegenteil verkehrt werden. So sagt z.B. ein von der Mutter vernachlässigtes Kind, das der Pflegemutter in der Übertragungsbeziehung heftige Vorwürfe macht, daß sie ihm nie genug und zudem noch schlechte Nahrung gebe, daß seine frühere Mutter viel besser kochen konnte und es bei ihr immer genug und vom Feinsten bekommen habe.

Würde man nun der Versuchung erliegen, die Bilder rasch zurechtrücken zu wollen, um selbst aus der Rolle der »bösen«, frustrierenden Mutter herauszukommen, dann würde man dem Kind vielleicht sagen: »Ich weiß aber, daß Deine Mutter Dich gar nicht gut versorgt hat. Darum hast Du hier ja auch immer das Gefühl, nicht genug zu bekommen, obwohl ich mir so große Mühe gebe und alles für Dich tue.« Mit einer solchen Bemerkung würde die in der Übertragungsbeziehung wiederbelebte Enttäuschung und Wut über eine Mutter, da wo sie entsteht – nämlich im Hier und Jetzt –, nicht angenommen; und das Zerschlagen der Idealisierung der leiblichen Mutter, die das Kind offenbar noch braucht, weil ihm die Annahme der enttäuschenden Wirklichkeit noch nicht möglich ist, würde nur zu erneuter, verstärkter Abwehr führen. Verhält man sich eher fragend und greift die in seinen Äußerungen zum Ausdruck kommenden Wünsche auf (z.B.: »Ja, so hast Du es Dir sicher gewünscht; aber ich weiß nicht, ob es so gewesen ist«), wird es dies eher annehmen und nutzen können.

Bei den Äußerungen der Kinder kommt es weniger auf die objektive Wirklichkeit an als vielmehr auf ihre Phantasien, Wünsche und Gefühle, die thematisch werden. Ein Junge erzählt beispielsweise dem Pflegevater voller Hochachtung, sein Vater sei Polizist gewesen und hätte jeden, der es bedroht hätte, sofort verhaftet. Tatsächlich aber war der Vater Hilfsarbeiter und seit langem arbeitslos, hat sich kaum um das Kind gekümmert und dessen Mißhandlung durch die Mutter hingenommen. Verweist der Pflegevater das Kind nun zu rasch auf die harte Realität – daß es doch gar nicht wahr sei, daß sein Vater Polizist gewesen ist, und daß das Kind doch nicht so lügen solle –, so hat er das Kind gründlich mißverstanden. Es wird vielleicht noch über einige Zeit trotzig seine »unrealistischen Phantasien« gegen die »harten Fakten« setzen, dann jedoch resignierend aufhören, seine Vorstellungen, Gefühle und Wünsche mitzuteilen, und das idealisierte Vaterbild in seinem Kopf bewahren.

Geht man interessiert auf seine Äußerungen ein, spricht man seine Phantasien und Gefühle an und respektiert gleichzeitig seine Abwehrmaßnahmen, unterstützt man das Kind dadurch – wenn es selbst Widersprüche zwischen Realität und Phantasie entdeckt und erste Mitteilungen über seine tatsächlichen, traumatischen Erfahrungen macht –, daß man seine Äußerungen ernst nimmt, beantwortet man Fragen, die das Kind schließlich stellen wird, realistisch – d.h. weder dämonisierend noch verharmlosend und idealisierend – und nimmt man schließlich auch Enttäuschung und Wut des Kindes über die leiblichen Eltern an, statt sie ihm auszureden und es rasch mit seiner Geschichte versöhnen zu wollen, so wird das Kind schließlich eine kritische Distanz zu seiner Geschichte entwickeln können. Es wird allmählich in der Lage sein, zwischen seinen früheren Erfahrungen und seinen jetzigen Lebensbedingungen zu unterscheiden und sich auf neue Beziehungen offen und unverstellt einzulassen.

4. Entwicklung persönlicher Beziehungen durch regressive Beziehungsformen

Auch ein älteres Pflegekind ist in der Lage, noch einmal neue Eltern-Kind-Beziehungen zu entwickeln, wenn es ihm möglich ist und ihm erlaubt wird, noch einmal von vorne – wie in einem zweiten Anlauf – mit der Entwicklung von Beziehungen anzufangen. Das ist dann möglich, wenn das Kind regrediert, wenn es zu Etappen seiner Entwicklung zurückkehrt, die in seiner Entwicklung bereits überschritten sind.

Eine Regression – eine Rückkehr auf frühere Stufen der Entwicklung – geschieht aus verschiedenen Gründen bzw. dient zum einen der Angstabwehr und Vermeidung von Unlust und zum anderen der Sicherung von Bedürfnissen und dem Aufbau von Beziehungen.

Regressionen, regressives Verhalten oder regressive Wünsche, sind dann zu beobachten, wenn jemand aufgrund von Angst und Unsicherheit in seinem psychischen Gleichgewicht verunsichert oder bedroht ist, wenn man sich in einer Krise (vgl. Houben 1975) befindet. Ein Kind wehrt z.B. Angst und Unsicherheit mit Hilfe der Regression ab, wenn es durch die Geburt eines Geschwisters die Liebe und Zuwendung der Eltern zu verlieren meint. Dieser Zumutung kaum gewachsen, beginnt es wieder in einer Art Babysprache zu sprechen, näßt ein oder will wieder von der Mutter gewickelt und wie ein kleineres Kind behandelt werden. Das Anpassungsniveau wird gesenkt, um »eine sichere Startbasis zu gewinnen« (Heinz 1976, 493).

Eine solche angstabwehrende Regression tritt auch zu Beginn der Pflegebeziehung bei Pflegekindern auf, wenn im alltäglichen Umgang die Distanz zum Kind verringert wird, aber Nähe beängstigend ist. Gerade Kinder, die schreckliche Erfahrungen mit Eltern gemacht haben, reagieren mit Angst und Schrecken, wenn man ihnen zu nahe kommt. Manche sagen dann auch direkt: »Komm mir nicht zu nahe!« Andere müssen sich regressiv zur Wehr setzen: Zum Beispiel spricht dann ein siebenjähriger Junge, der in seiner frühen Kindheit vielfältige Überwältigungserfahrungen gemacht hat, mit einer ganz hohen, piepsenden Kinderstimme und macht sich winzig klein. Hier dient die Regression der Anpassung an eine beängstigende Situation.

Ähnliche regressive Reaktionsformen findet man auch bei Erwachsenen, wenn sie in eine hilflose und abhängige Lage geraten, z.B. als Patient in einem Krankenhaus, wo die eigenen Bedürfnisse u.U. nicht mehr ohne fremde Hilfe reguliert werden können. Erwachsene Menschen werden dann quengelig wie kleine Kinder, die bemuttert werden möchten. Ärzte und Personal fallen häufig auf solche Übertragungsbeziehungen und Wünsche herein und machen Erwachsene noch kleiner und hilfloser, indem sie sie dann duzen.

Angesichts solcher regressiver Verhaltens- und Erlebnisweisen stellt Bettelheim (1977a, 384) die Frage, ob es sich dabei tatsächlich um eine Rückkehr, eine Regression handelt. Denn wir können zwar zu einem bestimmten Ort, aber nicht in eine frühere Zeit zurückkehren. Und schon Heraklit wußte, daß der Mensch nicht zweimal in denselben Fluß steigen kann. »Denn eine Rückkehr an denselben Ort ist keine Rückkehr zu derselben Sache, eben weil Zeit vergangen ist« (ebd., 384). Aus diesem Grund definiert Bettelheim Regression als einen Vorgang, »der eine Rückkehr auf ein früheres Anpassungsniveau simuliert« (ebd., 386), d.h. ich tue so, als ob ich klein wäre.

Das sich regressiv verhaltende Kind benutzt eine Anpassungsstrategie, die sich deswegen als so erfolgreich erweist, weil das babyhafte Verhalten gewöhnlich eine bestimmte Resonanz findet: Das größere Kind wird so bemuttert, wie es seinen regressiven Signalen, Gesten und Worten entspricht. Das Kindchenschema (Lorenz 1943), das runde, pausbäckige Kindergesicht, das einen Erwachsenen ganz unwillkürlich mit Brutpflegeverhalten antworten läßt, wird durch das Babyverhalten ersetzt. Die Regression stellt sozusagen ein Kindchenschema des Verhaltens dar, das dazu beiträgt, frühe Mutter-Kind-Interaktionsformen herzustellen. Auf diese Weise manipuliert das Kind die Mutter, wenn sie sich auf diese Signale einläßt, sich von ihm an die Hand nehmen läßt und in befriedigender Weise die regressiven Bedürfnisse beantwortet.

Dadurch bringt auch das ältere Pflegekind, zumindest solange die Pubertätsentwicklung noch nicht abgeschlossen ist, Interaktionsformen hervor, die ihm die grundlegende Erfahrung vermitteln, daß es Einfluß auf den Menschen hat, von dem es – bei aller Angst und Unsicherheit – mit allen seinen Bedürfnissen abhängig ist. Die Angst vor Abhängigkeit und Nähe wird vermindert. Deswegen ist es nützlich, wenn Pflegeeltern dem Kind von vornherein, kaum daß es in der neuen Familie ist, signalisieren, daß sie bereit sind, auch die regressiven Verhaltensweisen und Wünsche anzunehmen, z.B. mit einer Babyflasche, die einfach zum Gebrauch in der Küche steht.

Da das regressive Verhalten frühe Interaktionsformen hervorbringt, ist auch die Regression ein geeigneter Weg, um noch einmal neue Eltern-Kind-Beziehungen zu entwickeln.

4.2 Regression im Dienst des Aufbaus von Beziehungen

Beim regressiven Verhalten werden frühe Bedürfnisse und befriedigende Erlebnisformen wiederholt. Die Regression tritt in den Dienst des Aufbaus neuer Beziehungen, in denen befriedigte Wünsche noch einmal wiederholt und unbefriedigte Wünsche endlich erfüllt werden sollen. Sie ermöglicht einen Neubeginn: »Aller Neubeginn ereignet sich in der Übertragung, d.h. innerhalb einer Objektbeziehung, und führt zu einer gewandelten Beziehung des Patienten zu seinen Liebes- und Haßobjekten, und infolgedessen zu einer erheblichen Angstminderung« (Balint 1970, 161).

Bettelheim (1971) schildert in seinem Buch »Liebe allein genügt nicht« eine sich über acht Tage hinziehende Episode, in deren Verlauf eine Übertragungsbeziehung in eine echte Beziehung übergeführt wird. Dabei steht am Ende eine Beziehung eines zwölfjährigen Jungen zu seiner Betreuerin, die Bettelheim so beschreibt: »Die Klagen waren ganz anderer Art als seine gewöhnlichen provokanten Beschwerden, er brachte sie etwa so zum Ausdruck wie ein kleines Kind. Nun reagierte er endlich auf die freundliche, tröstende Haltung seiner Betreuerin, aber auf eine Art, wie es vielleicht ein ganz kleines Kind getan hätte« (ebd., 83). Hierbei handelt es sich zweifellos um ein regressives frühkindliches Verhalten, das auch von Bettelheim als Anzeichen für die Entwicklung einer individualisierten, persönlichen Beziehung genommen wird. In diesem Fall dient die Regression nicht der Angstabwehr, sondern der Herstellung befriedigender Beziehungen, der Sicherung elementarer Wünsche und Bedürfnisse. Dabei wird die regressive Beziehung, insofern sie zur Befriedigung von Wünschen und Bedürfnissen beiträgt oder diese erst ermöglicht, selbst zu einer befriedigenden, lustvollen Angelegenheit, die man sich wünscht. Regression macht Spaß. Und das, was Spaß macht und lustvoll ist, soll wiederholt werden.

Das wissen natürlich auch verliebte Erwachsene. Zärtliche Beziehungen, in denen Nähe gesucht und hergestellt wird, werden durch regressives Verhalten möglich, durch ein »Kindchenschema des Verhaltens«: Da sprechen Erwachsene in kindlicher Sprache, in kindlich-zärtlicher Weise wird der Partner verkleinert, wird zum Schätzchen, Herzchen, bekommt tierische Kosenamen, die aus der kindlichen Spielwelt stammen, da füttern sich erwachsene Menschen gegenseitig und halten sich an den Händen wie kleine Kinder ihre Mutter.

Im einen wie im anderen Fall – beim Kind oder auch beim Erwachsenen – dienen also die regressiven Bedürfnisse und Beziehungsformen dem Aufbau dichter, naher und persönlicher Beziehungen, die ein gewisses Maß an Exklusivität, Einmaligkeit und Intimität besitzen und dadurch die Beziehung zu einer unverwechselbaren machen. Das ist beim Aufbau von Beziehungen in Pflegeverhältnissen auch nicht anders.

Die Regression im Dienst des Aufbaus von Beziehungen unterscheidet sich von der angstabwehrenden Regression dadurch, daß letztere sich unmittelbar im Verhalten niederschlägt, als eine Antwort auf eine bedrohliche Situation erscheint, wie es für einen Abwehrmechanismus typisch ist. Die Steuerung und die Motivation des Verhaltens erfolgen unbewußt. Dagegen wird die Regression im Dienst des Aufbaus von Beziehungen eher als ein bewußter Wunsch wahrgenommen: Die regressiven Beziehungsformen werden gewünscht, weil sie befriedigend sind.

Immer wieder haben wir bei Kindern, bei denen die Integration nicht gelungen ist, gesehen, daß das regressive Verhalten als ein unangepaßtes »albernes« Verhalten zurückgewiesen und von den Pflegeeltern nicht respektiert wurde. Die unerfüllten Wünsche, die nicht einmal als berechtigte Wünsche angenommen werden, bleiben aber bestehen, so daß sich z.B. ein älteres, neunjähriges Kind nach vielen Jahren in der Pflegefamilie wünscht, doch noch oder noch einmal ein kleineres Kind zu sein. Im Sceno-Test kommt dies darin zum Ausdruck, daß sich das Kind als ein kleineres darstellt – als Baby auf dem Schoß der Mutter oder als Vorschulkind – und selbst sagt, daß es das Kleinkind sei; oder es kann die Deutung des regressiven Wunsches (Du wärst auch noch mal gerne ein kleineres Kind) annehmen und dann recht genau das gewünschte Beziehungsalter angeben: »Ich bin erst fünf Jahre«, sagt ein Dreizehnjähriger.

4.3 Regressive Entwicklung

Die Regression ermöglicht dem Kind, noch einmal Beziehungen wie ein kleines Kind aufzubauen. Sie ermöglicht ihm – wie am Ende eines langen therapeutischen Prozesses – einen »Neubeginn«, wie ihn Balint (1973) beschrieben hat (vgl. Hoffmeister 1977): »Der Neubeginn bedeutet die Rückkehr zu ... einem Punkt vor Beginn der Fehlentwicklung, und das könnte man als eine Regression beschreiben; gleichzeitig aber kommt es zur Entdeckung eines neuen, besseren Weges, und das bedeutet doch eine Progression« (Balint 1970, 161). Der Neuaufbau von Eltern-Kind-Beziehungen folgt den gleichen Entwicklungsschritten, die für die frühkindliche Entwicklung charakteristisch sind (vgl. Erikson 1973):

1. Erst sucht das Kind die befriedigende Nähe zur Mutter und wünscht sich, von ihr total versorgt zu werden. Manche regressiven Kinder bringen ihre Wünsche im Spiel sehr direkt zum Ausdruck, indem sie der Mutter unter den Rock kriechen und Geburt spielen. Die Eltern-Kind-Beziehung reduziert sich primär auf die Mutter-Kind-Beziehung, in der alle Anpassungsaufgaben bei der Mutter liegen, die die Wünsche und Bedürfnisse des Kindes erraten und interpretieren muß. Dabei geht es dem regredierten Kind ebenso wie dem kleinen Säugling um die das Urvertrauen begründende Erfahrung des Versorgt- und Ernährtwerdens. Ein Kind wird oral gierig und anspruchsvoll wie ein kleiner Säugling, der weder selbst etwas für sich tun kann noch irgendwel-

che Versagungen und Enttäuschungen seiner Bedürfnisse und Wünsche ertragen kann und deswegen die beständige Nähe der Mutter braucht. Manche Kinder hängen der Mutter am sprichwörtlichen Rockzipfel und schränken dadurch deren Unabhängigkeit schrecklich ein.

Gerade die in ihrer frühen Kindheit vernachlässigten Kinder, die kaum je Rücksichtnahme auf ihre Bedürfnisse und nur die Dominanz der elterlichen Wünsche erfahren haben, waren gezwungen, diese Ohnmachtsgefühle mit Größenphantasien abzuwehren. Die Regression ermöglicht dem Kind, seine scheinbare Selbständigkeit aufzugeben und sich auf eine gefahrlose Abhängigkeitsbeziehung einzulassen: Es kann sich nicht mehr selbständig anziehen, die Schuhe zubinden oder seine Schulsachen ordnen. Es kann nicht mehr alleine essen, sondern läßt sich am liebsten füttern, macht aus jedem Essen Brei und spielt beim Essen wie ein kleines Kind. Auf diese Weise erfährt das Kind Bestätigung und Anerkennung. Seine frühen Beziehungswünsche werden endlich verwirklicht, so daß es im Spiegel der Mutter ein neues Bild von sich selbst gewinnt – als ein Kind, das in Ordnung ist.

2. Wenn das Kind die Erfahrung gemacht hat, daß es ohne eigenes Zutun, ohne etwas zu leisten, von der Mutter umsorgt und bewundert wird, fängt es an, sich von ihr abzugrenzen, seine Selbständigkeit und Unabhängigkeit zu verteidigen.

In dieser Entwicklungsphase geht es darum, daß sich ein Kind aus der befriedigenden symbiotischen Beziehung zur Mutter löst und Unabhängigkeit und Selbständigkeit in Beziehungen gewinnt. Gleichzeitig geht es um die Frage der Selbst- und Fremdbestimmung, der Selbstbeherrschung, die eng mit der Beherrschung der Ausscheidungen und der Reinlichkeitserziehung verbunden ist und die darum als anale Phase beschrieben wird (vgl. ebd.; Heimann 1976). Mit zunehmender Unabhängigkeit gewinnt das Kind Freude an dem, was es produziert, Sinn für die eigene Leistung, seinen Selbstwert. Das Selbstbild ist geprägt durch die Opposition zum anderen, zur Mutter. Aber gerade die Forderung nach Selbstbeherrschung, die Gebote und Verbote (das tut man nicht) durch die Mutter führen auch dazu, daß das Kind zwangsläufig vielfältige Niederlagen erleidet, die die Ambivalenz von anklammernder Abhängigkeit und aggressiver Selbstbehauptung begründen (vgl. Teil III, 6).

Gerade in dieser Entwicklungsphase haben viele Pflegekinder in ihrer Ursprungsfamilie die größten Niederlagen erlebt, die sie zu absolutem Gehorsam oder aggressiver Selbstverteidigung zwangen. Darum kommt es darauf an, daß ein Kind nicht noch einmal in hoffnungslose Machtkämpfe mit Eltern verwickelt wird, sondern daß ihm erlaubt wird, Autonomie in Beziehungen zu entwickeln. Es macht natürlich einen Unterschied, ob ein zweijähriges Kind einen Trotzanfall bekommt oder ein zehnjähriges regrediertes Kind trotzend seine Unabhängigkeit betont. Wartet man aber diese Phase bei der Förderung von Fähigkeiten und Selbständigkeit ab und geht auch auf die frühkindlichen Anspruchs- und Interessensformen ein (wenn z.B. ein zehnjähriger Junge mit Vergnügen Türme baut wie ein dreijähriges Kind), gewinnt das Kind ein positives Gefühl von sich selbst und der eigenen Handlungsfähigkeit statt des Gefühls, daß es sich nur ständig unterwerfen muß (vgl. Metzger 1963).

3. Schließlich gerät auch das ältere Pflegekind noch einmal in einen Beziehungskonflikt, der für das Alter zwischen drei und sechs Jahren charakteristisch ist: »Das Entdecken und Akzeptieren der Geschlechtsunterschiede fördert beim Jungen wie

beim Mädchen den allmählichen Verzicht auf den Wunsch, ein Teil der Mutter zu sein und damit ein Baby zu bleiben« (Jacobson 1973, 86).

Aber gerade dadurch, daß die Welt in eine mütterliche und väterliche, in eine weibliche und männliche zerfällt, wird das Kind mit Beziehungswünschen und Konflikten konfrontiert, die von Freud (1910) als Ödipuskomplex beschrieben wurden; als Liebe für den gegengeschlechtlichen und Haß gegenüber dem gleichgeschlechtlichen Elternteil – so als wollte das Kind, wenn es schon kein Baby mehr sein kann, seine Beziehungen dadurch sichern, daß es wenigstens Partner eines Elternteils sein könnte. Die so entstehenden ödipalen Phantasien, die sich in dem schwärmerischen Wunsch äußern, daß der Junge die Mutter heiraten und das Mädchen zur Partnerin des Vaters werden will, stürzen das Kind in einen Konflikt, in dem es in eine mit Haß und Schuldgefühlen einhergehende Rivalitätsbeziehung zum gleichgeschlechtlichen und Idealisierung des gegengeschlechtlichen Elternteils gerät. Der Verzicht auf diese Wünsche gelingt dem Kind dadurch, daß es sich schließlich mit dem gleichgeschlechtlichen Elternteil identifiziert und wünscht, so wie der bewunderte Vater oder die idealisierte Mutter werden zu wollen. Die Bewältigung dieses Konfliktes ist für jedes Kind schwierig, erst recht für ein Pflegekind, das in der frühen Kindheit Eltern nicht als beschützende Elternobjekte erlebt hat.

Die Regression auf die ödipale Entwicklungsstufe setzt die Bewältigung der Trennung voraus. Gerade dann, wenn das Kind noch einmal in der Beziehung zu einer Mutter Urvertrauen und Autonomie gewonnen hat, steht es vor der Aufgabe, in geschlechtsspezifischer Weise seinen Platz in der Beziehung zu Vater und Mutter zu finden, gleichzeitig Beziehungen zu zwei Menschen aufrechtzuerhalten, aus deren Paarbeziehung es ausgeschlossen ist. Deswegen fühlt sich ein Mädchen mehr zum Vater und ein Junge mehr zur Mutter hingezogen und erlebt den anderen Elternteil als Rivalen, der weggewünscht wird. Aber das Kind braucht beide, Vater und Mutter; und die Verführung zur Aufrechterhaltung einer dyadischen Zweierbeziehung könnte nur dazu führen, daß Zweierbeziehungen nach dem Muster frühkindlicher Beziehungen bestehen bleiben.

Dieser Konflikt wird dadurch bewältigt, daß die Eltern das Kind mit seinen ödipalen Wünschen annehmen, aber ihm nicht erlauben, die elterliche Koalition zu sprengen. Indem diese ödipalen Wünsche enttäuscht werden, verschiebt das Kind seine Wünsche auf eine unbestimmte Zukunft und orientiert seine Interessen und Wünsche am Vorbild der Eltern. Es identifiziert sich mit dem idealisierten, gleichgeschlechtlichen Elternteil. Durch die Übernahme der elterlichen Normen und Werte, die Bildung des Gewissens und der Ideale wird das Kind unabhängiger von der unmittelbaren Verhaltenssteuerung durch die Eltern. An die Stelle der vorher wirksamen Straf- und Trennungsängste, die zu den Anpassungsleistungen des Kindes beitragen, treten nun Schuldgefühle, wenn es gegen die verinnerlichten Normen verstößt.

Bei der Bewältigung der ödipalen Krise erweist sich, ob das Kind seine Rolle als Kind akzeptieren und seine eigene Geschlechtsrolle annehmen kann. In der frühen Kindheit mißhandelte und sexuell ausgebeutete Kinder sind aufgrund von Angst- und Ohnmachtsgefühlen oft gezwungen, an frühkindlichen Beziehungs- und Verschmelzungswünschen einerseits und an kompensatorischen Größenphantasien andererseits festzuhalten, wobei die Geschlechts- und Generationsunterschiede verleugnet werden.

Kein Kind kommt gut durch seine Kindheit, wenn es sich als kleines Kind groß und elternunabhängig machen muß, wenn es nicht Kind sein darf. Es kommt ebenso nicht gut durch seine Kindheit, wenn es aufgrund von vielen Enttäuschungen an dem Wunsch festhält, eine ausschließliche dyadische Beziehung zu seiner Mutter haben zu wollen, über die es wie ein kleiner Säugling völlig verfügen kann. Es wird die Entwicklungs- und Lernschritte in die Welt nur tun können, wenn es sich als ein Kind begreift, das erst später groß sein wird, das noch vieles zu lernen hat, weil es noch so vieles nicht kann und nicht verstanden hat. Hier geht es im Kern darum, ob sich das Kind in seiner kindlichen Realität annehmen kann und ein realistisches Bild von sich gewinnt.

4.4 Annahme der Regression

Erst wenn sich das Kind in geschlechtsspezifischer Weise mit den Eltern identifiziert, wenn es die Eltern innerlich mit sich herumträgt, dann ist es das Kind dieser Eltern geworden. Erst dann – und dies scheint uns ein scharfes Kriterium hinsichtlich des Gelingens oder Mißlingens eines Integrationsprozesses zu sein –, mit der Bewältigung der ödipalen Situation und der Identifikation mit den Eltern, ist der Integrationsprozeß gelungen und abgeschlossen. Aber dieser Weg einer positiven Beziehungsentwicklung wird allein dadurch leicht verstellt, daß die regressiven Erlebnis- und Verhaltensformen nur allzuleicht als Verhaltensstörung mißverstanden werden.

Auch wenn z.B. Kadushin (1970, 184) die Regression als ein typisches Verhaltensmerkmal des Kindes in einer Ersatzfamilie hervorhebt und darauf hinweist, daß bei früh deprivierten Kindern Regressionen auftreten, um dadurch den frühen Mangel auszugleichen, bleibt die Regression, wie sie fast regelmäßig von Pflegeeltern berichtet wird (vgl. z.B. Plinke/Sell/Sell 1979), oft in ihrer Funktion und Bedeutung unverstanden. Sie erscheint dann als eine dem Kind eigentümliche Verhaltensstörung, die beseitigt werden müßte.

Pflegeeltern erscheint das regressive Verhalten oft nicht annehmbar zu sein, weil sie beim Kind sehen, daß es manche Fähigkeiten, über die es schon verfügte – z.B. manierlich mit Löffel und Gabel zu essen, in der Nacht aufs Klo zu gehen, mit ordentlichen Sätzen zu sprechen usw. – scheinbar wieder verliert. Das betrachten Pflegeeltern leicht als Rückschritt, wenn nicht gar als Verhaltensstörung, die rasch beseitigt werden müßte, und appellieren an das Alter des Kindes oder seine Größe: »Du bist doch schon groß. Du bist doch kein Baby mehr ...« Damit weisen sie die regressiven Wünsche und Bedürfnisse als nicht berechtigt und nützlich zurück. Denn es ist ja nicht einfach, ein Kind anzunehmen, das – wie es einmal ein Pflegevater ausdrückte – »zwei Alter« hat: Das Kind ist zu gleicher Zeit ein Baby und ein großes Schulkind. Diese Gleichzeitigkeit von sich gegenseitig ausschließenden Wünschen bewirkt, daß das Kind in seinem Verhalten zwischen den gegensätzlichsten Wünschen hin und her schwankt. Denn man kann nicht wirklich zu gleicher Zeit groß und klein sein. Folglich ist das Kind einmal groß und einmal klein, ohne daß die Pflegeeltern vorher wissen können, mit welchem Kind sie es im nächsten Augenblick zu tun haben.

Damit hängt auch die Sorge von Pflegeeltern zusammen, daß sich das Kind in allen möglichen Beziehungen und Situationen regressiv verhalten könnte. Das ist aber meistens gar nicht der Fall, denn die regressiven Wünsche beziehen sich auf die Pflegeeltern, beschränken sich auf die Eltern-Kind-Beziehungen, auf Situationen intimer Nähe, in denen frühkindliche Wünsche nach Bemutterung im Vordergrund stehen, wie Situationen beim Essen, Anziehen, Ins-Bett-Gehen. Wenn Pflegeeltern dafür sorgen, daß dem Kind eine Babyflasche zur Verfügung steht, kann es durchaus passieren, daß auch das zehnjährige Kind die Flasche mit in die Schule nimmt. Aber das wird eher die Ausnahme sein. Eine Pflegemutter erzählte uns, daß ihr zwölfjähriger Pflegesohn die Babyflasche mit in die Schule nahm. Der Erfolg war, daß am nächsten Tag in der Klasse alle Kinder eine Babyflasche und – ein großartiges Vergnügen hatten. Regression macht Spaß!

Teil III: Traumatische Erfahrungen

Von traumatischen, verletzenden Erfahrungen sprechen wir dann, wenn von Eltern die elementarsten Bedürfnisse des Kindes nicht wahrgenommen und respektiert werden und wenn das Kind von seinen Eltern überwältigt wird und sie dadurch als Schutzobjekt verliert. Davon ist aber nicht nur in diesem Teil die Rede. Traumatische Erfahrungen sind die den meisten Pflegekindern gemeinsamen Erfahrungen, die prägende Spuren in ihrer kürzeren oder längeren Lebensgeschichte, ihrer kindlichen Entwicklung und Persönlichkeitsstruktur wie offene Wunden oder entstellende Narben hinterlassen haben. Ob sie klar vor Augen liegen oder eher hinter der Fassade lebensnotwendiger Anpassung verborgen sind, sie werden nicht nur von den Eltern, sondern vor allem von vielen professionellen Helfern und der Gesellschaft verleugnet. Dabei sehen wir deutlich, daß die Verleugnungen eine lange Tradition haben, die immer wieder Anstrengungen erforderlich machen, dieser Tradition nicht zu erliegen, gerade weil der wissenschaftliche Zweifel der Verleugnung so gute Dienste leistet. Davon ist an anderer Stelle polemisch die Rede (vgl. Teil VI).

Aufgrund der psychologischen Untersuchung vieler hundert Kinder gehen wir davon aus, daß bei Kindern, die aus ihrer Ursprungsfamilie herausgenommen werden müssen, mehr oder weniger weitreichende traumatische Erfahrungen vorliegen. Dabei handelt es sich in vielen Fällen um Kindesmißhandlung. Aber die Kindesmißhandlung, die wir als eine Bedrohung mit Vernichtung verstehen, ist nur der Prototyp traumatischer Erfahrungen. Auch wenn ein Vater die Mutter des Kindes umbringt, ist es, obwohl selbst nicht mißhandelt, von einem Menschen abhängig, den es als bedrohlichen Mörder wahrnimmt. Und selbst solche Erfahrungen werden oft nicht einmal als traumatische Erfahrungen, geschweige denn als Kindesmißhandlung gewertet, wenn die Aufnahme des Kindes in eine Pflegefamilie nur damit begründet wird, daß die Mutter gestorben ist, und dennoch an der Beziehung des Kindes zu seinem leiblichen Vater festgehalten wird.

Mit einer solchen Tradierung der Verleugnung hängt die Tradierung psychischen Elends von Generation zu Generation zusammen, die wir am Beispiel der Kindesmißhandlung zu umreißen versuchen. Erst die Wahrnehmung des Elends der Wiederholung ermöglicht ein einfühlendes Verständnis für die Eltern und ihre eingeschränkte Erziehungsfähigkeit. Gleichzeitig macht diese Tradierung auch klar, daß traumatische Erfahrungen des Kindes mit seinen Eltern systematisch unter drei Gesichtspunkten zu untersuchen sind:

- unter dem Gesichtspunkt der Entwicklungs- und Persönlichkeitsstörungen der Eltern: Bei den leiblichen Eltern, deren Kind in einer Pflegefamilie untergebracht werden muß, handelt es sich oft um Menschen, die an einer depressiven Psychose leiden, um Borderline-Störungen, um Alkoholiker, infantile Persönlichkeiten oder um an ihre Eltern gebundene Jugendliche.
- unter dem Gesichtspunkt der konkreten Erziehungspraktiken und Interaktionsformen: Verschiedene Mißhandlungs- und Vernachlässigungsformen oder die besonderen pathologischen Anpassungsformen des sexuell mißbrauchten, des vernachlässigten und verlassenen, des narzißtisch ausgebeuteten und seiner Kindheit beraubten Kindes in Abhängigkeit vom Geschlecht und Alter des Kindes führen auch zu unterschiedlichen Beziehungs- und Entwicklungsstörungen und damit zu unterschiedlichen Chancen bei der Entwicklung neuer Eltern-Kind-Beziehungen in einer Pflegefamilie. Allerdings würde eine solche Systematik traumatischer Erfahrungen rasch an Grenzen stoßen, weil im konkreten Fall oft vielfältige traumatische Erfahrungen vorliegen. Das sexuell mißbrauchte Kind ist oft auch ein in der frühen Kindheit depriviertes und geschlagenes Kind. Die Beiträge über die Trennung und Aufarbeitung früher Deprivation sind unter diesem Gesichtspunkt einzuordnen.
- unter dem Gesichtspunkt der im Vordergrund stehenden Symptomatik, die als eine pathologische Anpassung an defizitäre Sozialisationsbedingungen zu verstehen wären: Dieser Gesichtspunkt ist für uns um so naheliegender, weil wir es in erster Linie mit der Untersuchung und Therapie von Kindern zu tun haben, die nicht mehr in ihrer Ursprungsfamilie leben, deren pathologische Persönlichkeitsentwicklung aber durch die leiblichen Eltern und ihre Erziehungspraktiken nachhaltig geprägt wurde und die ihren Niederschlag in der Symptomatik des Kindes – z.B. in Aggressionen, Depressionen, im Agieren – gefunden haben. Die Beiträge über das agierende und das negativistische Kind sind Beispiele aus dieser Perspektive (siehe Kap. 3 u. 6).

Kapitel 1: Äußere und innere Realität traumatischer Erfahrungen*

Die meisten Pflegekinder haben, wenn sie nicht schon als Neugeborene in Pflegefamilien gegeben werden, vielfältige negative Erfahrungen in ihrer Ursprungsfamilie gemacht, die ihr Erleben und Verhalten nachhaltig beeinflussen und ihr Verhältnis zu anderen Menschen und zur Umwelt auch dann noch prägen, wenn sie nicht mehr in ihrer Ursprungsfamilie leben. Die Rede ist nicht von irgendwelchen Erfahrungen, die dazu beigetragen haben, daß das Kind gerade so und nicht anders geworden ist, sondern von spezifischen Erfahrungen, die in der Psychologie traumatische genannt werden. Der aus der Medizin stammende Begriff des Traumas bezeichnet allgemein eine Verletzung, die durch äußere Gewalteinwirkung entstanden ist (man spricht z.B. von einem Schädel-Hirntrauma nach einem Unfall). In diesem fast ursprünglich gemeinten Sinn soll hier von traumatischen Erfahrungen die Rede sein, also von Erfahrungen, die zu einer psychischen Verletzung geführt haben.

1. Phantasie oder Realität

Wenn man grundsätzlich verstanden hat, daß frühkindliche Erfahrungen spätere Entwicklungen beeinträchtigen können, ist die Versuchung groß, all diese Ereignisse und Einflüsse als traumatische zu betrachten; der Begriff würde inhaltsleer werden. Darum muß der Begriff des Traumas genauer gefaßt werden.

In den frühen Schriften Freuds (1892–1899) spielte der Begriff des Traumas eine größere Rolle als in den späteren Schriften und in der heutigen Diskussion. Aber wenn man es mit Pflegekindern zu tun hat, die in ihrer Ursprungsfamilie vernachlässigt, mißhandelt und ausgebeutet wurden, scheint es mir nicht abwegig zu sein, gerade an den frühen Arbeiten Freuds wieder anzuknüpfen. Er suchte die Erklärung für die Entstehung der Hysterie in frühen Kindheitserfahrungen. »Am Beispiel der Anna O. meinte er erkannt zu haben, daß diese Symptome aus frühen kindlichen Träumen herrühren, die immer eine sexuelle Verführung durch Erwachsene oder ältere Kinder beinhalten« (Krüll 1978, 105). »Wenn man den Hysterischen in Hypnose versetzt, so erwacht in ihm eine lebhafte Erinnerung an ein psychisches Trauma – oder eine Reihe von solchen aus jener Zeit, als dessen Erinnerungssymbol jenes Symptom fortbestanden hat.« Dann folgt der berühmte Satz: »Die Hysterischen leiden also größtenteils an Reminiszenzen« (Freud 1896, 476), d.h. an vergessenen, verdrängten Erfahrungen.

* *Westermann, A.:* Vortrag auf der Fortbildungsveranstaltung des Landesjugendamtes Westfalen-Lippe für Sozialarbeiter, Nordwalde 1981.

Diese Trauma-Theorie wurde von Freud später wieder verlassen, da sie ihm unhaltbar erschien, denn er glaubte die tatsächliche sexuelle Verführung als Wunschphantasie seiner Patienten durchschaut zu haben. Das hatte weitreichende Konsequenzen. Damit wurde der konkreten Erfahrung ein geringerer Stellenwert eingeräumt als den Phantasien. Aber selbst wenn es stimmt, daß der neurotischen Störung, die Freud untersuchte, keine reale Erfahrung zugrunde lag und die Verführung sich nicht so abspielte, wie es seine hysterischen Patienten phantasierten, bleibt doch zu fragen, ob es gerechtfertigt ist, der realen Erfahrung einen so geringen Rang einzuräumen.

Wir haben es hier mit zwei verschiedenen Umgangsweisen mit der Realität von Erfahrungen zu tun:

- Einmal liegt der Akzent auf der äußeren Realität und läßt die innere Realität, d.h. die Erlebnisse und ihre Wirkungen, im dunkeln. Wenn man z.B. feststellt, daß ein Kind in einer vollständig verwahrlosten Wohnung lebte, aus der es herausgeholt werden mußte, dann bleiben die Erfahrungen dunkel und unklar, die das Kind in dieser Umgebung gemacht hat; unklar bleiben die Ängste und deren Abwehr, mit der sich das Kind zu schützen suchte.
- Im anderen Fall, wenn man sich als Psychologe für das subjektive Erleben interessiert und feststellt, daß sich ein Kind von Polizisten verfolgt fühlt oder von der Angst beherrscht wird, es könnte verhungern, oder wenn sich ein Kind gedrängt fühlt, mit einem Messer bewaffnet ins Bett gehen zu müssen, um sich vor Angreifern zu schützen, dann verliert man leicht die hinter diesen Phantasien sich verbergende Realität aus dem Blick. Die äußeren Gegebenheiten der Vergangenheit bleiben dunkel oder ein diffuser Hintergrund.

In beiden Fällen bleibt eine Dimension – entweder die äußere oder die innere Realität – eine undurchsichtige Angelegenheit. Ich denke, worauf es ankommt, wenn man die gestörte Entwicklung von Kindern verstehen will, ist, die Verbindung zwischen den in Phantasien zum Ausdruck kommenden Erfahrungen und den realen Gegebenheiten und Ereignissen wiederherzustellen. Wenn man entsprechend der Trauma-Theorie davon ausgeht, daß der Mensch krank wird, »weil die Umgebung ihn von seiner Kindheit an mehr oder minder verständnislos behandelt hat« (Balint 1973, 200), dann darf man nicht nur die subjektive Bedeutung von Erlebnissen berücksichtigen, sondern muß man auch die faktische Realität zur Kenntnis nehmen.

Damit nähern wir uns wieder der von Freud aufgegebenen Trauma-Theorie. Er war sich durchaus bewußt, daß die Verführung nicht der alleinige Kausalfaktor für die Entstehung der neurotischen Entwicklung sei. Und er hat, worauf Krüll (1978) hingewiesen hat, in der Arbeit »Zur Ätiologie der Hysterie« (1896) einen von ihm selbst nicht weiterverfolgten Grund angegeben, warum bestimmte Erfahrungen verdrängt und nicht verarbeitet werden können: »Der Erwachsene ist ... mit aller Autorität und dem Rechte der Züchtigung ausgerüstet ... zur ungehemmten Befriedigung seiner Launen ...; das Kind ist dieser Willkür in seiner Hilflosigkeit preisgegeben, vorzeitig zu allen Empfindlichkeiten erweckt und allen Enttäuschungen ausgesetzt« (ebd., 452).

Die überwältigende Beziehung zwischen dem überlegenen Erwachsenen und dem von ihm vollkommen abhängigen Kind kann man als Kern einer traumatischen Erfahrung ansehen; das kann, aber es braucht nicht eine sexuelle Verführung zu sein.

Der entscheidende Punkt ist, daß »das Kind niemanden hat, zu dem es flüchten kann, daß der Erwachsene es völlig in seiner Hand hat« (Krüll 1978, 105), er kann es aussetzen, fallen oder verhungern lassen. Das Kind muß das, was der Erwachsene mit ihm tut und von ihm verlangt, als Notwendigkeit wahrnehmen. Wie auch immer Erwachsene in überwältigender Form mit den von ihnen abhängigen Kindern umgehen, das Kind erlebt die Eltern als eine Naturmacht, der es sich nicht entziehen kann. Wenn Kinder auch schreckliche Erfahrungen machen – seien es Hungersnot oder Bombenhagel –, werden sie diese Erfahrungen, die Angst und Schrecken hervorrufen, verkraften können, solange sie zu denjenigen fliehen können, die sie beschützen. Wenn aber ein Kind von seinem »Beschützer« überwältigt wird, hat es niemanden, zu dem es fliehen kann. Dann muß es andere Fluchtwege einschlagen und die angstmachenden Erfahrungen verdrängen, so daß eine Kluft zwischen der realen Erfahrung und seiner Erinnerung entsteht. Dann spiegeln sich die überwältigenden Erfahrungen noch in seinen Phantasien, ohne daß es sie als Spiegelung von Realerfahrungen erkennen kann.

Ich möchte dies an einem klassischen Extrembeispiel, am Fall Schreber, kurz deutlich machen: Daniel Paul Schreber war der Sohn des Arztes Moritz Schreber, des Erfinders der Schrebergärten. Der Sohn Daniel Paul Schreber (1842–1911) erkrankte mit zweiundvierzig Jahren an Schizophrenie, nachdem er eine erfolgreiche juristische Karriere gemacht hatte. Als Schizophrener schrieb er eine Autobiographie: »Denkwürdigkeiten eines Nervenkranken«, in der er das sein Denken vollständig beherrschende Wahnsystem darstellte. In ihr ist immer wieder von allerlei Wundern die Rede, die sich an seinem Körper vollzogen, von Hitze- und Kältewundern, von magischen Strahlen, die seinen Kopf durchbohrten, von einem Engbrüstigkeitswunder und von einer Kopfzusammenschnürungsmaschine.

Derartige Wahnvorstellungen hat man, solange man die Schizophrenie als eine von der Biographie und dem sozialen Kontext losgelöste Erbkrankheit verstanden hat, als vollkommen unverständlichen, uneinfühlbaren Ausdruck eines verwirrten Geistes angesehen.

Freud, der die Autobiographie Schrebers kannte, kam – von dem Grundsatz ausgehend, daß der Analytiker sich »ein zuverlässiges und in allen wesentlichen Stücken vollständiges Bild der vergessenen Lebensjahre des Patienten« zu verschaffen habe – zu der Auffassung, daß in den Halluzinationen und Wahnvorstellungen ein Wahrheitskern enthalten sei, daß in ihnen »etwas in der Frühzeit Erlebtes und dann Vergessenes wiederkehrt, etwas, was das Kind gesehen oder gehört« (Freud 1937, 54), und man muß hinzufügen: gefühlt hat.

Aber der historische Wahrheitskern der Wahnvorstellungen wurde erst wirklich klar, nachdem Niederland (1969) und Schatzman (1973) an Hand der Schriften des Vaters, Moritz Schreber, die Biographie rekonstruieren konnten. Moritz Schreber (1808–1861), in dessen Händen die Erziehung des Sohnes lag, war ein Arzt, der seine Zeit für moralisch schlaff und kraftlos hielt und der durch eine strenge Disziplinierung der Kinder die Volksgesundheit heben wollte. Dieses Ziel suchte er nicht nur durch die Propagierung zu erreichen, daß der Vater die absolute Gewalt gegenüber den Kindern zu verkörpern habe, sondern auch dadurch, daß er eine Reihe von Apparaten erfand, die dazu dienen sollten, die Onanie zu unterdrücken, ein gerades Wachstum des Körpers oder eine gerade Haltung zu erzwingen.

Die in Schrebers »angewunderter Kindheitswelt« (Niederland 1969) als Wahnvorstellung vorhandene Kopfzusammenschnürungsmaschine erweist sich als nichts anderes als der vom Vater erfundene Kopfhalter gegen das Schieftragen des Kopfes; die Brustzusammenschnürungsmaschine ist nichts anderes als der Geradehalter, wie auch die anderen »Wunder« die konkreten Erziehungspraktiken, die zweifelsohne der Vater an seinem Sohn vollzogen hat, präzise und genau widerspiegeln. Das, was als Wahnvorstellung zunächst vollkommen unverständlich schien, erweist sich als genaues Abbild realer Erfahrungen, die eines gemeinsam haben: daß das Kind vollständig vom Erwachsenen, der es zu beschützen hätte, beherrscht und überwältigt wird.

2. Angstabwehr

Traumatische Erfahrungen, könnte man sagen, sind solche Erfahrungen, die das Ich nicht in realitätsgerechter Weise zu verarbeiten in der Lage ist. Mit diesem Ich ist das Ich der psychoanalytischen Strukturtheorie gemeint, das sich am ehesten durch seine Funktionen beschreiben läßt. »Die Funktionen des Ich betreffen die Beziehung zur Realität. In diesem Sinne sprechen wir vom Ich als einem besonderen Organ der Anpassung. Es kontrolliert den Bewegungs- und Wahrnehmungsapparat, prüft die Merkmale der augenblicklich vorliegenden Situation, d.h. die gegenwärtige Realität, und antizipiert die Merkmale zukünftiger Situationen. Das Ich vermittelt zwischen diesen Merkmalen und Erfordernissen und den Anforderungen der anderen psychischen Organisationen« (Hartmann/Kris/Loewenstein 1974, 110), womit das Es und das Über-Ich gemeint sind.

Etwas anschaulicher, finde ich, hat Benn die Ich-Funktionen in seiner Novelle »Der Glasbläser« beschrieben. Dort heißt es: »Falls Sie die Maximen meines Lebens hören wollen, so wären sie folgende: Erkenne die Lage. Rechne mit deinen Defekten, gehe von deinen Beständen aus, nicht von deinen Parolen, vollende nicht deine Persönlichkeit, sondern die einzelnen deiner Werke« (Benn 1984, 214).

Diese Maxime von Benn beschreibt die wichtigsten Ich-Funktionen. Das ist in erster Linie die Realitätsprüfung, die darin besteht, die realitätsgerechte Wahrnehmung äußerer (erkenne die Lage) und innerer (rechne mit deinen Defekten) Wirklichkeit zu sichern. Erst dann wird das Individuum in den Stand gesetzt, vernünftig zu handeln (vollende die einzelnen deiner Werke), ohne den eigenen Selbsttäuschungen oder der entstellt wahrgenommenen Wirklichkeit zu erliegen. Denn die Realitätsprüfung wird nur zu leicht durch die verinnerlichten Forderungen der Autoritäten (die eigenen Parolen) oder die eigenen Triebbedürfnisse in Frage gestellt, so daß der Wunsch zum Vater des Gedankens oder des Handelns wird.

Aber angesichts eines prügelnden Vaters, angesichts einer hoffnungslosen Situation, wo das unterlegene Kind niemanden hat, der es beschützt, könnte das Kind sich – stünden ihm auch die Erkenntnismittel zur Verfügung – nach der Bennschen Maxime »Erkenne die Lage« verhalten? Müßte es nicht verzweifeln?

Angesichts von überwältigender Gefahr, die das Ich nicht mehr realistisch zu verarbeiten in der Lage ist, wehrt das Ich Angst ab. Dadurch wird zwar nicht die Gefahr beseitigt, verprügelt oder verlassen zu werden, aber die Angst wird in Grenzen gehalten. Das Ich ist die Stätte der Angst, und eine der wesentlichsten Ich-Funktionen ist die Angstabwehr. Ursprünglich ist Angst nicht viel mehr als eine reflexähnliche Reaktion auf Gefahr, die ein Gefühl der Unlust und Hilflosigkeit hervorruft. Nach Freud (1926) sind Ängste auf die Hilflosigkeit und Abhängigkeit des Kindes zurückzuführen. Sie entstehen aufgrund innerer oder äußerer Gefahren, denen sich das Ich nicht durch rasche Flucht entziehen kann. Die Flucht ist sozusagen das Muster der Abwehrmechanismen. Aber wie und wohin könnte ein Kleinkind bei Gefahr fliehen?

Wenn ein Kind erst einmal gelernt hat, zukünftige Ereignisse zu antizipieren (wie die Hitze der Flamme oder den Zorn der Mutter), wird es der tatsächlichen oder erwarteten Gefahr besser begegnen können. Denn noch bevor der heftige Affekt der Angst und Hilflosigkeit das Kind überwältigt, wird es die Gefahr als Signal wahrnehmen und auf dieses Angstsignal reagieren können, so daß die Angst nur dann zunehmen wird, wenn es keine Reaktions- und Handlungsalternativen mehr hat. Die Angst nimmt zu, wenn das Kind das Angstsignal nicht wahrnehmen kann oder von der Gefahr überrascht und überwältigt wird, so daß sich das Ich nicht mehr an die Situation anpassen kann. Dann muß das Ich auf andere Weise mit der Angst fertig werden. Dazu bedient es sich der von A. Freud (1936) systematisch beschriebenen Abwehrmechanismen: Das Ich verleugnet z.B. äußere Gefahren und tut so, als würden sie nicht existieren, es verdrängt gefährliche Triebimpulse, wie z.B. die bei Bestrafung hervorgerufenen aggressiven Impulse, und hält die Verdrängung aufrecht, indem die Triebwünsche ins Gegenteil verkehrt werden und z.B. aus der überwältigenden, angstmachenden Mutter die idealisierte geworden ist. So werden überwältigende, traumatische Erfahrungen in der Verdrängung gehalten. Das heißt, mit dem Einsatz von Abwehrmechanismen wird die Angst mehr oder minder erfolgreich abgewehrt. Aber zugleich werden auch die bewußte Wahrnehmung der Wirklichkeit, die Lernfähigkeit und die Einsicht in Zusammenhänge der Realität eingeschränkt. Und das ist – neben der in der Entwicklung auch notwendigen Anpassungsfunktion – die gefährliche Seite der Abwehrmechanismen.

3. Wiederholung traumatischer Erfahrungen

Einen anderen Zugang zur traumatischen Erfahrung findet man, wenn man davon ausgeht, daß traumatische Erfahrungen des Kindes in seiner Phantasie und im Spiel immer wieder zum Ausdruck gebracht werden. So wie beispielsweise derjenige, der im KZ war, die Schrecken traumatischer Erlebnisse im Traum immer wieder durchleidet, wiederholt auch das Kind in Phantasie und Spiel seine traumatischen Erfahrungen. Im Spiel werden vom Kind passiv erlittene Erfahrungen aktiv wiederholt. Das bekannte Zahnarzt- oder Schulespiel gehört in diesen Zusammenhang.

Aus der ständigen Wiederholung bestimmter Spielsequenzen läßt sich auf den Schweregrad der traumatischen Erfahrung schließen. »Bleibt das Spiel in jeder Sitzung gleich, bedeutet das, daß der zugrundeliegende Konflikt auf innerseelischen Ursachen beruht. Die Häufigkeit der Wiederholung von Spiel oder Traum gibt Aufschluß, wie unlösbar der unbewußte Konflikt ist« (Pearsons 1972, 352), aber auch, wie schwerwiegend, beängstigend die überwältigende Erfahrung ist, die bewirkt, daß die Phantasien auf ein einziges Thema eingeschränkt werden. Zuerst die Wiederholung des Gleichen und schließlich die Wiederholung des Gleichen in Variationen zeigen die in Gang gebrachte Bearbeitung des Traumas an.

Wie genau und realistisch Kinder ihre frühen traumatischen Erfahrungen im Spiel rekonstruieren können, auch wenn sie sich zunächst nicht konkret erinnern können, wird deutlich, wenn man das Material berücksichtigt, das gewöhnlich einem Therapeuten nicht zur Verfügung steht: differenzierte Jugendamts- und Gerichtsakten, die – u.U. durch Fotos ergänzt – ein genaues Bild des in der Ursprungsfamilie herrschenden Milieus wiedergeben, so daß man die im kindlichen Spiel zum Ausdruck kommenden Phantasien mit dem konkreten Erfahrungshintergrund vergleichen kann.

Ich möchte dies kurz an einem Therapiebeispiel erläutern: Wir haben spieltherapeutisch mit einem achtjährigen Mädchen gearbeitet, das bis zum Alter von dreieinhalb Jahren in völlig verwahrlosten Verhältnissen bei der leiblichen Mutter gelebt hatte. Die Wohnung war furchtbar verdreckt, das Kind wurde häufig und lange ohne Versorgung und Aufsicht mit den Hunden der Mutter allein in der Wohnung gelassen. Überspitzt könnte man sagen, es wuchs nicht mit Menschen, sondern mit Hunden auf. Als es in die Klinik kam, war es erheblich unterentwickelt, unterernährt und konnte weder laufen noch sprechen, noch Nahrung zu sich nehmen. Als wir das Kind mit acht Jahren als Pflegekind kennenlernten, schien es keinerlei Erinnerungen mehr an seine frühe Kindheit zu besitzen. Das einzige an seinen vielfältigen Symptomen und panischen Ängsten, was auf seine Vorerfahrungen hinwies, waren große Ängste vor Hunden, ohne daß es selbst einen Zusammenhang zu ihnen in seiner frühen Kindheit herstellen konnte.

Schon in der ersten Therapiestunde begann es im Spiel mit der Rekonstruktion seiner Geschichte. Eine Spielzeugkuh verwandelte es in einen großen Boxer, mit dem es unsere Füße und Hände und schließlich unseren ganzen Körper zerfleischen wollte. In der zweiten Stunde sagte es zur Therapeutin: »Du bist ein Baby und liegst im Gitterbett. Und da kommt der Hund und knabbert die Matratze an und will die Gitterstäbe durchbeißen und das Baby zerfleischen.« Dieses Spiel wurde in vielen Varianten durchgespielt, bis es schließlich sagen konnte: »Als ich ein Baby war, da waren auch so große Hunde, und die kamen immer mit ihrer großen Schnauze und wollten mich zerfleischen.« In einer späteren Stunde, nachdem es noch viele andere traumatische Erfahrungen Schritt für Schritt dargestellt und durchgespielt hatte, stellte es sich vor, daß der Teppich ein ganz tiefes, braunes und dreckiges Wasser sei, vor dem es Angst habe, weil es darin ertrinken könnte. Schließlich sagte es: »I, das ist so stinkig, voller Windeln und Hundekötteln.« Und auch dieses war in dem Aktenbericht genau beschrieben: daß in der Badewanne stinkendes braunes Wasser mit schmutziger Wäsche gestanden habe, als man das Kind aus der Wohnung geholt hatte.

Dieses Beispiel zeigt, daß die panischen Ängste des Kindes in seinen realen Erfahrungen begründet sind, da es einer lebensbedrohlichen Situation ausgesetzt war, ohne daß es zu einem Beschützer fliehen noch seine Lage selbst verändern konnte.

In anderen Fällen, in denen das Kind, weil es schon älter ist, über differenziertere Ich-Fähigkeiten und damit über aktivere Anpassungsmöglichkeiten verfügt, kann es die Phantasie entwickeln, es könnte seine Lage selbst verändern, so daß es der Übermacht der Eltern nicht mehr so passiv und hilflos ausgeliefert ist.

Mit welchen Gefühlen und Phantasien ein Kind seine Vergangenheit, von der es immer wieder eingeholt wird, zu verarbeiten sucht, kann man natürlich nur dann erfahren, wenn man sich nicht nur für das aktuelle Verhalten interessiert, sondern auch geeignete Bedingungen schafft, die seine Gedanken und Gefühle, und zwar auch solche, die sonst vom Bewußtsein nicht zugelassen werden, formulierbar machen. Eine solche Bedingung stellt der TAT dar, bei dem das Kind aufgefordert wird, zu Bildern ganz unterschiedlicher Thematik eine Geschichte zu erfinden.

Als Beispiel möchte ich eine TAT-Geschichte eines zwölfjährigen Jungen anführen, der in chaotischen Familienverhältnissen mit hoch aggressiven Eltern gelebt hatte, wo er völlig unzureichend versorgt wurde. Zu dem Bild 3 BM, das eine auf dem Boden zusammengekauerte, gegen eine Couch gelehnte Gestalt eines Menschen darstellt und das dem Erzähler die Frage stellt, wie er selbst mit frustrierenden und depressiven Erlebnissen umgeht, erzählt der Junge folgende Geschichte:

»Der Junge sitzt in einer Ecke, weint und hat Hunger und liegt im Sterben, weil er nix zu essen hat. Tag und Nacht geht er rum und muß betteln, daß er ein bißchen Brot kriegt, wo er von leben kann. Kein Mensch sorgt für ihn. Und er muß sich selber versorgen können. Die Eltern sind gestorben. Und die Geschwister sind weg, die sind in einem anderen Land. Der Junge sieht ganz abgemagert aus. Seine Kleider sind zerzaust. Die Haare sind nicht gewaschen, er sieht ganz verhungert aus. Ja. Der Junge hat keine vernünftigen Sachen. Der hat nix zum Anziehen. Der hat keine Eltern mehr. Keiner sorgt sich für ihn. Was soll er tun? Ich weiß es nicht. Vielleicht muß ich auch sterben.«

Diese Geschichte ist fast durchweg durch negative Inhalte charakterisiert: negative Gefühlszustände (weint), negative Erwartungen (was soll er tun?), Mangelerlebnisse (kein Mensch sorgt [sich] für ihn), Verlusterfahrungen (die Eltern sind gestorben, die Geschwister sind in einem anderen Land), negative Eigenschaften der Haupt- bzw. Erzählerpersönlichkeit (sieht ganz abgemagert aus, seine Kleider sind zerzaust), negative Zustände (liegt im Sterben) und einen negativen Ausgang (vielleicht muß ich auch sterben). Und gleichzeitig zeigt die Geschichte trotz aller negativen Inhalte einen Rest erhaltener Handlungsfähigkeit (geht rum und muß betteln, muß sich selber versorgen). Eine solche Geschichte (und nicht nur sie allein) zeigt, wie die Jahre zurückliegenden angstmachenden Erfahrungen noch in hohem Maße wirksam sind. Seine Gefühle und Vorstellungen über menschliche Beziehungen sind geprägt durch Mord und Totschlag (was in anderen Geschichten zum Ausdruck kommt), durch extreme Unsicherheit, Unzuverlässigkeit und durch erhebliche Verlassenheits- und Versagungsängste, durch die Angst, daß seine elementarsten Bedürfnisse nicht befriedigt werden und er emotional und physisch verhungern könnte.

Ich denke, bei der Entstehung von Entwicklungs- und Persönlichkeitsstörungen kommt den realen Erfahrungen, die das Kind in seiner Vergangenheit gemacht hat, doch wohl eine größere Bedeutung zu. Man kann dem Bedauern Millers (1979) eigentlich nur zustimmen, wenn sie feststellt: »Es ist, als ob wir uns nicht getrauen würden, einen Schritt zur Realität des Kindes zu machen« (ebd., 122). Die traumatischen Erfahrungen gehören zu dieser Realität von Kindern.

Im Gegensatz zu vielen Schwierigkeiten und Problemen von Erwachsenen stellt sich der Zusammenhang zwischen Verhaltensstörungen und gegenwärtigen Problemen und den konkreten, beängstigenden Erfahrungen in der Vergangenheit bei Kindern noch unmittelbar her. Und besonders bei Pflegekindern können wir immer wieder – aufgrund einer fast detektivischen Nachforschung – sehen, welche konkreten Ereignisse zu Angst, Verwirrung und zum Einsatz von Abwehrmaßnahmen, die die Entwicklung der Lern- und Handlungsmöglichkeiten blockieren, geführt haben, insbesondere dann, wenn Kinder nicht mehr ihren Eltern schutzlos ausgeliefert sind.

Mit einem Neuanfang in einer Pflegefamilie sind aber die Schrecken der Vergangenheit noch nicht beseitigt. Denn man kann die historische Realität nicht wegzaubern, sondern nur versuchen, dem Kind zu helfen – so schmerzlich dies auch immer sein mag –, die Erfahrungen in der Vergangenheit als Realität anzuerkennen, wenn es sich dabei auf neue, verläßliche Beziehungen stützen kann.

Kapitel 2: Ursachen und Wirkungen von Kindesmißhandlung*

1. Verleugnung von Kindesmißhandlung

Wenn öffentlich über Kindesmißhandlung gesprochen wird, besteht in der Empörung große Einigkeit. Der Tatbestand selbst aber bleibt weitgehend ungeklärt. Rasch fühlen sich professionelle Helfer aufgerufen, den Eltern zu helfen, damit durch eine Herausnahme des Kindes die Familie nicht zerstört werde (vgl. Expertenanhörung des Jugendwohlfahrtsausschusses 1987). Dabei ist dann vom mißhandelten Kind und dem, was es braucht, kaum mehr die Rede.

Diese Solidarität mit den mißhandelnden Eltern (vgl. Beiderwieden/Windaus/Wolff 1986) ist nicht eine Selbstverständlichkeit, sondern scheint ein bedeutsamer psychologischer Tatbestand zu sein und beruht offenbar auf der Schwierigkeit, sich mit dem Kind als Opfer elterlicher Gewalt zu identifizieren, weil elterliche Gewalt und kindliche Ohnmacht bei jedem, der es mit diesem Problem zu tun hat, eigene Ängste und Ohnmachtsgefühle mobilisieren, die durch die Identifikation mit den Eltern abgewehrt werden müssen. Dies geschieht nicht ohne Grund: Die frühesten Identifikationsprozesse bewahren die Relation von Überlegenheit der Eltern und Unterlegenheit des Kindes (bei der Identifikation mit dem Aggressor ebenso wie bei der anlehnenden, anaklitischen Identifikation). Daher ist die Identifikation mit dem Kind – und im besonderen Fall mit dem Kind als Opfer – beängstigend, während die Identifikation mit den überwältigenden Eltern angstabwehrend ist.

Die Angst, die angesichts mißhandelnder Eltern entsteht, wird durch die Identifikation mit dem Aggressor abgewehrt. Diese Angstabwehr läßt keinen Raum für die Identifikation mit dem Kind als Opfer elterlicher Aggression. Die Solidarität mit den Eltern ist im Ergebnis ein angstabwehrender Identifikationsprozeß, der die realistische Wahrnehmung des Kindes und seiner Angst einschränkt. Die Identifikation mit den mißhandelnden Eltern trägt dazu bei, daß schließlich auch das, was klar vor aller Augen ist, verleugnet werden muß. Dieser Verleugnungsprozeß, der sich als Verständnis für in Not geratene Eltern tarnt, der mit wissenschaftlichen Zweifeln rationalisiert und durch Familienideologien gestützt wird, kommt schließlich auch darin zum Ausdruck, wie Kindesmißhandlung begrifflich gefaßt wird.

Eine Definition der Kindesmißhandlung als einer Form von körperlicher Gewalt, die zu bestimmten körperlichen Schäden und Verletzungen führt – seien es Verbrennungen, Knochenbrüche oder Hämatome –, scheint präzise und genau zu sein. Aber

* *Nienstedt, M.:* Vortrag auf der Fortbildungsveranstaltung des Landesjugendamtes Westfalen-Lippe für Sozialarbeiter, Nordwalde 1981. – *Westermann, A.:* Vortrag auf der Amtsleitertagung des Landesjugendamtes Westfalen-Lippe, Gemen 1984.

Verletzungsspuren treten nicht immer auf und sind nicht immer nachzuweisen, wie z.B. bei sexuellem Mißbrauch oder der vollständigen Isolierung durch langes Einsperren. Oder die Spuren sind nicht mehr nachzuweisen, weil die Mißhandlung längere Zeit zurückliegt. Deswegen wird zwischen der körperlichen und seelischen Mißhandlung unterschieden. Diese Unterscheidung führt aber zur Unklarheit und schließlich zur Verleugnung der Kindesmißhandlung. Denn jede körperliche Mißhandlung ist zugleich immer auch eine seelische.

Trube-Becker (1982, 21), die körperliche Mißhandlungen realistisch darstellt, zählt eine ganze Liste seelischer Mißhandlungsformen auf, die vom Einsperren in einen dunklen Keller bis hin zur fehlenden Gesprächsbereitschaft der Eltern reichen. Hier wird jedoch der Begriff der Mißhandlung so unscharf, daß er seinen Sinn vollkommen verliert.

Wenn sich Eltern ständig streiten und in aggressive Auseinandersetzungen verwikkelt sind, wird das Kind zweifellos in Angst und Schrecken versetzt, ohne daß es bei ihnen Trost finden kann. Wenn ein Kind ständig gegenüber einem anderen Geschwisterkind zurückgesetzt wird, mobilisieren diese Ohnmachtsgefühle Wut und Aggression, die nicht von den Eltern verstanden und toleriert werden.

Aber handelt es sich hier um seelische Mißhandlung? Nein, es handelt sich um Rücksichtslosigkeiten, wie sie in der Beziehung zwischen Eltern und Kindern alltäglich sind. Aber eine Rücksichtslosigkeit, das Fehlen einer auf die Bedürfnisse des Kindes Rücksicht nehmenden Unterstützungshaltung, die sicher zu Störungen der Eltern-Kind-Beziehung führt und die die Entwicklungs- und Lernfähigkeiten des Kindes einschränkt, ist keine Kindesmißhandlung. Würde man solche Rücksichtslosigkeiten als Mißhandlung definieren, wäre Kindesmißhandlung ein alltäglicher Tatbestand. Diese Undifferenziertheit trägt zur Verleugnung der Kindesmißhandlung bei. Dies gilt auch für eine Definition, die Kindesmißhandlung als Gewalt gegen das Kind begreift. Eine solche Definition ist zu weit und zu ungenau. Denn die Ohrfeige und der Stubenarrest sind ebenso wie der sexuelle Mißbrauch oder die Vernachlässigung, oder die Prügel mit einem Besenstiel, oder die zu enge und laute Wohnung, oder der Kampf der geschiedenen Eltern um das Kind Gewalt gegenüber dem Kind. Daß Eltern gegenüber ihren Kindern Macht und Gewalt besitzen und ausüben, ist kein brauchbares Kriterium für die Abgrenzung von rücksichtsloser Gewalt und Mißhandlung. Dies wird dann klar, wenn es um die praktische Frage geht, in welchem Fall die Gesellschaft gegenüber dem Kind eine Schutzfunktion wahrzunehmen hat und berechtigt ist, in die Beziehung von Eltern und Kindern einzugreifen.

Erst wenn die Kindesmißhandlung mit den Augen des Kindes und nicht aus der Perspektive von Eltern gesehen wird, wird sie realistisch gesehen werden können. Erwachsene sollten sich also daran erinnern, was sie vielleicht als Kind selbst erlebt haben, wenn ein anderes Kind geschlagen wurde: Ein Kind identifiziert sich mit dem Opfer elterlicher Gewalt.

Erst wenn das Erleben des Kindes berücksichtigt wird, werden verschiedene Formen von Gewalt und Rücksichtslosigkeit von Kindesmißhandlungen unterschieden werden können. Rücksichtslose elterliche Gewalt wird verschieden erlebt: als Versagung, Ungerechtigkeit, Lieblosigkeit, ängstliche Einschüchterung oder mörderische Bedrohung. Deswegen schlagen wir einen engen psychologischen Begriff der Kindesmißhandlung vor, der weder auf die körperlichen Verletzungen fixiert ist noch die Kindesmißhandlung als beliebig definierbare Gewalt verharmlost: Kindesmißhandlung ist eine Bedrohung mit Vernichtung.

Kindesmißhandlung liegt dann vor, wenn das Kind von seinen Eltern, zu denen es bei Gefahr und Angst als seine Beschützer fliehen müßte, überwältigt wird, so daß es sie nicht nur als Schutzobjekte verliert, sondern auch mörderisch-überwältigend erleben muß. Alle mißhandelten Kinder erleben ihre Eltern als Mörder, als Menschen, die in ihrer Wut oder Gleichgültigkeit das Kind vernichten können, indem sie es einsperren und hungern lassen oder schlagen. Das Kind wird von einer mörderischen Wut und Aggression überwältigt oder – wie im Fall des sexuellen Mißbrauchs – seiner Kindheit beraubt und mit Prügel und Totschlag bedroht, wenn es nicht schweigt.

Wenn ein Kind z.B. von der Mutter grün und blau geschlagen wird, die hocherregt in blinder Wut auf das Kind einschlägt, weil es nicht mit dem Schreien aufhört, während der Vater das Kind nicht beschützt und statt dessen weggeht, oder wenn ein Kind vom Vater aus dem Fenster des dritten Stockes gehalten wird mit der Drohung, es fallen zu lassen, wenn die Mutter nicht das tut, was er von ihr verlangt, dann erlebt das Kind seine Eltern als Mörder, und es hat in seiner Todesangst keinen Menschen mehr, zu dem es fliehen könnte; es ist dann vollkommen schutzlos.

Dieses Erleben gehört zur psychischen Realität des mißhandelten Kindes. Es wird von Mitscherlich (1960) so beschrieben: »Wer viel Gelegenheit hat, mit Menschen über ihre Kindheit zu sprechen, macht eine sonderbare Beobachtung. Er hört oft von Schilderungen, wie grausam der Vater kleine Vergehen zu strafen pflegte; oft haben diese Szenen, die der Erwachsene aus seiner Kindheit erinnert, geradezu den Charakter brutaler Exekutionen. Das Strafritual ist sicher keine Seltenheit. In der Ohnmacht seiner Lage empfindet es das Kind als überwältigendes Erlebnis seiner Schande, seiner Schuld, die ihm die Liebe und den Schutz der Eltern geraubt hat. Der strafende Elternteil – ist es die Mutter, so trifft dies das kleine Kind noch unmittelbarer – bekommt im ungehemmten Zuschlagen eine unmenschliche, dämonische Gestalt und Gewalt. Erfährt man dies von Kindern selbst und spricht dann mit den Eltern, so könnte man meinen, die Sache sähe auch jenseits der Beschönigungsversuche viel harmloser aus. Aber hier trügt der Augenschein. Man muß nämlich wissen, daß das Kind sich nicht in die Welt des Erwachsenen einfühlen kann. Dazu fehlt ihm die Erfahrung. Nur der Erwachsene kann sich, wenn auch meist mühsam, in die Erlebniswelt des Kindes zurückversetzen. Das Kind kennt die Überlegungen, die Welt des Erwachsenen noch nicht, es erlebt unmittelbare Situationen, das ungleiche Kraftverhältnis, das tatsächlich, wie die Extremfälle zeigen, zu einer Tötung des Schwachen führen kann. In der brutalen Strafprozedur hat es ungemilderte Todesangst, von der sich die wütenden, strafenden Eltern keine Rechenschaft ablegen. Sie pflegen zu sagen: sie hätten es nicht so gemeint. Was sie meinen, ist für das Kind, das einem Erwachsenen begegnet, der ›außer sich‹ ist, unerkennbar. Für das Kind zählt nur der Zustand des Außer-sich-Seins. Und der erweckt Angst. Todesangst, die noch dadurch zum äußersten sich steigert, weil für das Kind jetzt ja die natürliche Fluchtbahn in der Gefahr, der Schoß der Mutter, der Schutz des Vaters, verlegt ist« (ebd., 264).

Erst wenn man das Erleben des Kindes berücksichtigt und dem Umstand Rechnung trägt, daß in diesen Fällen die Eltern-Kind-Beziehung eine Täter-Opfer-Beziehung ist, die allen Erinnerungen und Vorstellungen von Eltern-Kind-Beziehungen zu widersprechen scheint, wird man die Kindesmißhandlung realistisch sehen können. Aber die Idealisierung der eigenen Eltern schlägt nur zu leicht um in die Idealisierung als Eltern, die sich dann mit anderen Eltern solidarisieren. Dieser Verlust kritischer Einsicht in Eltern-Kind-Beziehungen als Täter-Opfer-Beziehungen wird unübersehbar, wenn die Hilfe in Fällen von Kindesmißhandlung in erster Linie den Eltern, nicht aber dem Kind gilt.

Der Anspruch an Eltern, sie müßten doch befriedigende Eltern für ihre Kinder werden, trägt nicht dem Umstand Rechnung, daß es viele Eltern gibt, die unfähig sind, Eltern zu sein. Der für den therapeutischen und pädagogischen Umgang mit Kindern geltende Grundsatz, daß ein Kind mit allen seinen Ängsten und Sorgen, aber auch mit all seiner Wut und Aggression angenommen werden müsse, sollte auch für Eltern gelten. So wie es bei Kindern erst einmal darum geht, das wütend-aggressive Kind »als böses und wütendes Krokodil« anzunehmen, müßte es auch bei den leiblichen Eltern sein, daß sie als wütende und rücksichtslose Kinder, die sie oft geblieben sind, angenommen werden, daß ihre Unfähigkeit gesehen wird und daß nicht in ihre Verleugnungsstrategien eingestimmt wird, was auch heißt, daß sie oftmals nicht Eltern sein können. Aber wo steht geschrieben, daß Eltern in jedem Fall Eltern sein können? Eine Frau, die ein Kind gebären, ein Mann, der ein Kind zeugen kann, ist damit noch nicht zwangsläufig in der Lage, Eltern zu sein. Das ist nicht erst seit heute so. Diese Unfähigkeit, befriedigende Eltern-Kind-Beziehungen herstellen, sich in ein Kind und seine Bedürfnisse einfühlen und aus eigenen und fremden Erfahrungen lernen zu können, durchzieht vielmehr die ganze Geschichte der Eltern-Kind-Beziehungen (vgl. Aries 1975; de Mause 1977).

Wenn diese Unfähigkeit nicht realistisch gesehen wird, werden erziehungsunfähige Eltern ständig von wohlmeinenden professionellen Helfern gedrängt, sich doch gefälligst als kompetente Eltern zu erweisen, weil die professionellen Helfer nur darin einen Erfolg ihrer Arbeit sehen wollen, wenn das Kind bei seinen Eltern bleibt. Diese Haltung aber ist nicht nur gegenüber dem Kind, sondern vor allem auch gegenüber den leiblichen Eltern rücksichtslos und unbarmherzig und zeugt von einer mangelnden Einfühlung.

Die Identifikation des Helfers mit den unrealistischen Wünschen der Eltern trägt dazu bei, das schlechte Selbstwertgefühl der mißhandelnden Eltern ständig weiter herabzusetzen. In einem groben Vergleich könnte man sagen: Kein Mensch geht davon aus, daß jedermann ein erfolgreicher Zehnkämpfer oder Klaviervirtuose werden können müßte. Bei der Frage jedoch, ob Eltern ihre Sozialisationsaufgabe wahrnehmen können, geht man von der unbegründeten Vermutung aus, jede Frau könne eine Mutter und jeder Mann könne ein Vater sein. In anderen Lebensbereichen werden die eigenen Fähigkeitsgrenzen eher respektiert. Wenn sich an der Ehescheidung gemessen gut ein Drittel der geschlossenen Ehen als unbeständig erweisen, dann wird deutlich, daß es hinsichtlich der Beziehungsfähigkeit in Partnerbeziehungen respektierbare Grenzen gibt. Diese Tatsache mag man bedauern oder auch nicht: in jedem Fall ist sie zu respektieren. Aber bei Eltern-Kind-Beziehungen soll es ganz anders sein, indem unterstellt wird, daß jeder auch fähig wäre, Vater oder Mutter zu sein. Das Unwahrscheinliche wird zum Ideal und dieses als Realität verkannt.

2. Mißhandelnde Eltern

Wir haben vielfach Gelegenheit, Eltern zu untersuchen und genauer kennenzulernen, die ihre Kinder vernachlässigt, mißhandelt oder sexuell mißbraucht haben. Was in all diesen Fällen – wie verschieden sie im einzelnen auch sein mögen – auffällt, ist das Elend der Wiederholung. Damit ist gemeint, daß die Eltern im Umgang mit ihren eigenen Kindern ebenso unbefriedigend sind, wie sie es bei ihren eigenen Eltern erlebt haben. Diese Wiederholungsdynamik kennzeichnet gleichzeitig die von de Mause (1977) beschriebene Evolution der Eltern-Kind-Beziehung.

Wenn man sieht, daß Kinder in der Vergangenheit in großer Zahl getötet und ausgesetzt, sexuell mißbraucht und ausgepeitscht und geprügelt wurden, wird deutlich, daß es keine gerade, ununterbrochene Entwicklungslinie vom Brutpflegeverhalten der Primaten zum Menschen gibt. Die in der Primatenevolution sich durchsetzende Sozialisation der Nachkommen, d.h. die Absicherung der Lern- und Entwicklungsmöglichkeiten durch eine Intensivierung und Individualisierung der Mutter-Kind-Beziehung (vgl. Holzkamp-Osterkamp 1975), wird offenbar in der Entwicklung des Menschen nicht ungebrochen fortgesetzt. Von daher scheint es ganz plausibel, von einer Evolution der Kindheit bzw. der Eltern-Kind-Beziehung zu sprechen, die darauf hinausläuft, daß heute erst Beziehungsformen zwischen Eltern und Kindern möglich werden, die de Mause (1977) als Unterstützungsbeziehung beschreibt. Diese Beziehungsform beruht darauf, daß Eltern zunehmend besser in der Lage sind, »sich in die besonderen und erweiternden Bedürfnisse des Kindes einzufühlen« (ebd., 84) und diese Bedürfnisse in befriedigender Weise zu beantworten.

Dabei sind die durch die Befriedigung der kindlichen Bedürfnisse sich entwickelnden Eltern-Kind-Beziehungen kein Selbstzweck, sondern die Grundlage für die Herausbildung subjektiver Strukturen, d.h. der Persönlichkeitsstrukturen. Der Charakter eines Menschen entsteht aus Beziehungen. Insofern kann man sagen, daß die psychischen Strukturen, wie es de Mause ausdrückt, »von Generation zu Generation durch den Engpaß der Kindheit weitergegeben werden« (ebd., 15), so daß die psychischen Strukturen ihrerseits wiederum die Praktiken der Kindererziehung bestimmen. Strenggenommen haben wir es hier natürlich mit einem Zirkel zu tun nach dem Motto: Wer selbst als Kind geschlagen und gedemütigt wurde, wird als Erwachsener mit seinen Kindern auch nicht anders umgehen. Aber gerade dadurch, daß Eltern durch ihre Kinder wieder an ihre eigene Kindheit erinnert werden und sich ihre Beziehung zu ihren Kindern an alten Erfahrungen und Vorbildern orientiert, sind – so paradox es auch klingt – Veränderungen möglich. Die soziale Evolution der Eltern-Kind-Beziehung beruht nach de Mause auf »der Fähigkeit der jeweils nachfolgenden Generation, sich in das psychische Alter ihrer Kinder zurückzuversetzen und die Ängste dieses Alters, wenn sie ihnen zum zweiten Mal begegnen, besser zu bewältigen, als es ihnen in der eigenen Kindheit gelungen ist« (ebd., 14).

Daher hängen die Möglichkeiten und Grenzen der Familienerziehung vor allem davon ab, welche Erfahrungen die Eltern als Kinder in ihrer Familie selbst gemacht haben und ob sie – wie schmerzlich die Erinnerung auch immer sei – ihre Ängste und Konflikte ein Stück besser bewältigt haben als ihre Eltern. Auch wenn Eltern diese Zusammenhänge klar werden und sie selbst die Grenzen familialer Beziehung darin sehen können, daß unaufgearbeitete Konflikte und Ängste das Verhältnis zu ihren Kindern stören, mögen sie zwar vor manchen blinden Wiederholungen geschützt sein, wirksame Verhaltensänderungen sind damit jedoch noch nicht erreicht. Sie werden nur durch mühsame Arbeit möglich. Die Entbehrung von Urvertrauen, die Erfahrung, von der Mutter nicht verläßlich versorgt und beschützt zu werden, zerstört – so scheint es in vielen Fällen – die Fähigkeit, für ein Kind angemessen zu sorgen (vgl. Harlow 1958; Spitz 1972).

Die Untersuchungen von Steele/Pollock (1978) über mißhandelnde Eltern weisen darauf hin, daß materielle Notlagen, soziales und ökonomisches Elend und besondere, durch akute Ereignisse ausgelöste Krisensituationen nicht primär für Kindesmißhandlungen verantwortlich sind. Gleichwohl sind Ausmaß und Häufigkeit der Kindesmißhandlung von der sozialen Schichtzugehörigkeit und der ökonomischen Lage abhängig: Je größer das sozialökonomische Elend, um so schwerer sind die Kindesmißhandlungen, um so eher führen sie auch zum Tode (Gil 1973; Pelton 1979). Notlagen, die erhöhten Streß erzeugen und das Selbstwertgefühl der Eltern weiter herabsetzen, führen dann zur Mißhandlung, wenn bei den Eltern aufgrund ihrer eigenen Sozialisationsgeschichte eine latente Mißhandlungsbereitschaft besteht. Darum dürfte eine Untersuchung mißhandelnder Eltern nicht auf die Untersuchung aktueller Konfliktlagen eingeschränkt werden, sondern müßte sich erstens auf die Untersuchung der frühen traumatischen Kindheitserfahrungen der Eltern, die selbst erlittenen Vernachlässigungen und Mißhandlungen, zweitens auf die aus ihnen resultierenden Entwicklungs- und Persönlichkeitsstörungen, die als narzißtische Persönlichkeitsstörungen oder Borderline-Störungen (Ammon 1979; Kernberg 1978; Rohde-Dachser 1979) beschrieben werden können, und drittens auf die aus diesen defizitären Sozialisationsbedingungen und Persönlichkeitsstörungen resultierenden konkreten Erziehungspraktiken und Interaktionsformen mit dem Kind erstrecken.

2.1 Das Elend der Wiederholung

Eine latente Mißhandlungsbereitschaft ist stets das Ergebnis einer defizitären Sozialisation traumatischer Beziehungserfahrungen in der Kindheit, die nicht nur durch die selbst erlittenen Mißhandlungen oder den sexuellen Mißbrauch, sondern vor allem durch einen außerordentlichen Mangel an Annahme und Bestätigung geprägt sind, so daß die Beziehung zu den Eltern durch die Aufrechterhaltung kindlicher Beziehungswünsche und gleichzeitig durch abgewehrte Wut und Aggression bestimmt ist.

In vielen Fällen, in denen eine Mutter ihr Kind verwahrlosen ließ oder es mißhandelte, erfuhren wir, daß sie selbst ein geschlagenes oder sexuell mißhandeltes Kind war, das von der Gesellschaft nicht vor seinen überwältigenden Eltern geschützt worden ist. Wir hören Lebensgeschichten, wie z.B. die im Stern (1987, 207) geschilderte Geschichte von der Prostituierten Sonja, vor der, als HIV-infizierte Risikoperson, die Gesellschaft geschützt werden müßte:

»Zunächst einmal wurde in diesem Prozeß die Gesellschaft davor geschützt, zu erfahren, was sie der jungen Sonja angetan hat. Unter Ausschluß der Öffentlichkeit sagte die junge Frau ›zur Person‹ aus. Der Vater war Trinker und Gelegenheitsarbeiter. Die

Mutter war mit sechs Kindern überfordert. In ihr erstes Heim kam Sonja bereits kurz nach ihrer Geburt, weil die Mutter den Säugling ›verwahrlosen ließ‹. Mit fünf Jahren kam sie zurück zu den Eltern, wurde vom Vater zu Sachen gezwungen, die in München hinter verschlossenen Türen verhandelt wurden. Als das Kind sich in Andeutungen der Mutter offenbarte, setzte es Ohrfeigen – für das Kind. Im Jahre 1973 wurden die Eltern geschieden. Wegen der Trunksucht des Vaters und weil er sich an Sonjas älterer Schwester vergangen hatte.«

Wenn eine Tochter vom Vater oder Stiefvater als drei-, sechs- oder zwölfjähriges Mädchen sexuell mißbraucht wird, dann geht man nur zu leicht von der Annahme aus, daß nur die Beziehung zum Vater gestört wäre und das Kind vor dessen Rücksichtslosigkeit und Gewalt geschützt werden müßte. Dabei wird, wie Hirsch (1987) betont, übersehen, daß die Mutter ganz wesentlich am Inzestgeschehen beteiligt ist, weil sie den Inzest duldet und verleugnet. Vor allem aber erweist sich die frühe Mutter-Kind-Beziehung als eine weitreichend gestörte Beziehung, in der die Tochter die Mutter nicht als befriedigend und beschützend erleben konnte. Der Wunsch des Kindes nach Annahme und Bestätigung, nach mütterlicher Versorgung und kindlicher Abhängigkeit, der – gerade weil er enttäuscht wurde – aufrechterhalten bleibt und eine kritische Distanzierung ausschließt, trägt zum Inzest bei: »Die Beziehung zum Vater (ist) eine Kompensation eines Defizites an mütterlicher Fürsorge ..., die scheinbar genitale Sexualität ein Surrogat (ein Ersatz) für die Erfüllung frühkindlicher oraler (oral-narzißtischer) Bedürfnisse« (ebd., 79). Von der Mutter tief enttäuscht, akzeptiert dann das Kind die sexuelle Annäherung als Ausdruck von Zuneigung.

Dieser Mangel an mütterlicher Anerkennung und Annahme bedeutet für das Kind eine Frustration seiner Wünsche und Bedürfnisse, bestärkt es in der Überzeugung, nichts wert zu sein – so wie es sich im Spiegel der Mutter erlebt. Aus dieser Kränkung resultieren die gegen die Mutter gerichtete Wut und Aggression. Da aber das Kind auch mit der Mutter als Angreiferin, als frustrierende Person identifiziert ist, kann die Aggression nicht zur Abgrenzung von der Mutter benutzt werden.

Manche erwachsene Frau, die wir untersucht haben und die uns von ihrem sexuellen Mißbrauch erzählen konnte, schwankt noch als Erwachsene zwischen frühkindlichen Anklammerungs- und Abhängigkeitswünschen einerseits und wütender Ablehnung andererseits, d.h. zwischen Abhängigkeitsbedürfnissen und Abhängigkeitsängsten, hin und her und ist unfähig, sich von der Mutter zu trennen, sich abzulösen, so daß sie weder in der Lage ist, reife Partnerbeziehungen zu entwickeln, noch in verantwortlicher Weise die Mutterrolle übernimmt.

Diese Ambivalenz, dieses Schwanken zwischen kindlichen Abhängigkeitswünschen und Haß auf die Mutter wird noch verstärkt durch die Tatsache, daß die Mutter für gewöhnlich den Inzest verleugnet, der Tochter nicht glaubt. Obwohl sich das Inzestopfer von beiden Eltern verraten fühlen muß, ist die Feindseligkeit gegen die Mutter oft stärker bewußt als gegen den Vater, der eher idealisiert wird. Die inzestuöse Beziehung zwischen Vater und Tochter ist immer auch ein Bündnis gegen die Mutter. Der altersgemäße Wunsch des drei bis fünf Jahre alten Kindes, die elterliche Koalition zu sprengen, einen Elternteil für sich allein zu haben, d.h. beim Vater-Tochter-Inzest die Mutter beim Vater zu ersetzen, dieser ödipale Beziehungswunsch geht mit ganz erheblichen Schuldgefühlen einher, wenn er verwirklicht wird. Und gleichzeitig macht das Kind die Erfahrung, daß auf seine unmittelbaren Wünsche und Bedürfnisse keine Rücksicht genommen wird. Aber es ist unmöglich für das Kind, den Vater gleichzeitig als geliebten und mißhandelnden Menschen wahrzunehmen und zu ertragen (ebd.). Um diese Kluft zwischen Phantasie und Realität zu überbrücken, muß das Bild von Eltern in gute und böse aufgespalten werden. »Weil es paradox anmutet, ist das Phänomen so überraschend, daß Inzestopfer häufiger die Mutter hassen und ablehnen als den Vater, der ihnen doch das Unrecht angetan hat. Der Vater wird in der Regel idealisiert, als wäre er tatsächlich (was er sozusagen versprochen und nie gehalten hat) der Retter vor der vollständig bösen Mutter« (ebd., 97). Aber die Tochter identifiziert sich mit der Mutter, die sie verachtet und haßt, und reiht sich selbst unter die wertlosen Frauen ein.

»Eine letzte Möglichkeit der Abwehr«, die wir bei vielen Kindern und typischerweise bei sexuell mißbrauchten Mädchen sehen, »ist die perfekte (Über-)Anpassung des Kindes an die Familie« (ebd., 97), an die Erwartungen von Vater und Mutter.

Aber gerade durch diese Angstabwehr, die Abwehr narzißtischer Kränkung, Ohnmacht und Wertlosigkeit durch Spaltung und Überanpassung, werden die Wut und Aggression, wird der Haß gegenüber dem Vater – wie schließlich gegenüber Männern überhaupt – nicht bewußt. Aber die verborgene Wut ist da und kommt beim erwachsenen Inzestopfer in der Partnerbeziehung zum Ausdruck: »Wenn mein Mann das mit den Kindern macht (sagte eine Mutter), was mein Vater mit mir gemacht hat, bring' ich ihn um« (Gardiner-Sirtl, zit. nach ebd., 98).

2.2 *Defizitäre Sozialisation*

Die der Mißhandlungsbereitschaft zugrundeliegenden Beziehungserfahrungen bei mißhandelnden Eltern sind erstens durch die Dominanz der elterlichen Bedürfnisse und Rücksichtslosigkeit gegenüber den kindlichen Bedürfnissen, zweitens durch erhöhte Gehorsamsforderungen der Eltern und eine erhöhte Gehorsamsbereitschaft des Kindes und drittens durch die ungehemmte Aggression der Eltern und die angstabwehrende Identifikation des Kindes mit dem Aggressor geprägt.

2.2.1 Dominanz elterlicher Wünsche

Von frühester Kindheit an ist das Kindsein durch die Dominanz der elterlichen Wünsche und Bedürfnisse, Enttäuschungen und Ängste geprägt, die keine Rücksicht auf die kindlichen Bedürfnisse zulassen, so daß ein Kind nicht erfährt, angenommen zu sein.

So weiß z.B. eine Mutter, deren Kinder schwer vernachlässigt wurden, überhaupt nicht, wo sie selbst in den ersten Lebensjahren gelebt hat. Sie meint, bei ihrer Großmutter aufgewachsen zu sein, erinnert aber Szenen, daß der betrunkene Vater die Mutter verprügelte und die Kinder zwang, dabei zuzusehen; daß der betrunkene Vater sich zu den Kindern ins Bett legte und das Bett »naßmachte« und dann die Tochter ebenso wie die Mutter verprügelte; daß der Großvater den Bruder so verprügelte, daß er tagelang nicht sitzen konnte, und daß der Großvater sie mit dem Teppichklopfer verhauen wollte, als sie dem Kanarienvogel den Schwanz abgeschnitten hatte. Und gleichzeitig sagt diese Mutter, sie habe es bei ihren Großeltern gutgehabt, weil ihre Großmutter nur einmal (!) mit ihr geschimpft habe, nämlich als sie mit siebzehn Jahren schwanger wurde.

Ein Vater, dessen dreijährige Tochter mit Verletzungen und Narben am ganzen Körper in die Klinik eingeliefert wurde, wurde von der Mutter, einer Tante und der Großmutter erzogen. Aber auch er weiß kaum, wer seine Eltern sind. Seine Tante und Großmutter nennt er seine Eltern, denen er seinen Sinn für Ordnung und Sauberkeit zu verdanken habe. Er sei nicht geschlagen worden, aber er könne nicht verstehen, wieso er als Kind keine Schmerzen wahrnehmen konnte, von früher Kindheit an gestottert und an den Nägeln gekaut habe.

Wie dramatisch und beängstigend die Erfahrungen der Kindheit auch waren, sie werden, wenn sie überhaupt erinnert werden, als gewöhnliche, harmlose Selbstverständlichkeiten berichtet. Erst in den Untersuchungsbefunden (TAT, PFT [Picture-Frustration Test]) wird oft deutlich, wie mißhandelnde Eltern ihre Eltern erlebt, welchen Mangel sie erfahren und welche Enttäuschungen sie hinnehmen mußten.

So erzählt z.B. eine Mutter, die selbst ein sexuell mißbrauchtes Kind ist und deren Tochter wiederum sexuell mißbraucht wurde, in einer TAT-Geschichte von einem Vater, d.h. ihrem Vater, der jeden Abend betrunken nach Hause kommt, die Mutter erniedrigt und schlägt, so daß die Tochter die Mutter als ohnmächtiges Opfer erlebt. In der Identifikation mit der Mutter als hilflosem Opfer väterlicher Aggressivität ist das Kind ohne jeden Schutz, verfügt nicht über ein Schutzobjekt. Die dadurch entstehenden Ängste und Ohnmachtsgefühle sucht die Tochter in einer Rollenumkehr abzuwehren. In der TAT-Geschichte muß die Tochter die weinende Mutter trösten und beruhigen, also selbst mütterliche Schutzfunktionen übernehmen. Dieser für mißhandelte Kinder typische Mechanismus der Rollenumkehr (vgl. Zenz 1979, 219) dient der Abwehr von Ängsten vor vollkommener Schutzlosigkeit, wenn das Kind über kein Schutzobjekt mehr verfügt, selbst dann, wenn es nicht selbst Opfer aggressiver Überwältigung wird. Auch wenn die Mutter vom Vater verdroschen wird, fehlt dem Kind in seiner ohnmächtigen Angst das Schutzobjekt, zu dem es fliehen könnte. Dann ist das Kind nicht nur für die Regulierung seiner Bedürfnisse selbst verantwortlich, sondern auch für die der Eltern.

Die durch die mütterlichen Frustrationen und väterlichen Aggressionen mobilisierten Ohnmachtsgefühle, Gefühle depressiver Niedergeschlagenheit, die das Kind in der Überzeugung bestärken, nichts wert zu sein, stellen eine Bedrohung des Selbst dar und müssen schließlich durch Verleugnung abgewehrt werden. In der erwähnten TAT-Geschichte erzählt die ihr Kind vor sexuellem Mißbrauch nicht schützende Mutter: »Die Mutter (die vom Vater verdroschen wurde) stand auf und tat so, als wenn alles wieder in Ordnung wäre«, so als hätte es keine Konflikte und Aggressionen, keine panische Angst und verzweifelte Ohnmacht gegeben.

Wenn eine Mutter als Kind Eltern überhaupt nicht als schützende und auf das Kind Rücksicht nehmende Menschen erfahren hat, kann sie auch selbst keine Selbstachtung und kein sicheres Selbstwertgefühl entwickeln, sondern muß diesen Mangel durch die Unterwerfung unter einen sie dominierenden Partner kompensieren oder sich – wie gegenüber einem Kind – als dominierend und beherrschend erweisen.

In einer solchen Entwicklung bleibt kein Raum für befriedigende Objektbeziehungen, für ein sicheres Selbstwertgefühl, die Entwicklung von Frustrationstoleranz und Autonomie in Beziehungen. Aus der nicht endenden Kette von Niederlagen, von narzißtischen Kränkungen und Herabsetzungen, die sich von Generation zu Generation schleppen, entsteht ein abgrundtiefes Mißtrauen in menschliche Beziehungen. Denn Beziehungen, die nur in den Dimensionen von Macht und Ohnmacht erfahren werden, als könnten sie gar nichts anderes sein als Täter-Opfer-Beziehungen, führen zu einer immer wiederkehrenden Bestätigung der Ohnmacht und Wertlosigkeit in der Opferrolle.

2.2.2 Übergefügigkeit

Die Kindheit der mißhandelnden Eltern ist durch die Erfahrung geprägt, daß ein Kind ständig überhöhten, unrealistischen Gehorsamsforderungen gehorchen muß. Es darf nicht schreien, sich nicht schmutzig machen, darf keine unkontrollierten Affekte haben. Ein Kind, das nur lieb und brav sein muß, immer den unrealistischen Erwartungen der Eltern entsprechen muß, darf eigentlich kein Kind sein, sondern müßte erwachsen sein. Denn es soll für die Eltern eine Quelle des Trostes sein, soll sich in ihre Bedürfnisse, Wünsche und Erwartungen einfühlen. Aber angesichts dieser elterlichen Erwartungen bleiben nicht nur die kindlichen Wünsche und Bedürfnisse unberücksichtigt, sondern auch die Entwicklung von Autonomie, von elterlicher Unabhängigkeit bleibt auf der Strecke. Denn ein Kind kann sich diesen mit Strafen und Strafandrohungen durchgesetzten elterlichen Forderungen nur ohnmächtig und passiv anpassen, wenn es nicht den Konflikt riskieren will, der schon aus der fehlenden Übereinstimmung mit den Eltern herrührt. Darum schildern mißhandelnde Eltern ihre Kindheit nicht selten als eine harmonische Zeit der Übereinstimmung mit ihren Eltern, können sich erst einmal überhaupt nicht an Konflikte, Auseinandersetzungen, an Angst und Aggressionen erinnern. Oft kann nicht einmal die Frage nach einem schlimmen Kindheitserlebnis beantwortet werden. Diese Idealisierung der Kindheit, die der Abwehr von Angst und Ohnmachtsgefühlen dient und in der die nie verwirklichten Wünsche nach befriedigenden Eltern-Kind-Beziehungen zum Ausdruck kommen, entspricht den Anpassungsbemühungen des Kindes an die Wünsche und Erwartungen der Eltern. Den frühen überhöhten und unangemessenen elterlichen Gehorsamsforderungen entspricht eine erhöhte kindliche Gehorsamsneigung und eine Einschränkung autonomer Handlungsfähigkeit.

Da aber die Wünsche nach Annahme und Bestätigung auch nicht auf dem Weg der Überanpassung erreicht werden, kollidiert die Überanpassung im Laufe der Entwicklung zunehmend mit dem Wunsch nach elterlicher Unabhängigkeit in der Pubertät. Die Jugendentwicklung mißhandelnder Eltern ist oft dadurch gekennzeichnet, daß Ablösung, der Gewinn einer kritischen Distanz, zu den Eltern aufgrund ihrer Beziehungsunsicherheit und Konfliktunfähigkeit nicht erreicht wird. In manchen Fällen sieht man ein über die Pubertät weit hinausgehendes Schwanken zwischen trotzig-aggressiver Distanzierung und hilfloser Anklammerung an die Eltern. Wie bei Süchtigen – und viele der mißhandelnden Eltern sind Alkoholiker – bestehen unlösbare »Konflikte zwischen Trennungswünschen und Trennungsangst. In infantiler Abhängigkeit und maximaler Anspruchshaltung wird Hilfe von außen erwartet« (Feuerlein 1980, 845). Heftige, aggressive Auseinandersetzungen und Flucht aus dem Elternhaus wechseln mit gehorsamer Anpassung und kindlichen Ansprüchen an die Eltern. Die Eltern werden idealisiert und im nächsten Moment dämonisiert. Eine Mutter hält einerseits an kindlichen Wünschen fest, von ihren Eltern wie ein kleines Kind versorgt und angenommen zu werden, und wehrt andererseits jeden Einfluß der Eltern wütend und aggressiv ab. Sie flieht in wechselnde Partnerbeziehungen.

Die kindliche, jede Eigenverantwortung einschränkende und leugnende Anspruchshaltung führt auch immer wieder dazu, daß eine Mutter ihr Kind den eigenen Eltern zum Geschenk macht, um so selbst Kind der Eltern bleiben zu können. Diese Gebundenheit an die Eltern verhindert die Ablösung und Entwicklung eines elternunabhängigen Status, und wird schließlich beantwortet durch die Flucht in eine Partner- oder Ehebeziehung, durch die aber auch Elternunabhängigkeit nicht erreicht wird, die erst die Voraussetzung für die Übernahme der Vater- bzw. Mutterrolle schafft.

2.2.3 Identifikation mit dem Aggressor

Auch wenn sich die mißhandelnden Eltern in ihrer Kindheit den Erwartungen und Forderungen u.U. anpassen und unterwerfen konnten, bleibt die Eltern-Kind-Beziehung in erster Linie eine aggressiv besetzte Beziehung, in der die aus vielfältigen Frustrationen und narzißtischen Kränkungen resultierende Wut und Aggression nicht durch die Befriedigung von kindlichen Wünschen und Bedürfnissen gemildert werden. Liebeswünsche und Aggression stehen unverbunden nebeneinander. Weder die kindlichen Beziehungswünsche noch die gegen die Eltern gerichteten aggressiven Affekte werden integriert. Jede kleinste Enttäuschung ist nur wieder ein Beweis für die immer wiederkehrenden Enttäuschungen, die den Haß rechtfertigen.

Aber angesichts überwältigender und dominierender Eltern, die ihre Wünsche und Forderungen gegenüber dem Kind aggressiv durchsetzen, sind für das Kind die gegen die Eltern gerichtete Wut und Aggression äußerst gefährlich, so daß die aggressiven Affekte durch Verleugnung, durch Verkehrung ins Gegenteil abgewehrt werden müssen. Folglich kann man bei mißhandelnden Eltern in vielen Fällen eine sich in der Kindheit entwickelte, ausgeprägte aggressive Hemmung feststellen, die mit einer depressiven Entwicklung einhergeht. Aber die in den Untersuchungsbefunden (GT [Gießen-Test], FPI [Freiburger Persönlichkeitsinventar], PFT) feststellbare aggressive Hemmung ist kein Indiz dafür, daß Eltern nicht in überwältigender Form das Kind bestrafen könnten. Denn die gegen die Eltern gerichtete Wut und Aggression werden so weit abgewehrt, daß sie überhaupt nicht mehr wahrgenommen werden können. Selbst das Schlagen des Kindes oder das Einsperren in den Keller wird gar nicht mehr als Aggression erlebt. Aber die Aggression, die nicht angenommen und als zum eigenen Selbst zugehörig erlebt wird, kann auch nicht kultiviert, zu einer gekonnten, unter der Herrschaft des Ichs stehenden Aggression werden. Denn die ausgeprägte aggressive Hemmung bietet keine Gewähr für die Vermeidung von Aggression. Das Gegenteil ist oft der Fall. Wenn man mit Megargee (1981) aggressive Menschen mit »ungenügender Selbstkontrolle« von denen mit »chronisch überhöhter Selbstkontrolle« unterscheidet, deren Gewalttätigkeiten äußerst extrem sein können, gehören mißhandelnde Eltern nach unseren Erfahrungen zu der einen wie zu der anderen Gruppe. Aber bei den aggressiv Gehemmten, die einer Selbsttäuschung erliegen, besteht die Gefahr, daß die heftigen abgewehrten, aggressiven Affekte in bestimmten Frustrationssituationen und Beziehungskonstellationen unkontrolliert hervorbrechen können: in frustrierenden Partner- oder Eltern-Kind-Beziehungen, die als Über- und Unterordnungs-Beziehungen strukturiert werden. Dann wird die aggressive Handlung durch die Identifikation mit dem Aggressor motiviert, d.h. durch die Identifikation mit den überwältigend erlebten Eltern, die andererseits idealisiert und gerechtfertigt werden, wenn sie die selbsterlittenen Strafen und Kränkungen, die beängstigende, mörderische Wut ihrer Eltern als verständliche oder selbstverschuldete Aggression verteidigen und z.B. sagen: »Was hätte mein Vater denn sonst tun können?« Die Verteidigung der selbsterlittenen Strafe und Gewalt dient auch der Rechtfertigung der eigenen, gegen das Kind gerichteten Wut und Aggression und zeigt die durch keine kritische Distanz in Frage gestellte Identifikation mit den Eltern als einer Identifikation mit dem Aggressor. Ein Vater, dessen Kind schwer mißhandelt wurde, sagt: »Kindesmißhandlung ist das größte Verbrechen. Der gehörte aufgehängt.« Aber er meint sich nicht selbst.

2.3 Einstellung zum Kind

Der Preis für die Anpassung an solche traumatischen Beziehungserfahrungen und defizitären Sozialisationsbedingungen sind oft tiefgreifende Störungen der Persönlichkeit, die aufgrund eines grundlegenden Mißtrauens in Beziehungen zur Einschränkung der Beziehungsfähigkeit, zur Entwicklung eines negativen Selbstwertgefühls und einer narzißtischen Kränkbarkeit und zur Einschränkung von Autonomie und Verantwortung führen und die Einstellung zum Kind prägen.

1. Es ist nicht überraschend, daß bei den mißhandelnden Eltern auffällt, daß sie sich in die Bedürfnisse, Verhaltensweisen und Äußerungen ihrer Kinder nicht einfühlen können und unangemessen hohe Ansprüche stellen, die jenseits der altersspezifischen Fähigkeiten der Kinder liegen. Eltern erwarten z.B., daß ein Kind im Alter von wenigen Monaten mit dem Schreien aufhört, wenn es ihm befohlen wird, daß es mit einem Jahr schon sauber und trocken ist, mit zwei Jahren sein Zimmer aufräumt und den Tisch deckt, lange warten kann und die Ordnung und Gewohnheiten der Eltern nicht stört. Das heißt, sie fordern von ihm viel zu früh Gehorsam, ein perfektes Funktionieren, Kontrolle und Rücksichtnahme auf die Befindlichkeit und die Bedürfnisse der Eltern, so als sei das Kind schon viele Jahre älter.

2. Die Eltern gehen mehr oder weniger ausgesprochen davon aus, daß die Kinder »in erster Linie dazu da seien, die Bedürfnisse der Eltern zu befriedigen, und daß die Bedürfnisse der Kinder unwichtig sind und nicht beachtet werden sollten« (Steele/Pollock 1978, 175). Sie haben den emotionalen Anspruch, daß das Kind für sie eine Quelle von Bestätigung, Trost und liebevoller Zuneigung sein müsse, was Morris/Gould (1963) als Rollenumkehr bezeichnet haben. In jedem von den überhöhten Erwartun-

gen abweichenden Verhalten des Kindes sehen sie einen Beweis dafür, daß das Kind sie eben nicht liebt, sie mißachtet, wie es in folgender Äußerung einer mißhandelnden Mutter beispielhaft zum Ausdruck kommt: »Während meines ganzen Lebens habe ich mich nie richtig geliebt gefühlt. Als das Baby zur Welt kam, dachte ich, es würde mich lieben; aber als es die ganze Zeit schrie, bedeutete dies, daß es mich nicht liebe. Also habe ich geschlagen« (Steele/Pollock 1978, 175). Da mißhandelnde Eltern die Unangemessenheit ihrer Erwartungen und Wünsche und die Unfähigkeit des Kindes, sie zu erfüllen, nicht oder nur unzureichend wahrnehmen und begreifen können, erleben sie das Kind leicht als abartig, seltsam, als kleines Ungeheuer oder Biest.

3. Diese Umgangsformen und Erwartungen sind das Resultat ihrer eigenen Sozialisationserfahrungen. Mißhandelnde Eltern wiederholen an ihren Kindern, was sie selbst in der Beziehung zu ihren Eltern leidvoll erlebt haben, wobei das Leiden in der Regel nicht mehr erinnert werden kann und das Verhalten der eigenen Eltern gerechtfertigt wird. Diese Wiederholungsdynamik bei mißhandelnden Eltern kommt dadurch zustande, daß sie im Kind verschiedene Aspekte ihrer eigenen Geschichte wahrnehmen (vgl. Zenz 1979).

Eine Mutter, deren Tochter mit drei Jahren wegen Vernachlässigung und Mißhandlung aus der Ursprungsfamilie herausgenommen wurde, stellt in einer TAT-Geschichte (18 GF) die Mißhandlungsdynamik geradezu beispielhaft dar. Sie erzählt von einer Mutter, die ihr Kind erwürgt, weil etwas Schreckliches passiert sei. Die Tochter habe die Mutter ausgeschimpft und sie dadurch vollständig aus der Fassung gebracht, so daß die Mutter wütend jede Kontrolle über sich selbst verliert und das Kind umbringt. Die damit einhergehenden Schuldgefühle werden dadurch abzuwehren gesucht, daß die Mutter sich selbst für ihr Handeln nicht verantwortlich fühlt. So wird die Schuld abgewehrt und bei der Tochter gesucht, die ihr so etwas Schreckliches angetan hat.

Die mißhandelnde Mutter nimmt im Kind drei verschiedene Aspekte ihrer eigenen Kindheit wahr:

- Das Kind wird zu einem Elternersatz, es wird wie die eigene Mutter oder der Vater wahrgenommen. Von diesem Elternersatz wird nun alles Gute erhofft, was man selbst von den Eltern nicht erhalten hat. Dies ist die sogenannte Rollenumkehr oder Umkehrreaktion, die dazu führt, daß das Kind in spezifischer Weise überfordert und mißverstanden wird. Wenn es schreit, fühlt sich die Mutter selbst wie ein ungeliebtes Kind, das von der Mutter ausgeschimpft, getadelt und bestraft wird.
- Dieses Schimpfen wird als erhebliche narzißtische Kränkung erlebt, durch die der Weg dafür frei wird, daß die kindliche Wut gegenüber den lieblosen Eltern wieder auftaucht – eine Wut, die immer verboten war und unterdrückt werden mußte. Diese Abwehr der Wut und Aggression gegenüber den eigenen Eltern wird sichtbar, wenn – wie in diesem Fall – die Mutter lachend und stolz erzählt, wie sie einmal (!) »verdroschen« worden sei, so als habe sie ein glänzendes Abenteuer bestanden. In Wahrheit wird – wie in der TAT-Geschichte zum Ausdruck kommt – durch das Schimpfen der Tochter etwas ganz Schreckliches, nämlich Wut und Zorn, ausgelöst. Auf die Frage, was in der Frau vorgehe, wenn die Tochter schimpft, sagt in diesem Fall die Mutter: »Irgendwie ganz fürchterlich, durch den Zorn ja schon.« Es entsteht eine fürchterliche Wut, die in keinem Verhältnis zur

kindlichen Reaktion steht. Diese Unverhältnismäßigkeit weist darauf hin, daß es sich um eine gegenüber den eigenen Eltern abgewehrte Wut handelt.

- Frühkindliche Überwältigungserfahrungen werden u.a. dadurch bewältigt, daß sich das Kind mit den überwältigenden Eltern identifiziert. Diese Identifikation mit dem Aggressor bedeutet, daß sich die mißhandelnde Mutter mit ihren strafenden Eltern identifiziert und in ihrem Kind Aspekte des eigenen Selbst wahrnimmt, das Kind als Abbild ihres eigenen schlechten Kindheitsselbst erlebt, das, weil es so schlecht ist, bestraft werden muß. Die Identifikation ermöglicht so die Zulassung des aggressiven Angriffs auf das Kind mit gutem Gewissen, mit voller Über-Ich-Billigung und einem Gefühl der Rechtfertigung. In der TAT-Phantasie wird das Kind ermordet: »Ich würd' sagen, die tut das Kind erwürgen. Da hat sie später festgestellt: Mein Gott, was hab' ich wohl gemacht. Vielleicht kriegt die Frau nicht viel dafür, vielleicht zwei Jahre, weil sie unzurechnungsfähig gewesen ist.«

Die Identifikation mit den strafenden, dominanten und überwältigenden Eltern führt dazu, daß normale kindliche Bedürfnisse und Verhaltensweisen, die in der eigenen Kindheit unterdrückt und bestraft wurden, als anormal und böse erlebt werden und gleichzeitig die Fähigkeiten des Kindes überschätzt werden. Ihm wird unterstellt, daß es eigentlich schon vieles kann, was objektiv seinem Alter und Entwicklungsstand noch nicht entspricht, daß es mehr Rücksicht auf die Eltern nehmen könnte und daß es dies nur aus Trotz und Bösartigkeit nicht tut und folglich bestraft werden muß.

3. Mißhandelte Kinder

Nicht zuverlässig versorgt zu werden, dem Zorn und der Wut der Eltern hilf- und schutzlos ausgeliefert zu sein, geprügelt, eingesperrt oder sexuell mißbraucht zu werden: das sind Erfahrungen, die kein Kind, ohne Schaden zu nehmen, verarbeiten kann. Es sind Erfahrungen, die in der Psychologie traumatische Erfahrungen genannt werden. Ein Trauma ist eine Verletzung. Hier handelt es sich um tiefgreifende seelische Verletzungen, die entstehen, wenn das Kind von demjenigen, der es beschützen müßte, vernachlässigt oder überwältigt wird, wenn das Kind keinen Menschen mehr hat, zu dem es fliehen kann. Jedes kleine Kind flieht zu seinen Eltern, wenn es Gefahren ausgesetzt ist. Wenn es aber gerade von seinen Eltern nicht versorgt und überwältigt wird, dann hat es niemanden mehr, zu dem es fliehen könnte: Es wird von der Angst überwältigt, verhungern zu können, gefressen zu werden, umgebracht zu werden. Das heißt, mißhandelnde Eltern werden als potentielle Mörder wahrgenommen. Und oft ist es ja auch nur ein Zufall, daß das Kind am Leben bleibt.

Auch wenn das Kind gar nicht unmittelbar Opfer elterlicher Aggressionen wird, sondern wie z.B. bei Alkoholikern erlebt, daß sich die Eltern wütend, aggressiv, unkalkulierbar und die kindlichen Bedürfnisse nicht wahrnehmend verhalten, oder wenn Eltern mit Selbstmord drohen oder Selbstmordversuche machen, auch dann hat das Kind niemanden, zu dem es in seiner Panik fliehen könnte. Es ist dann vollkommen schutzlos. Ihm bleiben nur noch Fluchtwege nach innen: Das Kind verdrängt die beängstigenden Erfahrungen, idealisiert die mißhandelnden oder vernachlässigenden Eltern und identifiziert sich mit ihnen als Aggressor.

In den meisten Fällen setzen Mißhandlungen schon im Säuglings- und Kleinkindalter ein. Schon der Säugling macht die Erfahrung, daß seine Signale und Bedürfnisse überrannt und mißverstanden werden; daß an ihn Forderungen gestellt werden, die er nicht erfüllen kann; daß die Umwelt, für die die Eltern die ersten und einzigen Repräsentanten sind, ihm häufig feindlich gesonnen ist und ihn für schlecht hält; daß ein freundliches Signal oder ein Hilfsappell bedrohliche Folgen haben kann; daß die Welt voller Frustrationen ist.

Es fehlen die Voraussetzungen dafür, daß das Kind im Spiegel der Eltern, die das Kind bewundern, von sich selbst das Gefühl entwickelt, heil, gesund und gut zu sein. Und es fehlen die Voraussetzungen, sich auf Beziehungen vertrauensvoll einlassen zu können, weil es mit seinen Wünschen und Bedürfnissen selbst keinen Einfluß auf diejenigen Menschen hat, von denen es abhängig ist. Die Grundeinstellung des mißhandelten Kindes zu sich selbst und zur Umwelt wird folglich geprägt durch tiefes Mißtrauen in den eigenen Selbstwert und die Vertrauenswürdigkeit der Umwelt. Diese Grundüberzeugung wird häufig in den folgenden Jahren immer wieder bestätigt.

Gleichzeitig ist das Kind total abhängig von der Versorgung durch die Eltern. Es macht auch immer wieder die Erfahrung, daß es Zuwendung erfährt, wenn es sich so gut wie möglich an die Erwartungen der Eltern anpaßt. So wird die Hoffnung auf eine liebevolle Beziehung aufrechterhalten: »Das Bedürfnis, geliebt zu werden, wird für das Kind zu einer Notwendigkeit, um die Angst vor der Macht der Erwachsenen auf ein erträgliches Maß zu reduzieren« (Petri/Lauterbach 1975, 69). Gleichzeitig wird ein zwanghafter Anpassungsdruck erzeugt, der schon beim Säugling zu erstaunlichen Anpassungsleistungen führt (vgl. Kempe/Kempe 1980; Martin 1976; Zenz 1979): So kann man z.B. beobachten, daß Säuglinge beim Wickeln nicht strampeln, sondern mit ausgestreckten Beinen ruhig und apathisch daliegen; daß sie die Arme beim Gefüttertwerden steif und ruhig in die Luft halten, statt nach dem Löffel zu greifen oder in den Brei zu patschen; daß einjährige Kinder zur Mutter krabbeln und tröstende Gesten machen, wenn sie Unruhe bei ihr wahrnehmen; daß zweijährige Kinder ständig Ordnung machen, den Eltern ohne Aufforderung den Aschenbecher und die Zeitung bringen; daß die Kinder auch bei großem körperlichem Schmerz nicht weinen, sondern unbeweglich und reaktionslos dasitzen.

Hier wird die Überanpassung sichtbar, die auch bei vielen älteren Kindern auffällt. Sie zeigt sich in einer Übersensibilität hinsichtlich der Erwartungen der Erwachsenen: darin, daß sich die Kinder versichern müssen, daß das eigene Verhalten und Tun akzeptiert wird, und daß eigene Handlungsimpulse rasch aufgegeben werden, wenn sie auf Kritik und Ablehnung stoßen. Darum bleibt das Kind auch in seiner späteren Entwicklung stark von der Außenkontrolle und Außensteuerung abhängig; es definiert sich durch die Erwartungen und Rückmeldungen der Umwelt, ohne selbst ein stabiles Identitätsgefühl auszubilden – es darf nie es selbst sein, sondern nur das, was die anderen von ihm erwarten. Es weiß nicht, wer es selbst ist, es ist sich nur sicher in der Überzeugung, daß es schlecht ist (vgl. Steele/Pollock 1978).

Das früh erschütterte Selbstwertgefühl kommt beim älteren Kind – insbesondere wenn es in einer neuen, gewährenden Situation begonnen hat, Mitteilungen über sich selbst und sein Befinden zu machen – z.B. darin zum Ausdruck, daß es sich nichts zutraut, seine Handlungen und kleinste Fehler mit Sätzen wie: »Ich bin ja auch dumm« kommentiert, bei kleinsten Anforderungen und Mißerfolgen, z.B. beim Schularbeitenmachen, in Panik gerät und aufgibt und tatsächliche Leistungen nicht als solche anerkennen kann, Mißerfolgen durch Ausweichen, Flucht oder »Lügen« (z.B.: »Ich habe keine Hausaufgaben auf«) vorzubeugen versucht und die ungeheuren Ohnmachtsgefühle kompensatorisch durch Größenphantasien abwehrt.

Die hohe Empfindlichkeit der Kinder gegenüber Kritik weist auf ihr schlechtes Selbstwertgefühl hin: Eine gerade sich entwickelnde positive therapeutische Beziehung oder die Beziehung zu Ersatzeltern kann durch leiseste Kritik am Verhalten oder den Gefühlsäußerungen der Kinder wieder in Frage gestellt werden und zerbrechen (vgl. Kempe/Kempe 1980).

Das Mißtrauen in die Verläßlichkeit sozialer Beziehungen bei ständiger und übersteigerter, hoffnungsloser Suche nach Liebe und Zuwendung kommt in der Distanz- und Beziehungslosigkeit der Kinder zum Ausdruck: Sie laufen auf jeden zu, lassen sich aber auf dichtere und emotional bedeutsame Beziehungen nicht ein. Jede Anlehnung ist durch deutliche Ambivalenz gekennzeichnet – kurz und heftig, aber gleich wieder auf der Flucht. Auf gelassenen, freundlichen Körperkontakt können sie sich kaum länger einlassen, weil er nach ihren Erfahrungen jederzeit höchst bedrohlich werden kann. Viele Kinder machen sich bei jeder freundlichen Annäherung und jedem Körperkontakt sofort steif »wie ein Brett« und schotten sich ab. In allen Beziehungen dominiert Angst vor Nähe.

Wie bedrohlich die Kinder ihre soziale Umwelt erleben, wird häufig im unmittelbaren Verhalten, das durch die Anpassungsfassade der Kinder geprägt ist, nicht sichtbar, kommt aber in ihren Phantasien oder ihren Spielen in einer therapeutischen Situation zum Ausdruck. Da werden Kinder durch die Eltern umgebracht, ständig drohen ihnen die schrecklichsten Gefahren, ständig laufen sie in eine Falle und können niemandem trauen und sich nicht auf Hilfe verlassen.

Das tief verwurzelte Mißtrauen, die leichte Erschütterbarkeit durch Ablehnung, Kritik und Mißerfolg, die oberflächliche Überanpassung an die Erwartungen anderer bei einer herabgesetzten Fähigkeit, sich wirklich auf Beziehungen einzulassen, sind nicht nur für mißhandelte Kinder, sondern auch für viele mißhandelnde Eltern charakteristisch und erschweren den Aufbau einer helfenden oder therapeutischen Beziehung zu ihnen (vgl. Steele/Pollock 1978; Davoren 1978).

3.2 Gestörte Autonomie- und Ich-Entwicklung

Das tief verwurzelte Mißtrauen in die eigenen Fähigkeiten und den eigenen Wert, die Erfahrung, daß man den gestellten Anforderungen nicht gerecht wird, die Erfahrung, daß die Entwicklung von Eigeninitiative, die beim Kleinkind zwangsläufig mit Ungeschicklichkeiten wie Stolpern, Sachen-Umstoßen usw. verbunden ist, schon zu erheblichen Strafen führen kann, d.h. bedrohlich ist, die Erfahrung, daß Schreien oder verbale Äußerungen wie Nein-Sagen, Warum-Fragen die Eltern aus der Fassung bringen und zur Ablehnung oder Mißhandlung führen können, bedingen, daß die Kinder in der Entwicklung ihrer Ich-Fähigkeiten oft erheblich behindert werden. Allerdings gibt es eine Ausnahme: eine überstarke Entwicklung bestimmter Fähigkeiten, die von den Eltern besonders favorisiert werden und die Kinder zuweilen »altklug« oder früh selbständig erscheinen lassen. Viele mißhandelte Kinder werden als unterdurchschnittlich intelligent eingestuft, haben motorische oder sprachliche Defizite und eine mangelnde Eigeninitiative, wobei vielfach keine angeborene Minderbegabung, sondern eine »Pseudodebilität« vorliegt, d.h. eine auf emotionale Probleme, auf Beziehungsstörungen, Selbstwertprobleme, Angst und Hemmungen zurückzuführende Lern- und Leistungsstörung (vgl. Zenz 1979). Prügel machen dumm.

Aggression und Freude dürfen nicht zum Ausdruck gebracht werden, weil sie zu bedrohlich sind. Schon die fehlende Übereinstimmung mit den Wünschen und Erwartungen der Eltern, jeder Dissens oder Konflikt führt zu Straf- und Überwältigungsängsten. In der Vorstellung des Kindes werden Eltern, wenn es nicht gehorcht, zu überwältigenden Riesen, Gespenstern, zu Eltern, die das Kind fressen, totschießen, wie einen Dreck mit dem Staubsauger aufsaugen oder in der Toilette wegspülen.

Aber gerade darum, weil die eigene Aggression, die solche Gefahren heraufbeschwört, gefährlich ist, müssen auch die eigenen gegen die Eltern gerichteten, aggressiven Affekte abgewehrt werden und können nicht integriert und angenommen werden. Dann kann sich das Kind auch nicht von den überwältigenden Eltern distanzieren und befreien, so daß es durch die Angst an die Eltern gebunden bleibt, was dann als Liebe und Bindung an die Eltern mißverstanden wird. Denn um Autonomie zu gewinnen, braucht das Kind seine Aggression (vgl. Teil II, 1). Aber wenn das Kind nicht einmal über seine unmittelbaren Gefühle und Affekte verfügen kann, kann es auch keine Autonomie gewinnen.

So undifferenziert wie die kognitive Entwicklung bleibt auch die emotionale Entwicklung: Gefühle der Trauer, der Wut, des Hasses, der Verzweiflung, der Aggression und der Freude dürfen nicht zum Ausdruck gebracht werden, weil sie zu bedrohlich sind. Das Kind lernt Gefühle abzuwehren und zu verdrängen, bis es sie schließlich selbst nicht mehr wahrnehmen und schon gar nicht mehr ausdrücken kann. Es scheint vieles stoisch hinzunehmen, worauf ein anderes Kind mit heftigen Gefühlen reagieren würde. Ja, selbst seine Körperempfindlichkeit z.B. gegenüber Schmerz und Temperaturen scheint herabgesetzt. Die tatsächlichen Gefühle, z.B. die erheblichen Ängste und Aggressionen gegen den Mißhandler und die in ihm feindlich erlebte Umwelt, können nur in einer geschützten therapeutischen Situation oder nach erfolgter Trennung zum Ausdruck gebracht werden, und auch dann häufig zunächst nur verschlüsselt, in Phantasien (vgl. Kempe/Kempe 1980).

3.3 Gestörte Gewissensentwicklung

Die Abwehr und Kontrolle der eigenen Gefühle und Bedürfnisse beruht beim kleinen Kind zunächst noch auf einer mehr äußeren Anpassung an die Erwartungen der Eltern in Abhängigkeit von ihrer unmittelbaren Kontrolle und Steuerung durch sie. Etwa mit eineinhalb bis zwei Jahren beginnt jedoch das Kind, frühe Formen der Gewissensinstanz zu entwickeln, indem es sich mit den Eltern identifiziert, insbesondere zunächst mit ihren strafenden Aspekten, ihren Ge- und Verboten und negativen Wertungen. Diese »Identifikation mit dem Aggressor« (A. Freud 1936) dient der Angstabwehr: Das Kind entwickelt eine interne Steuerungsinstanz, die es von der äußeren Kontrolle durch die Eltern unabhängiger macht, die die Anpassung seines Verhaltens an die Erwartungen der Eltern auch dann gewährleistet, wenn diese nicht unmittelbar vorhanden sind, so daß es besser vor Verhaltensweisen geschützt ist, die seine Beziehungen gefährden oder zu erheblichen Strafen führen könnten.

Aber die Identifikation mit dem Aggressor, die beim mißhandelten Kind vorherrscht und eine reifere Gewissensentwicklung nicht zuläßt, führt nicht »zu verinnerlichten, relativ selbständigen, dem Ich zugänglichen Verhaltensregeln, die Identifizierung mit dem Angreifer führt nicht zur Autonomie, zu Verhaltensregeln also, die das Kind, ohne sich selbst dabei aufzugeben, zu den seinen machen konnte« (Horn 1967, 73). Denn diese Steuerungsinstanz ist nun genauso rigide, strafend und bedrohlich wie die Eltern selbst, und das Kind kann vor ihr nicht fliehen, wie es vielleicht noch vor äußeren Bestrafungen möglich ist. Alle die den eigenen Normen nicht entsprechenden Bedürfnisse, Gefühle und Wünsche und die eigene Unzulänglichkeit erscheinen ihm nun selbst als hassenswert und strafwürdig und müssen abgewehrt und verdrängt werden, ja, werden zum Teil in ihr Gegenteil verkehrt, so daß die Kinder oft geradezu zwanghafte Verhaltensweisen ausbilden, in denen die abgewehrten, abgelehnten Impulse nur noch in gegenteiligen Handlungen zum Ausdruck kommen, z.B. in zwanghafter Sauberkeit und Ordnungsliebe, in Überfreundlichkeit und Bedürfnislosigkeit. Die Kinder können schlecht Wünsche äußern, entwickeln starre Vorstellungen von Gut und Böse, eine überkritische Haltung sich selbst und anderen gegenüber, indem sie z.B. in anderen Kindern eigene, abgelehnte Bedürfnisse wie die eigene gegen die Eltern gerichtete Aggression verfolgen und für sie ebenso harte Bestrafung fordern, wie sie es selbst erfahren haben. Die Eltern, ihre Normen und ihr Strafverhalten werden idealisiert und gerechtfertigt; und das Kind nimmt die Schuld für Strafe selbst auf sich, weil es sich nun bei Normverstößen selbst als böse und schlecht wahrnimmt, wie es in dem Ausspruch eines sechsjährigen, vom Stiefvater heftig geschlagenen Jungen zum Ausdruck kommt: »Mein Papa wollte mich gar nicht bestrafen, aber er mußte, weil ich mir die Hose schmutzig gemacht habe. Er hat mich irgendwie gern bestraft, wenn ich das getan habe, und wenn er es auch nicht wollte, er mußte ja, weil ich böse war. Es war meine Schuld, daß er das mußte, und wenn ich nach Hause komme, schenk' ich ihm was, damit er sich freut« (Kempe/Kempe 1980, 53).

Die Identifikation mit dem Aggressor, die Übernahme von Schuld und Verantwortung vermindert die Ohnmachtsgefühle, indem sich das Kind zum »Täter« macht.

Das Kind übernimmt auch die überhöhten Leistungsanforderungen der Eltern als Forderungen, die es an sich selbst stellt. Da es ihnen nie ganz gerecht werden kann, verstärken die Erfahrungen des Versagens nur sein negatives Selbstbild und seinen Selbsthaß. Als Schutz davor muß das Kind wiederum vieles, was ihm schiefgeht, verleugnen, nicht um dem anderen etwas vorzumachen und sich vor Strafe zu schützen, sondern in erster Linie, um sein Versagen vor sich selbst als Schutz vor der eigenen Selbstverachtung nicht wahrzunehmen.

Diese zur Überanpassung führende Persönlichkeitsentwicklung charakterisiert etwa zwei Drittel der mißhandelten Kinder (vgl. ebd.; Zenz 1979). Das übrige Drittel zeichnet sich nicht durch verstärkte Willfährigkeit aus, sondern durch ablehnendes, aggressives, überaktives Verhalten und große Unruhe. Solche Kinder hören auf keine Anweisungen, scheren sich nicht um Tadel, schlagen immerzu andere Kinder und sind verbal hoch aggressiv (vgl. Teil IV, 4). Nach Kempe/Kempe (1980) kommen diese Kinder meist aus chaotischen, turbulenten Verhältnissen, in denen ein aggressiver Ausbruch auch bei den Eltern der einzige Ausdruck für Gefühle aller Art ist: für Angst, Unentschlossenheit, Zorn, aber auch Freude, z.B. wenn einer dem anderen vor Freude heftig in die Rippen boxt oder auf die Schulter schlägt. Hier bleibt den Kindern schließlich nur noch die Identifikation mit dem Aggressor, die alle Lebensbereiche erfaßt.

4. Distanzierung von den Eltern

Tiefgreifende Persönlichkeitsstörungen bei mißhandelten Kindern sind korrigierbar, wenn das Kind noch einmal erfährt, ohne jeden Vorbehalt angenommen zu sein. Aber es darf dann nicht noch einmal überwältigt werden, es muß noch einmal wie in einer therapeutischen Beziehung befriedigende Beziehungen entwickeln (vgl. Teil II, 1). Eine Korrektur gelingt nicht einfach dadurch, daß man das Kind aus seiner Ursprungsfamilie herausnimmt und rasch in eine beliebige Pflegefamilie bringt. Sie gelingt auch nicht, wenn sich das Kind nicht von seinen überwältigenden Eltern ablösen und eine kritische Distanz gewinnen darf. Es muß die Erfahrung machen, daß seine überwältigenden Eltern keine Macht mehr über es haben und nicht mehr über es verfügen dürfen. Deswegen dürfen vernachlässigte und mißhandelte Kinder nicht mehr zu ihren Eltern zurückkehren und müssen vor deren Ansprüchen und Forderungen geschützt werden (vgl. Teil IV, 4).

Eltern, die ihr Kind vernachlässigt oder mißhandelt haben, neigen dazu, diese Ereignisse und Erlebnisse zu verleugnen und zu bagatellisieren. Ihre Schuldgefühle müssen sie dadurch abwehren, daß sie sich selbst nicht eingestehen können, was geschehen war. Darum können sie nicht erkennen, welche Gefühle und Affekte die Mißhandlungs- oder Vernachlässigungserfahrungen im Kind hinterlassen haben. Manchmal sind Eltern in der Lage zu sagen: »Ja, das habe ich getan, aber das gehört der Vergangenheit an, das hat nichts mehr zu bedeuten.« Sie können die äußeren Ereignisse erinnern, aber nicht mehr die damit verknüpften Gefühle von Haß und Ablehnung, von Verzweiflung und Wut. Das, was geschehen ist, erinnern sie als etwas Äußerliches. Folglich glauben sie auch nicht, daß das Kind die traumatischen Erfahrungen als traumatisch wirksame, als beängstigende Erlebnisse erinnert, die das Bild der Eltern prägen. Die Eltern gehen davon aus und stimmen hierin ja auch mit manchen naiven Fachleuten überein, das kleine Kind habe schon alles wieder vergessen, genauso wie sie selbst schon alles wieder vergessen haben. Also müsse das Kind doch wahrnehmen, daß sie jetzt freundliche und befriedigende Eltern seien. Kommt dann das Kind, weil es auch durch Angst und Angstabwehr an die Eltern gebunden ist, wieder zu ihnen zurück, so tun sie alles, um die Erinnerungen zu verleugnen. Sie können dem Kind nicht erlauben, daß es seine Erlebnisse als reale Erfahrungen der Vergangenheit wahrnimmt und die Eltern ablehnt.

Die Verleugnung der traumatischen Erfahrungen und die Unterstützung der Verleugnung, wenn z.B. auch nur Besuchskontakte hergestellt werden sollen, führen schließlich dazu, daß das Kind seinen eigenen Wahrnehmungen und Erinnerungen nicht mehr trauen darf. Es nimmt die Eltern als gefährlich und bedrohlich wahr, wie es seinen Erfahrungen in der Vergangenheit entspricht, aber es darf diese Erfahrungen nicht mehr als Realität wahrnehmen und seinen Sinnen trauen. Dann muß sich das Kind in einer verrückten Welt einrichten, die durch die Verleugnungsstrategien der Eltern bestimmt wird. Aber wenn ein Mensch nicht mehr seinen Wahrnehmungen trauen darf, kann er nicht lernen, sich in der Welt zurechtzufinden. Das ist der eigentliche, tiefgreifende und oft unkorrigierbare Schaden, der Kindern zugefügt wird.

Kapitel 3: Das agierende Kind*

1. Unverständliche Handlungen

In der von uns beschriebenen Theorie der Integration des Kindes in eine Ersatzfamilie kommt dem Handeln des Kindes auf allen drei Stufen des Integrationsprozesses eine besondere Bedeutung zu, und zwar dem Handeln, das gerade fremd und unverständlich erscheint und deswegen auf dem Hintergrund der Lebensgeschichte und der gegenwärtigen Lage interpretiert werden muß.

Ob sich das Kind in der Anpassungsphase übergefügig, in der Übertragungsphase ablehnend und aggressiv, in der Regressionsphase unselbständig fordernd verhält, es kommuniziert mit den Pflegeeltern hauptsächlich auf einer averbalen Ebene. Es bringt »erinnerte« frühe Erfahrung ebenso wie gegenwärtige Befürchtungen und Erwartungen handelnd zum Ausdruck.

Dieses Agieren ist nicht ungewöhnlich, und man versteht die Handlungen besser, wenn man dieses Verhalten mit typischen Integrationsverläufen vergleicht und in Beziehung setzt, so daß zumindest in groben Umrissen die Bedeutung der Handlungen als Wiederholung früherer Handlungsmuster in Beziehungen oder als regressives Verhalten erkennbar wird. Aber inhaltlich bleibt das Verhalten und Handeln des Kindes weitgehend unverständlich. Man erhält vom Kind auch keine brauchbare Antwort, wenn man es danach fragt, warum es dieses oder jenes angestellt habe, warum es weggelaufen sei, warum es Sachen kaputtgemacht habe, warum es andere beschuldige, warum es gestohlen habe usw. Man kann den Sinn und die Bedeutung dieser unverständlichen Handlungen, die scheinbar in keinem realistischen Zusammenhang mit der gegenwärtigen Lage stehen, nur erraten. Denn die Handlungen folgen nicht einsehbaren Handlungsplänen, offenkundigen Handlungszwecken; und es ist eine Verkennung, wenn man – was zu oft geschieht – meint, das Kind würde dieses oder jenes nur tun, um die Aufmerksamkeit der Erwachsenen auf sich zu lenken, weil es im Mittelpunkt stehen will, oder daß es den Erwachsenen nur provoziere, um herauszufinden, wie weit es gehen darf.

Daß diese naive pädagogische Aufmerksamkeitstheorie und ihre Variante, die Provokationstheorie, zur Erklärung kindlichen Verhaltens nichts taugt, wird daran ersichtlich, daß man diese Erklärungsschemata für beliebige Handlungen, die beim Erwachsenen Ärger auslösen, einsetzen kann. Zur Aufmerksamkeitstheorie hat sich Bettelheim in seinem Buch »Der Weg aus dem Labyrinth« (1975) ausführlich geäußert.

* *Westermann, A.:* Vortrag auf der Fortbildungsveranstaltung des Landesjugendamtes Westfalen-Lippe für Sozialarbeiter, Hardehausen 1984.

Ich will einige Anmerkungen zur Provokationstheorie machen: Was ist eine Provokation? Eine Provokation ist zunächst nichts anderes als eine Herausforderung. Was wird herausgefordert? Ein Kampf oder eine Antwort auf eine Frage? Wenn ich jemanden etwas frage, provoziere ich eine Antwort, ich fordere den anderen zu einer inhaltlich unbestimmten Reaktion heraus. Aber dieser Aspekt der Provokation ist gewöhnlich nicht gemeint, wenn sich Eltern durch das Verhalten ihrer Kinder provoziert fühlen.

Wenn ein Kind, das sich bisher vom Erwachsenen steuern ließ, sein Verhalten nach den Wünschen und Bedürfnissen der Eltern ausrichtete, plötzlich auf jede Anforderung trotzig und negativistisch reagiert und sich um die Forderungen nicht zu kümmern scheint, erleben Eltern dieses Verhalten in der Tat als eine Art Kampfansage. Oder wenn ein Kind, das sich bisher gesprächig verhalten hat und die Nähe der Eltern suchte, sich plötzlich zurückzieht und nicht mehr mit den Eltern oder einem Elternteil redet, fühlen sich die Eltern auch herabgesetzt und angegriffen und gewinnen den Eindruck, daß das Kind sie provoziere.

Das Gemeinsame bei den verschiedenen Formen der Provokation ist, daß Eltern ihren Einfluß auf das Kind als sehr viel geringer wahrnehmen, als sie bisher angenommen haben, und für diesen Verlust an Einfluß brauchen sie eine Erklärung, eine Theorie: die Provokationstheorie.

Die Provokationstheorie ist eine Theorie über menschliches Verhalten und Erleben, also eine – wenn auch naive – psychologische Verhaltenstheorie (vgl. Laucken 1974), die wohl ihre historische Wurzel in den vielfältigen Grenzen und Einschränkungen hat, die Eltern und Erzieher als Kind selbst erfahren haben. Sie besagt: Das, was das Kind gerade tut, tut es, um meine Reaktion zu prüfen. Es fordert mich heraus, indem es mich wütend oder ohnmächtig macht, unabhängig davon, was es gerade tut. Der Vorteil dieser Theorie besteht zweifellos darin, daß man, wenn man das kindliche Verhalten als Provokation versteht, gerade nicht mehr zu fragen braucht, warum das Kind dieses oder jenes tut, weil ja schon von vornherein klar ist, daß es mich provozieren will, wenn ich mich provoziert fühle.

In dieser Theorie tritt der Inhaltsaspekt gegenüber dem Beziehungsaspekt (Watzlawick/Beavin/Jackson 1969) in den Hintergrund. Wenn der Erzieher über ein bestimmtes kindliches Verhalten wütend wird, provoziert das Kind Wut. Wenn er sich resigniert fühlt, provoziert das Kind Resignation. Wenn ihn ein bestimmtes Verhalten ohnmächtig macht, provoziert es Ohnmacht. Man sieht: Diese naive Verhaltenstheorie ist eine erzieherzentrierte Theorie, die bestimmte Gefühle und Reaktionen des Erziehers, die in der Interaktion mit dem Kind zweifellos entstehen, in bestimmter Weise auf das Kind und sein Verhalten zurückführt. Genauer: Das Kind wird für die Gefühle und Reaktionsformen des Erziehers verantwortlich gemacht, weil es diese ja erzeugen will.

Das wird besonders deutlich, wenn der Erzieher das Kind, weil es unausstehlich und frech ist, mit einer Ohrfeige bestraft. Dann hat das Kind den Erzieher eben stark provoziert, bis er unkontrolliert reagiert. Die Rationalisierung der Ohrfeige geht noch weiter, wenn dem Kind unterstellt wird, daß es ja nichts anderes erwartet und gewollt habe, weil es ausprobieren wollte, ob die Eltern – wie es das vielleicht früher gewöhnt war – es schlagen werden.

Die Provokationstheorie dient in erster Linie dazu, das Verhalten des Kindes zu erklären, um so das Versagen des Erziehers zu entschuldigen. Sicher, es kommt durchaus vor, daß das Pflegekind ausprobieren will, was die Pflegeeltern tun werden, wenn es sich in bestimmter, provozierender Weise verhält. Dann benimmt es sich eigentlich wie ein Forscher. Auch der Forscher ist ein Provokateur, der als Naturforscher z.B. mit Hilfe des Experiments Antworten provoziert.

Bei Jugendlichen ist ein solches Verhalten nicht ungewöhnlich. Da zieht sich z.B. ein Jugendlicher unmögliche Sachen an. Er weiß genau, daß diese unmöglichen Klamotten den Eltern nicht gefallen, aber er will die Frage beantwortet haben, ob seine Eltern seine Individualität ernst nehmen, ob sie seine Wünsche und Bedürfnisse respektieren oder ob sie sich so einschränkend und gängelnd verhalten wie andere Eltern. Aber die Meinung, das kleinere Kind, das neu in einer Familie lebt, wolle mit seinem provozierenden Verhalten die Eltern prüfen, mutet doch den bewußten Absichten des Kindes etwas zu viel zu.

Die Provokationstheorie enthält aber auch einen wahren Kern, nicht nur, weil Kinder mit ihrem Verhalten Fragen stellen, also in der Tat Antworten provozieren, sondern vor allem, weil sie etwas mit dem Menschen machen, auf den sie sich einlassen. Wenn das Kind etwa die Pflegemutter beschimpft, daß sie kein ordentliches Mittagessen macht, oder die Pflegeeltern gehässig anklagt, nachdem es sich über den Inhalt des Kühlschrankes hergemacht hat und die Eltern darüber ärgerlich waren (daß sie ihm ja doch nicht genug zu essen geben würden), dann produziert das Kind erhebliche Konflikte und Streit und zähe Auseinandersetzungen, die in Machtkämpfe ausarten, und dabei fühlen sich die Pflegeeltern erst einmal gänzlich unschuldig. Denn die Mutter hat ordentliches Essen gekocht, und über einen ausgeräuberten Kühlschrank wird jeder berechtigterweise verärgert sein. Und schließlich werden die Eltern, wenn dieses Verhalten zum x-ten Mal passiert, wütend und ohnmächtig und kriegen leicht das Gefühl, daß sie mit diesem Kind nicht klarkommen. Sie sind ohnmächtig und wütend, weil ihre freundlichen Erklärungen und Belehrungen nichts nutzen. Sie sind wütend, weil das Kind ihre Pläne durcheinanderbringt, und sie fühlen sich in ihrer Autorität herabgesetzt und verweisen ständig auf die anderen Kinder. Und wer hat sie so wütend, ohnmächtig und hilflos gemacht? Das Kind, und weil es das immer wieder macht, denken die Eltern, es will sie offenbar wütend machen, also Wut und Strafe provozieren.

Die Eltern nehmen ihre eigenen Gefühle wahr, die vom Kind hervorgerufen werden. Insofern macht das Kind etwas mit ihnen. Es manipuliert die Eltern, aber nicht in befriedigender Weise. Die Eltern versuchen zwar, freundlich zu dem Kind zu sein; sie versuchen, ihm zu helfen, daß es sich wohlfühlt, aber das Kind erzeugt Ungeduld, Wut und Ablehnung.

Nun wäre es ja nicht weiter schlimm, wenn man mit solchen falschen theoretischen Konzepten arbeitet, mit denen gewöhnlich sowieso nichts erreicht wird, würden daraus nicht falsche Schlußfolgerungen für den Umgang mit dem Kind gezogen: Nach der Aufmerksamkeitstheorie wird das unangemessene Verhalten nicht beachtet, oder nach der Provokationstheorie kriegt das Kind schließlich doch eine Ohrfeige, damit es weiß, wo die Grenzen sind, die toleriert werden müssen. Damit ist das Problem für gewöhnlich aber nicht erledigt, weil das Verhalten des Kindes nicht verstanden wurde. Nun ist es nicht überraschend, daß bei vielem, was Kinder tun, kein Motiv, kein Grund zu erkennen ist, warum es dieses oder jenes tut. Anders ausgedrückt: Wir erkennen keinen Handlungsplan, sehen, daß das Verhalten des Kindes nicht durch sein Ich gesteuert wird. Und das ist etwas für jeden Beobachter durchaus Beunruhigendes. Es macht Angst wie ein ungezügeltes Verhalten. Und diese Angst soll durch die Zuschreibung von Wünschen, Absichten oder Erwartungen, d.h. von zugeschriebenen Motiven und Zwecken in Schach gehalten werden. Denn es ist beunruhigend, wenn man mit aggressiven Affekten oder ungesteuerten Begierden des Kindes konfrontiert wird, deren Berechtigung und Bedeutung man nicht sehen kann. Das Kind, sagen Pflegeeltern, kriegt doch genug zu essen, trotzdem beschwert es sich. Das heißt, es muß ein anderer Grund vorhanden sein. Was hier beunruhigend ist, ist das Agieren selbst.

2. Das Inszenieren psychischer Konflikte

Als Agieren versteht man das impulsive, handlungsmäßige Inszenieren psychischer Konflikte in sozialen Beziehungen (vgl. Sandler/Dare, nach Rauchfleisch 1981). Dabei werden Phantasien – Bedürfnisse und Ängste und deren Abwehr – nicht sprachlich zum Ausdruck gebracht, sondern unmittelbar in Handlungen übersetzt, wobei es oft weniger darum geht, mit der Handlung ein bestimmtes, positives Ziel zu erreichen, als vielmehr eine negative Spannung loszuwerden, so etwas wie einen Schmerz zu unterbrechen, etwas viel Schlimmeres zu verhüten.

Wenn jemand wütend und frustriert aus dem Vortragsraum herausrennt (was ja leicht passieren könnte), anstatt zu sagen, was ihm nicht paßt, so ist das ein Agieren. Dabei handelt er vielleicht ähnlich oder nach dem gleichen Schema wie ein Kind, das die Strafpredigt seines Vaters nicht mehr aushielt und wütend aus dem Zimmer floh. Das heißt, anstatt sich zu erinnern und die frühe Erfahrung von der gegenwärtigen zu unterscheiden, wird impulsiv gehandelt. In diesem Sinne, als Äquivalent des Erinnerns, hat Freud (1914) den Begriff des Agierens gebraucht. Dabei handelt es sich nicht einfach um ein ungesteuertes Verhalten, sondern um die handelnde Reproduktion früherer Erfahrungen, was um so näher liegt, da hier die Wiederholung der Vergangenheit mit aggressiven Affekten verbunden ist, die – wie A. Freud (1968) betont – »leichter agiert als erinnert« (ebd., 2458) werden, weil der Aggressionstrieb enger an das Handeln geknüpft ist als die sexuellen Triebbedürfnisse, die eher in Tagträumen und Phantasien ihren Niederschlag finden.

Wie in diesem Beispiel kommt das Agieren im Alltag vor und in der psychoanalytischen Therapie, also in Übertragungsbeziehungen. Beim Kind ist allerdings manchmal zwischen altersspezifischem Alltagsverhalten, Spielen und Agieren oft nur schwer zu unterscheiden. Das Vorschulkind wird deswegen auch von A. Freud als agierendes Kind angesehen, da »sämtliche Kinder vor der Latenzperiode eo ipso in die Kategorie der agierenden Patienten einzuordnen« (ebd., 2463) sind.

In der analytischen Kindertherapie, wenn dem Kind erlaubt wird, seine Gefühle und Affekte in Form von Handlungen vorzubringen und Übertragungsgefühle durch aktives Verhalten auszudrücken, kommt es darauf an, die realen Aktionen in Spielhandlungen umzuwandeln, so daß das Kind einen Zugang zu seinen Phantasien und schließlich zum Denken und zur Sprache findet.

Ich will versuchen, diese Unterscheidung an einem Beispiel zu verdeutlichen: Wir haben fast zwei Jahre lang mit einem zu Beginn der Therapie zehnjährigen Mädchen gearbeitet, das nach der Untersuchung bei uns aus der Pflegefamilie herausgenommen wurde und seitdem in einem Heim lebt. Dieses Kind ist ein in seiner frühen Kindheit mißhandeltes und wohl vom Vater überwältigtes Kind, das seine Eltern, und insbesondere den Vater, als Mörder erlebte und wahrscheinlich auch gesehen hat, daß ein Säugling umgekommen ist.

In einer bestimmten Phase der Therapie, als Else bereits tragfähige therapeutische Beziehungen entwickelt hatte, wurde in der Heimgruppe als Vertreterin eine Erzieherin eingestellt, die ihr kaum zweijähriges Kind mit in die Gruppe nahm. Diese Tatsache versetzte Else in Panikstimmung. Die Anwesenheit des kleinen Kindes löste bei ihr die Phantasie aus, daß dem Kleinkind durch die Mutter etwas ganz Schlimmes passieren könnte. In dieser Zeit fing Else an, aus der Gruppe fortzulaufen, in fremde Häuser zu gehen und, wo sie ein Baby oder Kleinkind fand, das Kind aus dem Bett zu holen, d.h. zu retten. Hierbei handelt es sich unzweifelhaft um ein Agieren im Alltag, das ein vergeblicher Versuch ist, die unerträglichen Ängste und Ohnmachtsgefühle loszuwerden, die durch die Anwesenheit des kleinen Kindes ausgelöst wurden.

Wenn wir Else zur Therapiestunde an der Tür empfingen, drückte sie lange Zeit ihre Verachtung und Abscheu mir gegenüber mimisch, gestisch und verbal aus: »I, der!« Und während sie in der Therapie anfing, der Therapeutin kleine Liebesbriefe zu schreiben, brachte sie ihre Verachtung mir gegenüber darin zum Ausdruck, daß sie dann gleich dazu schrieb: »Arnim ist doof! Doof!!!« Hier haben wir bereits den Übergang vom Agieren zum Spiel.

Schließlich inszenierte sie gegen Ende der Therapiestunden ein Spiel, bei dem ich sie zunächst als böser Frosch, dann als schrecklicher, gewalttätiger Mann verfolgen und fangen sollte: »Jetzt wärst Du wieder der Mann«, wobei sie panisch schreiend weglief und bei der Therapeutin Schutz suchte. Dieses Angst-Spiel wurde immer wieder gegen Ende der Stunde gespielt, bis sie uns von ihren frühen Erfahrungen, die sie so in Angst und Schrecken versetzt hatten, erzählen konnte, um dann am Ende der Therapie die negative Übertragungsbeziehung zum Vaterobjekt aufzulösen. In einem Abschiedsbrief schrieb sie: »Ich konnte es nie zugeben, daß Arnim nett war.«

Dieses Therapie-Beispiel macht deutlich, daß es einen Übergang oder einen Weg vom Agieren zum Spiel gibt. Zunächst ist das agierende Kind oft überhaupt nicht spielfähig, während für das spielende Kind das Agieren überflüssig ist.

In beiden Fällen – beim Spielen und Agieren – inszeniert das Kind aber psychische Konflikte in der Außenwelt, wobei die Wirklichkeit verändert und zuweilen gleichsam überrannt wird. Dadurch verrät das Spiel und das Agieren etwas von dem, was im Kind vor sich geht. Dabei stehen entweder die Ängste und Konflikte selbst – z.B. beim Trennungsängste mobilisierenden Versteckspiel – oder deren Abwehr – z.B. die Ohnmachtsgefühle abwehrende Identifikation mit dem Aggressor – im Vordergrund. Aber im Gegensatz zum Agieren versucht das Kind im Spiel, gewisse Aspekte der Realität im Auge zu behalten und zu kontrollieren. Mit dem Spielzeugkrokodil als menschenfressendem Ungeheuer kommen zwar bestimmte aggressive

Affekte zum Ausdruck, aber eben nicht vollständig ungesteuert. Das böse Tier in der Hand des Kindes, mit dem es sich identifiziert, ist durchaus in Einklang mit der Über-Ich-Forderung zu bringen, selbst nicht ungesteuert und aggressiv zu sein. Das Spiel ist wie die Phantasie ein Kompromiß aus Triebwünschen, Über-Ich-Forderungen und Realitätsaspekten.

Zwar wird auch im aggressiven Spiel eine zeitweilige Verringerung der Triebspannung oder der aggressiven Wut erreicht, ohne daß das Kind selbst völlig aggressiv aus dem Ruder geht. Aber das Kind weiß, daß es spielt und daß das Vorgestellte nicht Wirklichkeit ist. Dagegen enthält das Agieren ein Moment des Zwanges, der unkontrollierten Spontaneität und Impulsivität, es geschieht einfach, die Handlungen und Affekte werden nicht durch das Ich gesteuert. In immer wiederkehrenden Wiederholungen werden beim Agieren und beim agierenden Spiel bestimmte Beziehungskonstellationen nach einem alten Schema gestaltet, aber oft so, als wäre das Kind gar nicht der Initiator des Spiels. Das agierende Spiel bleibt konstant und verändert sich nicht, wenn und solange es nicht vom Spielpartner (den Eltern, den Therapeuten) verstanden und interpretiert wird. Erst dann wird das Spiel aus dem Zwang des Indikativs in die Freiheit des Konjunktivs übergeführt.

3. Ein agierendes Kind

Der bei der Untersuchung acht Jahre alte Walter wirkt unmittelbar wie ein gestörtes Kind, er wirkt äußerst gehemmt und verlegen, hat auffallend nasse Augen, summt vor sich hin, lacht zwischendurch immer wieder unmotiviert in sich hinein. Er hält sich, wenn er etwas vermeintlich Unerlaubtes getan hat oder ihm etwas schiefgegangen ist, scheinbar unmotiviert die Hände vors Gesicht, als habe er Angst, es könnte etwas Schlimmes passieren. Er reagiert oft nicht auf direkte Ansprache und wendet sich ab. Er trägt eine kleine Figur im Mund mit sich herum, die er fest zwischen die Lippen klemmt und von der er sich nur schwer trennen kann.

In Walters Spiel und seinen Reaktionen auf eine Reihe alltäglicher Gegenstände fällt auf, daß ihm aufgrund der deprivierenden Sozialisationsbedingungen in der Ursprungsfamilie vieles unvertraut und neu ist. So reagiert er z.B. auf ein Foto, das wir machen, ganz verwirrt, lacht abwehrend, wirft sich auf den Boden, versucht zu fliehen und sagt: »Ich geh' lieber wieder.«

3.1 Mutter und Vater im Erleben des Kindes

Während der gesamten Untersuchung steht die teilweise dramatische Demonstration von außerordentlich verwirrenden und höchst beängstigenden Erfahrungen im Vordergrund, die Walter mit seiner Mutter gemacht hat: Er erlebt sie als einen Menschen, der zu unkontrollierten, extremen Gefühlsschwankungen und Handlungsweisen neigt und insbesondere unter Alkohol gänzlich unzuverlässig, unkalkulierbar und höchst überwältigend und bedrohlich ist. Die Darstellung dieser Problematik beginnt im Sceno-Test und setzt sich in einem über eine Stunde sich hinziehenden Agieren in der Rolle der Mutter fort. Er ist hierin kaum zu steuern und nicht davon abzubringen und zu anderen Aktivitäten zu bewegen.

Im Sceno-Test nimmt er, nachdem er Vater, Mutter, Großeltern, Kinder, Tiere und Bäume auf dem Brett verteilt hat, die »Frau, die ein Baby bekommen hat« und auf die alle anderen starren, in die Hand und sagt: »Die fährt jetzt weg.« Dann läßt er sie wie betrunken übers Brett schwanken und stolpern. Sie wirft alles um, drischt auf alle anderen Figuren ein: »Die macht alles tot. Den Mann hat sie umgebracht, der blutet. Das Kind hat sie im Stich gelassen und ins Wasser geschmissen.« Dann stolpert sie wieder übers Brett, hält sich den Bauch fest und lacht, genauso wie Walter zwischendurch immer wieder unmotiviert lacht, weil sie alles durcheinandergebracht und kaputtgemacht hat. Dann hebt sie demonstrativ den Rock hoch, zerreißt sich das Kleid, schmeißt wieder alles durch die Gegend, »weil sie Wut hat«, und lacht. »Jetzt räumt sie alles wieder auf, macht alles wieder ganz in Ordnung.«

Es folgt ein mehrfacher Wechsel zwischen einem blinden Dreinschlagen der Frau, die alles durch die Gegend wirft, ihren Mann und das Kind verprügelt – »Jetzt reicht's mir aber hier. Laß mich in Ruhe. Das Baby, das werd' ich jetzt töten. Das wird ins Wasser geschmissen, und dann ist es tot« –, der Versicherung, daß sie nun nichts mehr tun wird, dem Wiederherstellen von Ordnung und dem erneuten Dreinschlagen.

Teilweise wird die Frau (Mutterfigur) von »ihrer Mutter, der Oma« unterstützt: Walter hält die Mutter- und Großmutterfigur in einer Hand. Beide schreien und prügeln auf die Vaterfigur, auf das Kind und auf uns ein. Auf unsere Frage, ob die Oma genauso wie die Mutter sei, sagt Walter: »Ja, beide Frauen sind frech. Die sind die Stärksten.« Plötzlich bricht Walter das Spiel mit dem Sceno-Material ab, sagt finster blickend: »Jetzt reicht's mir aber. Ich geh' jetzt weg.« Er verläßt das Zimmer, kommt mit einem Puppenwagen, in dem ein Bär (Kind) liegt, zurück und ist plötzlich in die Rolle der Mutter geschlüpft. Es entwickelte sich ein zunehmend dramatisches Agieren Walters in der Rolle der Mutter.

Zunächst fährt er mit weiblichen Bewegungen das »Kind« umher. Dann torkelt er wie betrunken, reißt plötzlich das Kind aus dem Wagen, schlägt blind auf das Kind ein: »Ich schlag Dich tot! Ich werf Dich ins Wasser! Dann bist Du tot!« Er drückt das Kind wieder in den Wagen und sagt mit veränderter, einschmeichelnder Stimme: »Komm Kind, wir gehen hier weg. Ich halt' das hier nicht mehr aus, ich such' mir 'ne neue Wohnung.« Er schiebt den Wagen ins Nachbarzimmer, schwankt, gleitet wie betrunken an der Wand herunter auf den Boden, wälzt sich am Boden, versucht wieder auf die Füße zu kommen, lacht merkwürdig, weint und lacht im Wechsel. Er rafft sich wieder auf und bekommt einen aggressiven Ausbruch, zertrampelt wütend die Holzeisenbahn, wirft sie durch die Gegend und droht, die Schienen zu zerbrechen. Dann reißt er wieder das Kind aus dem Wagen, verdrischt es mit völlig verzerrtem Gesicht, drückt es in den Wagen zurück, wirft sich – theatralisch jammernd und weinend – über den Wagen: »Mein Kind. Oh Gott, mein Kind ist tot! Kind, ich will das nie mehr wieder tun. Ich schlag' Dich nie wieder.« Er nimmt das Kind, drückt es an sich, wiegt es, spricht schuldbewußt und einschmeichelnd auf es ein. Im nächsten Moment schlägt er erneut auf das Kind ein, geht auf uns los, versucht ein richtiges Chaos mit umherstehenden Sachen anzurichten, die er umzuwerfen oder gegen uns zu werfen sucht. Dann bringt er wieder alles in eine zwanghafte Ordnung, lacht dabei und spricht vor sich hin – immer mit verstellter Stimme, der Stimme der Mutter: »Ich mach' das nie wieder. Ganz bestimmt, Kindchen, da kannst Du Dich drauf verlassen«, oder: »Jetzt reicht's mir aber, ich gehe, ich such' mir 'ne andere Wohnung.«

Diese Szenen wiederholen sich in verschiedenen Varianten: Mal wird das »Kind« mit dem Wagen wütend vor die Wand gefahren oder die Treppe hinuntergestürzt, dann wird ihm ein Kissen aufs Gesicht gedrückt, dann wird es gezwungen, zur Strafe auf dem Boden zu schlafen: »So, jetzt schläfst Du hier. Hier auf dem Boden. Wenn Du so etwas machst! Steh bloß nicht wieder auf!«

Weitere höchst beunruhigende Erfahrungen scheinen sexuelle Kontakte der Mutter mit ihrem Mann oder ihrem Freund gewesen zu sein, die Walter beobachtet hat (als er mit im Ehebett der Eltern schlief), sowie wahrscheinlich hysterische Reaktionen der Mutter auf vermeintliche Schwangerschaften: Walter legt sich mit ausgestreckten, gespreizten Beinen aufs Bett, die Arme über den Kopf gestreckt, bewegt langsam den Kopf hin und her, flüstert mit verklärtem Lächeln: »Ich möchte ein Kind, ich möchte noch ein Kind. Aber keinen Jungen. Ich möchte ein Mädchen.« Dann krümmt er sich theatralisch: »Ich kriege ein Kind. Oh Gott, ich kriege ein Kind. Hilft mir denn keiner – ich muß ins Krankenhaus!«

Während die Erfahrungen Walters mit der Mutter und seine Beziehung zu ihr in extremem Maße aufgrund traumatischer Erfahrungen angstbesetzt sind, haben wir den Eindruck, daß er in der Beziehung zum Vater bis auf das Eingesperrtwerden durch ihn nach dem Weggang der Mutter – was starke Ängste und Aggressionen bei ihm hervorrief – keine gravierenden Traumata erlebt hat. Dies spiegelt sich auch in der unterschiedlichen Reaktion Walters auf das »mütterliche« und »väterliche« Objekt des Untersucherpaares wider: Während er beim Sceno, solange die Untersucherin ihm gegenüber sitzt, in seiner Handlungsfähigkeit gänzlich blockiert scheint, nimmt er zum Untersucher spontan einen differenzierteren und entspannteren Kontakt auf und ist in der Lage, aktiv und strukturiert mit dem Sceno-Material umzugehen. Auch gelingt es in Anwesenheit des männlichen Untersuchers bei Abwesenheit des »mütterlichen Objekts« den Jungen leichter gegen Ende der Untersuchung zu einem strukturierten, gesteuerten Spiel zurückzuführen. Dieses weist deutlich darauf hin, daß der Kontakt zu seinem Vater weniger belastet ist als der zur Mutter und eher dazu beitragen kann, ihn zu stabilisieren.

Aber weder im Sceno-Test noch während des agierenden Spiels wird in irgendeiner Weise eine Beziehung zwischen dem Kind und dem Vater dargestellt oder auch nur angedeutet. Das männliche, väterliche Objekt bleibt stets blaß im Hintergrund. Es taucht lediglich als Objekt auf, gegen das sich die Aggressionen der Mutter richten, gegen die sich der Vater – bis auf wenige reaktiv aggressive Aktionen – nicht zu wehren weiß. Gerade darum kann sich das Kind auch nicht durch ihn geschützt fühlen. Dieser mangelnde Schutz durch den Vater (»Niemand kommt und hilft dem Kind«) muß die Beziehung Walters zu ihm erheblich belasten.

Wenn ein Kind von Eltern bzw. einem Elternteil gänzlich abhängig ist, der sich höchst unkalkulierbar und existentiell bedrohlich verhält, und niemanden hat, zu dem es fliehen kann und der es schützt, so kann es die entstehenden Ängste und Aggressionen nur mit dem Einsatz von Abwehrmechanismen und auf Kosten seiner psychischen Gesundheit bewältigen.

Der Angstabwehrmechanismus der Identifikation mit dem Aggressor ist bei Walter in einem ungewöhnlichen Ausmaß zu beobachten, wozu neben der Stärke der traumatischen, d.h. seelische Verletzungen verursachenden Erfahrungen die Bedingung beigetragen haben mag, daß Walter von Außenkontakten weitgehend isoliert und meist allein von der Mutter abhängig aufgewachsen ist.

Walter identifiziert sich nicht nur in Teilaspekten oder nur auf der Phantasieebene mit der Mutter, sondern er ist die Mutter – sowohl in seinen ängstlichen, verwirrt wirkenden Reaktionen als auch in seinem agierenden Verhalten und den damit verbundenen gestisch, mimisch und verbal zum Ausdruck gebrachten Gefühlen. Entsprechend sagt Walter, als er beim Sceno-Test gefragt wird, wer er sei: »Ich bin ein Mädchen.« Und als wir mehrfach versuchen, sein Agieren zu stoppen und ihn aus der Rolle der Mutter herauszuholen, indem wir betonen, daß er Walter sei, sagt er mit Nachdruck: »Ich bin die Mutter.«

4. Genese und Funktion des Agierens

Die Wirkungen früher traumatischer Erfahrungen, der Deprivation und Überwältigung, der Nichtannahme des Kindes durch die Mutter lassen sich nur verstehen, wenn man die Entwicklung der Objektbeziehungen und die daraus resultierende Differenzierung von Selbst und Objekt berücksichtigt.

»Im Rahmen der Psychoanalyse sind die Personen, auf die die Triebregungen sich richten – entweder in der Wirklichkeit oder der Phantasie – die Objekte der Triebe; darum spricht man von Objektbeziehungen« (Sandler 1982, 59). Die Triebbefriedigung mit Hilfe des Objektes hat aber nicht nur das Ziel, Unlust und Spannungen zu beseitigen. Vielmehr kann man zwei verschiedene Ziele unterscheiden (vgl. Henseler 1976):

- die Lust-Unlust-Regulation: die Abfuhr von Triebspannungen nach dem Modell der Sättigung, wo einer den anderen als Objekt gebraucht;
- die Wert-Unwert-Regulation: die Herstellung eines Zustandes des Wohlbefindens, d.h. die narzißtische Befriedigung, gegenseitige Anerkennung und Bestätigung.

Von vornherein scheinen diese beiden Aspekte der Triebbefriedigung miteinander verknüpft und zunächst nicht zu trennen zu sein. So ist ein Säugling auf die Regulierung und Befriedigung beider Bedürfnisaspekte durch die Mutter vollkommen angewiesen. Die im Vordergrund stehenden oralen Bedürfnisse, deren Frustration zu Vernichtungsängsten führen, drängen nach sofortiger Befriedigung und dulden keinen Aufschub. Denn es werden die mit der Bedürfnisspannung verbundenen Erregungen gestillt. Mit der Triebbefriedigung des Stillens werden gleichzeitig aber auch die frühesten narzißtischen Bedürfnisse reguliert, indem das Kind die Mutter nicht nur als Nahrungsquelle gebraucht, sondern auch aufgrund seiner Bedürfnisse manipuliert, d.h. Einfluß auf die Mutter gewinnt, um die Befriedigung seiner Wünsche zu sichern. Das Schreien ruft die Mutter herbei, sein Lächeln ruft ihr Lächeln hervor, seine Stimmungen spiegeln sich im Gesicht der Mutter wider. Das Kind verwickelt die Mutter in einen averbalen Dialog, der dadurch zustande kommt, daß die Mutter die Signale des Kindes verläßlich und zunehmend differenzierter beantwortet.

Ein Kind, dessen Nahrungsdefizit zwar ausgeglichen, aber dessen narzißtische Bedürfnisse nicht angemessen gestillt werden, ist ein nicht angenommenes, oral-narzißtisch frustriertes Kind. Auch wenn es hinreichend mit Nahrung versorgt wird und nicht von Vernichtungsängsten überschwemmt wird, bekommt es mit der gierig verlangten Nahrung nie das, was es braucht: Anerkennung und Bestätigung im Spiegel der das Kind bewundernden Mutter.

Die narzißtische Bestätigung ist um so wichtiger, wenn mit fortschreitender Entwicklung zwangsläufig Frustrationen der Triebbefriedigung eintreten: Zunehmend stoßen die Bedürfnisse des Kindes auf eine Realität, die nicht nur gut und angenehm ist. Das Kind macht z.B. die Erfahrung, daß sein Schreien nicht sofort die Mutter herbeiholt, daß sein Hunger nicht sofort gestillt wird. Aufgrund dieser Frustrationen werden die Objekte der Außenwelt als »Ursachen« für die Frustrationen wahrgenommen. Während die Selbsterfahrung als lustvoll, wird die Objekterfahrung als unlustvoll wahrgenommen.

Das Erlebnis der nicht nur lustvollen Abhängigkeit von der Mutter und der Außenwelt ruft ein Gefühl von Hilflosigkeit, Angst und Wut hervor, trägt aber gleichzeitig dazu bei, daß sich die Objektbeziehungen differenzieren. Sandler (1982) beschreibt diesen Vorgang, mit dem eine Veränderung der Wünsche einhergeht, so: »Wenn sich das Kind nun weiter entwickelt und die psychischen Vorgänge, die in seinem Inneren stattfinden, sich mehr differenzieren, wird es ihm (schließlich auch) besser möglich, zwischen Selbst und Objekt, zwischen sich selbst und anderen Personen zu unterscheiden. Mit dieser Entwicklung geht auch eine Entwicklung der Natur seiner Wünsche einher. Bei den erwähnten Triebwünschen können wir z.B. sagen, daß zu jedem Wunsch eine Repräsentanz (Bild, Vorstellung) des Selbst der Person und eine Repräsentanz des Objektes hinzutritt, das ebenfalls bei der Erfüllung des Wunsches eine Rolle spielt. Der Wunsch enthält nun Repräsentanzen von Selbst und Objekt in Interaktion miteinander« (ebd., 62).

Sandler erläutert dies an folgendem Beispiel: »Das Kind hat den Wunsch, sich an die Mutter zu klammern, hat als Teil dieses Wunsches eine seelische Repräsentanz seiner Selbst in Anklammerung an die Mutter. Es hat aber auch im Inhalt seines Wunsches eine Repräsentanz der Mutter, die auf sein Anklammern auf besondere Weise antwortet, etwa indem sie sich ihm zuneigt und es umarmt. Diese Formulierung ist recht verschieden von der traditionellen Vorstellung eines Wunsches, der aus einem wunscherfüllenden Ziel besteht und sich auf ein Objekt richtet. Die Vorstellung von einem Ziel, das befriedigt werden soll, muß durch die Vorstellung einer erwünschten Interaktion ergänzt werden« (ebd., 63). Aber das wunschbefriedigende Objekt ist auch eine Quelle von Enttäuschungen und Versagungen. Die Mutter ist »in jeder Beziehung stärker als das Kind, daraus resultiert Überwältigungsangst, oder sie kann einfach weggehen, dann entsteht Trennungsangst, sie kann ihm den oralen Nachschub verweigern und ihm so die Lebensgrundlage entziehen, daraus ergibt sich Vernichtungsangst. Da das Kind selbst erst den oralen Modus (der Beziehungen) kennt, nimmt es an, daß auch dies für die Mutter gelte. So wie es alles aufißt und in den Mund steckt, so befürchtet es, auch von der Mutter gefressen zu werden« (Grütter 1968, 594). Diese Ängste (Objektabhängigkeitsangst) resultieren aus der mangelnden Autonomie und der damit verbundenen Gefahr ständiger narzißtischer Kränkungen. Um so wichtiger ist die Kompensation der eigenen Ohnmacht, Abhängigkeit und Unterlegenheit durch die narzißtische Regulation, die die Grundlage für die Entwicklung eines gesunden Selbstwertgefühls und Selbstbewußtseins ist. Dazu braucht das Kind die Erfahrung, daß es nicht total von der Mutter abhängig ist, daß es selbst etwas bewirken kann, daß es gut, tüchtig, ansehnlich, in gewissem Umfang zwar auf andere angewiesen, aber im Grunde selbst wer ist.

»Frustrationen ihrer narzißtischen Bedürfnisse kompensieren Kinder in dieser Phase ... mit deren Verleugnung und der Bildung von Größenphantasien. ... Diese Größenphantasien werden um so phantastischer sein, je jünger das Kind ist und je drastischer die Frustrationen. ... Verständige Eltern helfen ihren Kindern bei diesen Kompensationsversuchen, indem sie sich bemühen, ihnen die Scham des Versagens und den Zwang der Realität auszugleichen, und indem sie, wo immer die realen Handlungen des Kindes es zulassen, bestätigen, wie groß, wie lieb, wie schön, wie tüchtig, wie unglaublich stark, wie überraschend klug sie schon seien. Kohut (1973) spricht vom ›mirroring‹, der bestätigenden und beifälligen Widerspiegelung des kindlichen Selbst durch die Mutter« (Henseler 1976, 465). Gerade aber damit, daß sie dem Kind ein Stück weit in die Verleugnung der Realität und Idealisierung des kindlichen Selbst folgen, bieten sie ihm die Chance zur späteren Korrektur. Sie verhindern, daß die Größenphantasien allzu abstrus und gefährlich werden, sie helfen dem Kind, Lust an sich selbst zu finden und sich dadurch innerlich frei von ihnen zu machen, ohne die Kommunikation abbrechen zu lassen.

Das heißt, die narzißtische Regulation, die dem Kind hilft, seine Ohnmacht und Hilflosigkeit zu überwinden, ist eine Voraussetzung dafür, daß das Kind Autonomie, Unabhängigkeit und Selbständigkeit gewinnt und sich von der Mutter abgrenzen kann. Diese Entwicklung zur Autonomie durch eine einfühlende Regulation des Selbstwertgefühls ist bei agierenden Kindern gescheitert.

So stellte Malone (nach Grütter 1968) fest, daß Mütter von agierenden Kindern einerseits instabil, aggressiv und oft vernachlässigend seien, andererseits aber ihre Kinder verführen, verwöhnen und sie nicht einfach ablehnen (so daß auch Eßstörungen und anaklitische Depressionen selten sind). Mütter agierender Kinder haben vielmehr eine narzißtische Beziehung zum Kind, d.h. sie brauchen das Kind zu ihrer Selbstwertregulation, und sie entwickeln Beziehungsformen, die durch Über-Intimität gekennzeichnet sind. So haben wir auch wiederholt beobachtet, daß solche Mütter (oder auch Großmütter) einerseits z.B. das Kind jahrelang bei sich im Bett schlafen lassen oder an frühkindlichen Fürsorgehandlungen, z.B. beim Waschen, festhalten, während sie andererseits unfähig sind, die Bedürfnisse des Kindes zu respektieren. Aus dieser Beziehungsform resultiert im Endeffekt jedoch eine Handlungswillkür, die verhindert, daß das Kind verläßliche Signale entwickelt. »Damit fehlt die Basis für die Entwicklung einer zuverlässigen Sprache. Affektsignale oder später Wörter lösen für diese Kinder das Problem (der Autonomie und der Selbstwertregulation) nicht, sondern nur Handlungen. Anstelle des Verbalisierens tritt das Agieren« (ebd., 592).

Diese zum Agieren führende Entwicklung wird verschärft, wenn die kindlichen Signale der Hilflosigkeit, Angst und Wut von der Mutter als narzißtische Kränkung erlebt, mißverstanden (z.B. wenn das Schreien des Kindes als Schimpfen wahrgenommen wird) und mit aggressiver Ablehnung beantwortet werden. Dann erfährt das Kind keinen Ausgleich seiner narzißtischen Kränkungen und bleibt an früheste Formen oraler Befriedigung fixiert. Es wünscht sich jenen spannungslosen Befriedigungszustand, in dem eine Differenzierung von Selbst und Objekt noch nicht stattgefunden hat, in dem das zeitlose Paradies vollkommener Bedürfnisbefriedigung fortbesteht. An diesem Zustand gemessen, muß dann dem Kind die Welt unendlich enttäuschend und frustrierend und das eigene Selbst – aufgrund der unmäßigen Abhängigkeitswünsche – gefährdet erscheinen, so daß es schließlich, an abstrusen Größenphantasien festhaltend, so etwas wie eine Pseudounabhängigkeit vom Objekt erwirbt.

Aus dieser Entwicklungsdynamik und dem unlösbaren Konflikt zwischen Abhängigkeitsbedürfnis und Objektabhängigkeitsangst ergeben sich nach Grütter vor allem drei Funktionen des Agierens:

- die Befriedigung oraler Triebwünsche aufgrund oraler Fixierungen,
- die Abwehr der Objektabhängigkeit bzw. die Rettung der eigenen Autonomie,
- die Kompensation narzißtischer Kränkungen, die sich aus der Objektabhängigkeit ergeben.

4.1 Orale Fixierung

Das Agieren dient der Befriedigung oraler Bedürfnisse und oral-narzißtischer Wünsche. Die orale Gier erstreckt sich nicht nur auf das Essen, sondern auch auf verschiedene Bereiche des Versorgtwerdens. Es zeigt sich z.B. in Symptomen wie exzessivem Daumenlutschen, Gier beim Essen, Angst, nie genug zu bekommen, zu kurz zu kommen, Neid und Frustrationsintoleranz.

Eine solche orale Fixierung kommt zustande, wenn das Kind keine hinreichende Respektierung seiner oralen und narzißtischen Bedürfnisse erfährt, wenn es von der Mutter oder einer anderen Pflegeperson zur Erfüllung eigener Bedürfnisse gebraucht wird. Es soll die Mutter in ihrer Rolle als Mutter bestätigen und ihr die Anerkennung und Bestätigung verschaffen, die sie in anderen sozialen Beziehungen entbehrt.

Auf diese Weise kann ein Kind kein gesundes narzißtisches Gleichgewicht entwikkeln, das die Voraussetzung für die Entwicklung von Autonomie, Selbstkontrolle und Selbstbehauptung ist. Statt dessen bleibt eine überstarke Objektabhängigkeit bestehen. Die Regulation der Bedürfnisse bleibt an ein phantasiertes, allmächtiges Mutterobjekt gebunden, das für die Regulation der Bedürfnisse verantwortlich gemacht wird. Das Kind erwartet, daß seine Bedürfnisse nach Nahrung und Wohlbefinden nicht von ihm selbst, sondern von einem anderen erfüllt werden müssen. Es hält an Riesenansprüchen fest, die in einer infantilen, für das erste Lebensjahr charakteristischen Gier und dem Anspruch auf totale Befriedigung der infantilen Bedürfnisse zum Ausdruck kommen. Gleichzeitig erwartet das oral fixierte Kind, daß seine maßlosen Wünsche wieder enttäuscht werden. Folglich werden die bedürfnisbefriedigenden Objekte willkürlich ausgetauscht. Das heißt, das Kind verfügt nicht über verläßliche, internalisierte Objekte, von denen sich das Selbst unterscheidet.

So war z.B. ein zehnjähriger Junge, der in seiner frühen Kindheit ein Wechselbad von Ablehnung und Verwöhnung erlebt hatte, gar nicht in der Lage, sich selbst als ein eigenständiges Wesen von eigenem Wert zu begreifen. Die Beziehungen, die er zu uns herstellte, waren durch frühkindliche symbiotische Verschmelzungsphantasien geprägt. Am anschaulichsten kamen diese darin zum Ausdruck, daß er am liebsten quasi in uns hineinkroch, sich unter der Jacke oder dem Mantel versteckte, so daß er zu einem Teil des mütterlichen Objektes wurde. Sich selbst konnte er kaum als getrenntes Wesen erleben. Einmal sagte er uns, er sei eine Maschine, die von anderen in Gang gesetzt würde. Er selbst war weder für seine Handlungen noch für seine Sachen verantwortlich: Völlig verschlampt, ungewaschen und ungekämmt kam er zu uns, wehrte sich gegen jede befriedigende Versorgung, konnte es gar nicht zulassen, sich auf eine befriedigende Bemutterung einzulassen, da er doch davon überzeugt war, daß das verlorene Paradies, das er sich wünschte, nicht zu erreichen ist. Folglich wünscht sich ein solches Kind ständig neue Sachen, aber es kann nichts damit anfangen. Es will eine Uhr haben, aber nach zwei Tagen ist sie wieder weg. Es wünscht sich Dinge und kann sie doch nicht festhalten und gebrauchen, verschenkt sie und kann sich für Geschenke nicht bedanken.

»Der konflikthafte Oralcharakter ist gierig, fordert und verlangt heftig nach Befriedigung und kann sie dennoch wegen der mangelnden Reife seiner Objektbeziehung nicht wahrnehmen. Daher richtet er es so ein, daß er sich selbst Befriedigung verschafft, anstatt sie durch das Objekt zu erlangen. Durch diese Selbstversorgung stellt er seine narzißtische Autarkie und gleichzeitig seine Allmacht wieder her« (Grunberger 1982, 129). Dies ist eine genaue Beschreibung dessen, was wir bei oral-narzißtisch verletzten Kindern in der therapeutischen Beziehung zu sehen und zu spüren bekommen und was auch Pflegeeltern immer wieder berichten: daß das Kind sein ganzes Taschengeld für Süßigkeiten ausgibt oder Geld klaut, um davon Nahrungsmittel zu kaufen (wobei es ein Fortschritt ist, wenn das Kind die Pflegeeltern beklaut). Manche Kinder horten sogar Nahrungsmittel unter ihrem Bett oder legen sich Depots an, d.h. sie machen sich unabhängig von der mütterlichen Versorgung, der sie nicht trauen dürfen.

In der Therapie bei uns legte ein neunjähriger Junge als kleiner Hund verschiedene Vorratsstellen an, bis er begriffen hatte, daß es bei uns Kekse in Massen gab. Er fordert von uns, daß wir ihn mit Brei, Milch, Keksen und Saft reichlich versorgen. Aber er kann zunächst nicht zulassen, daß wir ihn füttern und versorgen. Er muß sich selbst versorgen, selber den Pudding machen, Honigschnitten schmieren, Saft mit einem »Berg« ins Glas gießen usw. Erst in einem nächsten Schritt, nachdem er beginnt, uns etwas abzugeben, uns zu füttern, wagt er sich auf die verläßliche, versorgende Beziehung einzulassen. Dieser Schritt markiert bei dem oral-narzißtisch gekränkten und frustrierten Kind einen entscheidenden Fortschritt in der Herstellung und Differenzierung der Objektbeziehung. Es muß – wie ein ganz kleines Kind – die Erfahrung machen, daß es seine Bedürfnisse und Signale sind, die richtig verstanden zu befriedigenden Erlebnissen führen. Dann erst lernt es auf eine vollständig averbale Weise, sich auf einen Dialog einzulassen, um so einen seine Konflikte bewältigenden Zugang zur Sprache und zum Spiel zu finden, der es ihm schließlich ermöglicht, auf das Agieren zu verzichten.

4.2 Objektabhängigkeit und Autonomie

Das Agieren dient der Abwehr der Objektabhängigkeit bzw. der Verteidigung der Autonomie. Da durch die orale Fixierung eine unerträgliche und immer wieder zu Frustrationen führende Objektabhängigkeit entsteht, die die Autonomie einschränkt, wird die eigene Unabhängigkeit und Selbstbehauptung demonstriert. Diese Betonung von Unabhängigkeit macht es dem agierenden Kind schwer oder gar unmöglich, sich auf Wünsche und Bedürfnisse anderer einzulassen. Das zum verstärkten Agieren neigende Kind erlebt aufgrund der geradezu süchtigen Objektabhängigkeit seine Autonomie und Unabhängigkeit ständig gefährdet und ist deswegen gezwungen, diese in der Realität zu verteidigen, sich selbst zu beweisen, daß es nicht abhängig, sondern unabhängig ist.

Dabei muß man sich klarmachen, daß Abhängigsein etwas ganz anderes als Angenommensein bedeutet. Angenommen ist ein Kind, wenn es von der Mutter mit seinen Bedürfnissen und Wünschen respektiert wird, wenn es die Erfahrung macht, daß es nicht nur ein Teil eines mächtigen Objektes wie in der symbiotischen Beziehung ist, sondern ein von der Mutter getrenntes und unabhängiges Wesen, dessen Signale verläßlich beantwortet werden, dessen Wünsche die Mutter so beeinflussen können, daß daraus ein befriedigender Dialog entsteht. Dagegen bedeutet Abhängigsein, daß das Kind der ständigen Gefahr ausgesetzt ist, daß die eigenen Bedürfnisse frustriert werden, ohne daß es Einfluß auf die Handlungen, Gefühle und Stimmungen der Mutter hat: Es ist also der Willkür und Macht des Objektes schutzlos ausgeliefert.

Die kindliche Abhängigkeit und Ohnmacht ist um so größer, wenn das Kind die Erfahrung gemacht hat, daß die Mutter oder die Eltern nicht nur die kindlichen Signale mißachten, es willkürlich zur Befriedigung ihrer Launen und Wünsche gebrauchen, sondern auch mit ihm in überwältigender Form umgehen, das Kind strafen und schlagen, wenn es nicht ihren Erwartungen entspricht oder durch sein Schreien und durch sein ungesteuertes Verhalten bei den Eltern eine fürchterliche narzißtische Wut erzeugt, die dann zu überwältigenden Mißhandlungen führt. So erfährt sich das Kind selbst als ein Nichts, einen Dreck. Ein fünfjähriges mißhandeltes Kind erzählt uns: »Und dann kam die Mutter mit dem Staubsauger und machte ham, ham, ham, ham«, d.h. vernichtete es, indem es aufgesaugt wurde. Es erfährt dabei vor allem die Abhängigkeit als außerordentlich bedrohlich und beängstigend. Folglich muß sich das Kind gegen die Objektabhängigkeit zur Wehr setzen. Dieser Abwehr der Objektabhängigkeit dient

- der Negativismus, das trotzende Neinsagen des Kindes, mit dem es Forderungen, Bitten oder den Einfluß des als übermächtig erlebten Erwachsenen abzuwehren sucht – selbst um den Preis, daß es seine ureigensten Interessen dadurch nicht verwirklichen kann.

Der Verteidigung der Autonomie und der Abwehr der Angst, von übermächtigen Objekten überwältigt zu werden, dient

- die Identifikation mit dem Aggressor, d.h. die Übernahme der Affekte, Einstellungen und Verhaltensweisen der übermächtigen, als Aggressor erlebten Eltern;
- die aggressive Verteidigung eigener Macht und Unabhängigkeit, d.h. vollkommen freie Manipulation des Objektes, die keinerlei Rücksicht auf das Objekt kennt.

Ein sechsjähriger Junge, der in den ersten zweieinhalb Jahren in seiner Ursprungsfamilie vernachlässigt und überwältigt wurde und jetzt seit dreieinhalb Jahren in einer Pflegefamilie lebt, kommt einmal in der Woche für eine Stunde zur Therapie zu uns. Er versteckt sich unter dem Pullover oder hinter dem Rücken der Pflegemutter und brüllt wie ein gefährliches Ungeheuer. Wenn man ihm zu nahe kommt, tritt er mit Füßen und kneift und kratzt (wovon auch die Pflegemutter nicht verschont wird). Dann wird der Therapeut als »böser Mann« ins Gefängnis gesperrt. Wie vorher die Spielzeugtiere werden auch wir immer wieder getötet: »Kopf ab, Beine ab«, sagt er und wirft uns auf den Müllhaufen. »Du bist tot«, befiehlt er, aber schließlich macht er uns auch wieder lebendig: »Du lebst!« ruft er.

Wenn der Junge auf diese Weise reagiert, ist das kein Spiel. Es ist reines Agieren. Er verjagt uns mit seiner Aggressivität, und wir erlauben ihm, uns in der Realität nach seinen Wünschen und Bedürfnissen zu manipulieren.

Die Aggression richtet sich aber nur scheinbar gegen ein äußeres Objekt, den »bösen Mann« oder die »böse Mutter« als Repräsentanten seiner früheren Eltern. Was zum Ausdruck kommt, ist der Umgang mit verinnerlichten Objekten, die beliebig getötet und wieder lebendig gemacht werden können, so wie es seinen Wünschen und Bedürfnissen entspricht. Würde man dies nicht sehen, so würde man anfangen, die Aggressionen, die sich auch in Treten, Kneifen und Schreien äußern, als nicht tolerierbar zurückzuweisen, um ein sozialeres Verhalten einzuüben.

Die gegen uns gerichtete Aggression ist aus der Sicht der Theorie der Objektbeziehungen eine gegen das »subjektive (innere) Objekt« gerichtete Aggression. Die auf Frustrationen und Unlust beruhende Aggression gegen das Objekt ist notwendig, damit es zu einem realen Liebesobjekt werden kann: »Überlebt das Objekt die Destruktion, so erhält es dadurch, also bedingt durch Destruktion, eine Position außerhalb des eigenen Objektbereiches, der durch die psychischen Projektionsmechanismen des Subjekts aufgebaut wird« (Winnicott 1973, 110). »Je umfassender das Kind die subjektiven Objekte als eine von ihm selbst erschaffene Welt erfährt, desto größer die Wahrscheinlichkeit, daß ungeschmälerte Objektbenutzung später gelingt. Die reife Objektbenutzung im Sinne der Objektverwendung garantiert eine intentionale Beziehung des Subjektes zu sich selbst« (Becker/Zons 1982, 370). Das heißt, das Selbst wird erst in Objektbeziehungen geschaffen – in Beziehungen, deren Objekte doppelt repräsentiert werden: als äußere, reale und als verinnerlichte, selbstgeschaffene, subjektive Objekte. Das Kind, das zuerst mit verinnerlichten Objekten in der Phantasie und im Spiel umgeht, das das Objekt zerstören und wieder lebendig machen kann, gewinnt Herrschaft über das Objekt. Es wird nicht vom Objekt beherrscht, sondern die Objekte werden vom Ich beherrscht. Damit hört aber die Bedrohung des Selbst durch das Objekt auf. Damit erweist sich das Objekt als konstant, das als Objekt der Liebe, der Wünsche und der Bedürfnisse benutzt werden kann.

Kinder, die von ihren Eltern geprügelt und mit Prügel bestraft wurden, wehren die damit einhergehenden Ohnmachtserfahrungen durch die Identifikation mit dem Aggressor ab. Diese Identifikation hinterläßt jedoch Spuren im Ich, die auch dann noch wirksam sind, wenn das Kind nicht mehr den sadistischen Strafpraktiken und -ritualen ausgesetzt ist. Mit der Identifikation mit dem Aggressor wird gleichzeitig der Mechanismus der Projektion zementiert: Die aufgrund von Ohnmachtsgefühlen und narzißtischer Kränkung verursachten Aggressionen werden auf andere Partner, z.B. Pflegeeltern oder Lehrer, projiziert. Beispielsweise wird der Pflegevater oder der Lehrer, unabhängig vom tatsächlichen Verhalten, als sadistisch und gewalttätig erlebt.

Das impulsive Handeln hat für das agierende Kind oft auch die Funktion, ihm zur Bestätigung seiner Projektionen zu dienen, etwa indem es »auf diese Weise Partner oder auch den Therapeuten dahingehend zu manipulieren versucht, daß diese tatsächlich die Rolle des sadistischen Über-Ich-Anteils übernehmen« (Rauchfleisch 1981, 532).

Ein zwölfjähriger Junge verhaut in der Schule andere Kinder, ohne daß er von diesen angegriffen oder gekränkt wurde. Es stellt sich heraus, daß das Opfer seiner Aggressionen rein zufällig gewählt wurde. Die Motivation hinter diesen scheinbar unbegründeten Aggressionen bestand in der Absicht, herauszufinden, ob tatsächlich Kinder, die so erheblich gegen Normen verstoßen, vom Rektor auf den Boden geschleppt und dort verprügelt werden. Dabei ging es also um die Beantwortung der Frage, inwieweit den Projektionen Gültigkeit zukommt. Hätte in diesem Fall der Rektor den Jungen »sadistisch bestraft«, wäre er in seiner Ansicht bestätigt worden, daß ein Erwachsener, von dem er abhängig ist, seine Macht in überwältigender Form zur Geltung bringen wird. Die korrigierende Erfahrung, daß von diesem Rektor Kinder nicht auf dem Dachboden, wo die Hilfeschreie keine Hilfe herbeirufen können, verhauen werden, ermöglichte dem Jungen, die sadistische Projektion aufzugeben, als er darauf hingewiesen wurde, daß er herausfinden wollte, ob jetzt hier die Erwachsenen, wie es früherer Erfahrung entsprach, Kinder überwältigen würden.

Das Agieren in Form des aggressiven Verhaltens hat die Funktion, narzißtische Kränkungen und Ohnmachtsgefühle durch eine Art Flucht nach vorn abzuwehren. Diese Abwehrform geht einher mit phantastischen Größen- und Allmachtsphantasien, die darin zum Ausdruck kommen, daß sich ein Kind unverletzlich, übermächtig groß und stark fühlt, als jemand, der allen anderen überlegen ist, alles, was andere erst mühsam lernen müssen, schon kann und deswegen, weil sich diese Erwartungen nie erfüllen, zwischen entsetzlichen Minderwertigkeitsgefühlen und phantastischen Größenphantasien hin und her schwankt. Deswegen kommt es im Umgang mit einem solchen Kind darauf an, die narzißtischen Bedürfnisse als berechtigt anzuerkennen nach dem Motto: »Wer wäre nicht gerne unendlich reich und mächtig wie ein Zauberer?«, auch wenn diese phantastischen Wünsche in der Realität keine Erfüllung finden können.

Was aber kann man angesichts des contraphobischen Agierens tun? Wie kann man verhindern, daß derartig angstmotivierte Aggressionen zum Durchbruch gelangen? Was müßte man präventiv tun?

Geht man davon aus, daß das Agieren hauptsächlich durch Ohnmachtsgefühle in Gang gesetzt wird, wird man das zum Agieren neigende Kind auf mögliche Ohnmachtserfahrungen vorbereiten müssen, etwa indem man dem Kind sagt, daß es sein könnte, daß es in einer bestimmten zu erwartenden Situation sehr enttäuscht und wütend sein wird, damit es diesen Gefühlen nicht unvorbereitet und allein ausgesetzt ist. Das heißt, man müßte Situationen im Auge haben, die regelmäßig mit Ohnmachtsgefühlen verbunden sind – z.B. Strafsituationen, unabhängig davon, ob möglicherweise das zum Agieren neigende Kind selbst oder ein anderes bestraft werden könnte; Frustrationssituationen, in denen ein Kind der Übermacht eines Erwachsenen ausgeliefert ist und in der das agierende Kind die Frustration als Strafe oder als Willkür von Übermacht interpretiert oder Befehls-Gehorsams-Beziehungen, wie z.B. bei manchen sportlichen Aktivitäten, wo das Verhalten durch Kommandos gesteuert wird. In Macht-Beziehungen wird sich das zum Agieren neigende Kind besonders leicht in der ohnmächtigen Position erleben, und zwar in einer übermächtigen, übersteigerten Form, so daß es von Gefühlen der Ohnmacht und Hilflosigkeit geradezu überschwemmt wird. Allen drei Situationen ist gemeinsam, daß in ihnen das Gefühl von Ohnmacht agierend, geradezu reflexhaft mit einer Flucht nach vorn beantwortet wird.

Wie aber ist die Vorbereitung auf solche Ohnmachtserlebnisse möglich? Untersucht man konkrete Beispiele dieser Situationen, so sieht man, daß es sich um solche handelt, die Voraussagen ermöglichen. Leitet man aus diesen Situationen, die leicht das Agieren auslösen, Voraussagen ab, dann tragen diese dazu bei, daß schon, bevor überhaupt die Straf-, Frustrations- oder Dominanzsituation eingetreten ist, sich das Kind mit den möglicherweise eintretenden Gefühlen der Ohnmacht und ihrer Abwehr auseinandersetzen kann. Das Kind wird also von den Ohnmachtsgefühlen, auch wenn man sie nicht vermeiden kann – was vielleicht auch gar nicht wünschenswert wäre –, nicht völlig überrascht. Die Verhinderung der Überraschung, die auf Voraussagen beruht, zeigt dem Kind, daß es grundsätzlich nicht völlig schutzlos solchen Ohnmachtssituationen ausgeliefert ist. Es kann sich mit den Ich-Funktionen des Erwachsenen verbünden, bis es selbst in der Lage sein wird, diese Ich-Funktionen zu übernehmen und selbst Voraussagen zu machen. Verknüpft man die Voraussage des Agierens, wie es Bellak (nach Grütter 1968) vorgeschlagen hat, mit dem Hinweis, daß man hoffe, mit dieser Voraussage unrecht zu behalten, unterläuft man das leicht zu mobilisierende Gefühl der Unterlegenheit und unterstützt die Autonomiebestrebungen, ohne sie in Gegensatz zu den Über-Ich-Forderungen zu bringen. Voraussetzung für die Wirksamkeit der Voraussage des Agierens ist, daß die Voraussage dem Handeln um einen kleinen Schritt voraus ist. Es hat keinen Sinn, Voraussagen für übermorgen zu machen. An solche glaubt kein Mensch – und erst recht nicht das so im Augenblick lebende Kind wie das agierende. Aber wenn man dem Kind oder Jugendlichen Voraussagen macht, die sein Verhalten in einer bevorstehenden Situation betreffen, ermöglicht die Voraussage eine Verminderung der Ohnmachtsgefühle und macht dadurch das Agieren überflüssig.

Kapitel 4: Trennung in früher Kindheit*

Aufgrund vielfältiger Untersuchungen zum Problem des frühkindlichen Hospitalismus könnte man zu der Auffassung gelangen, daß eine Trennung des Säuglings und Kleinkindes von seiner Bezugsperson grundsätzlich ein schwerwiegendes Trauma mit langfristig negativen, kaum zu korrigierenden Folgen sei. Dies trifft jedoch so nicht zu. Die Schwere der Trennungsreaktionen und das Ausmaß langfristiger Folgen sind vielmehr in hohem Maße abhängig vom Alter des Kindes und seinen entsprechenden Ich-Fähigkeiten, von der Qualität seiner vorherigen Beziehungen und seiner neuen Beziehungsmöglichkeiten und damit auch von der Kompetenz der neuen Eltern und von der Gestaltung der Trennungssituation und von den nachfolgenden Hilfen bei der Trauerarbeit.

1. Reaktionen auf den Verlust der Bezugspersonen

1. Unter einem Verlust von Beziehungen kann man erst leiden, wenn man Beziehungen entwickelt hat. Entsprechend zeigt ein Säugling bis etwa zum sechsten Lebensmonat noch keine deutlichen Trennungsreaktionen, obwohl auch er schon auf die Verpflanzung in eine fremde Umgebung mit Symptomen wie erhöhter Erregung und Schlafstörungen reagieren kann, in denen jedoch ein diffuser Zustand seiner Desorientierung zum Ausdruck kommt, ohne daß es sich hier um Trauerreaktionen aufgrund des Verlustes seiner Bezugspersonen handelt (vgl. Yarrow 1977).

In den ersten Wochen und Monaten hat ein Kind noch keine spezifischen Bindungen an einen Menschen entwickelt, was daran abzulesen ist, daß es noch undifferenziert lächelnd auf jedes Gesicht wie auch auf eine Maske, d.h. auf die Attrappe eines menschlichen Gesichtes, reagiert und daß die Betreuungspersonen noch austauschbar sind, so daß sich das Kind durch verschiedene Erwachsene beruhigen und versorgen läßt (vgl. Spitz 1967).

Erst dadurch, daß das Kind über einen längeren Zeitraum (etwa sechs bis acht Monate) mit einer ihn vorrangig betreuenden Bezugsperson dichter, intensiver und verläßlicher kommuniziert als mit anderen Menschen, wird diese Bezugsperson zu dem von allen anderen unterscheidbaren Objekt – ablesbar am »Fremdeln« des Kindes, an Angstreaktionen auf das Erblicken eines fremden Gesichtes und unterschiedlichen Reaktionen im Umgang mit der Mutter im Vergleich zu anderen. Erst dadurch, daß das Kind sich an seine primäre Bezugsperson bindet, wird sie zum Liebesobjekt, zur

* *Nienstedt, M.:* Vortrag auf der Fortbildungsveranstaltung des Landesjugendamtes Westfalen-Lippe für Sozialarbeiter, Nordwalde 1981.

»Mutter« des Kindes. In gleicher Weise erfolgt die Bindung an das väterliche Objekt, wobei leibliche Elternschaft für das Kind gänzlich unbedeutend ist (vgl. Hassenstein 1973; Goldstein/A. Freud/Solnit 1974).

Hassenstein (1973) betont zu Recht: »Nicht nur Tierkinder, auch der menschliche Säugling trägt von der Zeugung und Geburt her keine verhaltensbestimmende Information über seine leibliche Verwandtschaft mit sich. Er ist völlig offen für die individuelle Bindung an seine künftigen Betreuer – seien sie die leiblichen Eltern, Adoptiveltern oder Pflegeeltern. Auch die leibliche Elternschaft bedarf, soll sie für den Säugling Wirklichkeit werden, dieses Lernprozesses des Sichanschließens. Anders ausgedrückt: Auch leibliche Eltern werden erst dadurch die richtigen Eltern, daß die individuelle Bindung seitens des Säuglings im ersten Lebensjahr vollzogen wird, auch sie ›adoptieren‹ gewissermaßen ihre eigenen Kinder und dürfen sie erst danach als ihre Kinder ansehen« (ebd., 383).

Die Abhängigkeit des Kindes von seiner Bezugsperson ist nicht nur darin begründet, daß es auch weiterhin, über das erste Lebensjahr hinaus, hinsichtlich seiner Versorgung auf sie angewiesen ist. Dies wäre auch durch andere Erwachsene zu gewährleisten. Das Kind ist vielmehr für viele Jahre hinsichtlich der weiteren Ausdifferenzierung seines Ichs, seiner Affekte, Gefühle, Bedürfnisse und Fähigkeiten und der eigenen Selbstdefinition von seinem Liebesobjekt abhängig. Und mit zunehmender Differenzierung der Objektbeziehungen wird das Liebesobjekt zunehmend weniger austauschbar.

Zunächst lernt das Kind im Spiegel der ihm vertrauten und von ihm anerkannten Bezugsperson sich selbst, seine Gefühle und Wünsche kennen, es definiert sich selbst durch die Definitionen und Gefühle, die die »Eltern« ihm entgegenbringen. Dann braucht es die Sicherheit der Beziehung, um sich von ihr abstoßen und Autonomie und Eigeninitiative entwickeln zu können. Es lernt Frustrationen zu ertragen und sich an Regeln, Ge- und Verbote anzupassen, um die Liebe seiner Eltern nicht zu verlieren, in der es einen mildernden Ausgleich für Versagungen erlebt. Und schließlich formt es seine eigene Persönlichkeit, indem es die Eltern imitiert und sich schrittweise mit ihnen identifiziert, was zur Gewissensentwicklung des Kindes durch die Verinnerlichung der Normen und Werte der Eltern führt (Lidz 1974; Bowlby 1973). Der Verlust der Bezugspersonen bedeutet daher immer auch einen drohenden Identitätsverlust.

Die Bedeutung der Bezugspersonen für die Persönlichkeitsentwicklung des Kindes spiegelt sich darin wider, daß Kinder, die eine Bindung entwickelt haben, auf die Trennung von den psychologischen Eltern mit Desorientierung, Verzweiflung und anderen spezifischen Symptomen reagieren, die besonders heftig und ausgeprägt bei Kindern sind, die einen innigen und glücklichen Kontakt zu ihren Bezugspersonen hatten (Bowlby 1973; Furman 1977; Yarrow 1977). Kinder, die keine spezifischen Bindungen an einen Menschen, an ein mütterliches Objekt entwickelt haben, weil ihre Beziehungserfahrungen allzu frustrierend waren oder weil ihre Beziehungsfähigkeit bereits durch vielfache Bezugspersonenwechsel oder wiederholte Trennungserfahrungen gestört ist, reagieren bei Trennung nicht mit spezifischen Trennungsreaktionen, die als Folgen eines Objektverlustes typisch sind (Bowlby 1976). Auch Kinder, deren Beziehung zur Mutter gestört ist, reagieren mit deutlich schwächeren Trennungsreaktionen (Yarrow 1977).

Trennungs- und Trauerreaktionen oder gerade auch ihr Ausbleiben sind daher auch wichtige diagnostische Kriterien hinsichtlich der Frage der Entwicklung und Qualität von Eltern-Kind-Beziehungen. Distanz- und beziehungslose Kinder, die unterschiedslos auf »fremd« und »vertraut« reagieren, sind im psychologischen Sinne elternlose Kinder, auch wenn sie bei ihren leiblichen Eltern aufgewachsen sind.

2. Bowlby (1973) hat im Auftrag der Weltgesundheitsorganisation die Problematik frühkindlicher Trennungserfahrungen untersucht und stellte folgenden typischen Phasenverlauf der Trennungsreaktionen fest, insbesondere wenn die Trennung abrupt und unvorbereitet erfolgt:

1. Weinerlichkeit und Anklammerung,
2. Verzweiflung und Protest,
3. Apathie, Resignation und Depression,
4. Regression und Anklammerung an eine Ersatzperson.

Neben den sozial-emotionalen Trennungsreaktionen treten häufig Verhaltensstörungen auf wie Schlaf- und Eßstörungen, Autoaggressionen, Jaktationen, erneutes Einnässen und Einkoten sowie ein Zusammenbruch bereits erworbener Fähigkeiten.

In der zweiten und dritten Trennungsphase sind die Kinder ihren neuen Bezugspersonen gegenüber abweisend und feindselig. Sie lassen sich kaum steuern, trösten und ansprechen. Feindseligkeit und Aggression richten sich jedoch auch gegen die früheren Bezugspersonen, durch die sich das Kind durch die Trennung abgelehnt und bestraft fühlt, weil es die auch objektiv gegebenen Gründe für die Trennung kaum verstehen und verarbeiten kann.

Überwinden die Kinder unter günstigen Bedingungen den Zustand der Apathie und Resignation, so bleibt ihre Haltung gegenüber den neuen Bezugspersonen zunächst sehr ambivalent.

Anklammerung wechselt mit Widerstand, Ablehnung und Aggression. Die Anklammerung wiederum erfolgt mit totalen Versorgungsansprüchen wie bei einem Säugling und mit dem Bedürfnis nach ausschließlicher Zuwendung. Die Konkurrenz zu anderen kleinen Kindern kann kaum ertragen werden und fordert heftigste Eifersuchtsreaktionen heraus (Bowlby 1972).

Werden diese kritischen und schwierigen Phasen positiv bewältigt und erfolgt unter günstigen Bedingungen ein neuer Beziehungsaufbau, so muß eine einmalige Trennung nicht zu langfristigen Schädigungen der Persönlichkeitsentwicklung führen, auch wenn bei diesen Kindern in jedem Fall eine erhöhte Sensibilität gegenüber Trennungssituationen und leicht zu mobilisierende Trennungsängste noch lange festzustellen sind. Mißlingen die Bewältigung des Trennungstraumas und der neue Beziehungsaufbau, so sind schwere Persönlichkeitsstörungen zu erwarten, auf die Symptome wie depressive Tendenzen, Oberflächlichkeit in Beziehungen, Gefühlsarmut und -kälte, dissoziales Verhalten wie Stehlen, Weglaufen und Grausamkeiten, Entwicklungsrückstände insbesondere auch in der intellektuellen Entwicklung, Konzentrationsstörungen und schlechte Erinnerungsfähigkeit hinweisen (vgl. Bowlby, 1973 u. 1976; Furman 1977; Langmeier/Matejcek 1977).

3. Die beschriebenen Trennungsreaktionen können mehr oder weniger heftig und zeitlich ausgedehnt auftreten, was u.a. vom Alter des Kindes bzw. seinem Entwicklungsstand und seinen entsprechenden Ich-Fähigkeiten abhängig ist.

Wie schon gesagt, sind spezifische, auf den Verlust der Bezugsperson gerichtete Trennungsreaktionen etwa ab dem sechsten Lebensmonat nach dem Aufbau spezifischer Bindungen zu beobachten. Das trifft übrigens auch auf ältere Kinder zu, die erst neue Beziehungen entwickeln müssen.

Diese Phase um sechs bis acht Monate bzw. die Zeit des Fremdelns ist gleichzeitig eine für eine Trennung besonders kritische Zeit. Sie ist als sensible Phase zu betrachten, in der sich, wie es Spitz (1967) nennt, die Konstituierung des Objekts vollzieht, von dem das Kind sich noch als total abhängig erlebt. Entsprechend reagiert es besonders empfindlich und unmittelbar auf eine auch nur kurzfristige Trennung, die das Kind nicht aktiv bewältigen kann.

Im zweiten Lebensjahr verfügt das Kind bereits über eine Reihe von Ich-Fähigkeiten, die ihm eine gewisse Autonomie und die aktive Aneignung und Manipulation seiner Umwelt gestatten. Auch ist es jetzt in der Lage, über die spezifischen Bindungen an seine primären Bezugspersonen hinaus soziale Beziehungen zu mehreren Personen aufzubauen und in ihrem Schutz kurzfristige Trennungen von der Mutter zu ertragen, ohne daß sofort Gefühle des Überwältigtwerdens und der Ohnmacht entstehen (Müller-Braunschweig 1975).

Wie die Beobachtungen von Robertson/Robertson (1975) an Kindern zeigen, die während einer vorübergehenden Trennung von der Mutter bei ihnen untergebracht wurden, setzt – unter sonst optimalen Bedingungen – bei Kindern dieses Alters nach kurzer Zeit sichtbarer Verunsicherung und Desorientierung ein rascher Prozeß der Übertragung der verlorenen, positiven Objektbeziehungen von der primären Bezugsperson auf die Ersatzmutter ein, ohne daß es eine Phase starker Verzweiflung und Depression durchlaufen muß und ohne daß ein Stillstand oder Rückschritt in seiner allgemeinen Entwicklung festzustellen wäre.

Die große Bereitschaft bei Kindern dieses Alters, die verlorenen Bindungen durch neue zu ersetzen, hängt zum einen damit zusammen, daß ihre eigenen physischen und emotionalen Bedürfnisse, zu deren Befriedigung sie von den Erwachsenen abhängig sind, noch stark im Vordergrund stehen und unaufschiebbar sind. Zum anderen verfügt das Kind noch über keine sichere Objektkonstanz, es hat noch keine klare Vorstellung von der abwesenden Mutter und besitzt noch nicht die Fähigkeit, sich ihr Bild spontan ins Gedächtnis zu rufen. Es lebt noch stark im Hier und Jetzt und erkennt die Mutter schon bald nicht mehr wieder – auch auf Bildern nicht.

Mit zunehmendem Alter werden die Beziehungen des Kindes zu den Bezugspersonen differenzierter. Ihre Bedeutung für das Kind geht zunehmend über die Funktion hinaus, Bedürfnisse angemessen zu befriedigen und Schutz und Orientierung zu bieten. Die Objektkonstanz und Erinnerungsfähigkeit des Kindes, von der seine Fähigkeit zu trauern abhängig ist, nehmen zu. Auch beginnt nun der Identifikationsprozeß mit seinen Eltern und seine Selbstdefinition durch sie. Entsprechend sind auch die Trennungsreaktionen und die traumatischen Wirkungen des Objektverlustes im dritten Lebensjahr intensiver und nachhaltiger als zuvor (Robertson/Robertson 1975).

Nach dem dritten Lebensjahr nimmt die Schwere der direkt beobachtbaren Reaktionen auf Trennung in der Regel ab. Die wachsende Zeitperspektive des Kindes ermöglicht es ihm, zu hoffen. Das Kind wird für einfache Erklärungen zugänglicher. Es verfügt über ein größeres Ausmaß an Autonomie und über aktivere Konfliktbewältigungsmöglichkeiten, z.B. auch auf der Phantasieebene und im Spiel. Aber daraus zu schließen, daß die psychische Arbeit, die bei einer realistischen Bewältigung der Trennung von den leiblichen Eltern zu leisten ist, gering wäre, ist jedoch voreilig und falsch (Furman 1977).

2. Bedingungen, die die Trennungsbewältigung erleichtern

Wie Trennung und der Verlust von Objektbeziehungen in der frühen Kindheit bewältigt werden, hängt von den Bedingungen ab, unter denen die Trennung erfolgt, sowie ganz wesentlich von den neuen Sozialisationsbedingungen und der Kompetenz der Ersatzeltern (Bowlby 1976; Robertson/Robertson 1975; Yarrow 1977).

2.1 Gestaltung der Trennungssituation

Ziel aller Bemühungen muß es sein, die Ohnmachts- und Überwältigungsgefühle und die Desorientierung des Kindes bei der Trennung von seinen Bezugspersonen, soweit es eben geht, zu mildern (A. Freud/Burlingham 1971; Robertson/Robertson 1975).

Wenn möglich, sollte das Kind die neuen Bezugspersonen, insbesondere aber die Ersatzmutter, schon vor der Trennung kennenlernen, wobei unter Berücksichtigung der geringen Zeitperspektive des Kindes wenige Kontakte an aufeinanderfolgenden Tagen sinnvoll sind. Kontakte in größeren Abständen über einen längeren Zeitraum sind ineffektiv.

Ist eine direkte vorherige Kontaktanbahnung zur Ersatzmutter in Anwesenheit der bisherigen primären Bezugsperson des Kindes nicht realisierbar, so kann es hilfreich sein, wenn der Sozialarbeiter, der sich dem Kind vertraut gemacht hat, eine Übergangsfunktion übernimmt und den Kontakt zu den Ersatzeltern beispielsweise an neutraler Stelle in seinem Büro anbahnt. Er sollte auch so genau wie möglich die bisherigen Lebensgewohnheiten des Kindes – z.B. den Tagesablauf, Versorgungs- und Schlafgewohnheiten – erkunden. Diese sollten, soweit sie nicht als frustrierend und schädigend zu beurteilen sind, zunächst beibehalten werden, bis die neue Situation dem Kind vertrauter geworden ist.

Mindestens ebenso wichtig ist die Mitnahme vertrauter Dinge (Kleidung, Spielzeug, Bett), die dem Kind zunächst bleiben sollten, auch wenn sie den neuen Bezugspersonen noch so wenig gefallen mögen. Diese Dinge können ein Stück Kontinuität wahren. Ein Stofftier, eine Puppe oder auch ein Nuckeltuch können für ein Kind ein wichtiges Übergangsobjekt sein (Winnicott 1973), zu dem es angesichts drohender Depression Zuflucht nimmt. Das Bett als transportabler vertrauter Raum kann dem Kind Schutz und Trost bieten; und bei den häufig auftretenden Schlafstörungen und Nachtängsten ist es um so wichtiger, wenn sich das Kind dann in einem vertrauten Gelände befindet. Auch sollten, wenn es eben machbar ist, Fotos beschafft werden. Einem Bild von sich als Baby trauern später Jugendliche häufig nach, wenn dafür nicht Sorge getragen wurde. Ein Foto von den Bezugspersonen, von denen das Kind getrennt wird, kann einem Kind ab etwa zwei Jahren als Erinnerungsunterstützung eine wichtige Hilfe beim Prozeß der Trennungsverarbeitung sein. Schließlich, wenn das Kind Trauerarbeit geleistet und vor allem wenn es neue Beziehungen entwickelt hat, wird das Bild u.U. eines Tages zerrissen oder verschwunden sein – und das ist dann auch gut so.

2.2 Sozialisationsbedingungen in der Ersatzfamilie

Bei der Auswahl der Ersatzfamilie ist vor allem auf die Familienkonstellation und auf die Kompetenz der neuen elterlichen Bezugspersonen zu achten (Bowlby 1976; A. Freud/Burlingham 1971; Blandow 1972).

Ein Kind in der kritischen Situation der Trennung kann keinerlei Rücksicht nehmen, sondern verlangt höchste Rücksichtnahme und eine ständige Verfügbarkeit der Ersatzmutter. Daher ist die Geschwisterkonstellation in der neuen Familie eine wichtige Situationsvariable. Sind bei der Aufnahme eines Kindes in eine Familie nahezu gleichaltrige oder gar jüngere Kinder vorhanden, so erhöht dies die Mißerfolgswahrscheinlichkeit erheblich (Blandow 1972), da das neue Kind in seinen Bedürfnissen und Interessen in zu starke Konkurrenz zu den anderen Kindern gerät, die selbst noch ein hohes Maß an Zuwendung durch die Eltern brauchen. Auch ist es für die meisten Eltern eine Überforderung, mehrere kleine Kinder zu versorgen und gleichzeitig angemessen auf große Schwierigkeiten eines Kindes zu reagieren. Und es ist für Eltern schwer auszuhalten, wenn die oben erwähnten heftigen Eifersuchtsreaktionen die selbst noch schutzbedürftigen eigenen Kinder der Familie treffen (A. Freud/Burlingham 1971).

Die neuen elterlichen Bezugspersonen müssen vor allem zu einfühlendem Verstehen des kindlichen Verhaltens und Erlebens, der kindlichen Bedürfnisse und Gefühle in der Lage sein. Sie müssen fähig sein, Regression, Ablehnung und Aggression ohne Kränkung zu ertragen, Depression und Trauer des Kindes zu akzeptieren, dem Kind zu helfen, den Trennungsschmerz anzunehmen, statt ihn zu unterdrücken und abzuwehren, was leicht zur Verdrängung des Traumas mit weitreichenden negativen Folgen führt (Furman 1977).

3. Fallbeispiel: Trauerarbeit eines zweieinhalbjährigen Kindes

Suse war im Alter von einem Jahr in eine Pflegefamilie integriert worden. Sie war bei ihrer Aufnahme in die Familie aufgrund früher Störungen der Mutter-Kind-Beziehung ein distanz- und beziehungsloses, d.h. ein in seiner Beziehungsfähigkeit bereits gestörtes Kind, das keine spezifischen Trennungsreaktionen zeigte und sich rasch in der neuen Situation orientierte. Etwa zu der Zeit (nach einem halben Jahr), als bei Suse erste Anzeichen einer Bindung an das neue mütterliche Objekt zu beobachten waren, nahm der leibliche Vater wieder Kontakt zur Pflegefamilie auf mit dem Ziel der Rückgliederung des Kindes in seine neue Familie, die dann auch nach einem dreiviertel Jahr, in dem der Vater das Kind zweimal pro Woche in der Pflegefamilie besucht hatte, erfolgte.

Die Besuche des Vaters hatten immer wieder zu deutlichen Verunsicherungen des Kindes geführt, was angesichts der gerade entwickelten Bindung an die Pflegeeltern und der sich nun zunehmend differenzierenden Beziehung zu ihnen verständlich ist. Denn bei den Besuchen war das Kind mit dem Anspruch des Vaters auf die Vaterrolle konfrontiert, der gar nicht ausgesprochen werden muß, sondern sich dem Kind auch averbal vermittelt. Und diesen Anspruch auf die Elternrolle kann das Kind, das an andere Eltern gebunden ist, nur als Bedrohung seiner für das Kind allein bedeutsamen psychologischen Eltern-Kind-Beziehungen erleben.

3.1 Vorbereitung der Trennung

Zum Zeitpunkt der Rückgliederung hatte das Kind bereits eine sichere Bindung an die Pflegeeltern entwickelt. Das Differenzierungsniveau seiner Beziehungen entsprach dem eines etwa eineinhalb- bis zweijährigen Kindes, also der zweiten Phase des Beziehungsaufbaus, der Entwicklung von Autonomie in Beziehungen und der Differenzierung der einzelnen Beziehungen zu Vater und Mutter. Das Kind orientierte sich an den Eltern, ließ sich von ihnen steuern und imitierte sie deutlich. Die Imitation ist als eine Vorform der Identifikation zu verstehen. Hinsichtlich ihrer kognitiven Entwicklung hatte Suse das altersentsprechende Niveau eines zweieinhalbjährigen Kindes erreicht, so daß bereits auch bei kompetentem Umgang mit heftigeren Trauerreaktionen gerechnet werden mußte.

Verschärfend kam hinzu, daß dieses Kind aus einer von ihm als befriedigend erlebten Situation gelöst werden sollte, wofür es für das Kind keinen plausiblen Grund gab. Denn für ein Kind, das psychologische Eltern hat, hat leibliche Elternschaft keinerlei Bedeutung, und deswegen war es auch nicht plausibel, warum es sich von ihnen trennen sollte – ohne Hoffnung auf Rückkehr, nur weil der leibliche Vater es zurückhaben wollte. Infolgedessen hätten frühzeitige Informationen über die bevorstehende Trennung beim Kind nur zu Unverständnis und Verleugnung oder zu erheblichen Beunruhigungen und Verunsicherungen und möglicherweise erheblicher Ablehnung und Aggression gegenüber dem leiblichen Vater geführt.

Kurz vor der Trennung machte das Kind zwei kurze Besuche in der Familie des Vaters, so daß ihm die neue Umgebung nicht gänzlich fremd war. Schließlich wurde es mit all seiner Habe, einschließlich seines Bettes, vom Pflegevater in die Ursprungsfamilie gebracht mit der Information, daß es nun für immer dort bleiben werde, worauf Suse jedoch nicht reagierte. Damit wurde dem Pflegevater die undankbare Aufgabe zugeschustert, das Kind wegzubringen, so daß es sich im nachhinein eher von den Pflegeeltern abgestoßen als vom leiblichen Vater geraubt erlebte, zu dessen Familie es ja nun positive Beziehungen aufbauen sollte.

Einige Wochen vorher hatten sich die Pflegeeltern mit den leiblichen Eltern getroffen, um sich auszusprechen und die gegenseitigen Spannungen zu mildern. Außerdem informierten sich die leiblichen Eltern genau über Suses Tagesablauf.

Die in diesem Fall bestehenden günstigen Voraussetzungen waren folgende:

- Der leibliche Vater und seine Frau verfügten über eine ausgeprägt gute erzieherische Kompetenz, die der der Pflegeeltern nicht nachstand; und das gesamte Lebens-

und Anregungsmilieu sowie ihre Erziehungsvorstellungen und Normen unterschieden sich nicht negativ von denen der Pflegeeltern, so daß das Kind zumindest keinen negativen Erfahrungsdiskrepanzen ausgesetzt war.
- Der leibliche Vater und seine Frau hatten uns selbst um weitere Betreuung gebeten (obwohl sie wußten, daß wir der Rückgliederung wegen des hohen Risikos ablehnend gegenüberstanden), weil sie die auf sich und vor allem auf das Kind zukommenden Schwierigkeiten nicht verleugneten, sondern meinten, sie nicht ohne Hilfe bewältigen zu können. Die Eltern hatten eine hohe Bereitschaft, Probleme anzunehmen, statt sie unter den Teppich zu kehren, eine helfende Beziehung statt einer Anspruchshaltung gegenüber dem Kind zu entwickeln, Trauerarbeit zu unterstützen und sich beraten zu lassen.

Diese beiden Bedingungen waren sicherlich eine wesentliche Voraussetzung für das Gelingen der Rückgliederung bzw. die Bewältigung der Trennung und den Neuaufbau von Beziehungen.

Das Kind hatte uns kurz vor seiner Trennung in der Pflegefamilie kennengelernt. Wir hatten einen Entwicklungstest mit ihm gemacht, um seine weitere Entwicklung und Entwicklungskrisen besser abschätzen zu können. Wichtig war, daß das Kind uns mit seiner Pflegefamilie assoziieren konnte, so daß wir eine Brücke zu seiner früheren Situation darstellten konnten, und daß eine Konfrontation mit uns in der Familie des leiblichen Vaters ein guter Testfall sein konnte, wie das Kind sich mit seiner familialen Vorgeschichte auseinandersetzte und ob es z.B. einen Besuch der Pflegeeltern verkraften könnte. Wie sich im nachhinein herausstellte, diente diese Übergangsbeziehung auch der Förderung einer behutsamen Trauerarbeit.

3.2 Entwicklung nach der Trennung

Das Verhalten des Kindes nach der Trennung täuschte zunächst darüber hinweg, welchen Schmerz ihm durch den Verlust seiner psychologischen Eltern zugemutet wurde und wie sehr es von Depressionen bedroht war.

3.2.1 Anpassung und Abwehr

In den ersten zwei Wochen standen wir in häufigem Telefonkontakt zu dem leiblichen Vater und seiner Frau. Wir hatten den Eindruck, daß Suse heftige Anstrengungen machte, sich in der neuen Situation zurechtzufinden und sich gleichzeitig den Verlust ihrer psychologischen Eltern nicht bewußt werden zu lassen, weil sie sonst völlig den Boden unter den Füßen verloren hätte. In diesen zwei Wochen wirkte Suse meistens fröhlich, ja zuweilen wie ein kleiner Clown, wobei das Herumkaspern als Versuch verstanden werden muß, depressive Gefühle und Ohnmachtsgefühle abzuwehren. Sie war ständig in Aktion und ließ die Eltern, die sich intensiv mit ihr beschäftigten, nicht einen Moment aus den Augen. Sie wirkte insgesamt relativ unproblematisch, was die Eltern durchaus beunruhigte – eine günstige Voraussetzung für das Akzeptieren noch bevorstehender Probleme statt der Selbstberuhigung, daß alles ja nicht schlimm sei, was die noch ausstehende Trauerarbeit leicht blockiert hätte. Am ersten Tag habe Suse gesagt, sie sei nur zu Besuch, worauf ihr die Eltern nochmals die realistische Information gaben, daß das nicht stimme, worauf sie aber nicht reagierte. Am folgenden Abend blickte sie aus dem Fenster und sagte, der Papa komme noch nicht. Auch die darauf folgende realistische Information der Eltern schien sie zu verleugnen, obwohl sie danach nicht mehr nach den Pflegeeltern fragte. In den folgenden Tagen wirkte sie jeweils einige Minuten lang scheinbar grundlos traurig, lief dann gleich zur neuen Mutter, streichelte sie beschwichtigend und versicherte sich selbst: »Suse ist gar nicht traurig.« Wir empfahlen den Eltern, darauf nicht zustimmend zu reagieren, sondern dem Kind zu vermitteln, daß es richtig sei, traurig zu sein, und daß sie das auch dürfe.

Neben diesen kurzen Momenten angedeuteter Trauer fiel den Eltern auf, daß Suse

- Rückschritte in ihrer Sprache zeigte und häufig auf Ansprache durch die Eltern nicht oder nicht passend antwortete;
- zwischendurch immer wieder – mehr zu sich selbst – Sätze sagte, die mit der aktuellen Situation überhaupt nichts zu tun hatten, sondern offenbar eine Wiederholung häufig gebrauchter Sätze der Pflegeeltern waren oder Alltagssituationen aus der Pflegefamilie beschrieben – offenbar ein Versuch, die verlorene Situation wiederherzustellen;
- häufig unvermittelt sagte: »Ich bin Suse« (offenbar mußte sie sich ständig ihrer eigenen Identität versichern);
- abends nicht ins Bett wollte, bis etwa zweiundzwanzig Uhr völlig aufgedreht war und nachts im Schlaf heftig weinte, wobei die Eltern dann stundenlang an ihrem Bett saßen und vergeblich versuchten, sie zu trösten;
- immerzu einen Teddy mit sich herumschleppte, den sie aus der Pflegefamilie mitgebracht hatte und der wohl ein Übergangsobjekt für sie war;
- einerseits in vielen Bereichen große Fortschritte machte, sehr selbständig wirkte und auch auf ihre Selbständigkeit pochte (sie mußte sich offenbar als groß und stark aufbauen, um von der Verzweiflung nicht überwältigt zu werden) und andererseits manches nicht mehr konnte, was sie vorher gekonnt hatte, und einige spezifische, nicht auf negative Erfahrungen zurückzuführende Ängste entwickelte, z.B. vor laufendem Wasser (wohl um ihre diffusen Ängste an irgend etwas festmachen zu können, wovor sie konkret fliehen konnte);
- sich Fremden gegenüber völlig distanzlos verhielt;
- bei Frustrationen, die die Eltern so gering wie möglich zu halten versuchten, überangepaßt reagierte (sie zog sich einen Moment lang still zurück, leistete keinen Widerstand und tat nach kurzer Zeit so, als sei nichts gewesen; auf Konflikte ließ sie sich also nicht ein).

Ansonsten verhielt sie sich tagsüber völlig normal, munter und tat so, als könne sie sich an nichts erinnern, wenn sie z.B. von den Eltern behutsam auf die Pflegefamilie angesprochen wurde.

3.2.2 Trauerarbeit

Nach zwei Wochen besuchten wir kurz die Familie. Schlagartig verdüsterte sich Suses Gesicht, als sie uns sah, und bekam einen deutlich depressiven, beängstigenden Ausdruck. Sie klammerte sich an die Mutter, saß still auf ihren Knien, betrachtete uns immer wieder aus den Augenwinkeln, sah dann wieder schnell weg und blickte traurig und still vor sich hin. Das dauerte etwa zehn Minuten, wobei sie nicht auf unsere Frage reagierte, ob sie sich erinnere, wo sie uns schon einmal gesehen habe.

Die deutliche Depression des Kindes war für uns alle erschreckend und kaum auszuhalten. Dennoch versuchte niemand, das Kind abzulenken, da wir wußten, daß die Verarbeitung dieser Gefühle wichtig war, wenn auch in möglichst kleinen Schritten. Eine Konfrontation mit den Pflegeeltern – das wurde deutlich – wäre ein zu großer, überfordernder Schritt gewesen. Er hätte das Fortschreiten der Trauerarbeit, das Wahrnehmen und schmerzliche Akzeptieren des Verlustes und die schrittweise Lösung der Bindung an das verlorene Objekt über behutsame Erinnerungsarbeit zunichte gemacht oder erheblich erschwert; denn ein direkter Kontakt hätte die Sehnsucht und Enttäuschung des Kindes durch die unrealistische Hoffnung der Wiedervereinigung mit dem Objekt ins Unerträgliche gesteigert (Furman 1977). Dann löste sich allmählich die Starre; und Suse suchte nach Bonbons und brachte sie den Eltern, offenbar um sie zu beschwichtigen. Kurz darauf krümmte sie sich plötzlich, bekam anfallartige Kopfschmerzen, Magenschmerzen und Durchfall – reagierte also psychosomatisch. Dann lief sie plötzlich auf den Therapeuten (A.Westermann) zu, der sich in der Pflegefamilie am meisten mit ihr beschäftigt hatte, und fragte: »Wo ist die Mutti?« Antwort: »Da, wo Du früher gewohnt hast.« Dann: »Ich will mit Dir sprechen«, was sie aber nicht tat, sondern sie forderte ihn auf, mit ihr in ihrem Zimmer zu spielen, und sprach spielend mit ihm.

Als wir ankündigten, daß wir gehen würden, verfiel sie wieder in eine depressive Haltung und sagte: »Ihr bleibt jetzt immer hier!« – als wollte sie die Vergangenheit festhalten und wiederherstellen. Als wir unsere Mäntel anzogen, griff sie nach ihrer Jacke und wollte mitgehen. Wir versprachen ihr, bald wiederzukommen, und forderten sie auf, uns aus dem Fenster nachzuwinken, was sie auch anhaltend und mit Unterstützung der Eltern tat, die auch winkten, traurig blickten und Suse zu trösten versuchten, ohne ihr ihre Trauer ausreden zu wollen oder sie davon abzulenken.

Nach unserem Besuch setzte deutlich verstärkte Trauer ein, die häufig über zwei Stunden anhielt, in denen sie depressiv vor sich hinstarrte. Die Mutter hockte sich dann jeweils dazu, versuchte sie zu streicheln und zeigte ihr, daß sie die Trauer akzeptierte. Den Vater begann Suse nun stark zu ignorieren und auf ihn ablehnend zu reagieren, weil sie ihn offenbar in einen Zusammenhang mit der Pflegefamilie und der Trennung von ihr brachte, während sie Trost und Schutz bei der mit dieser Geschichte nicht verknüpften Mutter suchte. Aber ihre Sprachfähigkeiten verbesserten sich deutlich, weil sie offenbar die Verdrängung und Abwehr ein Stück weit aufgeben konnte. Auch die Schlafstörungen nahmen nach kurzer Verstärkung schrittweise ab.

Bei unserem nächsten Besuch drei Tage später verhielt sich Suse zunächst völlig verleugnend: sah an uns vorbei, war überaktiv und kasperte herum, reagierte aber erneut sehr depressiv, als wir uns verabschiedeten.

Die nächsten Kontakte im Abstand von je einer Woche fanden in unserer Wohnung statt, die Suse bisher unbekannt war. Es wurde deutlich, daß sie uns mit den verlorenen Eltern identifizierte und verwechselte. Sie suchte unsere Wohnung ständig nach Dingen aus der Pflegefamilie ab, wiederholte mit uns – sich handelnd erinnernd – Tätigkeiten aus der Pflegefamilie, meinte, als sie Schritte auf dem Flur hörte, daß der Pflegevater kommen werde, reagierte aggressiv, indem sie versuchte, den Puppen aus dem Sceno-Kasten die Köpfe abzureißen – was auf erste Schritte aggressiver Distanzierung vom verlorenen, aber noch emotional besetzten Objekt hinweist –, und versank immer wieder in Depression und psychosomatische Reaktionen, wobei wir ihre Gefühle verbalisierten, was entsprechend auch die Eltern taten.

Parallel begann sie nun den Eltern gegenüber aggressiv zu reagieren und schien sie strafen zu wollen, indem sie z.B., wenn Besuch kam, die Eltern provozierend böse anblickte und dem Besuch demonstrativ um den Hals fiel, ohne daß die Eltern den Eindruck hatten, daß es sich um das anfängliche distanzlose Verhalten handle, sondern vielmehr um einen Racheakt: Jetzt verlasse ich euch, wie ihr mich gezwungen habt, meine Eltern zu verlassen.

Zwei Monate später begann Suse, den Eltern von ihrer früheren Familie zu erzählen, und fragte, ob sie sie einmal besuchen wollten. Gleichzeitig verhielt sie sich anlehnend und regressiv gegenüber den Eltern, die sie stundenlang herumschleppten, fütterten und umsorgten. Durch den schmerzhaften Prozeß der Trauerarbeit hatte sie nun die Bindung an die verlorenen Objekte aktiv gelöst und war offen geworden für die Entwicklung neuer Liebesbeziehungen, ohne ihre Geschichte abspalten und verdrängen zu müssen.

Auch zum Vater baute sie nun eine freundliche Beziehung auf. Die Verhaltensstörungen verschwanden: Suse schlief besser, zeigte keine Depressionen und auffälligen Aggressionen mehr, war jedoch auch nicht überangepaßt und wirkte offen und gelöst. Auch mit uns konnte sie nun entspannt spielen und sich ohne Schwierigkeiten verabschieden. Bilder aus der Pflegefamilie, die wir inzwischen beschafft hatten, konnte sie, nachdem sie sie zunächst rasch weggelegt und dann immer wieder kurz angesehen hatte, kommentierend akzeptieren und zeigte sie auch anderen, bis sie sie nach einigen Wochen kaum noch betrachtete und schließlich verschwinden ließ.

3.3 Ein Wiedersehen mit den Pflegeeltern

Inzwischen war ein halbes Jahr vergangen, und das Kind hatte neue positive Beziehungen zu den Eltern aufgebaut. Ein Treffen mit den früheren psychologischen Eltern schien ohne große Konflikte möglich zu sein, das nun bei uns, also auf neutralem Gelände arrangiert wurde.

Suse wußte, daß die früheren Eltern zu uns zu Besuch kämen. Im letzten Moment vor dem Treffen bekam sie offenbar Angst, wollte dann aber schließlich doch kommen, was ihr freigestellt worden war. Sie kam mit ihren Eltern als erste bei uns an und begann sofort, mit ihrer Mutter intensiv zu spielen. Als die Pflegeeltern schließlich eintrafen, verleugnete Suse sie zunächst völlig und spielte mit ihrer Mutter weiter. Etwa eine Stunde lang pirschte sie sich dann, mit einer Puppe spielend und immer wieder flüchtend und oberflächlich die früheren Eltern übersehend, immer näher an sie heran, ohne sie direkt anzusprechen. Erst beim Abschied sagte sie unvermittelt: »Tschüs, alte Mutter!« und machte dadurch deutlich, daß sie genau begriffen hatte, wer da war. Sie ging fröhlich und entspannt mit ihren Eltern nach Hause. Der Besuch hatte keinerlei Nachwirkungen.

Suse ist heute ein altersentsprechend entwickeltes Kind mit sicheren Eltern-Kind-Beziehungen.

4. Rückgliederung

1. Ich hoffe, daß in der Fallschilderung einer schließlich erfolgreich verlaufenen Rückgliederung deutlich geworden ist, mit welchen Risiken die Trennung eines Kindes aus positiven, bereits differenzierteren Eltern-Kind-Beziehungen verbunden ist und welches Ausmaß an elterlicher Kompetenz, an Einfühlungs- und Lernfähigkeit, an Konflikt- und Frustrationstoleranz notwendig ist, um eine solche Entwicklungskrise, die leicht zum Trauma mit langfristigen Folgen gestörter Entwicklung werden kann, mit gutem Ausgang zu bewältigen.

Wenn die Differenzierung der Objektbeziehungen Suses auch nur ein Stück weiter fortgeschritten gewesen wäre oder wenn die persönliche und elterliche Kompetenz der aufnehmenden Eltern geringer und die Familienkonstellation ungünstig gewesen wäre, dann hätten wir unsere Hilfe bei der rückgliederungsbegleitenden Beratung versagt. Denn der dem Kind zugefügte Schmerz und Schaden wäre erst recht nicht zu rechtfertigen gewesen, wenn keine hinreichende Hoffnung auf Wiedergutmachung bestanden hätte.

Wir sind in unserer Praxis häufig mit den Ergebnissen mißlungener Rückgliederung konfrontiert. Bemerkenswert ist, daß auch bei einem überraschend hohen Anteil der Eltern, die wir hinsichtlich ihrer Erziehungsfähigkeit untersuchen, in der eigenen Kindheit im Ergebnis höchst unbefriedigende oder mißlungene Rückgliederungen erfolgt sind. Der Zusammenhang zwischen diesen frühen Erfahrungen und den Ergebnissen gestörter Persönlichkeitsentwicklung – Einschränkungen der Beziehungs-, Einfühlungs- und Lernfähigkeit, depressive Gefährdung, Mißtrauen, Selbstwertstörungen und narzißtische Kränkbarkeit – kann bei den Erwachsenen leicht übersehen werden, zumal sie selbst oft das Elend dieser frühen Erfahrungen und die mit ihnen verbundenen vielfältigen Enttäuschungen zu verleugnen und zu verdrängen suchen.

Dagegen erfordert es schon einen erheblichen Einsatz von Abwehrmaßnahmen der Helfer und Berater, das Elend der Kinder zu übersehen, wenn z.B. die zweijährige Christine, die wegen Vernachlässigung durch die leibliche Mutter mit einem Jahr in eine Pflegefamilie integriert wurde, dort befriedigende Beziehungserfahrungen machte und eine in allen Bereichen progressive Entwicklung nahm, zu ihrer leiblichen Mutter zurückgegliedert wird und ein halbes Jahr lang jeglichen Kontakt mit der Mutter verweigert und meist depressiv in einer Ecke hockt, bis es die Mutter endlich nicht mehr erträgt und das Kind in die Pflegefamilie zurückgibt. Oder wenn die zweieinhalbjährige Marion zu ihrer leiblichen Mutter, die in ihrer Erziehungsfähigkeit deutlich eingeschränkt ist, zurückgegliedert wird und sowohl die Mutter als auch die in der Familie tätige Familienhelferin an dem Verbleib des Kindes festhalten, obwohl das Kind die Mutter ablehnt und sich ihr zwei Jahre lang negativistisch verweigert, nach ihrer »Mama« (der Pflegemutter) verlangt und die Enttäuschung dieses Beziehungswunsches mit einer schweren Depression, anhaltenden Schlafstörungen und anderen Symptomen beantwortet.

Eine Wiedergutmachung ist nicht einfach dadurch zu leisten, daß das Kind nach einem gescheiterten Versuch der »Umgewöhnung« – von der in solchen Fällen oft in naiver, die Bedeutung von Objektbeziehungen vollständig verkennender Weise die Rede ist – wieder zu seinen psychologischen Eltern zurückgegeben wird. Denn das Kind kehrt nicht als das Kind zurück, das es vor der Trennung war, sondern als ein Kind, das erhebliche Traumata erlitten hat und auch von den psychologischen Eltern, die es vor der Trennung nicht geschützt haben, zutiefst enttäuscht ist.

2. Wenn ein Kind elterliche Liebesobjekte hat und zu ihnen bereits differenzierte Beziehungen entwickelt hat, sich durch sie definiert und sich mit ihnen in positiver Weise identifiziert, dann darf dem Kind eine Trennung nicht ohne Not, d.h. ohne daß sie aus Gründen notwendig ist, die in der Situation der psychologischen Eltern liegen und daher schließlich auch für das Kind verstehbar und annehmbar sein können, zugemutet werden (vgl. Goldstein/A. Freud/Solnit 1974; Klußmann 1981).

Das besonders hohe Risiko eines Scheiterns der Rückgliederung eines an Ersatzeltern gebundenen Kindes zu seinen leiblichen Eltern, die aber im Erleben des Kindes nicht seine Eltern sind, liegt in einer Verschränkung dreier Faktoren:

- der traumatischen Wirkung des Objektverlustes, der zu einer depressiven Gefährdung führt;
- der Absurdität der Situation, daß sich das Kind gerade an diejenigen binden und die lieben lernen soll, die ihm dieses Trauma zugemutet haben, weil sie wegen der Dominanz ihrer eigenen Bedürfnisse nicht in der Lage waren, Rücksicht auf seine zentralen Bedürfnisse zu nehmen;
- der vielfach eingeschränkten elterlichen Kompetenz der leiblichen Eltern.

Das Scheitern der Rückgliederung – der Bewältigung des Trennungstraumas und der Entwicklung befriedigender neuer Eltern-Kind-Beziehungen – korreliert deutlich mit folgenden Einstellungen und Reaktionsweisen der Eltern:

- der naiven und unrealistischen Vorstellung der leiblichen Mutter bzw. Eltern, daß das Kind zu ihnen gehöre und dies auch wisse und sich deshalb rasch eingewöhnen und sie als Eltern akzeptieren werde (diese Auffassung verhindert die Übernahme eines Helferkonzeptes; entsprechend dieser Überzeugung werden alle Hinweise auf die auf sie und das Kind zukommenden Probleme abgewehrt, verleugnet oder bagatellisiert);
- der Unfähigkeit der Eltern, die Trauer, Ablehnung und Aggression des Kindes und seine regressiven Verhaltensauffälligkeiten emotional zu akzeptieren und zu verstehen, da diese im Widerspruch zum eigenen Rollenkonzept und den Erwartungen und Wünschen an das Kind, sie als Eltern zu akzeptieren, zu lieben und zu bestätigen, stehen;
- der Abwehr von Schuldgefühlen und der Bewältigung der ihnen durch das Verhalten des Kindes zugefügten Kränkung durch Stigmatisierung des Kindes als »abartig« und »böse«;

- der Wiederbelebung eigener negativer und unzureichend verarbeiteter familialer Sozialisationserfahrungen durch die Konfrontation mit dem schlecht angepaßten Kind;
- der Abwehr der eigenen Ohnmacht und Hilflosigkeit im Umgang mit dem Kind und dem Versuch der Zwangsanpassung des Kindes durch selbst erfahrene Macht- und Strafmittel wie Einsperren, Essensentzug, Prügel u.ä.

Die Verhaltensstörungen des Kindes – z.B. verstärkter frühkindlicher Trotz und Negativismus, Essensverweigerung, Schlafstörungen und anhaltendes Weinen, Sich-nicht-trösten-Lassen, Schweigen und depressiver Rückzug, Jaktationen, Aggression und Autoaggression, Herumschmieren mit Kot – demonstrieren den Eltern auf anschauliche Weise ihren mangelnden Einfluß auf das Kind. Eltern, die nicht über ein stabiles positives Selbstwertgefühl, eine hohe emotionale Stabilität und Frustrations- und Konflikttoleranz verfügen, reagieren dann leicht mit narzißtischer Wut, wodurch ein Teufelskreis in Gang gesetzt und aufrechterhalten wird, der zur Verstärkung der Symptome und Widerstände des Kindes und der Kränkung, Ohnmacht und Hilflosigkeit der Eltern führt (Bowlby 1972). Die Gefahr der Kindesmißhandlung ist – wie verschiedene Untersuchungen zeigen (vgl. Zenz 1979) – unter diesen Bedingungen groß, was sich in dem hohen Prozentanteil zurückgegliederter Kinder von vierzig bis fünfzig Prozent an der Gesamtgruppe mißhandelter Kinder widerspiegelt.

5. Verwirrende Übergänge

In vielen Fällen, in denen ein Kind fremdplaziert wird, besteht das Trauma nicht in der Trennung an sich, d.h. im Verlust von Objektbeziehungen, weil die Eltern-Kind-Beziehungen und die vorherigen Sozialisationserfahrungen viel zu unbefriedigend waren, als daß das Kind überhaupt Liebesbeziehungen hätte entwickeln können. Es ist dann selbst bei sehr kleinen Kindern zu beobachten, daß sie beispielsweise in der Klinik oder im Heim geradezu aufblühen und deutliche Entwicklungsfortschritte machen – in einer Situation also, die bei positiv gebundenen Kindern zu verschärften Trennungsreaktionen, Trauer und einem Entwicklungsstillstand oder gar Entwicklungsrückschritten führen würde (Langmeier/Matejcek 1977). Die Traumata, die hier zu verarbeiten sind, liegen in den Erfahrungen vor der Trennung, nicht in der Trennung selbst.

Unabhängig von der Qualität der vorherigen Erfahrungen des Kindes gilt, daß das Kind seine Persönlichkeitsstrukturen und sein Selbst in Beziehungen und durch ständige Austauschprozesse mit seiner Umwelt entwickelt und differenziert. Die sich zunehmend differenzierenden Vorstellungen von sich selbst sind Vorstellungen von sich in Beziehungen. So hat beispielsweise ein eineinhalbjähriges, vernachlässigtes und in einer völlig verwahrlosten Wohnung aufgewachsenes Kind von sich das Selbstbild entwickelt, ein »Müllkind« zu sein, ein Kind, das von Eltern auf den Müll geschmissen wird und einen Dreck wert ist, was das zur Zeit der Therapie dreijährige Kind zunächst handelnd, im Spiel, und dann auch verbal so ausdrückt. Ein anderes Kind mit ähnlichen frühen Erfahrungen, das zudem im Kontext der schon im ersten Lebensjahr begonnenen Reinlichkeitsdressur mißhandelt worden ist, hat sich vollständig mit seinem Kot identifiziert. Es erlebt sich als »Scheiße«, die ins Klo gesteckt und runtergespült werden müßte, was in der Untersuchung des mit zwei Jahren fremdplazierten Kindes, als das Kind sechs Jahre alt ist, wiederholt thematisch wird.

Die Erfahrungen des Kindes sind identitätsbildend, also Teil seiner Identität. Wenn es von seinen Erfahrungen und den daran gebundenen Gefühlen abgeschnitten wird, dann droht ein Identitätsverlust, dann kann es auch mit zunehmender Differenzierung seiner Ich-Fähigkeiten kein Verständnis mehr von sich selbst entwickeln und sich nicht mehr als kontinuierliches und ganzheitliches Wesen begreifen. Bei Trennungen droht ein solcher Identitätsverlust, wenn es dem zwei- oder dreijährigen Kind, das schon über konkrete Erinnerungen verfügt und zunehmend auch über die Fähigkeit, sich mit ihnen handelnd und verbal auseinanderzusetzen, nicht ermöglicht wird, Erinnerungsarbeit zu leisten und sich seine Geschichte und Gefühle wieder verfügbar zu machen. In diese Auseinandersetzung mit den eigenen Erfahrungen und Gefühlen kann und darf man ein Kind nicht hineinzwingen. Es kann sie nur in kleinen, vorsichtigen Schritten und mit immer wieder einsetzender Abwehr leisten, aber es braucht annehmende Unterstützung auf diesem mühsamen Weg der Erinnerungsarbeit.

Die nur zu verbreitete Vorstellung, daß man Kinder so behandeln könne, als seien sie geschichtslose Wesen, behindert diese Arbeit. Der Wunsch neuer Eltern, das Kind werde sie gleich als Eltern anerkennen oder lieben, blockiert die Aufarbeitung der Erfahrungen des Kindes. Der damit verbundene unbewußte Wunsch, das Kind möge sich nicht erinnern, oder gar die Vorstellung, ein rasches Vergessen dessen, was das Kind vorher erlebt und insbesondere auch erlitten hat, werde ihm helfen, erreichen genau das Gegenteil. Und schließlich kann die Auseinandersetzung mit der eigenen Geschichte, der früheren Erfahrung, der Trennung und der neuen Situation dadurch blockiert werden, daß das mögliche Vertrauen des Kindes in die neue Situation und gegenüber denjenigen, an die es sich nun binden soll, durch falsche Informationen völlig in Frage gestellt wird oder der Schritt in die neue Familie vom Kind als nicht durchschaubare Überwältigung erlebt wird. Dies geschieht besonders leicht, wenn ein Kind plötzlich und rasch untergebracht werden muß und dem Sozialarbeiter kaum Zeit bleibt, die Integration gut vorzubereiten, die bisherige Entwicklung des Kindes zu erkunden und die Informationen, die das Kind über seine Abgabe bekommen hat, zu recherchieren und notfalls zu korrigieren. Dann bleibt vieles unkalkulierbaren und mitunter gefährlichen Zufällen überlassen, und niemand kann für das Kind Hilfs-Ich-Funktionen übernehmen, das Gedächtnis des Kindes und seine Erinnerung unterstützen und ergänzen, wo dies für sein Selbstverständnis notwendig wäre.

5.1 Ein Fallbeispiel

Ein zwei Jahre und elf Monate alter Junge (Roland) soll zur Adoption in eine Familie vermittelt werden, die schon ausgewählt ist und zu der vorbereitende Kontakte stattfinden sollen, sobald das neue Haus fertiggestellt ist, so daß die Aufnahme des Kindes bald darauf erfolgen könnte. Dazu kommt es aber nicht.

Noch vor dem ersten Kontakt bringt der leibliche Vater den Jungen zur Vermittlungsstelle und sagt, das Kind müsse sofort untergebracht werden, weil seine Versorgung nicht mehr möglich sei. Näheres über seine Vorgeschichte und seine Beziehungen ist nicht bekannt, bzw. die durch den Vater erteilten Informationen stellen sich im nachhinein als zum Teil falsch heraus.

Die schon ausgewählten Eltern erklären sich bereit, das Kind sofort aufzunehmen, obwohl sie sich gerade im Umzug befinden und Roland deshalb noch für vier Tage bei den ganz in der Nähe wohnenden Großeltern untergebracht werden muß. Die betreuende Sozialarbeiterin bringt das Kind mit einigen Spielsachen, die noch rasch geholt werden, zu den Großeltern. Roland verhält sich aktiv, neugierig, heiter und zeigt keine Anklammerung, Trauer oder Trennungsängste. Es scheint alles problemlos zu verlaufen.

Die Sozialarbeiterin bespricht mit den neuen Eltern, daß sie in der nächsten Zeit häufiger Besuche machen wird und daß das Kind darauf u.U. mit Trauer, Erinnerungen an seine Geschichte und nächtlichem Weinen reagieren wird, warum dies aber notwendig und richtig ist, was die Eltern auch akzeptieren können.

In den ersten zwei Wochen hält sich Roland ständig in der Nähe der Eltern auf und kann sich schlecht selbst beschäftigen, ist ansonsten aber ein problemloses, aktives, fröhliches Kind – »manchmal ein richtiger kleiner Clown«. Ganz selten sitzt er – still vor sich hinblickend – da, läßt sich dann aber rasch ablenken und zum Spiel bewegen. Manchmal nennt er Namen oder erzählt Ereignisse, die wohl mit seiner Vorgeschichte zusammenhängen.

Nach den ersten Besuchen der Sozialarbeiterin ist Roland ein wenig traurig, weint auch in der folgenden Nacht, aber das gibt sich bald. Die Eltern beschäftigen sich intensiv mit ihm, fördern aber auch seine Selbständigkeit und begrüßen es, daß er schon bald alleine draußen spielt, aktiv Kontakt zu den Nachbarn aufnimmt, bei denen er sich gern auch zunehmend länger aufhält, und sind wirklich glücklich mit ihrem gesunden und munteren, lustigen Kerl. Auffallend ist nur, daß Roland sich bei Konflikten sehr schnell anpaßt, kaum einmal wütend wird und sich teilweise ein wenig zwanghaft verhält, indem er so etwas wie einen »Putzfimmel« hat.

Mehr als ein halbes Jahr später meinen die Eltern, daß Roland nun so weit sei, daß er einmal bei den nahewohnenden Großeltern, zu denen er ständigen Kontakt hat, übernachten könne, weil sie an diesem Abend etwas unternehmen möchten. Roland stimmt dem auch zu. Die Eltern bringen ihn bei den Großeltern ins Bett, warten, bis er eingeschlafen ist, und sind morgens zum Frühstück zurück. Roland wirkt munter und möchte noch ein wenig bei den Großeltern bleiben. Vier Tage später wird er nachts wach und ruft nach der Oma. Nach einigen Tagen erkrankt er psychosomatisch, wirkt motorisch ständig sehr angespannt und zeigt bei kleinsten Frustrationen und Spannungssituationen heftige Selbstaggressionen, die die Eltern in hohem Maße beunruhigen, da sie dann kaum einen Einfluß auf ihn haben und ihn nicht bremsen können. Dazwischen kann er auch wieder ganz aktiv und fröhlich sein, verhält sich aber wieder viel anklammernder und zeigt starke Trennungsängste. Er bekommt Angst, wenn er ausgezogen wird und ins Bett gehen soll, schläft unruhig und weint im Schlaf.

Bei der Untersuchung – Roland ist inzwischen fast vier Jahre alt – wird deutlich, daß er stark aggressiv gehemmt ist: Er verhält sich sehr zögernd und rückversichernd, wenn er etwas macht oder haben will; er möchte gern mit den Boxhandschuhen boxen, bekommt aber sofort Angst davor; er spielt mit einem grimmig aussehenden Krokodil, das aber nur »ein liebes, kleines Krokodil« sein darf; er kann mit Spannungen nicht aktiv nach außen gewendet umgehen, sondern richtet sie sofort autoaggressiv gegen sich. Wir besprechen mit den Eltern, wie sie dem Kind helfen können, seine aggressiven Hemmungen abzubauen, was sie auch gekonnt handhaben und worauf eine vorübergehende, aber nicht anhaltende Besserung in seiner Symptomatik einsetzt.

In den Spielen des Kindes und im Sceno-Test kommt schon beim erstenmal sehr verschlüsselt zum Ausdruck, daß Roland die Trennungssituation überhaupt nicht verarbeitet hat: Da wird immer wieder (auch in den folgenden Stunden – er kommt jetzt einmal pro Woche zur Therapie zu uns) ein Zoo gebaut. Neue Tiere werden abtransportiert. »Sie dürfen aber noch nicht ins Wohnzimmer, das ist noch nicht fertig – erst in vier Tagen.« Um den Zoo werden hohe Mauern gebaut, damit die Tiere, die immer weglaufen wollen, nicht heraus können. Die Zoowärter passen auf. Da läuft ein kleines Nilpferd immer wieder weg. Roland nennt den Namen der Stadt, wo er herkommt. Da läuft das Nilpferd hin, was Roland dann sofort Angst macht und zu erhöhten Spannungen und Autoaggressionen führt. Immer wieder inszeniert er mit uns Spiele, in denen wir alle schlafen müssen, und plötzlich ist einer verschwunden, wird einer geraubt. Oder alle kugeln durcheinander, und keiner weiß, wo er hingehört und was ihm passieren wird, und Roland murmelt dabei ständig vor sich hin: »So ein Durcheinander, so ein Durcheinander.« Über viele Stunden taucht auch ein Spiel immer wieder auf, wo ein LKW auf einer Umzugstour verunglückt und samt Fahrer eingeklemmt wird und nicht zu befreien ist.

Mit zunehmender Darstellung der beängstigenden Phantasien im Spiel nimmt die Symptomatik des Kindes ab bzw. verändert sich und grenzt sich ein. Dennoch bleibt sie für das Kind und die Eltern weiterhin sehr belastend, zumal sie kaum eine Nacht zur Ruhe kommen.

Es dauert vier Monate, bis seine Darstellungen im Spiel konkreter werden und bis er schließlich auch direkt denken und aussprechen kann, was das Chaos in ihm verursacht hat, und er sich konkret zu erinnern beginnt.

Die Phantasien des Kindes, seine Theorie über die Trennung, von der ich gleich berichten werde, wird erst mit folgenden Informationen verständlich: Nachträgliche Recherchen hatten ergeben, daß der Vater das Kind an dem Tag, als er es zur Vermittlung brachte, eigentlich zu seinen leiblichen Großeltern bringen wollte, bei denen es schon mehrere Monate gelebt hatte. Die Großeltern waren jedoch nicht da. Also brachte der Vater Roland zur Vermittlungsstelle und sagte ihm, daß die Sozialarbeiterin es zu »Oma und Opa« bringen werde.

Nun zu den Phantasien des Kindes: Roland dachte, daß er zu seinen leiblichen Großeltern gebracht würde. Er kam jedoch zu ganz fremden Menschen, die sich aber auch als seine Großeltern definierten. Er glaubte weiterhin, daß er nur vorübergehend dort bliebe und dann von seinem Vater wieder abgeholt werde. Statt dessen kommt er aber zu seinen neuen Eltern, die für ihn ja auch einfach wildfremde Leute sind.

Man muß sich die dadurch ausgelösten Gefühle völliger Verwirrung und Ohnmacht so vorstellen, als stiege man in ein Taxi ein, das einen nach Hause fahren soll, statt dessen aber landet man plötzlich an einem fremden Ort, ist umgeben von fremden Menschen, die behaupten, diejenigen zu sein, die man zu Hause erwartet hatte.

Und außerdem haben diese Leute große Macht – wie Erwachsene von kleinen Kindern als mächtig erlebt werden –, und man fühlt sich von ihnen total abhängig und findet keinen Weg zurück. Roland war einer für ihn so unverständlichen, verwirrenden und beängstigenden Situation ausgesetzt, daß er seine Gefühle, Erinnerungen und Vorstellungen ganz tief verdrängen mußte und eine perfekte Abwehrfassade aufbaute. Das Übernachten bei den Großeltern ein halbes Jahr später führte offenbar zur Wiederbelebung der Erinnerung an die Anfänge und die Vorstellung, der Vater hole ihn nach vier bis fünf Tagen – die in den Spielen immer wieder als magische Zahl auftauchten – wieder ab. Als er nach einer Woche die Gewißheit hat, daß der Vater nicht kommt, gerät er in Verzweiflung und entwickelt die Vorstellung, daß er eigentlich weglaufen müßte, um den Vater zu suchen, aber eingesperrt ist wie die Tiere im Zoo. Die Pflegeeltern sind für ihn die übermächtigen Zoowärter, die ihn am Weglaufen und an der Suche nach dem Vater hindern. Gleichzeitig hat er inzwischen die Pflegeeltern – im Unterschied zu seinen früheren, sehr frustrierenden Beziehungserfahrungen – auch als freundlich, liebenswert und fürsorglich wahrgenommen; und der Gedanke an Flucht und die Aggressionen gegen sie machen Roland auch erhebliche Angst und Schuldgefühle – ein nicht zu lösender Konflikt. Als Erklärung dafür, daß der Vater ihn nicht wieder abholt, dient ihm die Vorstellung, er habe einen Unfall gehabt (vgl. das LKW-Spiel) und sei entweder krank oder tot. Die Ungewißheit darüber und die Möglichkeit, der Vater könne, wenn er nur krank ist, ihn doch wieder abholen, machen ihm zunehmend mehr Angst, je positiver er die neuen Eltern erlebt.

Erst die nun möglichen realistischen Informationen und ihre Verarbeitung, die auch nicht mit einem Mal geleistet ist, können ihm viele seiner an das Trennungstrauma geknüpften Spannungen und Ängste nehmen, und andere aus der frühen Kindheit resultierenden Probleme werden jetzt der Bearbeitung zugänglich.

Nun, nicht jedes Kind hätte auf die beschriebene Vermittlungssituation in gleicher Weise reagiert. Hier kamen die in Rolands frühen Sozialisation entwickelten Schwierigkeiten hinzu, Konflikte und Spannungen aktiv zu bewältigen, seine spezifischen Abwehrmaßnahmen, seine hohe Bereitschaft, psychosomatisch zu reagieren, und seine durch mehrfache vorherige Trennungserlebnisse gesteigerte Sensibilität gegenüber Trennungssituationen. Das alles wurde erst im nachhinein – durch nachträgliche genaue Recherchen und die Beobachtung des Kindes selbst – bekannt.

Wie wäre solchen Entwicklungen und neuen Traumata, die leicht zur Überforderung aller führen können, vorzubeugen, auch wenn sie nie gänzlich ausgeschlossen werden können?

5.2 Überlegungen zu vorbeugenden Maßnahmen

Ein erster Grundsatz, der auf der Hand liegt, ist der, daß vor der Vermittlung auch eines kleinen Kindes so genau wie möglich seine Vorgeschichte recherchiert werden muß:

- Wann hat das Kind wo gelebt?
- Unter welchen Umständen und warum ist ein Wechsel erfolgt?
- Welche Menschen haben jeweils mit ihm zusammengelebt?

- Wie sahen die Beziehungen des Kindes zu den verschiedenen Bezugspersonen aus?
- Wie sind die Bezugspersonen insbesondere hinsichtlich ihrer sozial-emotionalen Qualitäten zu beurteilen?
- Welche Erziehungsgrundsätze haben sie?
- Wofür ist das Kind wie bestraft worden?
- Welche besonderen Ereignisse gab es im Leben des Kindes oder seiner Angehörigen?
- Welche Krankheiten hatte das Kind; welcher Arzt war zuständig?
- Welche Verhaltensauffälligkeiten hatte das Kind?
- Wie sahen die äußeren Lebensbedingungen aus?

Das alles kann in den Erinnerungen des Kindes eine Rolle spielen. Man braucht Zeit für solche Recherchen, aus denen auch erst geschlossen werden kann, mit welchen Problemen beim Kind zu rechnen ist, was sicherlich auch für die Auswahl der neuen Familie wichtig ist und für die Frage, welche Situationen und Parallelen vermieden werden sollten.

Wenn man außerdem dafür Sorge tragen will, daß das Kind die neue Situation, in der es nun ständig leben soll, nicht von vornherein als zu überwältigend und desorientierend erlebt und daß es, je älter es wird – spätestens ab drei Jahren –, die ersten Schritte in die neue Familie möglichst selbst aktiv tun sollte, so müßte man für plötzlich unterzubringende Kinder Übergangssituationen schaffen, damit die für eine gute Vorbereitung notwendigen Schritte möglich sind. Eine solche Übergangssituation ist sicherlich auch besser geeignet, um Besuchskontakte von leiblichen Eltern, deren Situation noch geklärt werden muß, zu ermöglichen und Rollenkonflikte, die leicht entstehen, zu vermeiden, wenn ein Kind gleich in eine Familie integriert wird.

Wir haben schon mehrfach erlebt, daß es sogar in einem größeren Heim möglich und gut gelungen ist, kleine Kinder für wenige Tage oder Wochen als Übergang unterzubringen, sofern sich eine Erzieherin findet, die sich in besonderer Weise verantwortlich für das Kind fühlt.

Sicherlich dürfen solche Zwischenlösungen nicht dazu verführen, sich dann Zeit zu lassen; denn wegen der noch großen Bindungsbereitschaft kleiner Kinder und der Notwendigkeit individueller Beziehungen für ihre Persönlichkeitsentwicklung wäre eine rasche Kontaktanbahnung zu neuen und dauerhaften Bezugspersonen wichtig.

In jedem Fall muß auch für eine solche Übergangssituation gelten, daß von einem Betreuer viel Zeit für das Kind zur Verfügung steht, da ein kleines Kind nur im permanenten Schutz eines Erwachsenen solche desorientierenden Situationen ohne größeren Schaden überstehen kann.

Man könnte einwenden, daß dann einem Kind in kurzer Zeit gleich zwei Trennungen zugemutet werden. Jedoch, wenn auch der erste abrupte Wechsel u.U. traumatisch ist, so muß es doch der zweite, vorausgesetzt, daß er gut vorbereitet ist, nicht zwangsläufig sein (vgl. Robertson/Robertson 1975). Ab etwa zwei Jahren brauchen Kinder sowieso einige Zeit, bis sie die alten Objekte aufgegeben haben und neue Bindungen eingegangen sind; und die potentiell traumatische Erfahrung der Überwältigung in der völlig neuen Situation verbindet sich auf diese Weise dann wenigstens nicht mit den Menschen, zu denen das Kind schließlich die neuen tragfähigen Beziehungen entwickeln soll.

Kapitel 5: Die Aufarbeitung früher Deprivationsstörungen*

Wenn man unter Deprivation die Folge einer ungenügenden, mangelhaften Befriedigung grundlegender psychischer Bedürfnisse, wie denen nach Nähe und Zuwendung, Interaktion und Anregung, Spannungsausgleich und Beruhigung, versteht (Langmeier/Matejcek 1977), so sind wir häufig mit Kindern konfrontiert, die in ihrem ersten Lebensjahr und oft noch darüber hinaus unter vielfältigen deprivierenden Bedingungen gelitten haben: unter physischer Vernachlässigung und oralen Mangelerfahrungen, unter emotionaler Deprivation, d.h. dem Mangel an beständiger emotionaler Zuwendung und einem Spannungsausgleich, unter sensorischer Deprivation, also einem Mangel an Sinnesreizen und Anregungen.

Je früher die Deprivation einsetzt, je länger sie anhält und je umfassender sie ist, desto gravierender sind die Auswirkungen auf alle Bereiche der Persönlichkeitsentwicklung; und man hat lange angenommen, daß schwere Deprivationsschäden irreversibel seien. Wir teilen – auch aufgrund unserer eigenen Erfahrungen in der Therapie älterer, früh deprivierter Kinder – den inzwischen gewachsenen Optimismus der weitgehenden Korrigierbarkeit der Folgen früher Deprivationserfahrungen, wobei uns die Wahl des therapeutischen Weges von ausschlaggebender Bedeutung zu sein scheint.

1. Ein Fallbeispiel

Wir haben in den vergangenen Jahren wiederholt Kinder untersucht, die mit frühen Deprivationsstörungen, die sie in der Ursprungsfamilie oder in Kliniken oder Heimen erlitten hatten, in Pflegefamilien integriert worden waren und die nach jahrelangem Bemühen und gezielten Fördermaßnahmen trotz aller erreichten Fortschritte deutliche Retardierungen und Störungen ihrer kognitiven und sozial-emotionalen Entwicklung aufrechterhalten hatten.

Hierzu ein Fallbeispiel: Renate, heute viereinhalb Jahre alt, lebte zwei Jahre lang in ihrer Ursprungsfamilie. Der Vater war kaum anwesend, die Mutter äußerst infantil, unfähig, den Haushalt zu organisieren, unfähig, die Bedürfnisse und Signale des Kindes wahrzunehmen, darauf zu reagieren und zum Kind eine differenzierte Beziehung herzustellen. Das Kind verbrachte die meiste Zeit im Bett. Es erhielt kaum Anregungen. Sein Schreien wurde ignoriert oder mit Schimpfen beantwortet. Es wurde nicht gestillt und nicht gefüttert; statt dessen wurde ihm schon mit wenigen Wochen die Flasche in den Mund gesteckt, und es wurde damit allein ins Bett gelegt. Ein Dialog zwischen Mutter und Kind fand kaum statt.

Als Renate mit zwei Jahren aus der Familie genommen wurde und nach zwei Monaten Klinikaufenthalt in die Pflegefamilie kam, waren bei ihr ausgeprägte Deprivati-

* *Nienstedt, M.:* Vortrag auf der Fortbildungsveranstaltung des Landesjugendamtes Westfalen-Lippe für Sozialarbeiter, Hardehausen 1984.

onssymptome feststellbar: Bis auf das Längenwachstum waren in allen Bereichen ein Entwicklungsrückstand von mehr als einem Jahr sowie schwere sozial-emotionale Störungen festzustellen:

- Störungen der motorischen Entwicklung: Renate konnte nicht sitzen, den Kopf nicht aufrechthalten und nicht laufen; ihre Bewegungen waren unkontrolliert; die Mund- und Kaumuskulatur war nicht ausgebildet; sie war nur an flüssige Nahrung gewöhnt; ihr Kopf war vom einseitigen Liegen deformiert; sie zeigte Jaktationen des Kopfes und des ganzen Körpers.
- Störungen der Neugier, Aktivität und Initiative: Renate war ängstlich und verschüchtert, zeigte kein Neugier- und Spielverhalten und reagierte kaum auf Umweltreize und war initiativlos.
- Störungen der Sprachentwicklung und der akustischen Wahrnehmung: Renate sprach kein Wort, gab nur wenige Laute von sich, verstand offenbar nichts und schien nicht hören zu können.
- Störungen der Beziehungsfähigkeit: Renate war beziehungslos, wehrte Körperkontakt ab, machte sich steif und beantwortete Nähe und Zuwendung mit Aggressionen (an den Haare reißen, kratzen und kneifen).
- Störung der Gefühlsdifferenzierung: Renates Gefühle waren undifferenziert; sie weinte und lachte nicht und schien schmerzunempfindlich zu sein.
- fehlende Frustrationstoleranz und Aggressionssteuerung: Renates Frustrationstoleranz war äußerst gering; auf Frustrationen reagierte sie mit Übererregung (zittern), Kreischen und Autoaggressionen (sich selbst Haare ausreißen, mit dem Kopf gegen die Wand schlagen, zähneknirschen und grimassieren).
- Schlafstörungen: Renate wurde oft nachts wach, schrie und war dann nicht zu beruhigen; auch schien sie Angst vor dem Kinderbett zu haben und schrie, sobald sie ins Bett gelegt wurde.

Kurz nach der Integration in die Pflegefamilie wurde Renate in einer Kinder- und Jugendpsychiatrie vorgestellt und dort auch etwa ein halbes Jahr lang vierzehntägig heilpädagogisch und verhaltenstherapeutisch ambulant behandelt. Die Pflegemutter wurde in die Trainingsprogramme eingewiesen und angehalten, diese auch nach Abschluß der ambulanten Behandlung regelmäßig mit Renate weiterzuführen. Parallel dazu wurde eine krankengymnastische Behandlung durchgeführt und durch tägliche Turnübungen zu Hause ergänzt.

Die den Pflegeeltern gegebenen Anweisungen lauteten:

- Sie sollten dem Kind nicht mehr die Flasche geben, sondern gleich mit fester Nahrung beginnen, um die Entwicklung der Kaumuskulatur zu fördern und um es an altersangemessene Nahrung zu gewöhnen. Renate verweigerte anfangs die feste Nahrung, spuckte sie aus und reagierte aggressiv und mit Schreien, was sich jedoch nach kurzer Zeit des »Hereinzwingens des Essens« milderte, bis sie schließlich problemlos die Nahrung annahm.
- Die Eltern sollten die aggressiven Reaktionen des Kindes ignorieren und positives Verhalten durch Zuwendung, Lob und Belohnung verstärken.
- Das Kind sollte nicht viel herumgetragen werden, sondern angeregt werden, selbständig zu sitzen und zu laufen. Seine Selbständigkeit sollte vielfältig unterstützt werden.

- Es wurden verschiedenste Übungen zur Entwicklung und Differenzierung der Grob- und Feinmotorik, der Wahrnehmungsdifferenzierung und der Sprachentwicklung durchgeführt, wobei das Kind erhebliche Widerstände zeigte.

Als wir Renate zweieinhalb Jahre später, also mit viereinhalb Jahren, untersuchten, war sie körperlich ein ihrem Alter entsprechendes Kind, das jedoch in seiner kognitiven und sozial-emotionalen Entwicklung einen Entwicklungsrückstand von etwa zwei Jahren hatte. Nach wie vor verfügte sie über eine geringe, wenn auch gegenüber dem Ausgangsniveau verbesserte Frustrationstoleranz, geriet leicht unter Spannung, reagierte auf Frustrationen mit heftigen Trotzanfällen und reagierte äußerst empfindlich auf Zwang. Ihre Spielfähigkeit, Ausdauer und Konzentrationsfähigkeit waren noch erheblich eingeschränkt. Auch das Umweltinteresse und Neugierverhalten hatten noch bei weitem kein altersentsprechendes Niveau erreicht. Ihr Selbstwertgefühl war noch nicht hinreichend stabilisiert, was an einem geringen Zutrauen in die eigene Leistungsfähigkeit, einem Sich-rasch-entmutigen-Lassen, ängstlichen Widerständen gegen neue Erfahrungen und einer noch überstarken Abhängigkeit von der unterstützenden Hilfe durch andere ablesbar war.

Obwohl die Pflegeeltern, wie sie es schilderten, sich immer sehr schützend und ermutigend verhalten hatten und das Kind nie allein gelassen hatten, steckte Renate auch jetzt noch voller Angst und hatte noch kein sicheres Zutrauen in die Verläßlichkeit anderer entwickelt. Sie ging nicht alleine nach draußen, hatte Angst, allein gelassen zu werden, kontrollierte die Eltern ständig und bekam Angst, wenn jemand lauter sprach oder schimpfte. Sie schrie und weinte dann und warf sich auf den Boden. Sie konnte noch nicht alleine schlafen, wurde zuweilen noch wach und schrie.

Trotz eines inzwischen guten Sprachverständnisses war sie in ihrer Sprachentwicklung noch weit zurück. Sie sprach sehr undifferenziert und undeutlich.

Sie war inzwischen zu positiver Zuwendung in der Lage, konnte befriedigende Beziehungsaspekte wahrnehmen und sich auf Nähe einlassen, auch wenn sie immer noch bei intensiverem Körperkontakt, z.B. bei Umarmungen, Abwehr zeigte.

Sie versuchte – wie es immer so schön formuliert wird – ständig Aufmerksamkeit zu bekommen und im Mittelpunkt zu stehen und reagierte ausgesprochen eifersüchtig bei der Zuwendung der Mutter zu anderen. Die Trennungsängste und Eifersucht zeigten an, daß erste Bindungen entstanden waren, die jedoch offenbar noch locker und undifferenziert waren, was in der Untersuchungssituation sichtbar wurde: Sie konnte sich bei rascher »Ersatzorientierung« an der Untersucherin recht leicht von der Pflegemutter trennen. Auch zeigten die Untersuchungsbefunde, daß Renate Mehrpersonen-Beziehungen noch nicht handhaben konnte und daß die Beziehung zur Pflegemutter noch stark negativ gefärbt war: Im Erleben des Kindes dominierten die frustrierenden, fordernden und strafenden Aspekte, und im Spiel kamen auch erhebliche Aggressionen gegen die Mutter zum Ausdruck.

Nicht in jedem Fall und schon gar nicht unter den Förderbedingungen, die hier durch den Rat der Klinik geschaffen wurden, erreicht ein Kind mit so erheblichen Deprivationsschäden überhaupt die Stufe eines Kindes wie Renate hinsichtlich der Beziehungsfähigkeit, die durch die Aufgabe des Widerstandes gegen Beziehungen, die Suche nach dichten, befriedigenden Beziehungen und ihre eifersüchtige Verteidigung gekennzeichnet ist. Hier spielen wahrscheinlich zwei Faktoren eine Rolle:

- Trotz seiner erheblichen Probleme und der Schwierigkeiten bei all den mühsamen Versuchen, seine Fähigkeiten zu entwickeln, wurde das Kind emotional von den Pflegeeltern angenommen. Die Pflegeeltern liebten Renate und schätzten sie, verhielten sich schützend und tröstend und haben selbst gelitten, wenn das Kind bei den Trainingsprogrammen mit starken Widerständen und Unlust reagierte. Die Entwicklungsrückstände wurden den frühen Sozialisationsbedingungen angelastet, das Kind wurde als ein seinen Möglichkeiten nach gesundes Kind betrachtet.
- Die Persönlichkeitsstrukturen und Verhaltenstendenzen der leiblichen Mutter, die wir ebenfalls untersucht haben, legen die Annahme nahe, daß Renate in ihrer Ursprungsfamilie zumindest eine diffuse Vorstellung von – wenn auch immer wieder frustrierter und nicht oder nur zufällig an den Bedürfnissen des Kindes orientierter – »Mütterlichkeit« entwickelt haben mag.

Dennoch: Es bleibt festzustellen, daß die isolierte Förderung von Fähigkeiten eine wirklich progressive Entwicklung des Kindes verhindert hat.

2. Der Dialog und die Entwicklung von Ich-Fähigkeiten

Ärzte und Therapeuten, die solche Maßnahmen zu einem so frühen Zeitpunkt empfehlen, stellen offenbar die sensorische Deprivation des Kindes, das Fehlen von angemessenen Anregungsbedingungen in den Vordergrund ihrer Überlegungen. Sie gehen von der Annahme aus, daß die Chancen der angemessenen Entwicklung der Muskulatur, der Ausdifferenzierung von Hirnstrukturen, der motorischen und kognitiven Entwicklung des Kindes größer sind, je früher man eine positive Entwicklung in diesen Bereichen in Gang setzt.

Dieser Ansatz verkennt, daß die Entwicklung der Ich-Fähigkeiten – der Wahrnehmungs-, Lern- und Denkfähigkeit und der Handlungssteuerung des Kindes – ganz wesentlich abhängig ist von sozial-emotionalen und motivationalen Faktoren und daß hier die Herstellung eines befriedigenden Dialogs in der frühen Mutter-Kind-Beziehung von hervorragender, zentraler Bedeutung ist.

Einen geglückten Dialog (Spitz 1976), d.h. eine befriedigende Interaktion zwischen Mutter und Kind, beschreibt Müller-Braunschweig (1975, 54f) folgendermaßen:

- Die Bedürfnislage des Säuglings muß durch die Mutter averbal verstanden und in der richtigen Art und Stärke beantwortet werden. Das heißt, daß die Mutter die Bedürfnisse des Kindes nach Nahrung, Wärme, Ruhe, Schlaf, nach Körperkontakt, nach visuellen und akustischen Eindrücken, nach Interaktion einfühlen und in der auf die jeweilige Bedürfnislage des Kindes abgestimmten Dosierung angemessen befriedigen kann.
- Die Mutter muß in verläßlicher Weise die zunächst diffusen Vorformen von Gefühlen wie Lust und Unlust, Spannung und Entspannung, Freude und Ärger, Zuwendung und Abwendung wahrnehmen, mimisch, gestisch und akustisch aufnehmen und ausdrücken, sie dem Kind widerspiegeln, weil nur so – im Spiegel der Mutter – das Kind seine Gefühle und Handlungen ausdifferenzieren kann. Das Kind muß die Bedeutung seiner eigenen Reaktionen und Affekte lernen, und das tut es über die Erfahrung, daß auf seine Äußerungen und Befindlichkeiten relativ

konstante und verläßliche Reaktionen folgen, die den noch undifferenzierten und diffusen Emotionen und Intentionen des Kindes entsprechen.

Ein geglückter Dialog, der durch die Befriedigungs- und Widerspiegelungsfunktion wesentlich charakterisiert ist, schafft erst die Voraussetzungen für eine gesunde Ich-Entwicklung des Kindes.

Die folgende Darstellung bezieht sich im wesentlichen auf Müller-Braunschweig (ebd., 16ff).

2.1 Wahrnehmungsdifferenzierung

Dadurch, daß die Mutter verläßlich und einfühlend auf die Signale des Kindes und seine Bedürfnisse reagiert, werden innere und äußere Reize, die zunächst noch für das Kind bedeutungslos sind, zu sinnvollen Signalen, so daß sich die zunächst diffusen Wahrnehmungen des Kindes ordnen und differenzieren: Das vor Hunger schreiende Kind beruhigt sich zunächst nur, wenn es die Brustwarze der Mutter oder ihren Ersatz, den Flaschensauger, mit den Lippen berührt. Schritt für Schritt nimmt es dann bereits die Stimme der Mutter, wenn sie in dieser Situation immer wieder in gleicher Weise beruhigend zum Kind spricht, ihre Berührungen, ihre Bewegungen und ihre Mimik als Hinweisreize auf die nahende Bedürfnisbefriedigung wahr. Das Kind reagiert schließlich bereits auf sie mit Entspannung und schließlich mit Lustgefühlen. Schritt für Schritt weiten sich die bedeutsamen Hinweisreize aus, z.B. auf das Geschirrklappern, das sich von anderen akustischen Reizen dadurch unterscheidet, daß es immer kurz vor der Bedürfnisbefriedigung einsetzt. Die zunächst als bedeutungsvoll gelernten Signale, die Anfänge der Wahrnehmungsdifferenzierung, zentrieren sich ganz um die Bedürfnisse des Kindes und ihre Befriedigung.

2.2 Spannungsreduktion, Sicherheitsgefühl und Zuwendung zur Welt

Diese frühen Lernprozesse und die Entfaltung von Neugier und Aktivität setzen jedoch die Herstellung eines bestimmten Spannungs- und Reizniveaus durch die Mutter voraus: Aktive Zuwendung zur Umwelt, die Wahrnehmung von Hinweisreizen und schließlich die Entwicklung eigener instrumenteller Handlungen zur Erreichung eines Zieles erfolgt beim Säugling nur dann, wenn er nicht unter zu großen Spannungen, unter einem zu starken Bedürfnisdruck steht und von seinen eigenen Erregungen und Unlustgefühlen, die er zunächst noch nicht selbst regulieren kann, ohnmächtig überschwemmt wird. Das heißt, die hinreichende Befriedigung der primären Bedürfnisse des Kindes, die ihm ein grundlegendes Gefühl der Sicherheit und des Wohlbefindens vermitteln, ist eine Voraussetzung dafür, daß das Kind neugierige Aktivität entwickeln kann. Auch muß die Mutter dafür sorgen, daß die Reizvielfalt auf ein Maß reduziert wird, die vom kleinen Kind verarbeitet werden kann. Sowohl Reizmonotonie, Reizmangel als auch Reizüberflutung erzeugen bei jedem Menschen Spannung und Unlustgefühle und führen auch beim Erwachsenen dazu, die Fähigkeit zur differenzierten Wahrnehmung und zielgerichteten Handlung erheblich zu reduzieren.

Neugier entsteht am ehesten auf einem mittleren Aktivitäts- und Stimulationsniveau, das natürlich bei einem Erwachsenen oder einem älteren Kind ein anderes ist als bei einem Säugling. Bereits das Gesicht der Mutter und ihre vielfältigen Aktionen und Reaktionen im Dialog mit dem Kind, die ihm die äußere und innere Wirklichkeit vermitteln und interpretieren, stellen für den Säugling – bei guter Einfühlung der Mutter – eine angemessene Reizvielfalt dar.

2.3 Die Trennung von Selbst und Objekt und die Entwicklung von Autonomie

Nur dann, wenn das Kind in der Mutter eine konstante und verläßliche Spiegelung seiner eigenen Befindlichkeiten erfährt, wenn es die Mutter als zuverlässig, manipulierbar und kalkulierbar erlebt und wenn es mit neuen Erlebnissen in von ihm zu verarbeitender Weise, d.h. auch auf einem nicht zu hohen Spannungsniveau, konfrontiert wird, kann das Kind Schritt für Schritt ein sinnvolles und strukturiertes Bild von der Mutter, dem Objekt – dem Außen – und von sich selbst entwickeln. Das Kind kann dann die unterschiedlichen, zunächst getrennt erlebten einzelnen Aspekte der äußeren und inneren Wirklichkeit integrieren, so daß sich sein Selbst strukturieren und vom äußeren Objekt abgrenzen kann, sich ein Identitätsgefühl entwickelt und es sich Schritt für Schritt als Handelnder begreift, der Einfluß auf die Umwelt nehmen und sie sich aktiv aneignen kann.

Bei der Trennung von Außen und Innen und der Entwicklung von Autonomie, die für das Lernen eine wichtige Voraussetzung ist, spielt das »Frustrationsmanagement« durch die Mutter eine hervorragende Rolle. Frustrationen, d.h. die nicht unmittelbare Befriedigung eines Bedürfnisses, müssen fein dosiert sein, dürfen nicht übermächtig werden, so daß beim Kind keine zu großen Spannungszustände, Unlust- und Ohnmachtsgefühle entstehen. Frustrationen tragen dazu bei, daß das Kind die symbiotische Beziehung zur Mutter, das Sich-mit-der-Mutter-eins-Erleben, nicht aufrechterhält, sondern Schritt für Schritt auflöst und sich als autonomes Selbst von der Mutter abgrenzt. Diese Abgrenzung gelingt jedoch nur dann, wenn das Kind einen positiven Ich-Kern entwickeln kann und das Gefühl gewinnt, daß es auch ohne unmittelbare Unterstützung und Befriedigung durch die Mutter die Frustrationen aktiv bewältigen kann. Dies wiederum setzt die Entwicklung eines Sicherheitsgefühls und die Bildung einer positiven Erwartungshaltung voraus, d.h. das Vertrauen darauf, daß mit Sicherheit bald Befriedigung und Entspannung zu erwarten sind. Nur auf der Basis einer solchen positiven Erwartungshaltung führen fein dosierte Frustrationen zur Entwicklung der Fähigkeit, unmittelbare Bedürfnisbefriedigung aufzuschieben, die Mutter Schritt für Schritt als Hilfs-Ich aufzugeben und autonome Ich-Fähigkeiten zu entwickeln. Lernen setzt das Ertragen und aktive Bewältigen von Unsicherheit voraus.

3. Entgleisung des Dialogs unter deprivierenden Bedingungen

Wir sind davon ausgegangen, daß für eine progressive Ich-Entwicklung des Kindes der befriedigende Dialog zwischen Mutter und Kind von grundlegender Bedeutung ist. Und es ist nun leicht herzuleiten, was die Folgen eines entgleisenden Dialogs unter deprivierenden Bedingungen sind, wenn also das Kind keine einfühlende Spiegelung durch die Mutter erfährt, wenn seine Bedürfnisse nicht zuverlässig befriedigt und Spannungen nicht ausgeglichen werden, wenn äußere und innere Reize nicht von der Mutter auf ein angemessenes Maß reduziert und dem Kind verbal und averbal interpretiert werden, wenn dem Kind – unter der Bedingung weitgehender Isolation – angemessene Stimulationen vorenthalten bleiben. Das Kind kann unter diesen Bedingungen

- seine Gefühle, Bedürfnisse, Wahrnehmungen und Handlungen nicht ausdifferenzieren;
- kein strukturiertes Bild von sich selbst und vom Objekt entwickeln, kein positives Selbst etablieren, sich nicht als autonomes Wesen von der Außenwelt abgrenzen;
- kein Sicherheitsgefühl und kein Vertrauen in die Kalkulierbarkeit und Manipulierbarkeit der Umwelt und damit auch nicht in die eigene Handlungsfähigkeit entwickeln;
- nicht lernen, Bedürfnisse aufzuschieben, Spannungen auszuhalten, Unsicherheit zu ertragen und aktiv zu bewältigen, d.h. Frustrationstoleranz zu entwickeln; es ist vielmehr einem Übermaß an selbst nicht aussteuerbaren und reduzierbaren Erregungen und Spannungen hilflos ausgeliefert, was dazu beiträgt, daß Neugierde, exploratives Verhalten und zunehmende Autonomie nicht entwickelt werden können;
- keine Objektbeziehungen herstellen, weil die Mutter bzw. eine Bezugsperson nicht als verläßliches, konstantes Objekt zur Verfügung steht. Soziale Interaktionen werden nicht mit einer positiven Erwartungshaltung verbunden, sondern menschliche Nähe verknüpft sich mit Vorformen von Gefühlen der Ohnmacht, Wut, Trauer und Enttäuschung.

Da jeder »drohende« Kontakt diese negative Erwartungshaltung und die mit Nähe verknüpften Erregungen und Affekte neu mobilisiert, schützt sich das Kind durch Rückzug und Kontaktmeidung vor erneuten Enttäuschungen und Frustrationen.

Bowlby (1973) unterscheidet drei Stadien dieses Rückzuges, die die Entwicklung nach dem Verlust eines befriedigenden Objektes ohne hinreichende Ersatzbemutterung ebenso kennzeichnen, wie sie auf ein unterschiedliches Ausmaß an Deprivation im Zusammenleben mit einem unbefriedigenden Objekt hinweisen.

Die ersten beiden Stadien gehen durchaus noch mit affektiven Reaktionen einher, dem Äußern von Unlust, Angst und Aggression. Sie werden als Stadium des Protestes und der Verzweiflung charakterisiert. Hinter der Abwehr »lauern« in diesen Stadien noch unmittelbar – und relativ leicht neu zu beleben – die Bedürfnisse des Kindes nach Kontakt, vor dem es jedoch aus Angst vor erneuten Enttäuschungen flieht. Gleichzeitig treten autistische Verhaltensformen auf, ein starker Rückzug auf sich selbst, Formen der Selbststimulation wie extensives Daumenlutschen, stereotype Bewegungen wie Jaktationen und Autoaggressionen, d.h. die Wendung der Aggression gegen sich selbst, weil ein Objekt fehlt, gegen das sie sich richten könnte.

Die krasseste Form der Deprivation und des Rückzuges aus Beziehungen, die therapeutisch am schwersten zugänglich ist, tritt schließlich durch Indifferenz, eine »kühle« distanzierte Haltung, in Erscheinung. In diesem Zustand, der durch eine völlige Abwehr von Bedürfnissen und Affekten zustande kommt, scheint das Kind keinerlei soziale Bedürfnisse mehr zu haben. Es wirkt apathisch und depressiv oder auch indifferent freundlich.

Die Abwehr und schließliche Meidung von Kontakt und Nähe bedeuten, daß das Kind sich nicht auf einen befriedigenden Dialog einlassen kann, der ja gerade erst die Voraussetzungen für eine Differenzierung der sozialen, emotionalen und kognitiven Entwicklung des Kindes schafft.

4. Korrektur von Deprivationsstörungen

Hinsichtlich der Korrektur von Deprivationsstörungen vernachläßigt der weitverbreitete Ansatz, ein Kind und einzelne seiner Fähigkeiten rasch zu fördern, die Tatsache, daß dem deprivierten Kind eine sichere sozial-emotionale Basis fehlt, um sich auf Lernfortschritte aktiv einlassen zu können.

4.1 Training von Fähigkeiten

Wenn man versucht, die vielfältigen Retardierungen des Kindes durch Training von Selbständigkeit und von einzelnen kognitiven und motorischen Fähigkeiten zu korrigieren, so begibt man sich auf den gleichen Irrweg wie Itard mit seinem Zögling, dem wilden Knaben von Aveyron (vgl. den Film »Der Wolfsjunge« von F. Truffaut; Mannoni 1972): Ein Kind, das der Fähigkeit der aktiven Zuwendung zur Welt und der Handhabung eines befriedigenden Dialogs beraubt worden ist, das aufgrund eines Übermaßes an Erregungen, Unlust- und Ohnmachtsgefühlen negative Erwartungshaltungen entwickelt hat, das über kein basales Sicherheitsgefühl und Urvertrauen verfügt und das noch kein positives Selbst entwickelt hat, wird in Lernprozesse hineingezwungen, für die ihm alle Voraussetzungen fehlen. Dieses so erzwungene Lernen, das beim Kind in der Regel gegen erhebliche Widerstände erfolgt, von denen uns immer wieder von Pflegeeltern, die sich auf einen solchen Weg eingelassen haben, klagend berichtet wurde, führt mühsam zu kleinen, schrittweisen Ergebnissen, die jedoch allzuleicht Scheinerfolge sind, weil das Gelernte vom Kind nicht zur eigenen Errungenschaft wird. Die Lernfortschritte des Kindes bleiben in der Regel stark abhängig von der Außenkontrolle und -steuerung durch den Erwachsenen, weil dem Kind eigene Antriebe wie Neugierde und Lern- und Leistungsmotivation fehlen und auf diesem Wege auch kaum entwickelt werden können. Lernen erfolgt dann nicht aufgrund eines positiven eigenen Antriebs, sondern um noch weitreichendere Frustrationen in der neuen Situation zu vermeiden und wenigstens so ein Stückchen Anerkennung zu erhalten.

Das zentrale Problem liegt jedoch darin, daß dann, wenn Objektbeziehungen als außerordentlich frustrierend erlebt worden sind, jede neue Frustration in Beziehungen die negative Tönung des Objektbildes und die an das Objekt gebundene negative Erwartungshaltung bestätigt und zementiert und die Angst vor Ohnmachtsgefühlen und Enttäuschungen in Beziehungen aufrechterhält. Das Objekt bleibt vorrangig ein als frustrierend erlebtes Objekt und damit ein Objekt, in dessen Spiegel das Kind kein stabiles, positives Selbst entwickeln kann.

Da die Signale des Kindes und seine aufrechterhaltenen frühkindlichen Bedürfnisse nur unzureichend berücksichtigt werden, weil sie als die Lernfortschritte behindernd erlebt und interpretiert werden, werden weder beim Kind noch beim Objekt die Voraussetzungen dafür geschaffen, daß ein befriedigender Dialog entstehen kann.

Welcher Möglichkeiten und Erfolgschancen man sich durch ein solches Vorgehen beraubt, wurde in der Untersuchung Renates – und ähnlich haben wir es mehrfach erlebt – deutlich. In der Untersuchungssituation – wie auch im familialen Bereich – war es Renate zunächst kaum möglich, sich auf Forderungen einzulassen, z.B. sich die TAT-Bilder anzusehen und dazu etwas zu erzählen. Statt dessen standen ihre frühkindlichen, oral-narzißtischen Bedürfnisse, die in der frühen Kindheit extrem frustriert worden waren und auch in der Pflegebeziehung nicht hinreichend zugelassen und befriedigt worden waren, vollständig im Vordergrund: Sie kletterte in eine Wiege und verlangte nach einem Schnuller und nach Keksen, die sie gierig und in großen Mengen aß. Sie bekam einen deutlich entspannteren und differenzierteren, gleichzeitig kleinkindhafteren Gesichtsausdruck, fühlte sich offensichtlich rundum wohl, stolz und glücklich und ließ sich nun, da wir uns von ihren Bedürfnissen steuern ließen, weich und mit großem Vergnügen auf einen befriedigenden und dichten Dialog ein und schließlich auch darauf, in dieser befriedigenden Situation unseren Leistungsanforderungen nachzukommen und uns »Geschichten zu erzählen«. Auch ihre sprachlichen Äußerungen wurden nun deutlich verständlicher und differenzierter.

4.2 Der therapeutische Ansatz der »Bemutterung«

Bielicki (1971b) berichtet in ihrem Artikel »Die Psychotherapie des Waisensyndroms bei kleinen Kindern«, der im folgenden referiert wird, von ihrer therapeutischen Arbeit mit über zweihundert zum Teil schwer gestörten, deprivierten Kindern am Zentrum für soziale Pädiatrie in Warschau. Ab 1969 setzte sie diese Arbeit dann als Direktorin in der Jugendpsychiatrischen Klinik in Idstein im Taunus fort.

Ihr Ansatz setzt ganz darauf, das Kind für die Beziehung wiederzugewinnen, durch einen befriedigenden Dialog eine emotionale Bindung herzustellen und von dieser wiedergewonnenen stabilen Basis aus eine gesunde Entwicklung in allen Bereichen neu in Gang zu setzen.

Bielicki beschreibt den Beginn ihrer therapeutischen Arbeit mit »der Bemühung, die unter dem Eindruck von Frustration abgebrochene (präverbale) Kommunikation, ein ›emotionales Band‹ wieder anzuknüpfen, um durch Wiedergutmachung (›Ersatzbemutterung‹) einen Nachentwicklungsprozeß einleiten zu können« (ebd., 57). Dabei darf sich die Ersatzmutter in ihrem Verhalten nicht auf das Lebensalter des Kindes einstellen, sondern sie muß es auf das Alter abstimmen, das der retardierten Entwicklung des Kindes entspricht. So wird z.B. ein zweijähriges Kind zwei Monate lang täglich von seiner Ersatzmutter herumgetragen, weil nur so seinem Weinen und seiner Depression entgegenzuwirken ist. Das korrigierende Noch-einmal-Durchleben einer gesunden frühen Entwicklung muß auf der Reifestufe beginnen, auf der die Entwicklung des Kindes durch traumatische Erfahrungen – in diesem Fall der Deprivation – gestört worden ist.

Vor allem anderen muß das Kind wieder lernen, zu lieben und geliebt zu werden. Der Therapeut bzw. die Ersatzmutter muß die gleichen Funktionen übernehmen, die einen geglückten Dialog in der frühen Mutter-Kind-Beziehung charakterisieren: Die physischen und sozial-emotionalen Bedürfnisse des Kindes müssen averbal verstanden und angemessen befriedigt werden. Das bedeutet: Der Therapeut bzw. die Ersatzmutter muß bereit sein, dem Kind in jedem Augenblick zu helfen, sich von den Bedürfnissen und Signalen des Kindes, die ganz im Vordergrund seiner Aufmerksamkeit stehen müssen, leiten zu lassen und diese unmittelbar in befriedigender Weise zu beantworten (vgl. hiermit die kontraindizierte Empfehlung bei Renate, dem Kind nicht mehr die Flasche zu geben, sondern die von ihr abgelehnte feste Nahrung zu verabreichen, wodurch die Mutter wieder nur als versagend und zurückweisend erlebt wird).

Insbesondere muß die Ersatzmutter sofort zur Stelle sein, wenn das Kind zu weinen beginnt, damit es die Erfahrung machen kann, daß es mit seinen Erregungen und Spannungen nicht allein gelassen wird, sondern beruhigt wird. Sie muß alles tun, die Spannungen des Kindes zu reduzieren, indem sie es gegen jede überfordernde Situation abschirmt, und sucht, es vor Leid zu bewahren. Versuche der Stimulation – z.B. durch Gymnastik, Singspiele, Bewegen von Spielzeug – sollen darauf abzielen, einen angenehmen Zustand des Angeregtwerdens zu erzeugen und das Kind zu amüsieren. Alpert (1963), auf den Bielicki verweist, bezeichnet das angemessene Verhalten der Ersatzmutter mit: »dem Kind den Hof machen.«

Die Befindlichkeit des Kindes, seine Signale und Affekte müssen einfühlend verstanden, angenommen und widergespiegelt werden. Der emotionale Austausch mit der Ersatzmutter hilft so dem Kind, seine diffusen Empfindungen Schritt für Schritt in der präverbalen, emotional-mimischen Sprache zum Ausdruck zu bringen, was auch dazu beiträgt, die Spannungen des Kindes zu lösen. Das Lächeln der Ersatzmutter muß das Lächeln des Kindes locken.

4.2.1 Die »Gewöhnung« des schwer deprivierten Kindes

Die ersten Kontakte, die Bemühungen, das Kind zu trösten und zu beruhigen, erweisen sich bei ausgeprägter Deprivation stets als Fehlschläge. Das Kind weicht jedem intimen Kontakt aus, meidet oftmals sogar jeglichen Blickkontakt und zeigt erhebliche Ängste. Es weist die Person zurück, die versucht, die Rolle der Ersatzmutter zu übernehmen.

Bielicki weist auf die Gefahr hin, daß dieses Verhalten des schwer deprivierten Kindes bei der Ersatzmutter leicht erhebliche Frustrationen und Gefühle der Ablehnung erzeugt – insbesondere dann, wenn die Ersatzmutter selbst ein starkes Bedürfnis hat, Zuneigung zu geben. Deshalb wurden in der Warschauer Klinik in diesen schweren Fällen nicht Krankenschwestern, sondern Therapeuten als Ersatzmütter eingesetzt, die durch ihre Ausbildung und ihr Rollenverständnis besser »gegen die frustrierende Wirkung eines solchen pathologischen Verhaltens von seiten des Kindes geschützt« (Bielicki 1971b, 65) sind. In jedem Fall muß die Ersatzmutter im Umgang mit einem schwer deprivierten Kind nicht nur über ein gutes Verständnis, sondern auch über eine gute emotionale Stabilität verfügen, die es ihr erlaubt, bei Zurückweisung eine wohlwollende Haltung zu bewahren und das Verhalten des Kindes nicht als schlecht zu erleben.

In den Fällen, in denen das Kind Angst vor allen menschlichen Kontakten hat, z.B. mit Abwendung und auch dem Vermeiden von Blickkontakt reagiert, muß der Therapeut bzw. die Ersatzmutter das Kind langsam und behutsam an seine Anwesenheit gewöhnen, »so wie man sich an ein kleines, wildes Tier anschleicht, das verschreckt und unglücklich ist« (ebd., 66). Die Fluchtgrenze des Kindes muß immer beachtet werden; seine Verfassung muß zustimmend angenommen werden; seine Widerstände dürfen nicht aktiv angegangen und überrannt werden; man darf das Kind »nicht heftig an sich drücken, es nicht dauernd ansehen oder eine lärmende Show von Sympathie abziehen« (ebd., 67). Die Aktivität des Therapeuten beschränkt sich zunächst nur auf »mitfühlende Anwesenheit«. »Einfühlend passiv vermeidet der Therapeut jede plötzliche, heftige Bewegung und beobachtet das Kind, ohne offen seinem Blick zu begegnen. Das Kind im Angststadium ist äußerst empfindlich dagegen, angeschaut zu werden oder einem Blick zu begegnen. Dennoch nimmt es das sympathische Interesse wahr, das ihm auf diese Weise entgegengebracht wird, auch wenn es den Therapeuten nicht zu bemerken scheint« (ebd., 67).

Ist die Ablehnung jeglichen Kontaktes durch das Kind sehr stark ausgeprägt, so empfiehlt sich die Kontaktaufnahme aus der Entfernung, z.B. mittels eines rollenden Balles, der eine erste Verbindung herstellen kann, den das Kind annehmen kann, ohne daß es der Angst vor zu großer Nähe ausgesetzt ist. Oder man beschäftigt sich allein oder mit einem Dritten mit einem Spiel, an dem das Kind Interesse bekommen könnte. Läßt das Kind es zu, auf den Schoß genommen zu werden, so ist es zunächst oft günstig, das Kind mit dem Rücken zum Betreuer auf den Knien zu halten, da es ohne Blickkontakt Nähe eher herstellen und aushalten kann.

4.2.2 »Das Üben der mimisch-emotionalen Kommunikation«

Wenn in der Phase des Gewöhnens die Angst des Kindes verringert worden ist, wird versucht, sein Interesse für das Ansehen des menschlichen Gesichtes zu wecken (ebd., 68): Alle Versuche, das Gesicht des Therapeuten zu untersuchen, werden ermutigt. Das Bedürfnis des Anschauens und Berührens, insbesondere des Mundes der Ersatzmutter ist charakteristisch für die Ablösungsphase aus dem Autismus. Bei älteren Kindern ist nun auch häufig zu beobachten, daß sie die Ersatzmutter ausdauernd füttern. Das sind erste Ausdrucksformen positiver Gefühle für den Therapeuten.

In dieser Phase kann mit herkömmlichen Baby-Spielen begonnen werden: mit lebhaftem Wechsel der Intonation und des Gesichtsausdrucks, mit Guck-Guck-Spielen, Stirn in Falten legen, abwechselndem Tätscheln der Wange des Therapeuten und des Kindes, das Spielen mit dem Spiegel, in dem das Kind das Gesicht des Therapeuten anzusehen oft leichter akzeptieren kann als direkt, wobei das Kind oft erst Furcht vor dem eigenen Spiegelbild hat. Durch Spiele wie »Wo ist die Nase des Babys« wird versucht, die Furcht vor dem menschlichen Gesicht zu überwinden und ein Körperschema zu entwickeln. Wenn das Kind den Gesichtsausdruck der Ersatzmutter widerspiegelt, zeigt dies an, daß die Fremdheit abgebaut ist und eine frühe Form der Identifikation des Kindes mit der Ersatzmutter erreicht ist.

4.2.3 Symptomverstärkung beim Zustandekommen eines emotionalen Bandes

Das erste Stadium der Herstellung eines emotionalen Bandes wirkt sich zunächst negativ aus. Während das Kind zuvor im Stadium der Apathie und Teilnahmslosigkeit keinerlei Schwierigkeiten verursachte, reagiert es nun mit »Aggressivität, Feindseligkeit und Angst und schreit oft besonders laut in Gegenwart des Therapeuten« (ebd., 69) bzw. der Ersatzmutter, wobei es außerordentlich wichtig ist, gerade auch auf diese »negativen« Verhaltensäußerungen nicht negativ, mit Druck, Unwilligkeit, Nichtbeachtung, Strafe, sondern mit ein- und mitfühlender Annahme zu reagieren. Dies wird vielleicht erleichert, wenn man sich klarmacht, daß »das emotionale Erwachen« (ebd., 69) des Kindes und das Sich-wieder-Einlassen auf eine Beziehung auch die früheren Frustrationserfahrungen wiederbeleben muß. Die positiven Gefühle werden ständig von der Furcht vor erneuter Enttäuschung und der Angst, das Liebesobjekt wieder zu verlieren, überschattet.

4.2.4 Gesundung

Reagiert das Kind erst einmal freudig beim Nahen der Ersatzmutter und mit Weinen bei Trennung, dann ist die Grundlage für eine progressive, positive Entwicklung in allen Bereichen gelegt. Das Kind gebärdet sich jetzt oft gierig nach Kontakt und Zuwendung und außerordentlich eifersüchtig, was verständlich wird, wenn man bedenkt, welchen Mangel es in dieser Hinsicht erlitten hat (vgl. z.B. Bowlby 1973; A. Freud/ Burlingham 1971). Daher muß auch die Gier angenommen werden, und das Kind darf nicht erneut dadurch frustriert werden, daß man versucht, es hier auf ein »normales Maß« zu reduzieren. Das normale Maß wird es wie bei der oralen Gier selbst finden.

Nach der Herstellung einer positiven Objektbeziehung ist in der Regel eine Normalisierung der biologischen Funktionen wie Atmung, Schlaf- und Wachrhythmus, Essen und Verdauung, Gewichts- und Größenzunahme zu beobachten sowie eine deutliche Beschleunigung der psychomotorischen, kognitiven und sozial-emotionalen Entwicklung (Bielicki 1971b, 71). Diese wird ebenso angeregt und gefördert wie in der gesunden, normalen Entwicklung des kleinen Kindes: im befriedigenden averbalen und verbalen Dialog, in dem das Kind zu »spontaner, motorischer Aktivität und zu manipulierendem und erforschendem Spiel« (ebd., 69) angeregt und durch die Bewunderung und Unterstützung der Bezugsperson verstärkt wird.

Kapitel 6: Negativismus und Autonomie*

Der Titel »Negativismus und Autonomie« enthält schon, wenn auch vage, eine bestimmte Vorstellung, in welchem Zusammenhang das Phänomen Negativismus gesehen werden muß. In einem Satz zusammengefaßt, kann man sagen, daß der bei vielen Kindern unterschiedlichen Alters zu beobachtende Negativismus, der Eltern und Pflegeeltern als Trotz, Ungehorsam und oppositionelles Verhalten erscheint und dem sie wütend und ohnmächtig gegenüberstehen, Ausdruck dafür ist, daß das Kind um seine Autonomie, um seine Selbstbestimmung ringt. Das sich negativistisch verhaltende Kind versucht, gegenüber übermächtigen Eltern, von denen es sich abhängig fühlt, seine Unabhängigkeit zu verteidigen, das Gefühl zu bewahren, daß es sich selbst als handelndes Subjekt, d.h. als ein über seine Handlungen selbst verfügendes und bestimmendes Wesen erlebt.

1. Negativismus

Aus der Perspektive der Eltern und Erzieher erscheint das negativistische, oppositionelle Verhalten des Kindes schlicht als Ungehorsam; denn das Kind folgt gerade nicht den Wünschen und Forderungen der Eltern, sondern stemmt sich gegen ihren Anspruch, über seine Handlungen zu bestimmen und sein Verhalten zu steuern.

Die Unfähigkeit des Kindes, den Eltern oder anderen selbst bei banalsten Forderungen – z.B.: »Mach die Tür zu« – ohne ein Gefühl der Niederlage zu gehorchen, wird leicht als eine Eigenschaft des Kindes betrachtet, die unabhängig von der Beziehung zu seinen Eltern vorhanden ist. Dabei wird außer acht gelassen, daß Gehorsam oder Ungehorsam Interaktionsformen sind und eben nicht Eigenschaften wie Unkonzentriertheit, motorische Unruhe oder Gefräßigkeit, sondern daß das Eltern-Kind-Verhältnis in ganz spezifischer Weise durch das Gefühl der Abhängigkeit und Unabhängigkeit geprägt wird, wobei andere, das Eltern-Kind-Verhältnis bestimmende Momente wie Zuneigung oder Sicherheit ausgeblendet zu sein scheinen. Denn das Kind ist nicht grundsätzlich durch andere unbeeinflußbar oder nicht in der Lage, sich an soziale Bedingungen anzupassen, sondern es opponiert gegenüber bestimmten Menschen, gehorcht diesem Vater oder dieser Mutter nicht. Es versucht seinen »Dickkopf« nicht gegenüber beliebigen, sondern gegenüber bestimmten Menschen durchzusetzen.

* *Westermann, A.:* Vortrag auf der Fortbildungsveranstaltung des Landesjugendamtes Westfalen-Lippe für Sozialarbeiter, Nordwalde 1981.

Klagen über Trotz, Ungehorsam und oppositionelles Verhalten haben wir immer wieder von Pflegeeltern gehört (Nienstedt/Westermann 1978). Aber es handelt sich nicht um ein spezifisches Pflegekinderproblem, sondern um ein Problem, das sich aufgrund der besonderen Sozialisationsbedingungen in Pflegefamilien verschärft.

In Thalmanns Untersuchungen (1971) über Verhaltensstörungen bei Kindern im Grundschulalter, in denen die Mütter von einhundertfünfzig Reutlinger Jungen im Alter von sieben bis zehn Jahren anhand von Symptom-Listen über Verhaltensprobleme befragt wurden, wurde auch das Ausmaß des Negativismus, des Trotzes und der Widersetzlichkeit gegenüber fremden Ansprüchen und Anweisungen der Eltern zu ermitteln gesucht. Die fünfstufige Symptom-Liste, nach der die Mütter negativistisches oder überangepaßtes Verhalten angeben sollten, lautet:

»Negativismus – Überangepaßtheit

1) Extrem anhaltender Negativismus, ›immer dagegen‹, negative Haltung gegenüber Vorschlägen anderer, immer: ›nein, ich will nicht‹. Um der Stufe 1 zugeordnet zu werden, soll der Negativismus sich gegenüber allen zeigen, Erwachsenen und Kindern.
2) Trotzig und ablehnend gegenüber Vorschlägen u.ä., aber nicht so hochgradig oder mit der gleichen Intensität wie bei 1. Nur gegenüber bestimmten Personen oder in bestimmten Situationen, z.B. trotzig in der Schule, aber nicht zu Hause und umgekehrt. Der Junge stellt ein Problem im täglichen Leben dar.
3) Selbständig, sachlich, gelegentlich Trotz und Widerstand unvernünftigen und unnötig frustrierenden Erziehern gegenüber.
4) Folgsam, abhängig von der Umgebung, kann jedoch auch ›nein‹ sagen.
5) Überangepaßt, extrem beeinflußbar, ›Ja-Sager‹, tut das, was die anderen sagen, hat keinen eigenen Willen, ›Mitläufer‹, übertrieben brav.«

Die mit Hilfe dieser zweipoligen Skala (Negativismus – Überangepaßtheit) ermittelten Ergebnisse zeigen, daß das negativistische Verhalten in einer – nicht nach bestimmten Kriterien ausgelesenen – Untersuchungsgruppe bei einer ganzen Reihe von Müttern als Problem gesehen wird, auch wenn das Symptom nicht in der stärksten Ausprägung vorkommt: »Nach Angaben der Mütter waren 22 Kinder (14,7 %) trotzig und eigensinnig, 3 Kinder (2 %) übertrieben brav und angepaßt« (ebd., 98).

Dieses Ergebnis, das weitgehend den Befunden von Jonsson/Kälvestens (vgl. ebd.) entspricht, die feststellten, daß Widersetzlichkeit der Kinder von 14,4 Prozent der Mütter beklagt wurde, legt natürlich die Vermutung nahe, daß das Ausmaß des Negativismus in den Fällen erheblich größer ist, wo die Beziehung von Eltern und Kindern gestört ist.

Diese Vermutung wird bestätigt durch die Befunde von Austad/Simmons (vgl. Pfeiffer-Schramm 1981), die dreiunddreißig Adoptivkinder im Alter von zwei bis sechzehn Jahren untersuchten, die bereits vor dem dritten Lebensmonat adoptiert wurden. Die von den Eltern am häufigsten vorgebrachten Verhaltensprobleme waren oppositionelles Verhalten mit sechzig Prozent, aggressives Verhalten mit fünfzig Prozent und antisoziales Verhalten mit fünfzig Prozent. Hier zeigt sich, was auch in anderen Untersuchungen (vgl. Thalmann 1971; Neraal/Scheer/Dierking 1978) zum Ausdruck kommt, daß der Negativismus selten ein isoliertes Verhaltensproblem darstellt, da die Verteidigung der eigenen Unabhängigkeit vielfältige Widerstände und zusätzliche Frustrationen in der Umgebung des Kindes schafft, so daß schließlich die Selbstbestimmung sich nur noch als aggressive Selbstbehauptung durchsetzen kann. Zu diesem Syndrom »aggressiver Selbstbehauptung« gehören nach Jonsson/Kälvesten (vgl. Thalmann 1971, 115) folgende Symptome:

1. Negativismus (immer dagegen: »Nein, ich will nicht«),
2. Aggressivität (Aggressionsausbrüche aufgrund von Alltagssituationen, die nicht besonders frustrierend sind; wirft Sachen um sich; flucht und schreit),
3. Sadismus (Aggressionen gegenüber schwächeren Kindern oder Tieren),
4. übersteigerte Selbsteinschätzung (nach dem Motto: »Ich bin der Beste/Schlechteste«),
5. Unempfindlichkeit (hat ein dickes Fell; kümmert sich nicht darum, was andere denken oder empfinden; geht seinen eigenen Weg),
6. Zerstörungslust (zerstört eigene oder fremde Sachen entweder aus Wut, Krachlust oder extrem grober Fahrlässigkeit).

Man kann sich leicht denken, daß, wenn bei einem Kind ein solcher Symptomkomplex vorliegt, nicht nur das Kernsymptom – nämlich die verzweifelte Bemühung, Unabhängigkeit bei gleichzeitig aufrechtzuerhaltenden Beziehungen zu bewahren – in den Hintergrund tritt und nicht wahrgenommen wird, sondern aus der Summe negativer Verhaltensweisen das Kind in den Augen der Eltern zu einem ganz »unmöglichen Kind« (Neraal/Scheer/Dierking 1978) wird, an dem überhaupt nichts Positives mehr zu entdecken ist.

Neraal/Scheer/Dierking (1978) ermittelten bei Eltern, die ihre Kinder in der Ambulanz für Familien und Sozialtherapie Gießen vorstellten, nicht nur, daß Eltern in zweiundfünfzig Prozent der Fälle über Trotzverhalten ihrer Kinder klagen, das damit in der Rangreihe der Beschwerden an dritter Stelle (nach Unruhe, Zappeligkeit und Weinen) steht, sondern auch, zu welchen Beschwerdekomplexen sich die Klagen der Eltern aufgrund ihres gemeinsamen Vorkommens zusammenschließen.

Das von ihnen als »unmögliches Kind« (neben dem schwachen und ängstlichen Kind) beschriebene Bild zeichnet sich ähnlich wie beim Syndrom aggressiver Selbstbehauptung dadurch aus, daß es allein durch eine ganze Reihe negativer Eigenschaften gekennzeichnet ist: schlechte Konzentration und Vergeßlichkeit, besondere Unordentlichkeit, Stehlen, Weglaufen, Schwindeln, Schwierigkeiten, sich zu beschäftigen, Leistungsstörungen in der Schule, Neigung zu Unfällen, Freude am Quälen, Naschen, Ungeschicklichkeiten in Bewegungen, Unruhe und Zappeligkeit. Das ist der Typus eines Kindes, das von den Eltern im Endeffekt als Versager angesehen wird, weil es nicht ihren Erwartungen hinsichtlich Leistung, Ordnung, Eigenaktivität und Selbstdisziplin erfüllt, sondern sich statt dessen dem zwangsläufig zunehmendem Druck der Eltern durch Passivität und Unkontrolliertheit zu entziehen sucht.

Solche »unmöglichen Kinder« lösen leicht in den Familien und in ihrer Umgebung (z.B. in der Schule) Verständnislosigkeit, Ablehnung und Bestrafung aus, also Reaktionen, die wiederum das negative Verhalten des Kindes verstärken. Auf diese Weise führt der Negativismus leicht in einen Teufelskreis hinein. Angesichts eines beständigen »Nein, ich weiß nicht; ist mir doch egal; macht nix« werden Eltern wütend und ohnmächtig und versuchen ihre Ohnmacht durch Druck und Bestrafung zu kompensieren, wodurch nur die negativistische Haltung verstärkt wird. Dann mündet der Negativismus in einen Machtkampf, bei dem es keinen Gewinner mehr geben kann, sondern nur noch Verlierer. Denn ein solcher Machtkampf läßt weder eine den anderen akzeptierende Auseinandersetzung noch Versöhnung zu (vgl. Stierlin 1979).

Sich im Umgang mit negativistischem Verhalten weder in einen Machtkampf einzulassen noch resignierend die Kommunikation abzubrechen, verlangt in erster Linie Toleranz gegenüber der eigenen Ohnmacht und Respektierung des Bedürfnisses nach Autonomie auch und gerade da, wo es typischerweise um lächerliche Bagatellen geht, die der Erwachsene vom Kind verlangt. Das heißt, man muß respektieren, daß das Kind, wenn man es beispielsweise auffordert, aus dem Auto zu steigen, sich erst einmal wieder richtig bequem hinsetzen wird, daß das Kind, wenn man es auf einem gemeinsamen Weg bittet, etwas schneller zu gehen, erst einmal langsamer werden wird, daß sich das Kind bei seinen Schularbeiten mit der Behauptung wehren wird, daß es diese Aufgaben überhaupt nicht kann. Denn es wehrt sich nicht nur gegen die Forderungen und gegen seine eigene Unselbständigkeit durch ein ständiges Nein-Sagen, sondern ebenso durch Trödeln, Sich-dumm-Stellen und durch vorgeschützte Behauptungen, etwas nicht zu können (Spiel/Stachiv 1980, 557).

Bettelheim (1971) schreibt dazu: »Manche Kinder sind so sehr zur Konformität gedrängt worden, daß sie ihre Selbständigkeit nur durch Negativismus zur Geltung bringen konnten. In der Schule nicht zu lernen war eine Art der Selbstbehauptung, die ihnen so wichtig geworden war, daß sie sie erst aufgeben konnten, nachdem sie durch wirkliche Leistungen erhebliche Selbstachtung gewonnen hatten. Aber bevor es tatsächlich dazu kam, mußten sie erst einmal die Freiheit haben, ihren alten Negativismus, ihre alten Formen der Unabhängigkeit zum Ausdruck zu bringen, um sich selbst davon zu überzeugen, daß Lernen nicht ›nachgeben‹ bedeutet (was sie früher gedacht hatten), daß es nicht bedeutet, seine Unabhängigkeit aufzugeben. Solche Kinder müssen die Freiheit haben, ihren Negativismus auszudrücken. ... Bill hatte seiner Mutter unter anderem dadurch trotzen können, daß er nicht lesen lernte. Als seine Lehrerin ihn aufforderte zu lesen, antwortete er: ›Werd's nicht tun, werd's nicht tun.‹ Aber die Lehrerin hielt ihm das Buch hin und sagte, er könne sehr wohl lesen. Also las er ›Nicht Rusty nicht lief nicht zurück nicht zu nicht Vater nicht und nicht Mutter ...‹ usw. Nachdem die Lehrerin gezeigt hatte, daß sein Negativismus sie nicht beirren konnte, und sein Bedürfnis nach Selbstbehauptung durch Negativismus befriedigt war, wurde Bills Motivation wieder positiv, und er gab sich Mühe, wenn auch sein Widerstand immer wieder zum Durchbruch kam. Aber nur dadurch, daß das Lesen zuerst zu einem Erlebnis der Selbstbehauptung durch Negativismus wurde, konnte es schließlich zu einem positiven Erlebnis der Selbstbehauptung werden« (ebd., 159f).

2. Entwicklung der Autonomie

Ein solcher Nein-Kampf, wie der von Bettelheim geschilderte, ist ein Kampf um die eigene Unabhängigkeit, der nur verständlich ist, wenn klar wird, daß dieser Kampf um die Autonomie einmal – und mit allen fürchterlichen Konsequenzen für das eigene Selbstwertgefühl – durch einengenden Druck oder Überwältigung verloren wurde. Das trotzige Nein stellt die letzte zu verteidigende Bastion des Selbstwertgefühls dar (Trieschman 1975, 207). Seine Verteidigung besitzt für das Kind einen so hohen Wert, daß diese letzte Bastion eigener Unabhängigkeit auch dann noch verteidigt wird, wenn der dafür zu zahlende Preis in vollständiger Handlungsunfähigkeit, Passivität, Isolation und Einsamkeit besteht. Warum aber der Kampf um Autonomie, wenn er einmal verloren wurde, immer wieder in der Auseinandersetzung mit Eltern (und Eltern-Stellvertretern) durchgekämpft werden muß, wird vielleicht erst verständlich, wenn man sich die mit sehr widersprüchlichen Gefühlen einhergehenden Schritte der Autonomie-Entwicklung vergegenwärtigt.

2.1 Das semantische Nein

A. Freud (1936) hat die Rolle der Mutter in ihrer Beziehung zum Kind als Hilfs-Ich interpretiert, das das Überleben des Kindes garantiert (Pohlmeier 1976). Die Mutter übernimmt die Anpassungs- und Regulationsfunktionen, die vom Kind noch nicht geleistet werden können. Auf diese Weise bilden Mutter und Kind am Anfang der Entwicklung ein auf unterschiedlichen Bedürfnissen beruhendes Handlungssystem. Dieses wird durch wechselseitige Interaktionen, die Spitz (1972) als einen sich entfaltenden Dialog beschrieben hat, differenziert. Das Verhältnis von Mutter und Kind erreicht einen ersten Wendepunkt mit dem Auftreten der sogenannten Acht-Monats-Angst, die als Symptom für die Tatsache angesehen wird, daß das Kind jetzt persönliche (Objekt-)Beziehungen zur Mutter entwickelt hat, die sich von Beziehungen zu anderen Menschen unterscheiden: Es unterscheidet fremd und vertraut.

Wenn dann das Kind mit elf bis fünfzehn Monaten laufen lernt und seinen Aktionsradius erheblich erweitert, so daß so gut wie nichts vor seinem neugierigen Zugriff mehr sicher ist, dann hat es nicht nur einen außerordentlichen Zuwachs an autonomer Handlungsfähigkeit erworben, sondern dann entstehen auch zwangsläufig immer wieder Konflikte zwischen der Initiative des Kindes und der Sorge der Mutter. Alle Augenblicke muß die Mutter das Kind weniger durch handgreifliches Tun als mehr mit Gesten und Worten einschränken. Das kindliche Tun wird so zunehmend durch Ge- und Verbote von außen kontrolliert, und zwar auf Distanz durch das immer wiederkehrende »Nein, nein« der Mutter und der Geste des Kopfschüttelns.

Schließlich lernt das Kind diese Geste und das Wort Nein verstehen (klassische Konditionierung) und sich den Ge- und Verboten zu fügen (instrumentelle Konditionierung) und wird so daran gehindert, begonnene Handlungen auszuführen. Aber das Kind lernt noch mehr: Es wird schließlich die verneinende Geste, das Nein imitieren.

Der Erwerb der verneinenden Geste (mit fünfzehn Monaten) und schließlich die Übernahme des semantischen Nein (etwa mit zwei Jahren) bedeutet nicht nur, daß das Kind zuerst Nein-Sagen und dann Ja-Sagen lernt, sondern daß es durch die Verneinung gegenüber Forderungen der Umwelt urteilend Stellung nimmt. Es kann nun Ablehnung ohne Handlungen zum Ausdruck bringen. »Dies ist ein wichtiger Schritt von der ursprünglichen Hilflosigkeit und Abhängigkeit des Kindes zu ständig wachsender Autonomie« (Spitz o.J., 49), mit der dann die erste Trotzphase einsetzt, in der das Kind seine Autonomie erprobt und verteidigt (vgl. Metzger 1963).

Diesem Zuwachs an Autonomie gegenüber den Eltern, der auf der Grundlage eines Konfliktes zwischen Ich und elterlicher Autorität entsteht, liegt der von A. Freud (1936) beschriebene Abwehrmechanismus der Identifikation mit dem Aggressor zugrunde. Die die kindlichen Triebbedürfnisse und Aktivitäten einschränkende Mutter wird, da auf dieser Entwicklungsstufe noch Selbstverwirklichung mit Triebbefriedigung gleichgesetzt wird, als Angreifer oder Aggressor erlebt. Gegen diesen Angriff auf die eigene Selbstsicherheit setzt sich das Kind mit der Identifikation effektvoll zur Wehr: Es setzt sich über den realen Unterschied von Selbst und Objekt (Mutter) hinweg; die aufgenommene Kritik durch die Mutter (Introjektion) wird aber nicht in Selbstkritik verwandelt, sondern sogleich wieder nach außen gewendet (Projektion). Nicht ich, sagt das Kind, bin böse, sondern die kritisierende, einschränkende Mutter; und »dem Aggressor wird sein eigenes Nein an den Kopf geworfen« (Spitz o.J., 44).

Verstricken sich in dieser Entwicklungsphase Eltern aufgrund ihrer eigenen unbewältigten Autoritätserfahrungen in einen Machtkampf mit dem Kind, wird es gezwungen sein, an diesen frühen Identifikationsformen festzuhalten, was dazu führt, daß es auch später, wenn es mit Forderungen von Autoritäten konfrontiert wird, auf die gleiche Weise reagiert, nämlich trotzend und negativistisch. Wird der Trotz von Eltern gebrochen oder durch extreme Nachgiebigkeit verstärkt, oder wird gar das Kind einem Wechselbad von Überwältigung und Verwöhnung ausgesetzt, hat das nicht nur Folgen für sein unmittelbares Verhalten, sondern auch nachhaltige Folgen für sein Gefühl von sich selbst. Es wird kein realistisches Gefühl von sich selbst entwikkeln können, denn es lernt, daß andere über es verfügen und beherrschen, oder es lernt, daß es selbst alle anderen beherrschen kann, wobei es seine eigenen Fähigkeiten überschätzt. Es lernt aber gerade nicht, über sich selbst zu verfügen, sich selbst zu beherrschen und seine Autonomie zu entfalten.

2.2 *Abhängigkeit und Unabhängigkeit*

Die Identifikation mit dem Aggressor ist nur eine Wurzel des Negativismus. Eine weitere liegt in der Ambivalenz von Abhängigkeit und Unabhängigkeit; denn die neuerworbene Autonomie stürzt das Kind gleich wieder in neue Konflikte.

Mahler u.a. (1980) haben die Folgen, die aus dem Zuwachs an Autonomie entstehen, als Krise der Wiederannäherung beschrieben, die in dem widersprüchlichen Verhalten zum Ausdruck kommt, daß das Kind in betonter Weise Körperkontakt sucht und gleichzeitig zu vermeiden trachtet. In dieser Krise (etwa mit achtzehn Monaten) gerät das Kind in heftige Konflikte, die einerseits aus dem Wunsch nach Großartigkeit (Grandiosität) und dem Gefühl, alles selbst zu können (Omnipotenz), und andererseits aus der Erkenntnis resultieren, daß das Kind noch in erheblichem Maße hinsichtlich seiner Bedürfnisbefriedigung von der Mutter abhängig ist. Das Kind muß die schmerzliche Erfahrung machen, daß es nicht groß und allmächtig ist wie die idealisierten Eltern, mit denen es sich identifiziert, sondern daß es immer noch klein und hilfsbedürftig ist. Das Kind bekommt sozusagen Angst vor seiner eigenen Courage, autonom und unabhängig sein zu wollen. Darum versucht es, die einmal verlorene Einheit mit der Mutter durch Wiederannäherung wiederherzustellen. »Meistens entsteht in der Folge dieser Konflikte eine Stimmung allgemeiner Unzufriedenheit, Unersättlichkeit, eine Neigung zu schnellen Stimmungsumschwüngen und zu Wutanfällen. Das Kind stößt die Mutter abwechselnd von sich und hängt ihr am sprichwörtlichen Rockzipfel« (Stork 1976, 911).

Die in dieser Entwicklungsphase bestehende Ambivalenz von Abhängigkeit und Unabhängigkeit wird überwunden, wenn das Kind seine Autonomiebestrebungen nicht als Bedrohung seiner Beziehung zur Mutter erlebt, sondern erfährt, daß sie unterstützt und toleriert werden. Wenn dagegen eine Mutter aus übergroßer Besorgnis oder aufgrund von Schuldgefühlen es nicht ertragen kann, daß das Kind selbständiger wird, weil bei ihr die Autonomiebestrebungen des Kindes Verlassenheitsängste wiederbeleben, macht das Kind die Erfahrung, daß der Erwachsene nur so lange freundlich ist, solange es sich bedingungslos unterwirft (vgl. Muck 1977, 1112). Dann erlebt es seine Autonomiebestrebungen als eine Gefahr für seine Beziehung zur Mutter und schwankt folglich ständig zwischen negativistischem und anklammerndem Verhalten hin und her. Es bleibt in der Ambivalenz von Abhängigkeit und Unabhängigkeit gefangen und wird zwischen Minderwertigkeitsgefühlen und phantastischen Größenphantasien hin- und hergerissen, weil es ihm nicht gelingt, sich als ein von der Mutter getrenntes Selbst abzugrenzen.

»Wenn Unabhängigkeit erreicht ist, ... wird das Selbst-Erlebnis nicht mehr allein durch Identifikationen erreicht, sondern durch das Verstehen der Andersartigkeit anderer Menschen. Wenn ein Kind fähig geworden ist, sich bewußt von dem Liebesobjekt zu trennen und auf dieses Objekt zu verzichten, dann kann diese Person aktiv lieben und liebt nicht mehr das Objekt so, als sei es ein Teil von ihm selbst. Denn wer so liebt, übersieht ja eben rücksichtslos die Bedürfnisse und Andersartigkeit des Liebesobjektes« (Eicke 1972, 20). Das heißt, ohne ein Gefühl von Selbstachtung, die aus selbstgesteuerter Handlungsfähigkeit resultiert, und ohne die Erfahrung der Unabhängigkeit müssen Kinder mit ihrem negativistischen und rücksichtslosen Verhalten Reste ihrer Selbstbestimmung verteidigen.

3. Wiederholung des Negativismus

In all unseren Untersuchungen und Überlegungen zum Verlauf der Integration von Pflegekindern stand der Gesichtspunkt der Entwicklung von Beziehungen und Bindungen bisher immer im Vordergrund. Die bei der Entwicklung von Beziehungen notwendigen Distanzierungsprozesse, die zu einem neuen Verhältnis von Abhängigkeit führen, haben wir bisher weitgehend vernachlässigt. Damit wurde aber eine Seite der Beziehungsentwicklung außer acht gelassen, die – über die ersten Integrationsschritte hinaus – die Art der Beziehungsentwicklung weitgehend mitbestimmt. Aber auch die Beobachtung, daß Kinder, die zum wiederholten Mal die Erfahrung machen, daß ihre Autonomiebestrebungen nicht anerkannt werden, gezwungen sind, ihre Autonomie mit einem negativistischen Verhalten zu verteidigen, haben uns gelehrt, daß dieses Problem mehr Aufmerksamkeit verdient. Die Wiederholung negativistischer Verhaltensweisen bei Pflegekindern kann man unter vier verschiedenen Bedingungen feststellen, worauf ich nur noch kurz hinweisen will:

1. in der Pubertät,
2. bei der Wiederholung früherer Beziehungsformen in der Übertragungsbeziehung,
3. beim Beziehungsaufbau über regressive Bedürfnisse und Beziehungsformen,
4. bei einer vorherrschenden Anpassungsstrategie in der Pflegefamilie.

Zu 1: Der jedem bekannte Negativismus des Jugendlichen hätte uns schon aufmerksam machen können, daß dann, wenn die Beziehungen des Kindes zu seinen Eltern in der Ablösungsphase neu definiert werden müssen, wenn die Beziehungen darum labil und unsicher werden, weil der Jugendliche einen neuen Anlauf nimmt, um seine Selbstidentität zu bestimmen und sich dabei allein auf seine Autonomie zu verlassen sucht, der Jugendliche – ähnlich wie ein zwei- bis dreijähriges Kind – zwischen Anklammerung und Abstoßung hin- und herschwankt.

Mit seiner Abwendung von den Eltern, der Aufgabe elterlicher Ideale, und seiner Suche nach neuen Vorbildern und Idealen versucht der Jugendliche, seine eigene, von den Eltern unabhängige Identität zu finden. Dieser Prozeß führt zwangsläufig zu Veränderungen in der Familie: Die Eltern merken, daß ihr Einfluß auf das Kind – im Gegensatz zu außerfamilialen Einflüssen – geringer wird, daß sie es nicht mehr so steuern können, wie sie es früher tun konnten. Darum setzen sie aufgrund ihrer Rollendefinition den Autonomiebestrebungen des Kindes Widerstände entgegen, so daß zwischen Eltern und Kind Machtkämpfe entstehen, die dazu führen, daß sich das Kind nur – nach dem Muster früherer Erfahrungen – auf negativistische Weise gegen ihre Übermacht zur Wehr setzen kann. Aber diese Ablösungskrise kann nur gemeistert werden, wenn nicht nur das Kind, sondern auch die Eltern ihre Beziehung – i.S. einer zunehmenden Distanz – modifizieren können. Sie müssen, wenn sie nicht die Beziehung zum Kind verlieren wollen – so paradox es klingt –, gerade den Jugendlichen bei seinen Ablösungsbemühungen unterstützen. Andernfalls besteht die Gefahr, daß der Kampf um Autonomie, den das Kind (möglicherweise) in der frühen Kindheit schon einmal verloren hat, jetzt im Verhältnis zu den Pflegeeltern erneut verloren wird, was nicht selten mit einem Pflegeabbruch endet.

Zu 2: Bei Kindern, die in ihrer frühen Kindheit in ihrer Ursprungsfamilie die Erfahrung gemacht haben, daß sie überhaupt nichts wert waren und nur den narzißtischen Bedürfnissen der Eltern zu dienen hatten, die die Erfahrung gemacht haben, daß jeder Versuch, sich gegenüber den mächtigen Eltern zu behaupten, zum Scheitern verurteilt war (wenn der Trotz gebrochen oder das Kind durch Verwöhnung unlösbar an die Eltern gebunden wurde), oder wenn die ersten Schritte zur Autonomie für die Mutter eine erhebliche narzißtische Kränkung bedeutete, dann wird das Kind diese Erfahrungen und Beziehungsmuster in spezifischer Weise auf die neuen Eltern übertragen und sich ihnen gegenüber negativistisch und rücksichtslos betragen.

Das Kind erwartet beispielsweise von der Pflegemutter (ohne daß es sie grundsätzlich ablehnt) und gerade nicht vom Pflegevater, daß sie dieselben Strategien und

Kommunikationsformen wie seine frühere Mutter anwendet, um die Abhängigkeit des Kindes aufrechtzuerhalten. Und aufgrund dieser (u.U. ganz falschen) Erwartungen wird das Kind in der Beziehung zur Pflegemutter die gleichen negativistischen Züge zum Ausdruck bringen. Dadurch gerät aber die Pflegebeziehung in eine Krise, weil das negativistische Verhalten naheliegenderweise als Ablehnung, Haß oder Gleichgültigkeit interpretiert wird, wogegen sich dann die Pflegemutter mit Resignation oder Trotz wehrt. Wäre sie andererseits so gelassen wie die von Bettelheim geschilderte Lehrerin und würde sie verstehen, daß der Negativismus nicht ihr gilt, würde sie ihre Beziehung nicht in Frage zu stellen brauchen, sondern könnte trotz des Negativismus versuchen, eine nicht überwältigende Beziehung zum Kind aufrechtzuerhalten, um ihm so eine korrigierende Erfahrung zu ermöglichen.

Zu 3: Wenn man davon ausgeht, daß beim Aufbau neuer Beziehungen frühkindliche Beziehungsformen wiederholt werden, muß man – auch dann, wenn das Kind hinsichtlich seiner Autonomiebestrebungen keine negativen Erfahrungen gemacht hat – zumindest vorübergehend mit einem Wiederauftreten des frühkindlichen Trotzes und der Wiederannäherungskrise rechnen, in der die Entwicklung der Beziehungen durch die Ambivalenz von Abhängigkeits- und Unabhängigkeitsstreben gestört wird. Aber ebenso wie in der frühkindlichen Erziehung wird diese Ambivalenz von den Eltern, weil sie sich ihrer Beziehung zum Pflegekind noch nicht sicher sind, nicht als Kampf um Autonomie erkannt. Sie sehen eher in der Uneindeutigkeit der Beziehung und im Negativismus eine Abwehr der eingespielten Familiennormen, Abwehr des elterlichen Einflusses und ihrer Erziehungsfunktion. Denn Pflegeeltern erwarten eindeutige Beziehungen und rechnen nicht damit, daß die Beziehung des Kindes zu ihnen auch uneindeutig, ambivalent sein kann. Das zeigt sich nicht selten in der Empörung der Pflegeeltern, wenn sie einerseits beim Kind immer wieder negativistisches Verhalten erleben und dann, wenn es um die Befriedigung bestimmter Bedürfnisse geht, feststellen, wie lieb und freundlich es ist und sich auch etwas sagen läßt. Sie sind deswegen empört, weil sie meinen, daß das liebe und freundliche Verhalten nichts als eine Show ist, da es dem Kind in Wahrheit immer nur um seinen Vorteil gehe.

Zu 4: Da Negativismus eine Abwehrform gegenüber der Fremdbestimmung und eine Verteidigung der Selbstbestimmung ist, kann negativistisches Verhalten bei einem Kind durch die ausgespielte Übermacht der Eltern erzeugt werden, also in einem Familiensystem, wo die Relation von Abhängigkeit und Unabhängigkeit in eine Relation von Beherrschung und Unterwerfung verkehrt wird.

Pflegeeltern, die ihre Beziehung nicht auf ein Helfer-, sondern auf ein Elternkonzept stützen (Blandow 1972) und rasch ein gut angepaßtes Kind haben wollen, provozieren oder verstärken leicht negativistisches Verhalten. Denn wenn Eltern ein Kind zur Anpassung erziehen wollen, so daß es sich in die Familiennormen und -vorstellungen fügt, besonders wenn Eltern feststellen, daß das Kind so viele selbstverständliche Alltäglichkeiten nicht beherrscht wie andere Kinder gleichen Alters, werden sie gezwungen sein, das Kind ständig zu dirigieren, ständig zu meckern: »Achte darauf. Tu dies. Weißt Du nicht mehr, was ich Dir schon tausendmal gesagt habe? Hast Du das denn noch immer nicht eingesehen? Da mußt Du Dich schon selbst entscheiden.« Ja, selbst die Forderung der Eltern nach autonomer, selbstgesteuerter Aktivität, nach verantwortlicher Handlung wird zu einer Gängelung, zu einem Befehl, dem sich das Kind unterwerfen soll. Dadurch wird es in eine Abhängigkeitsbeziehung gezwungen, in der es den Verlust seiner Autonomie befürchten muß, bis es sich schließlich dagegen so heftig wehrt, daß es sogar das nicht mehr tut, was es liebend gerne tun möchte, so als könnte es nur auf diese Art seine Unabhängigkeit gegenüber der Übermacht der Eltern bewahren.

Eine solche Anpassungsstrategie, bei der z.B. die Tischmanieren den Eltern wichtiger sind als die Gefühle des Kindes, schränkt nicht nur die Entwicklungsmöglichkeiten des Kindes, sondern auch die der Eltern ein, u.U. so weit, bis einer aus der Beziehung ausbricht: Entweder die Pflegeeltern geben auf, oder das Kind läuft fort mit der Phantasie: »Ich möchte es so machen wie Pipi Langstrumpf, ganz allein in einem Haus, ohne Eltern, die andauernd schimpfen«, sagte uns ein sechsjähriger Junge, nachdem er sich ohne Abschied nach sechs Jahren von seiner Pflegefamilie getrennt hatte.

Teil IV: Die Beziehung des Kindes zur Ursprungsfamilie

Bei aller Unterschiedlichkeit der individuellen Sozialisationserfahrungen von Pflege- und Adoptivkindern: eines teilen sie alle, nämlich das Faktum der Zugehörigkeit zu zwei Familien. Aber damit endet schon die Gemeinsamkeit. Denn die Behauptung, daß sich aus diesem Faktum zwangsläufig spezifische, für alle fremdplazierten Kinder zentrale Probleme herleiten ließen – beispielsweise die so oft beschworenen Probleme der Identitätsentwicklung, die aus der Tatsache der Trennung von den Herkunftseltern abgeleitet werden –, ist nicht mehr und nicht weniger als die Tradierung eines Vorurteils (siehe Kap. 5). Gleichwohl kann nicht bestritten werden, daß gerade die Zugehörigkeit des Pflegekindes zu zwei Familien vielfach zu erheblichen Krisen und Konflikten führt und für die Herstellung und Aufrechterhaltung von Störungen der Persönlichkeitsentwicklung des Kindes verantwortlich ist, wenn dem Bedürfnis des Kindes nach eindeutigen, sicheren und hinreichend befriedigenden Eltern-Kind-Beziehungen als Grundlage einer gesunden Persönlichkeitsentwicklung der Respekt versagt wird. Das 1. Kapitel befaßt sich mit Fragen der Fremdplazierung von Kindern und der Regelung der Beziehungen zu den leiblichen Eltern und Pflegeeltern unter Berücksichtigung der Beziehungsqualität.

Dem Problem der Wirkung von Kontakten zu den leiblichen Eltern unter der Bedingung traumatischer Erfahrungen, die das Kind in der Ursprungsfamilie gemacht hat, gehen die Kapitel 2 und 4 nach. Das 3. Kapitel beschreibt schließlich die schmerzliche Arbeit, die in vielen Fällen von den leiblichen Eltern und den Kindern geleistet werden muß, wenn durch die Fremdplazierung wirklich neue Chancen für Eltern und Kinder eröffnet werden sollen.

Kapitel 1: Das Kind zwischen zwei Familien*

Wenn wir von unseren Erfahrungen mit Dauerpflegekindern – oder solchen, die es dann bei zunächst unklarer Perspektive schließlich doch geworden sind – bei aufrechterhaltenem Kontakt zu den leiblichen Eltern ausgehen und die Frage stellen, unter welchen Bedingungen dies gutgeht und unter welchen Bedingungen sich spezifische Konflikte ergeben, so müssen wir in Rechnung stellen, daß wir schon von unserer Aufgabenstellung her mehr mit problematischen als mit unproblematischen Konstellationen konfrontiert sind. Dennoch sind auch wir Fällen begegnet, in denen sich bei Dauerpflege durch die aufrechterhaltenen Kontakte zur Ursprungsfamilie keine gravierenden Probleme für Kinder und Eltern ergeben haben. Wir haben den Eindruck, daß dies nur unter zwei Bedingungen möglich ist:

1. Das Festhalten der leiblichen Eltern an ihrer Elternrolle scheint mit der Unterbringung ihres Kindes in einer Dauerpflegefamilie dann vereinbar zu sein, wenn das Kind in den ersten Jahren bei seinen leiblichen Eltern aufgewachsen ist, zu ihnen positive, sichere und tragfähige Eltern-Kind-Beziehungen entwickelt hat und seine Persönlichkeitsentwicklung ohne größere Störungen verlaufen und zu einem vorläufigen Abschluß gekommen ist. Damit ist gemeint, daß das Kind die ödipale Phase erfolgreich bewältigt haben sollte (vgl. Teil II, 1), einen sicheren Ort im Familiensystem gefunden hat, auf der Basis einer positiven Identifikation mit den Eltern deren Normen und Werte internalisiert hat und sein Ich-Ideal, d.h. die Vorstellung, wie es gern sein möchte, am Vorbild der Eltern errichtet hat. Das wiederum bedeutet, daß das Kind die »verinnerlichten Eltern« mit sich herumträgt und sich an ihnen orientiert, auch wenn sie nicht unmittelbar anwesend sind. In der Regel verfügt dann ein Kind auch über eine schon hinreichend große Autonomie, Erinnerungsfähigkeit und Zeitperspektive, die notwendig ist, um die Zeit zwischen den Wochenenden und Ferienaufenthalten bei den leiblichen Eltern überbrücken zu können, ohne Angst und Verwirrung und ohne das emotionale Band zu den Eltern abreißen zu lassen. Wir meinen also Kinder, die etwa einem gesunden und emotional stabilen Fünf- bis Sechsjährigen entsprechen (vgl. Bowlby 1973). Hinzu kommen muß:

- daß der Grund für die Fremdplazierung für das Kind rational begründbar und einsehbar sein muß, so daß es sich nicht abgeschoben fühlt;
- daß auch die Gasteltern voll akzeptieren, daß das Kind seine alte Familienidentität bewahrt und zu ihnen eher Beziehungen wie zu Verwandten aufbaut statt wie zu Eltern und daß es möglichst viel Zeit in der Ursprungsfamilie verbringen möchte und sollte;

* *Nienstedt, M.:* Vortrag auf der Fortbildungsveranstaltung des Landesjugendamtes Westfalen-Lippe für Sozialarbeiter, Nordwalde 1981.

- daß die emotionale Situation in der Ursprungsfamilie hinreichend und ebenso befriedigend sein muß wie in der Pflegefamilie, damit das Kind nicht doch geheime Wünsche entwickelt, die Pflegeeltern mögen seine Eltern sein, und dadurch u.U. in schwere Loyalitätskonflikte gerät (Bedingungen wie, daß die Gasteltern deutlich älter als die leiblichen Eltern sind, so daß sie fast schon eine andere Funktion – die der Großeltern – übernehmen könnten, oder daß sie mehrere solcher Kinder aufnehmen, können hier hilfreich sein);
- daß die leiblichen Eltern und die Gasteltern sich gegenseitig anerkennen und akzeptieren, sich im wesentlichen über Erziehungsziele und -strategien einig sind und abweichende Normen, Werte und Verhaltensweisen gegenseitig tolerieren können.

Solche Konstellationen, in denen Kinder trotz positiver und tragfähiger Beziehungen zu ihren Eltern relativ spät und für sie aber dennoch einsehbar fremdplaziert werden müssen, sind sicherlich in der Gesamtgruppe fremdplazierter Kinder relativ selten. Sie können sich ergeben, wenn die Eltern oder ein Elternteil durch Schicksalsschläge in Situationen geraten, die die alltägliche Betreuung des Kindes unmöglich machen. Sie finden sich vielleicht auch gehäuft in bestimmten Berufsgruppen. Ich denke anhand eines konkreten Beispiels an Schausteller, die ihre Kinder bei sich behalten, bis sie eingeschult werden müssen, und sie dann in einer Pflegefamilie unterbringen, wobei die Kinder jeweils die Ferien und möglichst zwischendurch noch einige Wochenenden bei ihnen verbringen. Es sei angemerkt, daß uns für diese Kinder die Unterbringung in einer Gruppe, z.B. einer Kleinsteinrichtung oder Heim-Außengruppe, angemessener erscheint, da hier die Gefahr elterlicher Konkurrenzbeziehungen vermieden wird.

2. Bei Säuglingen und Kleinkindern oder bei älteren Kindern mit traumatischen familialen Sozialisationserfahrungen (vgl. Teil III, 1) sind aufrechterhaltene Kontakte zur Ursprungsfamilie, wenn sie eine gesunde Persönlichkeitsentwicklung des Kindes nicht gefährden sollen, nur denkbar, wenn die Eltern schrittweise ihren Anspruch auf ihre Elternrolle aufgeben können, ihre elterlichen Funktionen an die Pflegeeltern delegieren, tolerieren, daß die Kinder zu den Pflegeeltern schrittweise Eltern-Kind-Beziehungen entwickeln und ihnen damit eine langfristige Perspektive und eindeutige Orientierungen in der Pflegefamilie sichern.

Wie schon gesagt, wir sind vorwiegend mit Konstellationen konfrontiert, in denen die »schwierigen Aspekte« überwiegen: in denen Kinder und Eltern in einem dauernden Zustand der Unsicherheit über die Perspektive ihrer Beziehungen verbleiben, in denen die Kinder in Loyalitätskonflikte zwischen Pflegeeltern und leiblichen Eltern geraten, in denen Spannungen und Konflikte zwischen leiblichen Eltern und Pflegeeltern bestehen, die wiederum zur Verunsicherung des Kindes erheblich beitragen können.

Wenn wir den Problemen, die sich aus der Doppelzugehörigkeit der Kinder zu zwei Familien ergeben, im einzelnen nachgehen, so sollten wir uns getrennt mit der Problematik bei Säuglingen und Kleinkindern einerseits und der älterer Kinder andererseits beschäftigen, weil die typischen Konflikte und Verarbeitungsmöglichkeiten doch recht unterschiedlich sind.

1. Die Problematik bei Säuglingen und Kleinkindern

Wie schon im Kapitel »Trennung in früher Kindheit« (Teil III, 4) dargestellt, bilden Kinder in der frühkindlichen Sozialisation ihre Persönlichkeitsstrukturen und ihre Gefühls- und Handlungsschemata in ständigen Austauschprozessen der tagtäglichen Interaktion und Kommunikation mit ihren primären Bezugspersonen aus, wobei es für die Kinder völlig irrelevant ist, ob dies ihre leiblichen Eltern oder andere Menschen sind, von denen sie geliebt und umsorgt werden, die sie lieben lernen und auf die sie sich lernen zu verlassen und in deren Spiegel sie ein Bild von sich selbst entwickeln. Dabei steht die emotionale Stabilität des Kindes in direktem Zusammenhang mit dem Ausmaß der Sicherheit und Verläßlichkeit dieser bedeutsamen Beziehungen und dem Ausmaß der Befriedigung, die die kindlichen Bedürfnisse in ihnen finden.

Da, wo die Bezugspersonen anschaulich und/oder emotional nicht verfügbar sind, führt dies unweigerlich zu Störungen der Persönlichkeitsentwicklung, wenn nicht ein den Entwicklungsbedürfnissen und damit auch Bindungsbedürfnissen des Kindes gerecht werdender Ersatz geschaffen wird, der jedoch für das Kind die Bedeutung eines Ersatzes verliert und verlieren muß, wenn es nicht bindungslos oder beziehungsunsicher werden oder bleiben soll – und das wäre gleichbedeutend mit einer defizitären, zu Störungen führenden Sozialisation (vgl. Goldstein/A. Freud/Solnit 1974).

Diejenigen, die das Kind tagtäglich versorgen, werden Schritt für Schritt und zwangsläufig die psychologischen Eltern des Kindes, wenn sie sich ihm nicht emotional versagen. Wenn leibliche Mütter und Väter glauben oder in dem Glauben belassen und darin bestärkt werden, daß sie für das Kind Mutter und Vater bleiben, wenn sie es für längere Zeit in eine andere Familie geben, so ist das eine Illusion, die zu schweren Enttäuschungen und Konflikten führen kann.

Häufig laufen Pflegeverhältnisse unter diesen Bedingungen gut und relativ spannungsfrei, solange die Kinder noch nicht laufen und sprechen können oder – wenn sie schon etwas älter sind – noch keine individuellen Beziehungen zu den neuen Eltern entwickelt haben. Irgendwann jedoch werden die Kinder anfangen, zu ihren Pflegeeltern »Mama« und »Papa« zu sagen, sich ihnen emotional dichter zuwenden als der leiblichen Mutter, bei ihnen, nicht bei ihr Schutz suchen und sich von ihnen besser steuern lassen. Dann wird den Müttern und Vätern oft erst klar, daß das Kind nicht ihr Kind bleibt, wenn es ständig von anderen Eltern gut versorgt wird.

Diese schmerzliche, kränkende Erkenntnis führt leicht zu Protest und Abwehr (z.B. durch Verleugnung), zu Ambivalenz und Konflikten. Das »unkalkulierbare« Verhalten der leiblichen Eltern (Riesenansprüche und nicht einzulösende Versprechen im Wechsel mit demonstrierter Gleichgültigkeit und nicht eingehaltenen Besuchsterminen) ist häufig auch ein Ausdruck dieser Konflikte und des Schwankens zwischen Auflehnung und Resignation in Anbetracht des drohenden Verlustes ihrer Elternrolle (vgl. Blandow 1972).

Gegen die schmerzliche Wahrnehmung der Bindung des Kindes an andere Eltern wird der Anspruch formuliert, daß das Kind ihr Kind sei und eines Tages zu ihnen zurückkehren werde, auch wenn dies in absehbarer Zeit völlig unrealistisch erscheint. Auch fordern die Mütter offenbar gerade zu diesem Zeitpunkt oft, daß sie während der Kontakte zum Kind nicht ständig unter der Kontrolle der Pflegeeltern stehen wollen, sondern mit ihm spazierengehen, es mit sich nehmen, ihren Freunden und Verwandten vorführen möchten, um auch die Bindung des Kindes an sich und ihre soziale Gruppe zu verstärken und zu demonstrieren.

Wenn diesen Wünschen nachgegeben wird, insbesondere dann, wenn sie einen Versuch der Dokumentation des Besitzanspruchs auf das Kind darstellen, so wird der illusionäre, weil der faktischen und psychischen Wirklichkeit des Kindes nicht entsprechende Anspruch der leiblichen Mutter bestätigt. Ihre emotionalen Forderungen und Erwartungen an das Kind werden unterstützt und verstärkt. Dies kann das Kind nur als Bedrohung und Infragestellen der Sicherheit seiner Eltern-Kind-Beziehungen erleben und darauf mit verstärkter Abwehr reagieren, was wiederum die Mutter nur um so mehr kränkt und den Konflikt verschärft – ein Teufelskreis, bei dem zumindest die psychische Gesundheit des Kindes leicht auf der Strecke bleibt. Gelingt es hier nicht, die Lage zugunsten der Sicherung der Beziehung des Kindes zu seinen psychologischen Eltern zu entschärfen, so muß mit erheblichen Verunsicherungen gerechnet werden, die bald in Verhaltens- und Entwicklungsstörungen ihren Ausdruck finden.

Eine Entschärfung der Konfliktlage wird in der Regel für das Kind nicht dadurch erreicht, daß die Pflegeeltern sich mit den Ansprüchen der Mutter an das Kind identifizieren, indem sie ebenfalls dem Kind sagen, daß das doch seine Mutter sei und daß es sie anerkennen und lieben müsse, indem sie darauf drängen, daß es mitgehen muß und sich den Bedürfnissen der Mutter anpassen soll. Eine solche, wenn auch verständliche Haltung kann leicht dazu führen, daß sich das Kind nicht nur von der leiblichen Mutter angegriffen, sondern auch noch von den Pflegeeltern verraten und verlassen und zu wenig geschützt fühlt. Aggressionen des Kindes auch gegen die Pflegeeltern, drohende Distanz- und Beziehungslosigkeit, ein Rückzug auf sich selbst oder angstneurotische Entwicklungen und eine Einschränkung der Ich-Fähigkeiten sind oft die Folge.

Welche Belastung es für die Entwicklung eines kleinen Kindes bedeutet, wenn es in einer befriedigenden Pflegebeziehung lebt, aber immer mit dem Anspruch der leiblichen Mutter konfrontiert bleibt, daß es ihr Kind ist und daß es eines Tages wieder zu ihr zurückkehren wird, mag das folgende Beispiel eines heute sechsjährigen Jungen, den wir Markus nennen, verdeutlichen. Es zeigt auch, daß unter diesen Bedingungen das Ziel, daß das Kind zur leiblichen Mutter positive, freundliche Beziehungen aufbauen soll, völlig verfehlt wird. Das Kind wird die Mutter hassen lernen, auch wenn es diesen Haß aus Angst und Unsicherheit nicht offen zeigen kann.

Das erste Lebensjahr hat Markus gemeinsam mit seiner Mutter im Säuglingsheim verbracht, wobei es der Mutter schwerfiel, angemessen mit ihm umzugehen: Wenn es beim Füttern schrie oder die Milch wieder ausspuckte, wurde sie unruhig, redete auf das Kind ein, was dessen Spannungen nur erhöhte. Wenn sie es auf dem Arm hatte, redete sie lieber mit anderen Frauen, statt mit dem Kind zu kommunizieren. Ein zärtlicher Austausch fand kaum statt.

Nach einem Jahr gab die Mutter das Kind in eine Pflegefamilie und nahm selbst eine Arbeit auf. Das Kind reagierte bei der Übergabe ohne Trennungsängste. Auch in der Pflegefamilie weinte es zunächst wie schon im Heim viel, schlief nachts schlecht und unruhig, zeigte Hospitalismussymptome wie Jaktationen und war in seiner Gesamtentwicklung retardiert, was sich jedoch rasch deutlich verbesserte. Zur Pflegemutter und später auch zum Vater und den älteren Kindern der Familie baute es positive, dichte Beziehungen auf, was nach etwa vier bis fünf Monaten u.a. am Fremdeln zum Ausdruck kam (vgl. Spitz 1967). Markus entwickelte sich zu einem freundlichen, ausgeglichenen und aktiven Kind.

Die leibliche Mutter besuchte das Kind einmal pro Woche in der Pflegefamilie, wobei sie so recht nichts mit ihm anzufangen wußte. Die Besuche wirkten sich jedoch zunächst nicht negativ auf seine Entwicklung aus, zumal die Pflegemutter die Zeit oft nutzte, um mit der leiblichen Mutter Kaffee zu trinken, oder die älteren Kinder mit der leiblichen Mutter spielten, während sich die Pflegemutter mit Markus beschäftigte.

Etwa fünf Monate später wünschte die Mutter, das Kind zu Spaziergängen mitzunehmen, was auch einige Male geschah, obwohl Markus meistens weinend und einigermaßen erschöpft zurückkam. Als er sich zunehmend gegen das Weggehen sträubte und mit erneuten generalisierten Trennungsängsten, nächtlichen Jaktationen, Schlafstörungen und Regressionen reagierte, konnte die Mutter bewegt werden, das Kind nur noch in der Pflegefamilie zu besuchen.

In den folgenden drei Jahren blieb die einmal wöchentliche Besuchsregelung bestehen, wobei die Mutter nach einiger Zeit Markus wieder für einige Stunden mitnahm. Widerstände dagegen gab das Kind bald auf, nachdem die Pflegemutter es mehrfach zum Mitgehen gedrängt hatte, weil sie befürchtete, die leibliche Mutter würde sonst noch weitergehendere Forderungen stellen. Verhaltensauffälligkeiten wie nächtliche Jaktationen, Regressionen und verstärkte Trennungsängste bleiben erhalten.

Dann heiratete die Mutter und holte Markus nun vierzehntägig für einen ganzen Tag zu sich. Markus schloß sich rasch dem Mann der Mutter an und wich ihm während der Besuchskontakte kaum von der Seite. Er suchte bei ihm wohl Schutz vor der Mutter und fand in ihm auch jemanden, der besser mit ihm umgehen und spielen konnte. Die Besuche schienen Markus jetzt nicht mehr so sehr zu belasten, obwohl es zwischendurch immer wieder vorkam, daß er verwirrt in die Pflegefamilie zurückkehrte und verstärkte Verhaltensauffälligkeiten zeigte. Dies war immer dann der Fall, wenn die Mutter mit ihm darüber sprach, daß sie ja seine Mutter sei und er irgendwann auch zu ihr ziehen werde. Auch entwickelte Markus zunehmend ein distanzloses Verhalten Fremden gegenüber und zeigte zuweilen heftige Aggressionen in der Pflegefamilie. Während der Besuche bei der Mutter war er jedoch immer lieb, nett und brav und ließ sich gut steuern und sagte nun zuweilen auch beim Abschied, daß es schön gewesen sei und er sich auf den nächsten Besuch freue. Er paßte sich also ganz den Erwartungen der leiblichen Mutter an.

Als Markus sechs Jahre alt ist und die Frage der Einschulung sowie die Frage der Rückgliederung zur leiblichen Mutter zu diesem Zeitpunkt ansteht, untersuchen wir ihn. Er zeigt einen allgemeinen Entwicklungsrückstand von etwa einem Jahr, zusätzlich werden seine intellektuellen Fähigkeiten durch die sozial-emotionalen Belastungen deutlich beeinträchtigt. Er kann sich nur kurzfristig auf eine Aufgabe konzentrieren, ist sehr unruhig und angespannt, sein Denken ist noch ganz magisch, und er läßt sich durch alles mögliche immer wieder zu Assoziationen anregen, indem er ständig Geschichten über gemeinsame Tätigkeiten mit der Pflegefamilie erzählt, die zum Teil sehr phantastisch sind.

Im Sceno-Test kommen Trennungsängste und Aggressionen gegen die leibliche Mutter deutlich zum Ausdruck, die jedoch so stark sind, daß sie nicht realistisch verarbeitet werden, sondern nur verschlüsselt dargestellt werden können: Markus lehnt es spontan ab, mit »diesen doofen Menschenfiguren« zu spielen. Statt dessen funktioniert er die im Test vorhandene Kuh zum »Kälbchen« um, das versucht, sich zu verbarrikadieren, weil es »vom Bauern weggeholt werden soll«. Es versucht den Bauern zu täuschen, indem es »kikeriki« ruft. Der Bauer entdeckt es trotzdem und führt es fort. Das Kälbchen aber kann fliehen. Oder es frißt den Bauern auf, kehrt in seinen Stall zurück und sagt: »Jetzt hab' ich endlich meine Ruhe.«

Die Trennungsängste durch den drohenden Verlust der primären Bezugspersonen – der psychologischen Eltern – erzeugen nach den Befunden des TAT ein tiefes Gefühl der Ohnmacht und Hilflosigkeit, der Angst vor Vereinsamung und eine starke Verunsicherung des eigenen Selbstwertgefühls. Auch das Gefühl, für niemanden etwas wert zu sein und daß die Erwachsenen selbst noch darüber lachen werden, wenn sie dem Kind etwas Schreckliches antun, kommt zum Ausdruck. Wenn das Kind darauf offen mit dem vorhandenen Haß reagieren würde, würde ihn das selbst zu sehr gefährden, also zeigt es die Aggressionen nur ein bißchen und verleugnet ansonsten das Schlimme der Situation – tut so, als wäre alles ganz lustig.

Geschichte zur TAT-Tafel 3 BM (eine auf dem Boden zusammengekauerte Gestalt, gegen eine Couch gelehnt): »Da weint ein Kind. – Oder ist da 'ne Mutter? – Das weint, weil keiner da ist, um ihn zu trösten. – Ham sie ihn durchs Fenster geschmissen und ... die da ... hat immer noch Spaß. – Durchs Fenster geschmissen. – Bin ich aus dem Fenster gesprungen. Machte Spaß! Das macht immer so richtig Spaß! Was ist denn das da? Ne Pistole. Warum nimmt er die nicht? – Sonst wär' er totgeschossen. – Der wirft lieber nur mit Steinen.«

Gebahnt durch die Darstellung auf der Phantasieebene, konnte Markus dann auch zunehmend direkter seine Aggressionen zum Ausdruck bringen; er griff zu den Kasperlpuppen, rannte mit ihnen mit wütendem Gesicht und ganz hektisch hinter uns her: »Das ist das gefährlichste Krokodil! Das beißt Euch voll in die Haare. Jetzt kommt der gefährlichste Kasper! Und jetzt der gefährlichste Räuber! Der frißt Euch auf, der macht Euch tot, der beißt Euch auch noch! – So, jetzt müßt Ihr immer tot bleiben. Dann hab' ich endlich meine Ruhe!«

2. Die Problematik bei älteren Kindern

Wenn ältere Kinder (etwa ab drei Jahren) von ihrer leiblichen Familie getrennt und in einer Pflegefamilie untergebracht werden, so haben sie bereits auf der Basis früher Identifikationen wie auch immer geartete differenziertere Beziehungen zu ihren Eltern entwickelt. Diese Beziehungen sind auch dann, wenn sie für die Persönlichkeitsentwicklung des Kindes in hohem Maße schädlich sind, wenn sie z.B. angstbesetzt oder durch Mangelzustände gekennzeichnet sind, für das Kind und seine Selbstdefinitionen bedeutungsvoll, weil sie einen Teil seiner Identität ausmachen.

Solange Kinder keine sicheren, alternativen Beziehungen aufgebaut haben, halten sie an den Beziehungen zur Ursprungsfamilie und den daraus resultierenden Identifikationen fest. So lange auch können sie die Eltern kaum kritisch sehen und die bei ihnen gemachten Erfahrungen in Frage stellen, idealisieren sie – was auch der Angstabwehr dient – und passen sich mehr oder weniger perfekt den Erwartungen der Eltern bei Besuchskontakten an. Auf alternative Beziehungen aber, die ihnen eine Neuorientierung ermöglichen würden, können sich Kinder nicht wirklich einlassen, wenn sie mit dem aufrechterhaltenen Anspruch der leiblichen Eltern konfrontiert sind, daß sie seine Eltern sind, denen sie gehorchen, die sie lieben sollen und zu denen sie vielleicht eines Tages zurückkehren werden.

Das Kind braucht, wenn es nicht in absehbarer Zeit zu seinen Eltern zurückkehren kann und soll, eine verläßliche Perspektive und die Möglichkeit, sich ohne Schuldgefühle an diejenigen, die es nun erziehen sollen, auch emotional zu binden – insbesondere dann, wenn die Ergebnisse bereits gestörter Sozialisation aufgearbeitet und korrigiert werden müssen. Dies ist nur möglich, wenn dem Kind der Gewinn einer kritischen Distanz zu seiner Geschichte gestattet wird, auf die es sich wiederum nur im Schutz zunehmend sicherer und verläßlicher neuer Beziehungen einlassen kann. Angesichts erheblicher Traumata, die ein Kind in der Beziehung zu seinen Eltern erlitten hat, angesichts von Überwältigungen, tiefgreifenden Frustrationen oder auch pathologisch bindenden Beziehungsformen werden sich die neuen Bezugspersonen nur durch einen vollständigen Ausschluß von Kontakten als hinreichend verläßlich und sicher schützend erweisen und nur so dem Kind den Gewinn einer kritischen Distanz und die Entwicklung neuer befriedigender Beziehungen ermöglichen können.

Aufrechterhaltene Besuchskontakte – wenn die Beziehungen zu den leiblichen Eltern nicht allzu angstbesetzt und frustrierend waren – müssen den Gewinn einer kritischen Distanz und die Entwicklung neuer Beziehungen nicht zwangsläufig behindern, auch wenn häufig nach den Besuchen Rückschritte bei den Kindern und Rückfälle in alte Verhaltensmuster zu beobachten sind, da durch jeden Besuch die alten Erfahrungen und Kommunikationsstrukturen wiederbelebt werden. Die Wiederbelebung der Erfahrungen – wenn sie nicht sehr beängstigend und überwältigend waren – und die Möglichkeit, das Verhalten der Eltern im Umgang mit dem Kind und die Auswirkungen der Interaktion auf Gefühle und Verhaltensweisen des Kindes direkt zu beobachten, bieten die Chance, dem Kind behutsam dabei zu helfen, die eigenen Verhaltensweisen und Probleme und die der leiblichen Eltern sowie die Gründe dafür, daß das Kind nicht bei ihnen leben kann, besser zu verstehen und schrittweise zu akzeptieren.

Das setzt allerdings voraus, daß die Erwachsenen, die mit dem Kind über die Besuche sprechen – die Pflegeeltern oder ein neutraler Dritter –, selbst ein akzeptierendes Verständnis für die Schwierigkeiten der Eltern haben und dafür, wie sie geworden sind. Gleichzeitig dürfen sie sich nicht mit den Eltern überidentifizieren, was zur Entschuldigung ihres Verhaltens führen würde und zur Verleugnung und Bagatellisierung der Auswirkungen dieses Verhaltens auf das Kind. Auch sollten sie selbst keine überhöhten Erwartungen an die Eltern haben, sie nicht erziehen wollen, indem sie von ihnen erwarten und fordern, daß sie sich ändern sollen – endlich lernen, zuverlässiger zu sein, mit dem Kind besser zu spielen, auf seine Bedürfnisse mehr Rücksicht zu nehmen usw. Unrealistische Forderungen und daraus resultierende Enttäuschungen der Pflegeeltern über das Verhalten der leiblichen Mutter oder des Vaters werden auch dem Kind nicht helfen können, sich mit seiner Lage abzufinden und schließlich zu versöhnen, sondern nur der Aufrechterhaltung unrealistischer Erinnerungen, Wünsche und Erwartungen des Kindes dienen.

Fallbeispiel: Dieter, neun Jahre alt: Dieter lebt seit drei Jahren in einer Pflegefamilie. Die Besuchskontakte zur leiblichen Mutter verlaufen für das Kind enttäuschend: Die Mutter hält die vereinbarten Termine nicht regelmäßig ein, macht immer wieder Versprechungen, die sich als falsch erweisen, bringt dem Kind Dinge mit, über die es sich gar nicht freut, kann nicht richtig zuhören, wenn er ihr etwas erzählt, und überschüttet ihn statt dessen mit ihren Problemen.

Trauer und Wut, die Dieter anfänglich noch darüber zum Ausdruck bringt, werden von der Pflegemutter abgewiegelt: »Ihr ist sicher etwas ganz Wichtiges dazwischengekommen. – Sie hat sicher wieder großen Kummer mit ihrem Freund, und dann kann man auch nicht richtig zuhören. – Aber sieh mal, das Geschenk ist doch ganz schön. – Sie hat Dich aber doch lieb, sie ist doch Deine Mutter, sie würde sicher gern besser für Dich sorgen, wenn sie nur könnte.« Gleichzeitig appelliert die Pflegemutter immer wieder an die Mutter, sich verläßlicher zu zeigen, um das Kind nicht so zu enttäuschen.

Dadurch wird dem Kind jedoch nicht geholfen, seine Beziehung zur leiblichen Mutter und zu seinen Pflegeeltern zu klären. Statt dessen wird eine extreme Lösung des Beziehungskonflikts des Kindes begünstigt, auf die auch Fürstenau (1973) hinweist: Die leiblichen Eltern werden als nicht kritisierbare, positive Elternobjekte erlebt, die Idealisierung wird verstärkt, das Kind entwickelt die Phantasie, daß bei ihnen alles viel besser und schöner wäre. Die Ersatzeltern, die das Kind in jedem Fall in seiner realen Situation auch als einschränkend wahrnehmen muß, werden dagegen abgewertet und negativ erlebt. Die positiven und negativen Affekte des Kindes, die in der Beziehung zu den Eltern normalerweise eine Mischung eingehen, werden hier also in diesem »doppelten Liebe-Haß-Konflikt« aufgespalten. Durch die Negativfärbung der Realsituation können dann die neuen Beziehungs- und Lernangebote nur unzureichend wahrgenommen werden. Das Kind hält statt dessen an seiner ursprünglichen Familienidentität und den an sie geknüpften Selbstdefinitionen und Reaktionstendenzen fest (woraus auch das Aufrechterhalten von Symptomen resultiert) und projiziert bei gleichzeitiger Idealisierung der leiblichen Eltern alle früheren negativen Erfahrungen auf die neuen Eltern. Die Beziehung zu ihnen bleibt eine Übertragungsbeziehung, was sich in den Untersuchungsbefunden und den direkten Äußerungen Dieters beispielsweise darin zeigt, daß das in der Ursprungsfamilie schwer geschlagene Kind die eigentlich sehr freundlichen Pflegeeltern nur als ständig strafend und prügelnd erlebt und gegen sie heftige Aggressionen hat: »Schläge, Schläge – immer diese Schläge! Am liebsten würd' ich die an die Wand knallen!«

Es sei angemerkt, daß wir es in diesem Fall nicht als ausreichend angesehen hätten, die Pflegeeltern zu beraten, wie sie eine realistische Sicht des Kindes von der Mutter und eine kritische Distanzierung von ihr bei den Besuchen hätten unterstützen können. Angesichts der frühen Mißhandlungserfahrungen des Kindes durch den leiblichen Vater und der Schutzlosigkeit und erheblichen Frustration in der Beziehung zur selbst kindlich hilflosen, egozentrischen Mutter hätten wir dringend in diesem Fall für den Ausschluß jeglicher Kontakte plädiert.

3. Zur Gestaltung der Beziehung des Kindes zu seinen leiblichen Eltern

Wenn ein Kind positive Beziehungen zu seinen Eltern hat bzw. die Eltern grundsätzlich in der Lage erscheinen, dem Kind emotional sichere und geeignete Voraussetzungen für eine halbwegs gesunde Persönlichkeitsentwicklung zu bieten, und wenn sie an der Beziehung zum Kind als ihrem Kind festhalten wollen und können, dann ist – zumindest bei Säuglingen und Kleinkindern – die Dauerpflege oder auch eine längerfristige Wochenpflege eine ungeeignete und im Grunde unmögliche Hilfsmaßnahme, weil sich das Kind zwangsläufig an diejenigen als Eltern binden wird, die es tagtäglich befriedigend versorgen.

Durch Wochenendkontakte, auch wenn sie positiv verlaufen, werden keine Eltern-Kind-Beziehungen aufgebaut, höchstens Beziehungen wie zu einem Babysitter, zu einem Onkel oder einer Tante. Oder sie führen zu Verunsicherung und Beziehungsunsicherheit, wenn – was bei einem solchen Arrangement wie Wochenpflege nur zu naheliegend ist – auch die Pflegeeltern in einen Konflikt geraten zwischen den beim Kind wahrzunehmenden Bindungs- und Orientierungswünschen und der Forderung, daß die leiblichen Eltern ja die Eltern bleiben oder werden sollen.

Wenn Eltern an ihrer Elternrolle festhalten wollen und können, muß möglichst rasch ein Weg gefunden werden (z.B. in Form von Tagespflege), der gewährleistet, daß sie die primären Bezugspersonen des Kindes bleiben, sofern die Eltern in der Lage sind, die Stunden, die sie pro Tag mit dem Kind verbringen, emotional befriedigend zu gestalten. Auf alle anderen Bedingungen, die für eine funktionsfähige Tagespflege ausschlaggebend sind und verhindern, daß diese Situation zum Dauerstreß wird, können wir hier nicht ausführlicher eingehen (vgl. Gudat 1982).

In allen anderen Fällen muß, wenn eine Rückgliederung in absehbarer Zeit nicht möglich erscheint, auf den Beziehungsaufbau zu den Pflegeeltern gesetzt werden und den leiblichen Eltern geholfen werden, sich schrittweise emotional vom Kind zu lösen bzw. zu einer veränderten Rollendefinition ihm gegenüber zu gelangen, was sich schließlich auch in einer deutlichen Reduktion der Besuchskontakte (z.B. auf ein- bis zweimal im Jahr) bzw. in einem Verzicht auf Besuche dokumentieren wird.

Folgende Bedingungen erleichtern u.E. die Ablösungsarbeit; der Grad ihrer Realisierungsmöglichkeit wird natürlich im Einzelfall sehr unterschiedlich sein:

- Den Eltern sollten keine falschen Hoffnungen gemacht und Illusionen nicht verstärkt werden (z.B. durch Sätze wie: »Aber es bleibt doch Ihr Kind«). Überhaupt vermeiden wir es im Gespräch mit Eltern, von »Ihrem Kind« oder »Ihrem Sohn« zu sprechen, sondern nennen das Kind immer bei seinem Namen.
- Die Eltern sollten auf die Ablösungsschritte des Kindes oder die Verhaltensweisen, die auf eine Bindung an die Ersatzeltern hinweisen, sukzessive vorbereitet werden. Man müßte also rechtzeitig mit ihnen besprechen, daß das Kind zu den Pflegeeltern »Papa« und »Mama« sagen wird, daß es nicht verunsichert werden darf dadurch, daß die Mutter protestierend sagt: »Aber ich bin doch Deine Mutter«, daß und warum das Kind diesen Satz nicht verstehen wird. Das heißt, man muß die Eltern realistisch über das, womit sie zwangsläufig konfrontiert werden, aufklären und dabei mit ihnen auch darüber sprechen, welche Gefühle das bei ihnen auslösen

wird, und ihnen helfen, diese zu verarbeiten. Dabei muß der Berater oder Sozialarbeiter Wut und Tränen der Eltern ohne Schuldgefühle akzeptieren und aushalten können, denn sie sind notwendige Begleiterscheinungen bei der Ablösungs- und Trauerarbeit.

- Zur Distanzierung und zum Abbau von Ansprüchen, über das Kind auch weiterhin verfügen zu können, ist es u.E. günstig und wichtig, wenn von vornherein alle Vereinbarungen mit den Eltern – insbesondere auch dann, wenn sie Forderungen und Einschränkungen enthalten – mit den Sozialarbeitern getroffen werden, also nicht direkt zwischen Pflegeeltern und leiblichen Eltern ausgehandelt werden. Das hilft auch zu verhindern, daß das Kind direkt ins Konfliktfeld zwischen leiblichen und Pflegeeltern gerät, und es schützt davor, daß die Pflegeeltern sich auf offene Regelungen einlassen (»Sie können jederzeit kommen«), die meistens nur zu Enttäuschungen führen.
- Spätestens dann, wenn Probleme auftauchen – möglichst aber gerade am Anfang, bis die Eltern ihre veränderte Rolle akzeptiert haben –, ist es günstig, wenn bei den Besuchen ein neutraler Dritter, der Sozialarbeiter, dabei ist, mit dem die Eltern im nachhinein auch noch einmal über den Besuch und ihre Gefühle und Erwartungen sprechen können.
- In allen Fällen, in denen die Vorerfahrungen des Kindes und die Qualität der Eltern-Kind-Beziehung noch unklar sind, wie auch in allen Fällen, in denen aufgrund der Persönlichkeit der leiblichen Eltern und ihrer spezifischen Situation mit Konflikten zwischen ihnen und den Pflegeeltern oder mit problematischen Verhaltensweisen gegenüber dem Kind gerechnet werden muß, sollten die Besuche an einem neutralen Ort stattfinden, damit das Kind die Pflegeeltern als wirklich schützend erleben kann.
- Sobald nicht mehr auf die Rückführung des Kindes zu den Eltern hingearbeitet wird, sollten in der Regel die Besuche möglichst eingeschränkt werden und möglichst immer in Anwesenheit eines Dritten – der Pflegeeltern oder des Sozialarbeiters – stattfinden.
- Alle Ablösungsschritte der Eltern müssen akzeptiert und unterstützt werden. So sollte ihnen z.B. kein Vorwurf gemacht werden, wenn sie einen Besuchstermin nicht einhalten; vielmehr müssen ihre Eigeninteressen akzeptiert werden. Wenn sie sich während des Besuchs nicht mit dem Kind beschäftigen, sondern sich lieber mit den Erwachsenen unterhalten, so ist dies nur zu begrüßen. Viele Eltern halten an der Beziehung zum Kind fest, auch wenn sie zu ihm gar keine differenzierte Beziehung aufbauen können, weil sie von ihm einen Ausgleich erwarten für den Mangel an Liebe, Zuwendung und Interesse, den sie in anderen sozialen Beziehungen entbehren. Wenn sie sich als Person von einem anderen Erwachsenen ernstgenommen fühlen, der sich für ihre Probleme und sie selbst interessiert, so können sie das Kind zuweilen leichter aufgeben, das im Grunde ein unbefriedigender Ersatzpartner ist und ihnen nicht helfen kann. Kinder können und dürfen nicht als Therapeuten ihrer Eltern mißbraucht werden.
- Wir denken auch, daß die Herstellung einer helfenden Beziehung zu den leiblichen Eltern, aus der das Kind möglichst weitgehend als Thema ausgeblendet bleibt, eine günstige Voraussetzung dafür ist, mit den Eltern – sofern das überhaupt möglich

ist – eine realistische Perspektive zu erarbeiten und auch selbst zu einer Entscheidung zu kommen. Man kann den Eltern z.B. schon vor der Unterbringung des Kindes in der Pflegefamilie deutlich machen, daß es wichtig ist, im Laufe der nächsten Monate für das Kind eine langfristige Lösung zu finden, und daß man die Zeit gemeinsam nutzen sollte, um diese zu erarbeiten. Zudem ist es in dieser Klärungsphase u.E. wichtig, sich mehr für die Eltern selbst, ihre Entwicklung, ihre Situation und akuten Schwierigkeiten zu interessieren und ihnen bei ihrer Bewältigung zu helfen, zu versuchen, zu ihnen eine Beziehung herzustellen und von ihnen möglichst viel zu erfahren, statt vorrangig die aktuelle Gestaltung ihrer Beziehung zum Kind zum Entscheidungskriterium zu machen oder sich darauf einzulassen, Bedingungen zu formulieren, unter denen sie das Kind zurückbekommen werden – z.B. durch regelmäßige Besuche nachzuweisen, daß sie sich verläßlich um das Kind kümmern, ihre äußeren Verhältnisse zu ordnen u.ä. Denn die letztere Einstellung führt leicht zu Interpretations- und Urteilsfehlern. Wenn z.B. leibliche Eltern ihr Kleinkind nicht mehr in der Pflegefamilie besuchen, so ist dies vieldeutig und kann ein Hinweis auf Desinteresse, auf akute Krisen, auf überdauernde Persönlichkeitsprobleme und auf Ablösungsprozesse sein oder aber auch darauf, daß die Eltern neurotisch nicht verstellte, positive und dichte Beziehungen zum Kind haben und es emotional nicht verkraften können, die schrittweise Bindung des Kindes an die Pflegeeltern wahrzunehmen. Welche dieser Gründe zutreffen, ist nicht unmittelbar aus dem Verhalten zu erschließen. Die jeweils aus ihnen für den Berater abzuleitenden Beurteilungen und Handlungsstrategien wären jedoch jeweils unterschiedliche. Darum muß er sich für die Persönlichkeit der Eltern und ihre Situation mehr interessieren als für ihr aktuelles Verhalten dem Kind gegenüber.

Außerdem zementieren solche Auflagen geradezu die so hinderliche, weitverbreitete Meinung, daß die leiblichen Eltern nur gute Eltern sind, wenn sie an der Beziehung zum Kind festhalten. Abweichungen von den Auflagen können dann nur als Niederlagen erlebt werden, während den Eltern doch gerade geholfen werden soll, eigene Probleme anerkennen und realistische Schlüsse daraus ziehen zu können.

Das Entdecken positiver Perspektiven, Möglichkeiten und Fähigkeiten ohne das Kind, indem die Eltern also lernen, etwas für sich zu tun, erleichtert das Aufgeben des Kindes ohne ein Gefühl der völligen Niederlage. Und wenn Eltern erleben, daß sich auch jemand für sie interessiert, werden sie weniger rasch das Gefühl haben, daß man ihnen nur etwas wegnimmt.

Eine helfende Beziehung des Beraters oder Sozialarbeiters zu den leiblichen Eltern – unabhängig vom Kind – kann auch dem schon älteren Pflegekind helfen, weil der Hinweis, daß sich jemand um die Eltern kümmert, beim Kind der Entwicklung von Schuldgefühlen und eines »Helfersyndroms« – der Vorstellung des Kindes, seinen Eltern helfen zu müssen – vorbeugen kann.

- Die Pflegeeltern als Helfer für das Kind und die Eltern einzusetzen, erscheint uns in der Regel nicht machbar, da die Überforderung vorprogrammiert ist.

Den Pflegeeltern muß geholfen werden, eine sichere Einstellung zu den leiblichen Eltern und den Besuchen zu gewinnen. So kann es im Einzelfall hilfreich und spannungsreduzierend sein, wenn den Pflegeeltern einerseits ein differenzierteres

Verständnis für das Verhalten der leiblichen Eltern ermöglicht wird und gleichzeitig Handlungsstrategien für die Besuche mit ihnen besprochen werden, z.B. daß das Kind die Besuche auch dann, wenn die Eltern das Kind mit unangemessenen Forderungen und Versprechungen konfrontieren, besser verkraften wird, wenn die Pflegeeltern dem Kind vermitteln, daß es bei ihnen sicher ist, wenn sie die Forderungen der Eltern nicht an die Kinder weitergeben, wenn sie dem Kind gestatten, sich bei den Besuchen aus der Situation herauszuziehen, wenn sie auch negative Gefühle des Kindes gegenüber den Eltern und Kritik an ihnen akzeptieren und wenn sie das Kind nicht immer wieder auf seine Zugehörigkeit zu den leiblichen Eltern oder auf vermeintliche Verpflichtungen ihnen gegenüber verweisen.

Kapitel 2: Der Besuch der Mutter*

Der mehr oder minder unbeschränkte Besuch der Mutter (des Vaters oder der Eltern) bei Heim- und Pflegekindern beruht auf dem Gedanken, daß Besuchskontakte für Mutter und Kind eine Hilfe seien, die dazu beiträgt, die Trennung und deren Folgen besser zu bewältigen. Bowlby (1972) erwähnt Beobachtungen, die zeigen, »daß Besuche der Eltern nicht schädlich, sondern sogar eine Hilfe für die Eingewöhnung des Kindes in die Pflegefamilie« seien, und er weist auf Untersuchungen hin, die belegen, »daß die Kinder, die ohne jeden Kontakt zu ihren früheren Familien geblieben waren, im ganzen mehr verunsichert und schwieriger waren als die, denen ein gewisser Kontakt mit ihrem früheren Milieu gestattet war« (ebd., 123).

Angesichts der Lebensgeschichten und der sich daraus ergebenden Probleme bei Heim- und Pflegekindern sind Zweifel an diesem Grundsatz erlaubt. In den Fällen, in denen Eltern aus Verantwortung für ihr Kind und seine Sozialisation eine langfristige Fremdunterbringung wünschen und unterstützen, mag dieser Grundsatz richtig sein. In vielen Fällen gewinnt man jedoch den Eindruck, daß der Besuch der Mutter (des Vaters oder der Eltern) für die Mutter keine Hilfe bedeutet und für die Kinder eher schädlich ist, weil er nicht dazu beiträgt, daß Kinder die Trennung von ihrer Ursprungsfamilie realistisch aufarbeiten können. Vielmehr haben wir oft den Eindruck, daß bei der Frage der Besuchsregelung das Elternrecht gegenüber dem Recht des Kindes auf eine ungefährdete Erziehung dominiert.

Wenn ein Vormund davon ausgeht, daß die Mutter ein Recht darauf habe, daß die Kinder sie zu Weihnachten besuchen müssen, weil Weihnachten das Fest der Familie sei, werden in erster Linie die Rechte der Eltern und die Pflichten der Kinder gesehen, aber auf die Bedürfnisse der Kinder und ihre Fähigkeiten, diese Erfahrungen zu verarbeiten, wird keine Rücksicht genommen.

Sicher steht die, wie Bowlby zu Recht betont, psychologisch unhaltbare Alternative auch nicht zur Debatte, daß man den Müttern den Kontakt zu ihren Kindern grundsätzlich verbieten müsse in der Meinung, »die Kinder würden sich dann leichter an das neue Milieu gewöhnen« (ebd., 123). Die Frage ist nur, wie und unter welchen Bedingungen, wann und wie häufig mit welchen Ansprüchen und Erwartungen Besuchskontakte stattfinden sollen. Um diese Fragen zu diskutieren, ist zunächst die Frage zu klären, was eigentlich ein Besuch der Mutter für ein Kind bedeutet, wenn es von ihr getrennt in einem Heim oder einer Pflegefamilie lebt.

* *Westermann, A.:* Vortrag auf der Fortbildungsveranstaltung der Katholischen Akademie Schwerte, Schwerte 1977.

1. Begegnung mit der Mutter: Eine Erinnerung an die eigene Geschichte

Ein elf Jahre alter Junge, der die ersten sechs Lebensjahre bei seiner an einer Psychose leidenden Mutter lebte, war danach zwei Jahre im Heim und wurde in dieser Zeit von uns therapeutisch betreut. Seit zwei Jahren lebt er in einer Pflegefamilie und kommt zweimal im Jahr zu einem dreistündigen Besuch zur Mutter, bei dem wir ihn begleiten. Nach seinem letzten Besuch sah er bei uns den Sceno-Test und wollte damit etwas bauen. Er unterteilte die Spielfläche mit einer Mauer in zwei gleich große Teile. In die rechte Hälfte setzte er in die eine Ecke einen Stuhl mit dem Vater, der einen Jungen auf seinen Knien mit dem Ausklopfer verhaut, während die Mutter daneben steht. In die andere Ecke setzte er einen kleinen Jungen aufs Klo; in der Mitte legte er einen größeren Jungen auf den Teppich. Ganz vorne stellte er noch einen Hund hin, der von einem Mädchen umarmt wird. Dazu meinte er, daß das Mädchen und der Hund eigentlich gar nicht dazugehören (weil es bestimmte Aspekte der gegenwärtigen Familiensituation widerspiegelt). Auf die andere Seite legte er eine Frau in einen Liegestuhl, an den sich ein Mann anlehnt. Zwischen drei Bäumen setzte er einen kleinen Jungen auf die Spielzeuglokomotive.

Diese nach dem Besuch bei seiner Mutter rasch gebaute Szene stellt seine Erfahrungen dar, die er gemacht hat, als er noch bei seiner Mutter und später im Heim lebte. Da ist auf der einen Seite seine Familie, in der er erleben mußte, daß er vom Vater mit dem Stock verprügelt wurde, ohne daß ihn seine Mutter beschützen konnte. Da ist der Junge auf dem Klo: Diese Teilszene steht im Zusammenhang mit der Tatsache, daß er lange eingenäßt und eine verwahrlosende Reinlichkeitserziehung durch die Mutter erlebt hatte, die für ihn mit beängstigenden sexuellen Phantasien verbunden war. Und da war außerdem der auf dem Boden liegende Junge, der einsam und verlassen war. Diese Seite gibt eine präzise Darstellung der traumatischen Familienerfahrungen wieder, unter denen er gelitten hatte. Auf der anderen Seite stellte er ein Liebespaar dar, das durch die Mauer von seiner Ursprungsfamilie getrennt, aber gleichzeitig auch mit ihr durch eine Mauerlücke verbunden war. Bei diesem Paar hatte er spielen gelernt. Diese Seite spiegelt seine Erfahrungen bei uns wider: Er hatte spielen gelernt, seine Ich-Fähigkeiten entwickelt und »Ersatzeltern« erlebt, die sich auf seine Bedürfnisse befriedigend eingelassen und ihm geholfen hatten, sich von seiner Familie zu lösen.

In diesem Fall führte der Besuch bei der Mutter zu einer Wiederbelebung der traumatischen und therapeutischen Erfahrungen. Der Sceno-Test macht deutlich, welche Phantasien durch den Besuch bei der Mutter mobilisiert wurden. Wenn man sagt, daß Begegnungen mit der Mutter immer wieder an die alten Erfahrungen erinnern, bleibt dieser Satz für viele eine unbewiesene Behauptung. Aber ich denke, diese Szene zeigt deutlich, daß in der Tat ein Kind, das für kurze Zeit in sein Ursprungsmilieu zurückkehrt, wieder mit früheren Erfahrungen konfrontiert wird. Daß eine Rückkehr in das Ursprungsmilieu viele Erinnerungen weckt, weiß natürlich auch jeder Erwachsene, der sich mit seinen alten Klassenkameraden trifft oder der nach Jahren der Abwesenheit die Straßen und Häuser wiedersieht, wo er als Kind gespielt hat. Solche Wiederbegegnungen wecken viele Gefühle, die den Kern unserer Erinnerungen ausmachen. Dabei kommt es dann darauf an, welche Erfahrungen wir gemacht haben, ob z.B. die schrecklichen Erfahrungen so beängstigend waren, daß wir uns an sie erinnern können oder auch nicht. Und es kommt darauf an, welche Erfahrungen wir in der Zwischenzeit gemacht haben: ob wir auf unsere Geschichte aus einer sicheren Distanz blicken können oder ob wir noch in ihr gefangen sind und die negativen Wirkungen tagtäglich erfahren. Anders geht es Kindern auch nicht. Die Geschichte des Jungen, der seit fast zwei Jahren bei Pflegeeltern lebt und sich jetzt als ihr Kind begreift, zeigt, daß sich ein Kind so von seinen früheren traumatischen Erfahrungen distanzieren kann, daß es ohne Scheu und Angst mit seiner Geschichte umgehen kann, sie realistisch darstellen und von ihr sprechen kann, ohne sie zu verleugnen. Wenn ein Pflegekind so seiner Mutter begegnen kann, ist dann überhaupt der Besuch der Mutter, die Wiederbegegnung mit seinen Eltern ein Problem?

2. Wiederbelebung der traumatischen Familienerfahrungen

Immer wieder kann man die Erfahrung machen, daß Kinder, die schon längere Zeit von ihrer Ursprungsfamilie getrennt im Heim oder einer Pflegefamilie leben, ihre Familienidentität nicht verlieren. Unabhängig davon, was das Kind bei seinen Eltern erlebt hat, ob es mißhandelt, vernachlässigt oder sexuell mißbraucht wurde, es begreift und definiert sich selbst wie jedes Kind als Familienkind durch seine Eltern, als Kind, dessen Leben auf einzigartige Weise mit einer bestimmten Mutter, mit einem bestimmten Vater verbunden ist, weil in der Tat der Gedanke, keine Eltern zu haben, undenkbar ist. Eltern können ihre Kinder verlassen, aber das Kind kann nicht ohne Eltern sein. Denn die Eltern bleiben in der Phantasie des Kindes wie eine Realität. Auch dann, wenn die ursprünglichen Familienerfahrungen keine Rolle mehr zu spielen scheinen, wenn die gegenwärtigen Heim- oder Familienerfahrungen klar dominieren, bleiben die ursprünglichen Familienerfahrungen – wie dunkel und unklar auch immer – von hervorragender Bedeutung.

2.1 Die Mutter als Hexe

Ein siebenjähriger Junge, der in seinen ersten beiden Lebensjahren bei seinen Eltern lebte, denen das Personensorgerecht aufgrund von Vernachlässigung und Mißhandlungen entzogen wurde, der dann nach einem zweijährigen Heimaufenthalt in die Pflegefamilie kam, in der er seit drei Jahren lebt, inszeniert ein Kasperle-Spiel. Es knüpft an »Hänsel und Gretel« an – nur mit dem Unterschied, daß die Hexe nicht verbrannt wird, sondern daß eine Mutter, die das Kind in den Wald schickt, um etwas zu essen zu holen, zusammen mit dem Kind von der Hexe umgebracht wird. Dieses Spiel geht dann in ein anderes über, in dem eine Hexe die schlafende Familie mit Vater, Mutter und Oma erschreckt.

Bettelheim (1975) hat gezeigt, daß Kinder ihre eigenen Gefühle mit Hilfe von Märchenfiguren und Handlungen formulieren können. Sie können so besser lernen, auch mit ihren widersprechenden, ambivalenten Gefühlen von Liebe und Haß, Zuneigung und Abneigung umzugehen.

In dieser Hexengeschichte, die das Märchenmaterial auf phantastische Art weiterverarbeitet, erscheint die Hexe in zweifacher Bedeutung. Im ersten Teil wird ein Junge von seiner Mutter fortgeschickt und wie diese von der Hexe umgebracht. Man gewinnt den Eindruck, als stellten Mutter und Hexe zwei verschiedene Aspekte der Erfahrungen mit der Mutter dar. Im zweiten Teil wird die ganze Familie durch die Hexe bedroht.

Wer ist die Hexe? Die Pflegeeltern waren der Meinung, daß der Junge von seiner Ursprungsfamilie gar nichts mehr wisse und daß er einen länger zurückliegenden Besuch der Mutter in der Pflegefamilie überhaupt nicht zur Kenntnis genommen und nicht als beunruhigend erlebt habe. Wenn man dann aber aus dem Spiel des Jungen weiter erfährt, daß die Hexe, die die Familie erschreckt und umbringen will, nicht allein, sondern zusammen mit einem Freund die Familie heimsucht (was der Realität beim letzten Besuch entspricht), dann wird deutlich, daß der Junge in diesem Spiel nichts anderes darstellt als die Bedrohung der Pflegefamilie durch den Besuch der leiblichen Mutter. Ihr Besuch verdichtet sich hier zu einer einzigen Szene im Bild der Hexe. Und sicher ist die Annahme berechtigt, daß in einem solchen Bild mehr enthalten ist als die einmalige Besuchserfahrung. Vielmehr scheint es, als würden nun frühere Erlebnisse mit gegenwärtigen Erlebnissen mit der Mutter verknüpft, was dazu führt, daß die Kommunikation zwischen Pflegemutter und Kind verzerrt wird.

Wenn schon ein lange zurückliegender Besuch der Mutter als gefährliche Bedrohung erlebt und verarbeitet wird, um wieviel mehr müssen Kinder, die in den ersten fünf bis sechs Lebensjahren bei der Mutter lebten, durch Besuche an ihre traumatischen Erfahrungen erinnert werden? Nun sind sicher Erinnerungen zugleich eine Bedrohung, wo sie zu viel Angst wecken, aber auch eine Chance, um traumatische Erlebnisse aufzuarbeiten, wenn es Kindern ermöglicht wird, ihre familialen Erfahrungen durchzuspielen, in neuen Beziehungen zu wiederholen und zu korrigieren.

Häufig kommen allerdings solche beängstigenden Phantasien erst in spielerischen Aktivitäten – beim Kasperle-Spiel, beim Sceno-Test oder in TAT-Geschichten – zum Ausdruck, wenn man Kindern – wie in der Untersuchungssituation – erlaubt, sich frei zu äußern, ohne Sanktionen, Einschränkungen und Kritik befürchten zu müssen, und wenn man ihnen zu verstehen gibt, daß man sich für alles, was sie tun und sagen, interessiert und für sie Zeit hat. Unter diesen Bedingungen kann man dann erfahren, welche energischen Versuche Kinder unternehmen, um ihre bedrückenden Erlebnisse im Spiel darzustellen und zu verarbeiten.

Während hier in diesem Fall neben der Hexenthematik aktuelle Beziehungsprobleme zwischen Pflegeeltern und Kind zum Ausdruck kamen, gewinnt man in anderen Fällen den Eindruck, daß die gegenwärtige Situation durch unverarbeitete Familienerfahrungen, Ängste und Konflikte vollständig überwuchert wird. Dies ist besonders dann zu beobachten, wenn Kinder zwar dem unmittelbaren Einfluß der Eltern entzogen sind, aber durch fortbestehende Besuchskontakte bei unverändertem Elternverhalten den Kindern jede Chance genommen ist, ihre Probleme erfolgreich zu bearbeiten.

Von ihren erziehungsunfähigen Eltern getrennte Kinder geraten leicht in Konflikte, wenn auf der einen Seite die Eltern alles daransetzen, daß die Kinder wieder in ihre Ursprungsfamilie zurückkehren, so daß sich die Kinder gegenüber den Eltern oder einem Elternteil verpflichtet fühlen. Auf der anderen Seite erfahren die Kinder, daß auf ihre eigenen Bedürfnisse im Heim oder der Pflegefamilie mehr Rücksicht genommen wird. Da aber Kinder keinerlei kritische Distanz zum Erzieherverhalten entwickeln, können sie ihre Eltern nur als gute Eltern wahrnehmen und respektieren, selbst dann, wenn sie sich gegen ihre aggressiven Eltern nur durch verstärkten Einsatz von Abwehrmechanismen schützen können. Kinder verteidigen eher ihre Eltern gegenüber jeder Kritik, als ihnen die Schuld an der gegenwärtigen Lage zuzuschreiben. Kinder sind parteiisch und müssen es sein. Welche Erfahrungen sie auch immer mit ihren Eltern gemacht haben, sie sind an sie gebunden, weil sich die frühkindlichen Interaktionen zwischen Eltern und Kindern als Erlebnisinhalt und Erlebnisform (vgl. Lorenzer 1977) in ihrer psychischen Struktur niederschlagen. Die neuere Schizophrenie-Forschung belegt diesen Tatbestand auf eindrückliche Weise (vgl. Bateson u.a. 1969). Insbesondere hat auch die neuere Familienforschung (vgl. Richter 1970; Stierlin 1975) gezeigt, daß nicht einzelne Erlebnisse und Erfahrungen, sondern die Familienstruktur und die in ihr vorherrschende Familiendynamik entscheidenden Einfluß auf die psychische Struktur des Kindes haben.

Am Beispiel einer Familie und dreier Geschwister möchte ich zeigen, wie die in der Familie vorherrschenden Konflikte auch dann weiter wirksam bleiben, wenn die Kinder von der Familie getrennt im Heim leben. Auch wenn wir die Eltern in diesem Fall nicht direkt kennengelernt haben, lassen sich doch aufgrund der Berichte und Schilderungen der Heimerzieher und Sozialarbeiter sowie aus den Erlebnisschilderungen der Kinder einige Aussagen über die Familienstruktur machen.

Aus den Berichten der Familienfürsorge und des Heimes geht hervor, daß die Familie als eine desorganisierte Familie bezeichnet werden muß. Die Ehe besteht, wie es nach Lidz u.a. (1969) für die gespaltene Ehe typisch ist, aus einem ständigen Kampf der Partner gegeneinander, bei dem immer wieder mit Trennungsdrohungen operiert wird: »Die Kommunikation besteht in erster Linie darin, daß Zwang ausgeübt und Widerstand geleistet wird« (ebd., 113). Es gibt keine gemeinsamen Interessen und keinen Interessensausgleich, sondern es herrscht eine beständige Herabsetzung eines Partners durch den anderen gegenüber den Kindern. Die Mutter, eine minderbegabte, labile Frau, die mit wechselnden Partnern wiederholt in aggressive Auseinandersetzungen verwickelt ist, kann sich ihrem Mann gegenüber, dem Stiefvater der drei Kinder, der sie schlägt, nicht erfolgreich zur Wehr setzen. Die Kinder werden vernachlässigt und verwahrlosen. Die Mutter bittet schließlich um Heimunterbringung, weil der Stiefvater die Kinder unmäßig schlage und sich jahrelang an ihnen unsittlich vergangen habe. Dagegen erhebt der Stiefvater Vorwürfe gegenüber seiner Frau, denn sie habe ihn im Beisein der Kinder geschlagen und den Jungen dazu aufgefordert, ihn mit dem Stock zu schlagen. Die Eltern werden schließlich geschieden und der Mutter das Aufenthaltsbestimmungsrecht entzogen, weil sie – so der Beschluß des Vormundschaftsgerichtes – ihre Erziehungs- und Fürsorgepflichten gegenüber den Kindern schuldhaft in schwerwiegender Weise verletzt habe. Und obwohl die Mutter für die Heimunterbringung der Kinder gesorgt hatte, droht sie schon bald mit Selbstmord, wenn ihr die Kinder nicht zurückgegeben würden. Die Kinder, die verwahrlost und mit panischen Ängsten vor dem Stiefvater ins Heim kommen, werden regelmäßig von der Mutter besucht. Bei ihren Besuchen nimmt sie auf die Bedürfnisse und Interessen ihrer Kinder keinerlei Rücksicht und jagt ihnen dadurch Schuldgefühle ein, daß sie wiederholt von Tod und Sterben und von ihrem Alleinsein spricht und ihnen ständig verspricht, daß sie bald wieder nach Hause zurückkommen würden.

Wie können Kinder unter solchen Bedingungen ihre eigene Lage verstehen lernen und ihre traumatischen Erfahrungen verarbeiten? Sie haben ja erlebt, daß eine Familienbeziehung eine höchst beunruhigende, verunsichernde und beängstigende Angelegenheit ist, in der keine elterliche Koalition besteht, so daß die Beziehungen durch ständige Unsicherheit und Spannungen belastet sind, in der die Generationsschranken nicht aufrechterhalten und die Kinder zum Partner und Bundesgenossen gegenüber dem anderen Elternteil gemacht werden. Sie werden darüber hinaus bei den Besuchen der Mutter ständig für ihr Elend verantwortlich gemacht.

Aus der Untersuchung der Kinder geht hervor, daß zwar alle drei die Familienbeziehungen als höchst chaotisch und desorientierend erleben, daß aber ihre Verarbeitungsmöglichkeiten ganz unterschiedlich sind.

Die älteste der drei Geschwister, ein zwölfjähriges, überängstliches Mädchen, erlebt die Familienbeziehungen als eine Kette von Konflikten und Mißverständnissen zwischen den Eltern, sexuelle Beziehungen als Ausdruck von Machtverhältnissen und die Mutter als eine hilflose Person, die ihre Kinder nicht beschützen kann. Aber das Mädchen muß alle diese angstmachenden Erfahrungen abwehren und verharmlosen. Sie reagiert aggressiv gehemmt. In ihrem Verhalten herrschen Passivität und Apathie vor, da sie sich mit ihrer unterlegenen Mutter identifiziert. Nach den Besuchen der Mutter verschließt sie sich, zieht sich in die Isolation zurück und ignoriert jede Zuwendung oder Forderung, oder sie verhält sich albern und distanzlos wie Kinder, die ihre Verlassenheit zu überwinden suchen.

Der zehnjährige Bruder dagegen reagiert nach den Besuchen der Mutter eher erregt und hypermotorisch. Auch er spielt den Clown, ist kaum ansprechbar und verfällt in regressives Verhalten, indem er wie ein Baby spricht, denn auch für ihn bedeuten familiale Beziehungen Angst und Unsicherheit. Sexualität und Aggressivität liegen auf einer gemeinsamen Erlebnisebene. Er fühlt sich einer bedrohlichen Umwelt ohnmächtig ausgeliefert und kann nur aufgrund sehr widersprüchlicher Identifikationen, in denen er selbst zum hilflosen Opfer oder zum aggressiven Verfolger wird, seinen Überwältigungsphantasien begegnen.

Am ehesten ist die Jüngste, ein neunjähriges Mädchen, in der Lage, ihre Familienerfahrungen realistisch zu verarbeiten, was u.a. darin zum Ausdruck kommt, daß sie ihre eigenen Bedürfnisse besser wahrnehmen und zur Geltung bringen kann. Aber ähnlich wie in den TAT-Geschichten ihrer Geschwister überwiegen auch bei ihr die Familienthemen, in denen meist problematische Eltern-Kind-Beziehungen im Vordergrund stehen:

– 1. Geschichte: Einem Jungen, der seiner Mutter ein Geschenk machen will, macht ein Mädchen das Geschenk kaputt.

- 2. Geschichte: Ein Mädchen wird vom Vater verprügelt, weil es beim Freund schlafen wollte.
- 3. Geschichte: Eine betrunkene Mutter läßt den kleinen Bruder fallen, der daraufhin stirbt.
- 4. Geschichte: Eine Mutter, die zum Glück nicht bei der Geburt eines Kindes gestorben ist, kriegt ein gehörloses Kind und ist darüber enttäuscht.
- 5. Geschichte: Eine Mutter kriegt auf Wunsch des Vaters ein Kind, obwohl sie keins haben wollte, es dann aber liebevoll versorgt.
- 6. Geschichte: Nachdem die Mutter tot ist, heiratet der Vater eine andere. Die Kinder finden Vater und Mutter doof, weil sie sie schlagen.
- 7. Geschichte: Eine Mutter, die mit dem Kind auf den Jahrmarkt geht, wo sie zusammen essen und trinken, übernachtet mit dem Kind in einem Zelt, wo sie dann beide von Verbrechern ermordet werden.

Diese sieben Zusammenfassungen von neun TAT-Geschichten machen vielleicht schon deutlich, in welcher Weise die Familienprobleme in den Gedanken und Gefühlen des Kindes dominieren. Man hat fast den Eindruck, als enge sich die ganze Phantasie und Lebenserfahrung auf ein einziges Thema ein. Und man kann sich leicht denken, daß unter solchen Bedingungen die konkreten Lebenserfahrungen durch diese Thematik gefärbt und entstellt werden.

Ich will noch eine Geschichte (zur Tafel 6 GF) ausführlicher darstellen. Dieses Bild stellt eine junge Frau dar, die auf einer Sofaecke sitzt, sich über die Schulter nach einem älteren Mann mit einer Pfeife im Mund umschaut, der sie gerade anzusprechen scheint. Zu diesem Bild erzählt die Neunjährige folgende Geschichte: »Der Pan Tau. Das ist 'ne Frau. Und da haben sie sich gerne. Und dann hat sie von dem 'nen Kuß gekriegt, und dann hat der Vater zu die Frau gesagt: ›Wir können jetzt zur Party gehen.‹ ›Wir müssen noch die Kinder mitnehmen‹ (antwortet die Mutter). Und hat das Baby mit auf den Arm genommen. Und da haben sie Bier und Schnaps getrunken. Die Mutter ist besoffen geworden. Und da hat sie das Kind fallen gelassen. Das hat geblutet und ist im Krankenhaus gestorben. Der Vater hat gesagt: ›Warum hast Du denn Bier getrunken? Das ist nicht gesund, da wird man besoffen.‹ Die Mutter: ›Das hab' ich ja nicht extra gemacht.‹ – Die anderen Kinder haben geweint, weil der kleine Bruder tot ist. ›Wenn, dann dürftest Du nur Schnaps trinken‹, hat der Vater gesagt. ›Dein Geld reicht bald nicht mehr für Miete und Strom.‹ Und zu Hause haben sie sich wieder vertragen. Und da haben sie keinen Bruder mehr. – Die (Geschichte) war spannend!«

Diese Geschichte zeigt deutlich, wie dieses Kind die Eltern-Kind-Beziehungen als unzuverlässig erlebt. Hier können sich Kinder nicht mehr auf die Eltern verlassen, denn bei ihnen stehen nur die eigenen Bedürfnisse im Vordergrund, die keine Rücksicht auf die kindlichen Bedürfnisse zulassen. Das Kind wird von der Mutter fallen gelassen, aber es entstehen bei ihr keine Schuldgefühle. Nur die Kinder sind traurig und allein und zu verständnisvollen, mitmenschlichen Reaktionen fähig. Die moralischen Vorwürfe des Vaters beziehen sich nur auf die Gesundheit der Mutter und ihre Verschwendung. So wird die Mutter als hilflos und der Vater als dominant erlebt.

Wie sollten, wenn Kinder ihre Ursprungsfamilie so rücksichtslos erleben, Besuchsregelungen aussehen – ja, sind Besuchskontakte überhaupt noch zu rechtfertigen? Was sollten sie eigentlich bewirken, und wem könnten sie dienen?

3. Ablösung

Es ist eine wiederholt zu beobachtende Einstellung bei Eltern, Sozialarbeitern und Richtern, daß Eltern einen »natürlichen« Anspruch darauf haben, ihre Kinder zu sehen, unabhängig davon, wie die Beziehungen zwischen ihnen und den Kindern beschaffen sind. Dieser Anspruch kommt auch darin zum Ausdruck, daß den Eltern oft lediglich das Aufenthaltsbestimmungsrecht entzogen wird, so daß ihnen das Erziehungsrecht bleibt. Aber wie sollte die Mutter, von deren Kindern eben die Rede war, dieses Erziehungsrecht wahrnehmen? In der Praxis läuft es darauf hinaus, daß man der Mutter nicht nur erlaubt, ihren Kindern Angst und Schrecken einzujagen, sondern auch, daß sie sich in die Erziehung der Kinder, ihren eigenen Bedürfnissen entsprechend, einmischen darf. So kann sie z.B. im Heim und gegenüber den Kindern dagegen protestieren, daß ihre Kinder lieber draußen spielen, wenn sie zu Besuch kommt, oder daß Mädchen und Jungen in einem Zimmer schlafen, oder daß sie darüber empört ist, wenn man ihren Kindern Gelegenheit geben möchte, zu Pateneltern Beziehungen zu entwickeln. Und schließlich wird diese Haltung der Mutter vom Jugendamt unterstützt, wenn es Überlegungen anstellt, wie diese Mutter stärker an der Erziehung ihrer Kinder beteiligt werden könnte, obwohl klar ist, daß die Kinder nicht mehr in ihre Ursprungsfamilie zurückkehren können.

Ich meine, dies ist eine falsche Politik, die weniger Rücksicht auf die Gefühle der Mutter nimmt, als vielmehr an der Verfügungsgewalt der Eltern orientiert ist und die darüber hinaus noch dazu beiträgt, bei der Mutter die Illusion zu schüren, daß die Familienbeziehungen wiederhergestellt werden könnten, so als ob nichts geschehen sei.

Vielleicht ist es sogar zweitrangig, ob Besuche der Mutter stattfinden oder nicht. Das Problem liegt vielmehr in dem Anspruch, daß die Kinder für Besuche der Mutter zur Verfügung stehen sollen. Denn es geht häufig gar nicht darum, daß sich eine Mutter mehr oder minder unvollkommen für ihr Kind interessiert und sich für es verantwortlich fühlt und dabei Unterstützung erfahren müßte. Es geht vielmehr meist darum, daß die Kinder im Leben der Mutter und der Familie eine bestimmte Funktion haben und die Mutter in der von ihr verwirklichten Mutterrolle bestätigen müssen. Kinder werden dazu gebraucht, das psychische Gleichgewicht der Familie zu stabilisieren, oder sie haben die Funktion, die Illusion gegenüber Nachbarn und Verwandten aufrechtzuerhalten, daß in der Familie intakte, »normale« Familienbeziehungen bestehen. Dabei wird vielfach nicht zur Kenntnis genommen, daß gerade Kinder gut geeignet sind, von den Eltern zur Lösung ihrer eigenen Probleme und Partnerkonflikte benutzt zu werden (vgl. Richter 1969). Die Illusionen und Lügen der Eltern werden dann nur zu leicht zu Lügen und Illusionen der Kinder, wodurch ihnen der Weg zur Realität und zur Entfaltung ihrer Entwicklungsmöglichkeiten versperrt wird.

Da, wo für Kinder keine langfristige Perspektive bei der Mutter besteht, sollten Besuchskontakte dazu benutzt werden, daß man Eltern hilft, sich schrittweise von ihren Kindern zu lösen. Eine schrittweise Ablösung, die keinen Eltern erspart bleibt, bedeutet keine abrupte Trennung, sondern ein Arbeitsprogramm, das Trauer und Trauerarbeit, Konflikte und Konfliktverarbeitung einschließt.

Kapitel 3: Trauer und Ablösung*

1. Bindung und Trennung

Zumindest in einer längeren Übergangszeit befindet sich das Pflegekind in einer Lage, in der es noch nicht zu seiner Pflegefamilie und nicht mehr zu seiner Ursprungsfamilie gehört. In dieser Übergangszeit befindet sich das Pflegekind zwar nicht in einem Niemandsland, wo es irgendwo hingehört, aber seine Lage ist hinsichtlich seiner Zugehörigkeit zu einer Familie labil, unbestimmt und unsicher. Diese Übergangszeit ist stets durch zwei miteinander zusammenhängende Prozesse gekennzeichnet:

- die Eingliederung (Integration) des Pflegekindes in die Pflegefamilie, d.h. die Entwicklung von Beziehungen zu Ersatzeltern,
- die Ablösung von der Ursprungsfamilie, d.h. die schrittweise Reduktion der Beziehungen des Kindes zu seiner Ursprungsfamilie.

Beide Prozesse, Bindung und Trennung, laufen nebeneinander her und bedingen sich gegenseitig: Bindung wird durch Ablösung ermöglicht, und Ablösung wird durch Bindungsmöglichkeiten erleichtert. Bindungen sind nur da möglich, wo Trennungen vollzogen werden. Bindung bedeutet, daß das Kind die Befriedigung und Erfüllung seiner Wünsche und Bedürfnisse an eine bestimmte Person bindet, sich bestimmte Interaktionen mit dieser Person wünscht, sie sich vorstellt oder erhofft. Trennung bedeutet, daß die Wünsche und Bedürfnisse nicht mehr an dieser bestimmten Person festgemacht werden können. Aus der Frustration der Wünsche und Bedürfnisse durch das wunschbefriedigende Objekt, die auch stets eine narzißtische Kränkung bedeutet, resultieren Wut und Aggression gegen das verlorene Objekt, d.h. Distanzierung.

Schon die Bindung des Säuglings an seine Mutter, die wechselseitige Beziehung zwischen Mutter und Kind, setzt voraus, daß sich das Kind als ein von der Mutter getrenntes Wesen wahrnehmen kann. Das gleiche gilt für Beziehungen zwischen erwachsenen Partnern. Wenn ein Mann oder eine Frau sich nicht von den eigenen Eltern abgelöst hat, wird einer den anderen mit dem Vater oder der Mutter verwechseln und keine neuen, individuellen Partnerbeziehungen entwickeln können. Ablösung und Trennung werden erst erreicht, wenn der andere als wunschbefriedigendes Objekt aufgegeben wird. Das braucht, wie jeder aus der eigenen Geschichte der Ablösung von den Eltern oder eines anderen Liebesobjektes weiß, nicht zu bedeuten, daß es gar keine Beziehungen mehr zwischen demjenigen, der sich von einem anderen Menschen abgelöst hat, und diesem Objekt zu geben braucht. Aber es müssen zwangsläufig andersartige Beziehungen werden, müssen andere Beziehungsformen möglich werden, wie z.B. zwischen erwachsenen Kindern und ihren alten Eltern. Ohne Ablösung von der Ursprungsfamilie gibt es keine neuen Eltern-Kind-Beziehungen in der Pflegefamilie.

* *Westermann, A.:* Vortrag auf der Fortbildungsveranstaltung für Adoptiv- und Pflegeeltern der Stadt Essen, Essen 1979.

2. Der Ablösungsprozeß

Im Gegensatz zum Eingliederungsprozeß ist der Ablösungsprozeß weniger klar. Die Entwicklung neuer Beziehungen spiegelt sich eher im Verhalten. Was den Ablösungsprozeß betrifft, kann man in vielen Fällen eher sehen, daß und wodurch er verhindert wird.

Wie beim Eingliederungsprozeß, bei dem ja nicht nur ein Pflegekind ein anderes Kind wird, sondern auch die Pflegeeltern eine neue Rolle erwerben, d.h. ein neues Selbstverständnis für sich und ihre Tätigkeit gewinnen, ist auch der Ablösungsprozeß eine zweiseitige Angelegenheit. Das Pflegekind muß sich aus seinen alten Familienbeziehungen lösen, seine Eltern als Eltern, an denen es sich orientiert und mit denen es sich identifiziert hat, aufgeben. Die leiblichen Eltern müssen sich ebenso von ihren Kindern ablösen, d.h. die Eltern müssen ihre spezifische Vater- oder Mutterrolle aufgeben.

2.1 Ablösung und Trauer

Bleiben dagegen die frühkindlichen Beziehungswünsche aufrechterhalten, dann stehen diese der Entwicklung neuer Beziehungen im Wege. Erst die Trennung und Ablösung ermöglichen die Entwicklung neuer Beziehungen. Dieser Trennungsprozeß ist ein durch Erinnerungen in Gang gesetzter Distanzierungsprozeß.

Mit Ablösung von einem Objekt, von einem geliebten Menschen, ist ein Vorgang gemeint, der dazu dient, sich mit einem Verlust realistisch abzufinden. Wenn jemand einen geliebten Menschen durch Tod oder Abwendung verliert, wenn jemand von dem verlassen wird, mit dem er durch Gefühlsbeziehungen verbunden war und der einen bestimmten Platz in seinem Lebensraum hatte, entsteht ein Schmerz, ein Gefühl der Verarmung und daran anschließend ein lange sich hinziehender Vorgang des Erinnerns, der schließlich zur Überwindung des Verlustes, d.h. zur Ablösung führt.

Diesen Vorgang, die Verarbeitung des Verlustes, nennt Freud (1915b) Trauerarbeit. Der Ausdruck »Trauerarbeit« betont zu Recht die Aktivität, die notwendig ist, um mit dem Verlust fertig zu werden. Trauerarbeit ist nichts anderes als ein Erinnerungsvorgang. Diesen Prozeß beschreibt Heimann (1966) eindringlich so: »Stufe um Stufe, Schritt für Schritt erinnert sich der Trauernde an seine Erlebnisse mit dem Liebesobjekt unter dem Diktat der Realität, daß er dieses Objekt verloren hat, daß solche Erlebnisse nicht mehr zu haben sind. So wird das Erinnern ein stückweises fortgesetztes Zerreißen der Bindungen ... und damit ein Erlebnis von Rissen und Wunden im Selbst des Trauernden« (ebd., 329).

Ablösung ist im Kern also nichts anderes als vollzogene Trauerarbeit. Die Auflösung von Bindungen bedeutet dabei nicht, daß das geliebte Objekt einfach vergessen wird, sondern genau das Gegenteil: daß man sich erinnern kann, daß man einzelne Erlebnisse und Erfahrungen im Umgang mit diesem verlorenen Menschen in sein Gedächtnis rufen kann. Die Erinnerungsfähigkeit ist dann die einzige Gewähr dafür, daß man auch seine eigene Geschichte, die mit diesem Menschen auf einzigartige Weise verknüpft war, nicht verliert.

Ablösung ist aber nicht nur eine Erinnerungsarbeit, die beim Tod oder einem endgültigen Verlust geleistet werden muß. Von Anfang an spielt der Ablösungsprozeß in der Geschichte der menschlichen Beziehungen eine bedeutende Rolle, denn die Eltern-Kind-Beziehungen bleiben nicht konstant. Der Motor zur Ablösung und zur Entwicklung neuer Beziehungen sind die menschlichen Bedürfnisse, die sich im Laufe der Ontogenese verändern. Das Bedürfnis nach Autonomie beim kleinen Kind führt zur ersten Trennung und Abgrenzung von der Mutter, die ödipalen Wünsche führen zur Differenzierung geschlechtsspezifischer Beziehungen, die sexuellen Bedürfnisse in der Pubertät führen zur Ablösung von den Eltern.

In diesen Fällen wird klar, daß der Motor zur Änderung und Differenzierung der Beziehungen und damit auch zur Trennung und Ablösung dadurch zustande kommt, daß bestimmte Wünsche und Bedürfnisse verändert werden, weil andere Bedürfnisse in den Vordergrund treten und nur in anderen Beziehungen zu verwirklichen sind.

Schließlich laufen alle Eltern-Kind-Beziehungen darauf hinaus, daß sich das Kind Schritt für Schritt von seinen Eltern ablöst, daß es sich aus einer anfänglichen symbiotischen Beziehung und Abhängigkeit zu immer größerer Selbständigkeit und Unabhängigkeit entwickelt.

Gewöhnlich wird dieser schrittweise Ablösungsprozeß dadurch erleichtert, daß eine zunehmende Distanz in der Beziehung nicht nur als Verlust, sondern auch als eine Bereicherung, als Gewinn erlebt wird. Wenn das Kleinkind nicht mehr so niedlich wie ein Säugling ist, wo jedes Lächeln der Eltern mit einem Lächeln des Kindes beantwortet wird, und es statt dessen hundertmal am Tag die Mutter mit seinem energischen »Nein« konfrontiert, wird eine zunehmende Distanzierung spürbar, die auch schmerzlich ist. Aber gleichzeitig machen diese ersten Schritte selbständigen Handelns die Eltern auch stolz. Die zunehmende Autonomie des Kindes ist eine Bereicherung in der Beziehung zwischen Mutter und Kind durch vielfältigere Kommunikationsformen. Außerdem wird die schrittweise Ablösung durch vorhersehbare Rollenerwartungen erleichtert. Eltern können sich schrittweise darauf einstellen, daß eines Tages für ihre Kinder die anderen Kinder der Nachbarschaft und des Kindergartens, der Schule und des Freizeitbereiches immer wichtiger werden; sie können sich auch darauf einstellen, wenn sie sich an ihre eigene Geschichte erinnern, daß ihre Kinder sie irgendwann verlassen werden, um von ihnen unabhängig zu sein.

Dieser Verlust von Beziehungen geht damit einher, daß Eltern und Kinder in mehr oder weniger deutlich vorgeformte Rollenbeziehungen (in die Rolle der Schwiegereltern, der Großeltern usw.) hineinwachsen, wobei Ablösung um so eher geleistet werden kann, wenn Eltern in befriedigenden Paarbeziehungen leben und das Kind z.B. nicht als Partnerersatz brauchen (vgl. Richter 1969).

3. Verhinderung der Ablösung

Ablösung wird auf vielfältige Weise verhindert. Durch nichts wird sie aber so sehr erschwert wie durch Illusionen. Nichts verhindert Trauerarbeit so gründlich wie die Illusion, daß ein erlittener Verlust gar nicht eingetreten sei und daß alles so bleibt, wie es bisher war.

Wenn ein Kind selbständiger und unabhängiger von seinen Eltern wird, aber diese die Veränderungen nicht zur Kenntnis nehmen, geben sie sich der Illusion hin, sie wären noch immer die Eltern eines hilflosen Kleinkindes. Oder Eltern wiegen sich in der Illusion, daß ihre jugendlichen Kinder weiter so von ihnen abhängig seien wie in der frühen Kindheit, denen keine Eigenverantwortung eingeräumt werden dürfte.

Was in solchen Fällen nicht geleistet wird, ist die schmerzliche Erkenntnis, daß sich die Rolle der Eltern zwangsläufig verändert. Um dieser Erkenntnis auszuweichen, halten Eltern an alten Beziehungsformen fest, in denen sie sich jung, mächtig oder allwissend fühlen können. Oder sie halten an Beziehungsformen fest, in denen das Kind dazu diente, für ihre eigenen Probleme und Konflikte Lösungen zu finden, auch wenn sich solche Lösungen schließlich nur als Scheinlösungen erweisen.

Die Fähigkeit, mit Verlusten fertig zu werden, oder »die Unfähigkeit zu trauern« (vgl. Mitscherlich/Mitscherlich 1967) hängen also ab von der Art, wie das Kind geliebt wurde. Wenn es in erster Linie als ein Mittel geliebt wurde, das dazu diente, das eigene schwache Selbstwertgefühl aufzuwerten, indem es die Ideale der Eltern erfüllen soll, oder wenn es dazu diente, der Mutter soziale Anerkennung zu verschaffen und ihr Sicherheit in einer sozial anerkannten Rolle zu geben, wird Ablösungsarbeit verhindert. Das Kind wird dann vielleicht, wenn es gerade diesen Zweck nicht erfüllte, rasch und schmerzlos fallengelassen, aber das ist etwas anderes als Ablösung.

Wenn ein Mensch einen anderen fallen läßt, ihn fast schon vergessen hat, kaum daß er sich umgedreht hat, und so tut, als sei die reale oder phantasierte Beziehung plötzlich ohne jede Bedeutung, so hat diese Art der Abwendung, die den Verlust leugnet, doch erhebliche Folgen. Wenn der Verlust verleugnet und scheinbar schmerzlos hingenommen wird, bedeutet er stets den Verlust an Selbstwertgefühl und Selbstachtung. Dann ist die Reaktion nicht Trauer über den Verlust, sondern Trauer über einen selbst. Der Verlust wird nicht als das Ende einer Beziehung erlebt, sondern wie die Amputation eines Organs, das einen zum Krüppel macht, als einen Verlust eines Teils des eigenen Selbst. Dann wird der Verlust als eine Beleidigung, als eine narzißtische Kränkung erlebt, die Zorn und Wut gegen denjenigen auslöst, den man verloren hat. Und dann liegen Liebe und Haß unversöhnlich beieinander. Diese schwer zu ertragende Gefühlsambivalenz macht verständlich, daß eine Mutter gleichzeitig um ihr Kind kämpft und es mit Haß verfolgt: Eine Mutter, die während der ersten drei Lebensjahre ihrer Tochter in einem Mutter-Kind-Heim lebte und ihre Tochter dann in eine Pflegefamilie gab, forderte nach neun Jahren, daß ihre Tochter wieder zu ihr zurückkehren solle; gleichzeitig bedrohte sie das inzwischen zwölfjährige Mädchen, das sich gegen diesen Anspruch aufgrund erheblicher Schuldgefühle gegenüber der leiblichen Mutter nur mit neurotischen Symptomen zur Wehr setzen konnte, daß sie, wenn sie nicht zu ihr zurückkehren würde, auch nicht mehr ihren Familiennamen weiter tragen dürfte.

Die Ablösung der leiblichen Eltern von ihren in einer Pflegefamilie lebenden Kindern wird vor allem durch die Illusion erschwert oder behindert, wenn man ihnen wiederholt sagt, daß sie für ihre Kinder von einzigartiger Bedeutung seien. Das ist psychologisch erst einmal richtig. Für ein Kind sind in der Tat die Erfahrungen, die es mit seiner Mutter macht, von entscheidender Bedeutung. Nur müßte man weiter fragen, welche Folgen bestimmte Erfahrungen haben. Aber es wird häufig nicht weiter gefragt, weil so getan wird, als sei die Mutter-Kind-Beziehung – unabhängig davon, wie sie aussieht – ein sakraler Gegenstand, etwas Unantastbares, das man nicht in Frage stellen dürfe. Solche Einstellungen und Erwartungen kommen Eltern sehr entgegen; dabei handelt es sich um Rollenerwartungen, die darauf hinauslaufen, daß Eltern in jedem Fall, unabhängig davon, wie und wo das Kind lebt, die Eltern des Kindes bleiben müßten. Folglich fällt es den meisten Eltern furchtbar schwer, sich von ihren Kindern zu lösen und Abschied zu nehmen. Diese Tatsache beruht aber nicht darauf, daß sich eine Mutter natürlicherweise nicht von ihrem Kind trennen könne oder daß es geradezu widernatürlich sei, wenn sie ihr Kind zu fremden Leuten gibt. Das ist übrigens in früheren Jahrhunderten alltägliche Praxis gewesen: Kinder wurden ganz selbstverständlich zu Säugammen gegeben oder mit sieben Jahren zu Dienstleistungen in fremde Familien geschickt (vgl. de Mause 1977). Die Bindung der Eltern an ihr Kind wird nicht durch Instinkte reguliert. Da spricht nirgends die Stimme des Blutes, sondern es sprechen allenfalls gesellschaftliche Rollenvorstellungen, daß heutzutage eine Mutter ihr Kind nicht weggeben dürfe, sonst sei sie keine gute Mutter. Der Verlust des Kindes ist daher in vielen Fällen für die leiblichen Eltern ein doppelter Verlust: der Verlust des Kindes und der Verlust der Vater- bzw. Mutterrolle.

Dieser doppelte Verlust wird nicht ernst genommen, sondern verleugnet, wenn Eltern ermuntert werden, durch häufige Besuche, Geschenke und gemeinsame Tätigkeiten gute Beziehungen aufrechtzuerhalten oder zu entwickeln. Dadurch werden nur Illusionen bei den leiblichen Eltern geschürt, die weder ihnen selbst noch dem Kind helfen. Notwendig und hilfreicher wäre vielmehr, wenn man z.B. einer ledigen Mutter, die nicht in der Lage ist, für ein Kind zu sorgen und Mutter zu sein, helfen würde, die Notwendigkeit des Verlustes anzuerkennen, zu verstehen, daß für ein kleines Kind diejenige die Mutter ist, die es täglich versorgt, und daß sich die eigenen Lebensverhältnisse gerade nicht mit Hilfe des Kindes, sondern eher ohne es verbessern lassen.

Den Verlust anerkennen bedeutet aber auch »Heulen und Zähneklappern«, Enttäuschung und Wut zu ertragen, Trauerarbeit zu ermöglichen und nicht durch falschen Trost oder unrealistische Versprechungen abzuwehren.

4. Die Ablösung des Kindes von seiner Ursprungsfamilie

Ebenso wie sich die Eltern von ihren Kindern ablösen müssen, muß sich das von seinen Eltern getrennt lebende Kind von ihnen ablösen. Die Ablösung des Kindes von seinen Eltern ist naturgemäß abhängig vom Lebensalter. Bei einem Kind, das mehrere Jahre mit seinen Eltern oder seiner Mutter zusammengelebt hat, ist der Ablösungsprozeß ein ebenso schwieriger wie beim Erwachsenen, auch wenn er dadurch erleichtert wird, daß dem Kind durch seine Ersatzeltern neue Beziehungsangebote gemacht werden und ihm in seinen Ersatzeltern Objekte zur Verfügung stehen, an denen es seine früheren Elternerfahrungen festmachen kann. Auf der anderen Seite wird die Ablösung verhindert oder erschwert durch den Anspruch der leiblichen Eltern auf ihre ihnen zustehende Vater- und Mutterrolle, wenn sie dem Kind immer wieder deutlich machen, daß es von ihnen, aber nicht von den Pflegeeltern abhängig ist, wenn sie ihren Anspruch auf das Kind z.B. bei der Frage der Besuchsregelung auch gegen die Interessen des Kindes durchzusetzen versuchen: »Dann holen wir Dich ab ...« Die Ablösung des Kindes kann nur gelingen, wenn die leiblichen Eltern bereit sind, das Kind loszulassen, und ihm erlauben, neue Beziehungen zu entwickeln.

Auch bei der Ablösung des Kindes von seinen Eltern lassen sich Widerstände gegen die Ablösung beobachten, die als Verleugnung des Verlustes, als Idealisierung der Eltern und als Ambivalenz (Anklammerung und Abstoßung, Liebe und Haß) zum Ausdruck kommen.

Bindung und Trennung werden durch Bedürfnisse und Wünsche motiviert. Wenn aber die Bedürfnisse als Motor zur Herstellung spezifischer Beziehungsformen und Bindungen gar nicht verändert werden, warum sollte dann ein Liebesobjekt, an dem sich die Wünsche und Bedürfnisse festmachen, aufgegeben werden?

Die Antwort wäre einfach und klar, wenn es so wäre, daß die Enttäuschung von Wünschen durch einen Menschen dazu führen würde, diese an einem anderen festzumachen. Aber leider trägt die Versagung nicht zwangsläufig dazu bei, nach einem anderen Objekt Ausschau zu halten, das die Wünsche und Bedürfnisse erfüllt oder zumindest annimmt und akzeptiert. Auch wenn Beziehungen in hohem Maße unbefriedigend sind, ist es durchaus möglich, an der Hoffnung festzuhalten, daß das versagende Objekt, das nicht die Erfüllung von Wünschen ermöglicht, sich doch schließlich noch als Befriedigung gewährendes Objekt erweisen könnte. Eine enttäuschte Liebe kann genauso binden wie eine Befriedigung ermöglichende Beziehung. Folglich wird u.U. gerade an Beziehungsmöglichkeiten festgehalten, die sich als höchst enttäuschend erwiesen haben. Welche Gründe mag es dafür geben?

Aus der Erfahrung mit mißhandelten, vernachlässigten Kindern, deren Eltern sich als höchst unbefriedigend, rücksichtslos und egozentrisch erwiesen haben, wird deutlich, daß auch ein vernachlässigtes und mißhandeltes Kind u.U. in außerordentlichem Maße an die mißhandelnden Eltern gebunden ist, so daß die vielfältigen Enttäuschungen und Versagungen nicht dazu führen, die Chance befriedigender Beziehungen zu ergreifen. Das scheint auf den ersten Blick ganz unverständlich zu sein, wenn man nicht berücksichtigt, daß ein Kind die frustrierenden Eltern ja gar nicht kritisch sehen kann. Würde es die mörderischen Affekte bewußt und kritisch bei ihnen wahrnehmen, müßte es vor Angst verrückt werden. Folglich wird es die Enttäuschungen, Versagungen und aggressiven Angriffe dadurch abwehren, daß es die Gründe dafür nicht bei seinen Eltern, sondern bei sich selbst sucht: Weil ich so böse war, weil ich so geschrien habe, das Essen ausgespuckt habe, Feuer gemacht habe usw., deswegen, sagt sich das Kind, haben mich meine Eltern geschlagen, mir nichts zu essen gegeben und mich schließlich weggegeben.

Die Übernahme von Schuld und Verantwortung für das Scheitern von befriedigenden Beziehungen führt dazu, daß eine kritische, Distanz ermöglichende Sicht der Eltern nicht möglich ist. Die Folge ist, daß das Kind die Hoffnung aufrechterhalten kann, daß das versagende, enttäuschende Liebesobjekt sich doch befriedigend und annehmend erweisen könnte, wenn es nur selbst anders wäre. Das heißt, ein Objektwechsel wird verhindert durch Schuldgefühle und Verantwortung für die Enttäuschungen in Beziehungen. Auf diese Weise bindet Schuld und Verantwortung, weil der enttäuschende andere nicht realistisch gesehen wird, eben auch mit seiner eigenen Schuld und Verantwortung. Denn die Übernahme von Schuld und Verantwortung entlastet den anderen von beidem.

Dieser Zusammenhang, der bei vernachlässigten, mißhandelten und von den Eltern getrennten Kindern in beeindruckender Weise zum Ausdruck kommt, begründet auch das Festhalten von frustrierenden Beziehungen, etwa in Paarbeziehungen. Auf der einen Seite die Übernahme ungerechtfertigter Schuld und Verantwortung und auf der anderen Seite die Verleugnung von Schuld und Verantwortung des anderen führen dazu, daß an unbefriedigenden Beziehungen festgehalten wird. Während das vernachlässigte Kind gerade durch die ungerechtfertigte Übernahme von Schuld und Verantwortung an die Eltern gebunden bleibt, halten die Eltern durch deren Verleugnung an der Beziehung zum Kind fest.

Das ist ein unbewußtes Zusammenspiel komplementärer Motive, eine Kollusion (vgl. Willi 1975): Ich bin so schuldig, weil du so unschuldig bist, sagt das Kind. Ich bin so unschuldig, weil du so schuldig bist, sagt die Mutter bzw. der Vater. Aus dieser Kollusion folgt, daß an unbefriedigten Wünschen und Bedürfnissen u.U. wechselseitig festgehalten und keine kritische Distanz gewonnen wird, wenn alternative Beziehungen Befriedigung versprechen.

Manchmal können wir nur mit Erstaunen zur Kenntnis nehmen, daß ein Kind die in der Ersatzfamilie befriedigenden Beziehungsmöglichkeiten überhaupt nicht aufgreifen oder gar nicht sehen kann und nicht davon zu überzeugen ist, daß es ihm in diesen Beziehungen doch gutgehen könnte. Schuld und Verantwortung erweisen sich als mächtigere Motive als Versagung und Annahme, weil sie Wirkungen auf das Selbst haben, das eigene Selbstwertgefühl und die Selbstachtung prägen.

Mit der Übernahme von Schuld und Verantwortung für die Enttäuschung und Frustration von Wünschen und Bedürfnissen hängt ein zweiter Grund zusammen: die Aggression gegen das unbefriedigende Objekt. Denn ein Mensch kann sich erst dann vom anderen distanzieren, wenn er sich aggressiv gegen das versagende Objekt zur Wehr setzen kann. Die Funktion der Aggression ist die Distanzierung. Ohne Aggression sind Distanzierung und Abgrenzung vom anderen kaum möglich. Aber die aus der Versagung und narzißtischen Kränkung resultierende Wut und Aggression kann so gefährlich sein – weil sie wiederum Wut und Gegenaggression auslösen oder weil die Übernahme von Schuld eine Bestätigung für das eigene negative Selbst ist –, daß gerade bei einem Verlust des Liebesobjektes die eigene, gegen das Objekt gerichtete Wut und Aggression gehemmt und unterdrückt werden. Die unterdrückte Wut und Aggression, die aggressive Hemmung führen aber gerade dazu, daß auch am enttäuschenden Liebesobjekt festgehalten und eine kritische Distanzierung verhindert wird.

Die Ablösung des Kindes von seiner Ursprungsfamilie geht schrittweise und in enger Anlehnung zum Aufbau neuer Beziehungen. Die Beziehungen zu Ersatzeltern entwickeln sich nicht synchron zu beiden gleichzeitig. Wir beobachten häufig, daß erst die Beziehung zu einem Elternteil entwickelt und gesichert wird, die es dem Kind erlaubt, sich mit dem jeweils anderen Elternteil stärker auseinanderzusetzen. Solche unausgeglichenen Beziehungsformen spielen auch bei der Ablösung eine wesentliche Rolle. Auch hier steht häufig zunächst ein Elternteil im Vordergrund.

Wenn ein Kind erst einmal herausfinden muß, wer diese neue Mutter überhaupt ist, wird es sie mit seiner leiblichen Mutter zuerst verwechseln, vergleichen und schließlich die Mutter nicht nur durch die Brille seiner früheren Erfahrungen sehen. Auf diesem mühsamen Weg erarbeitet sich das Kind die Voraussetzungen dafür, die leibliche Mutter kritischer und distanzierter wahrzunehmen. Darum werden Pflegeeltern immer wieder mit den leiblichen Eltern verglichen und kritisiert, während zunächst die früheren Beziehungen – wie verwirrend oder beängstigend sie auch immer waren – idealisiert werden.

Beispielsweise vergleicht ein dreizehnjähriges Pflegekind ständig und bei jeder Gelegenheit die Pflegemutter in herabsetzender Weise mit der leiblichen Mutter: Früher, da gab es immer Hühnchen zu essen; die Mutter hätte immer viel mehr eingekauft; das Essen wäre immer viel leckerer gewesen usw. Wenn Pflegeeltern auf das ständige Herummäkeln nicht fragend und aufklärend, sondern beleidigt reagieren – so als wollten sie sagen, dann geh doch bloß wieder zu deiner Mutter, wo alles so schön war –, dann erlauben sie dem Pflegekind nicht, sich mit seiner Geschichte auseinanderzusetzen. Und dabei muß man bedenken, was die meisten Menschen aus eigener Erfahrung wissen: Es macht einen Unterschied, ob ich selbst meine Eltern kritisiere, herabsetze und unmöglich finde oder ob das ein anderer tut. Wenn jemand anderes meine Eltern kritisiert, werde ich gezwungen sein, sie zu verteidigen. Genau das aber passiert, wenn Pflegeeltern die leiblichen Eltern kritisieren. Das soll nicht heißen, daß Pflegeeltern in die Idealisierungen einstimmen sollten. Erst wenn sie das ständige Gerede über die Ursprungsfamilie, die herabsetzenden Vergleiche, d.h. die Idealisierungen der Ursprungsfamilie ertragen, werden die Kinder in die Lage versetzt, ihre leiblichen Eltern zu kritisieren und realistischer zu sehen. Dann wird es dem Pflegekind auch möglich sein, die schmerzlichen Erfahrungen zu erinnern, z.B. die Prügelerfahrungen nicht zu verleugnen, und seine Idealisierungen aufzugeben. Zunächst erinnert sich beispielsweise ein Junge, daß sein leiblicher Vater ein riesiger Kerl von über zwei Metern gewesen sein soll, der bärenstark gewesen sei und gleichzeitig fünf Berufe auf einmal ausgeübt habe. Schließlich hören die Idealisierungen auf, und er kann sich erinnern, wie er von seinem leiblichen Vater mit dem Kleiderbügel verdroschen worden war.

Aber auch der Haß auf die Eltern, Zorn und Wut, die u.U. ganz unvermittelt hervorbrechen, können Pflegeeltern in Angst und Schrecken versetzen, weil sie befürchten müssen, daß die gleichen Gefühle sie treffen können, was aufgrund der Übertragung auch oft geschieht. Und außerdem erscheinen den Pflegeeltern solche Geschichten, in denen Haß und Wut über die Ursprungsfamilie zum Ausdruck kommen, ebenso übertrieben wie die Idealisierungen, wie Lügengeschichten, über die man leicht denkt: Na, so schlimm wird's schon nicht gewesen sein. Aber schmerzliche Erinnerungen haben selten einen objektiven Charakter wie ein Polizeibericht. Erinnerungen enthalten nicht nur das, was geschehen war, sondern ebenso die damit verbundenen Gefühle von Angst und Hoffnungslosigkeit oder von Mut und Zuversicht. Sicher wird man in vielen Fällen sagen können, daß der prügelnde Vater das Kind nicht totschlagen wollte, daß die das Kind vernachlässigende Mutter das Kind nicht verhungern lassen wollte. Aber so haben viele Kinder ihre Eltern erlebt. Und deswegen ist die der Ablösung dienende Erinnerungsarbeit ein so schmerzlicher Vorgang, bei dem das Kind behutsame Unterstützung braucht. Denn schließlich ist nichts so schwierig, wie diejenigen zu kritisieren, von denen man so vollständig abhängig war, mit denen man sich identifizierte und die so zu einem Stück von einem selbst wurden.

Kapitel 4: Aufrechterhaltende Kontakte angesichts traumatischer Erfahrungen*

1. Klärung der Perspektive

In manchen Fällen, in denen ein Kind in der Beziehung zu seinen leiblichen Eltern verletzende, traumatische Erfahrungen gemacht hat, indem es beispielsweise vernachlässigt und mißhandelt worden ist, mag es möglich sein, mittels ökonomischer, sozialer und insbesondere therapeutischer Hilfe die ein Kind krankmachenden Sozialisationsbedingungen hinreichend zu verändern, d.h. den Eltern zu helfen, zum Kind hinreichend befriedigende und schützende Beziehungsformen zu entwickeln, und dem Kind zu helfen, die in der Beziehung zu den Eltern gemachten traumatischen Erfahrungen zu verarbeiten und zu korrigieren. Dies muß gewährleistet sein, damit auch dann, wenn das Kind bei den Eltern verbleibt oder es kurzfristig fremdplaziert und in absehbarer Zeit zu ihnen zurückgegliedert wird, wenn also an der Beziehung des Kindes zu den Eltern festgehalten wird, langfristig kein weitreichender Schaden für die Persönlichkeitsentwicklung des Kindes entsteht und die Probleme erneut wiederum in der nächsten Generation tradiert werden (vgl. Helfer/Kempe 1978; Zenz 1979).

Die Voraussetzung hierfür scheint zu sein, daß den äußeren Bedingungsfaktoren, d.h. den akuten krisenauslösenden Bedingungen ein größeres Gewicht zukommt als den Persönlichkeits- und Beziehungsstörungen der Eltern selbst. Das heißt, die Beziehungs-, Einfühlungs- und Lernfähigkeit der Eltern dürfen nicht zu weitreichend beeinträchtigt sein, so daß sie auch in der Lage sind, eine kritische Distanz zu sich und ihrer Geschichte zu gewinnen, Leidensdruck zu entwickeln und Hilfe zu suchen, anzunehmen und zu nutzen. Wenn dies nicht gegeben ist oder wenn angemessene therapeutische Hilfsmöglichkeiten nicht zur Verfügung stehen, reicht es nicht aus, ein Kind durch Fremdplazierung in einem Heim oder einer Dauerpflegefamilie vor einer unmittelbaren Gefährdung erneuter Vernachlässigung und Mißhandlung zu schützen. Es muß dem Kind vielmehr in einem therapeutischen oder quasi therapeutischen Prozeß geholfen werden, seine existentiell bedrohlichen Erfahrungen zu verarbeiten, eine kritische Distanz zu ihnen zu entwickeln und in neuen Beziehungen, die korrigierende Erfahrungen ermöglichen, noch einmal eine gesunde Basis für seine Persönlichkeitsentwicklung zu gewinnen. Dies ist ein mühsamer, aber machbarer Weg, der jedoch nur unter bestimmten Voraussetzungen gelingen kann.

* *Nienstedt, M.:* Vortrag auf der Fortbildungsveranstaltung des Westfälischen Studieninstituts für kommunale Verwaltung, Münster 1985.

Eine wichtige Voraussetzung ist die, daß das Kind sich vor dem erneuten Einfluß der als mörderisch erlebten Menschen, seinen leiblichen Eltern, wirklich geschützt fühlen kann, daß es die Erfahrung macht, daß sie keine Macht mehr über es haben, daß es die Erfahrung macht, daß diejenigen, von denen es jetzt abhängig ist, sich überzeugend als Menschen erweisen, die es nicht mehr den Schrecken und Ängsten, die an seine Vergangenheit gebunden sind, aussetzen und die ihm erlauben, sich von denjenigen, die für das Kind so hoch angstbesetzt sind, ablösen zu können und eine kritische Distanz zu ihnen zu gewinnen. Und das bedeutet in allen Fällen, in denen ein Kind die Eltern als nicht schützend und höchst unbefriedigend, als beängstigend und bedrohlich erlebt hat, daß das Kind vor jeglichem weiteren Kontakt mit den Eltern geschützt werden muß.

Mit dieser Forderung geraten wir in Widerspruch zu der gerade in letzter Zeit wieder verstärkt vertretenen Auffassung, daß in jedem Fall die Bindung des Kindes an seine leiblichen Eltern aufrechterhalten, gestützt und verbessert werden müsse und daß langfristig die Möglichkeit einer Rückgliederung zu den leiblichen Eltern offen bleiben müsse (vgl. Blüml 1985; Rummel 1984).

Bei der Lektüre dieser Artikel fällt uns eine beträchtliche Verharmlosung der Erfahrungen fremdplazierter Kinder auf. Verharmlost wird ebenso die Einschränkung der Erziehungsfähigkeit vieler Eltern, die eben nicht in kurzer Zeit durch die Veränderung äußerer Bedingungen oder durch Willensanstrengung zu korrigieren ist. Geradezu zynisch wird die Wirkung traumatischer Erfahrungen betrachtet, wenn beispielsweise von einer »tragischen Identität« des abgelehnten und als »böse« behandelten Kindes gesprochen wird, die auch noch ihre Vorteile habe (vgl. Blüml 1985). Vor allem aber fallen diejenigen, die auf den Wert selbst von Eltern-Kind-Beziehungen hinweisen, an denen man nichts Positives mehr zu entdecken vermag, auf die Angstabwehrmaßnahmen herein, die das Kind braucht, um seiner Ängste und Ohnmachtsgefühle Herr zu werden, wenn es von überwältigenden oder auch vernachlässigenden Eltern abhängig ist, die dem Kind das Gefühl geben, daß sie es beispielsweise verhungern lassen könnten. Denn mit dem Bewußtsein über seine Lage, d.h. ohne den Einsatz von Angstabwehrmaßnahmen, müßte es geradezu verrückt werden (vgl. Teil III, 1).

Vergegenwärtigen wir uns, wie ein Kind diese Situation zu bewältigen sucht: Das Kind verdrängt und verleugnet die bedrohlichen Erfahrungen, die es statt an den Eltern an anderen Menschen in einer Übertragungsbeziehung festmacht: »Meine Eltern haben mich nie geschlagen. Sie haben mich immer gut versorgt, alle anderen aber sind bedrohlich.« Es identifiziert sich mit dem Angreifer, idealisiert die bedrohlichen Objekte, rechtfertigt sie und entwickelt gleichzeitig ein negatives Selbst, die Überzeugung, ein böses und schlechtes Kind zu sein (vgl. Teil III, 2).

Mit dieser Konstruktion kann das Kind nicht nur seine Ängste in Schach halten, sondern gleichzeitig auch seine Ohnmachtsgefühle verringern: Wenn nicht die Eltern böse sind, wenn ihr Verhalten nicht durch ihre eigenen Probleme bedingt ist – was bedeuten würde, daß es für das Kind nicht kalkulierbar und von ihm kaum beeinflußbar ist –, sondern wenn statt dessen das Kind böse und für die Mißhandlung und Vernachlässigung selbst verantwortlich ist, dann schreibt das Kind sich statt der ohnmächtigen Opferrolle eine aktive Verursacherrolle zu und hat es damit vermeintlich selbst in der Hand, das Verhalten der Eltern zu steuern. Und dies sucht es – sofern es von seinen Ich-Fähigkeiten her dazu in der Lage ist – durch Überanpassung an ihre Erwartungen zu tun.

Diese Verarbeitungs- und Reaktionsformen des Kindes – die Verdrängung und Verleugnung, die Identifikation mit dem Angreifer, die Idealisierung der Eltern und die Überanpassung an ihre Erwartungen – führen zu der oft betonten »engen Bindung« mißhandelter Kinder an ihre Eltern. Sie verführen allzu leicht zu der irrigen Meinung, daß die Kinder trotz aller schrecklichen Erfahrungen die Eltern lieben würden und eine erhaltenswerte Beziehung zu ihnen hätten. Hier wird in unzulässiger und falscher Weise aus dem Bindungs- und Anpassungsverhalten der Kinder, das nur mittels des weitreichenden Einsatzes von Angstabwehrmechanismen möglich ist, auf die Qualität der Beziehung geschlossen, die sich bei näherer Betrachtung als reine Angstbindung (Ferenczi 1932; A. Freud 1936) erweisen würde.

2. Die Angstbindung des Kindes an die Eltern

In einigen Fällen ist eine solche Angstbindung bzw. angstmotivierte Überanpassung recht leicht zu entlarven, nämlich dann, wenn ein Kind tatsächlich überhaupt nicht an die leiblichen Eltern gebunden ist, d.h. keinerlei Objektbeziehungen entwickelt hat, und wenn gleichzeitig das Ausmaß der erfahrenen existentiellen Bedrohungen nicht so groß ist, daß diese Erfahrungen sehr weitreichend verdrängt und auf andere Weise abgewehrt werden müssen.

Ich möchte dies am Beispiel der vierjährigen Marion erläutern, die seit einem Jahr in einer Pflegefamilie lebt und ein- bis zweiwöchentliche Besuchskontakte zu den leiblichen Eltern hat. Wir waren beauftragt, die Möglichkeit der Rückgliederung dieses Kindes zu klären.

Marion war mit drei Jahren von den Eltern getrennt und in der Pflegefamilie untergebracht worden, weil die Partnerbeziehung zwischen den Eltern außerordentlich konfliktreich war. Schon im Säuglingsalter war beobachtet worden, daß die Mutter nicht in der Lage war, ihr Kind angemessen und zuverlässig zu versorgen und einen einfühlenden und befriedigenden Dialog zu ihm herzustellen. Ihre Beziehung zu ihm wurde als durch fehlende Wärme, fehlende gestische und mimische Zuwendung charakterisiert. Ihr Umgang mit dem Kind sei sehr ungeduldig und rasch mit Strafen drohend gewesen. Der Vater habe sich kaum um die Versorgung des Haushaltes und die Betreuung des Kindes gekümmert. Bei den späteren Besuchskontakten verhielt er sich jedoch einfühlender in seiner Interaktion mit dem Kind als die Mutter. Als sich die Konflikte zwischen den Eltern zuspitzten, die Mutter mehrfach für einige Tage die Familie verlassen und das Kind unversorgt zurückgelassen hatte, wurde Marion in der Pflegefamilie untergebracht, in der sie einige Monate zuvor schon einmal für kurze Zeit war.

Die Verhaltensauffälligkeiten, die Marion in der Pflegefamilie zeigte und die auch schon in der Ursprungsfamilie beobachtet und von der betreuenden Sozialarbeiterin und auch von den leiblichen Eltern (wenn auch ohne jedes Problembewußtsein) berichtet wurden, deuten darauf hin, daß Marion nicht nur ein früh oral und emotional vernachlässigtes und durch die Konflikte zwischen den Eltern belastetes Kind ist, sondern auch ein geschlagenes Kind, dessen Autonomie- und Gefühlsentwicklung durch Straf- und Überwältigungsängste und deren Abwehr blockiert worden ist, was sich dann auch in den Untersuchungsbefunden, in den Phantasien des Kindes nachdrücklich widerspiegelt.

Marion ist in ihrer Aktivität, Eigeninitiative und Spielfähigkeit erheblich eingeschränkt. Sie zeigt eine ängstliche Zurückhaltung und Überanpassung, wirkt ruhig, traurig-starr, emotional stumpf, läßt alles passiv und ohne jeden Widerstand über sich ergehen, zeigt keinerlei Ansätze von Trotz und Aggression, bewegt sich auffallend kontrolliert, zeigt zwanghafte Züge und kann Nähe und Zärtlichkeit nicht herstellen und kaum ertragen (vgl. Kempe/Kempe 1980; Zenz 1979). Außerdem zeigt sie ein ausgeprägt distanz- und beziehungsloses Verhalten, reagiert unterschiedslos auf »fremd« und »vertraut«, würde mit jedem mitgehen und zeigt auch bei der Trennung von den Eltern keinen Widerstand und keine Trauerreaktionen. Dies weist darauf hin, daß das Ausmaß der Vernachlässigung und die fehlende Berücksichtigung der kindlichen Bedürfnisse durch die Eltern so erheblich waren, daß Marion überhaupt keine spezifische Bindung an die Eltern entwickelt hat, so daß die leiblichen Eltern im psychologischen Sinne gar nicht die Eltern des Kindes geworden sind.

Dies wird jedoch bei oberflächlicher Betrachtung bei den Besuchskontakten, die in der Wohnung der Pflegeeltern – zumeist in Anwesenheit des Sozialarbeiters – stattfinden, nicht deutlich. Man kann vielmehr den Eindruck gewinnen, daß das Kind eine gute Beziehung zu den Eltern, insbesondere zum Vater habe. Sie begrüßt die Eltern freundlich und freudig, fällt dem Vater um den Hals, setzt sich auf seinen Schoß, spielt mit ihm. Von möglicher Angst und Ablehnung den Eltern gegenüber wird nichts sichtbar (bzw. nur dann, wenn Marion »überraschend« mit ihnen konfrontiert wird, z.B. wenn sie sie in der Stadt trifft, sie verhält sich dann sehr reserviert).

Ganz anders in der Untersuchungssituation: Marion kam zu uns mit der Information, daß sie bei uns spielen könne. Sie war also nicht über die tatsächlichen Gründe ihrer Vorstellung bei uns informiert. Gleich zu Beginn der Untersuchung inszenierte sie ein Spiel mit Handpuppen, das sie vielfach wiederholt: Ein Mädchen wird von einem Mann und einer Frau verhauen, bekommt Ohrfeigen und den »Popo voll«. Straf- und Prügelerfahrungen durch die Eltern, insbesondere den Vater, und erhebliche Überwältigungsängste werden noch vielfach thematisch. (Beispiele: CAT 5 [zwei Kinder liegen im Gitterbett, das vor einem Doppelbett steht] [Children's Apperception Test]: Marion redet sehr verworren von »Papa und Mama« – wobei sie die Namen ihrer leiblichen Eltern nennt – und fährt dann fort: »Die Kinder schlafen mit offenen Augen. Haben Angst. Vor einem Dracula, der die verkloppt. Der kommt in der Nacht. Da kloppen sich Dracula [der Vater] und der Drache [die Mutter].« – CAT 7 [eine große Menschengestalt greift nach einem Kind]: »Ein Drache – hab' ich Angst [will das Bild weglegen]. Der Drache will das Kind verhauen. Auf den Popo und ins Gesicht. Ist ein Mann – und manchmal eine Frau. Dann haut die Mutter-Drache der [dem Kind] den Arsch voll. Die Mutter heißt nicht Agnes [die Pflegemutter]. Die heißt ›das Scheißgespenst‹. Aua, aua! – Das war mein Papa, der vorhin [vor der Durchführung des CAT hatte der Besuchskontakt mit den Eltern stattgefunden], weil ich Aa in die Hose gemacht habe. Hat der mich gehauen.« – CAT 9 [ein Kind liegt im Gitterbett]: »Schon wieder ein Gitterbett [guckt böse, legt die Tafel weg]. Dann haut der Mann dem Kind den Hintern blau. Weil das immer quietscht. Den ganzen Hintern blau. Da war ich drin im Gitterbett.« – CAT 10 [eine Frau hat im Badezimmer ein Kind auf den Knien]: »Da haut die Mutter dem Kind den Hintern blau, ne? Weil die Tür immer quietscht« [also für das Kind aufgrund nicht durchschaubarer Gründe].)

Während die Beziehung Marions zur leiblichen Mutter ausschließlich als strafend und überwältigend, unbefriedigend, kontrollierend und kritisierend thematisch wird, kommen in der Beziehung zum Vater ambivalente Erfahrungen, die für das Kind unkalkulierbar wechseln und allein durch die Bedürfnisse des Vaters bestimmt sind, zum Ausdruck (z.B. das Puppenspiel: der Vater nimmt das Kind, herzt und küßt es, und im nächsten Moment beschimpft und schlägt er es). Auch die bedrohlichen Konflikte zwischen den Eltern werden wiederholt thematisch, wobei die Darstellung dieser Erfahrungen selbst auf der Phantasieebene Marion völlig ins Schleudern bringt: Ihre Sprachfähigkeiten brechen dann zusammen, sie redet verwaschen und völlig wirr. (Beispiel: Im Sceno-Test reitet der betrunkene Vater auf der Kuh [als Muttersymbol], steigt ab, verhaut die Kuh, torkelt durch die Gegend und fällt hin.)

In den Untersuchungsbefunden wird auch die für vernachlässigte und mißhandelte Kinder charakteristische Überzeugung deutlich, schutzlos zu sein (so wird das Kind z.B. im Sceno vom Fuchs gefressen; es ruft um Hilfe, aber nicht die Eltern kommen, sondern ein fremder Dritter; in einer Fabelgeschichte [Düss 1] läuft das Kind bei Gefahr weit weg, es flieht nicht zu den Eltern, und die helfen dem Kind auch nicht). Und da Eltern für das Kind nicht schützende und versorgende Objekte sind und da die Mutter wie auch das Kind darüber hinaus in gleicher Weise als hilfloses Opfer väterlicher Aggression erlebt worden sind, ist es auch nicht verwunderlich, daß Marion keine Generationsschranken errichtet hat, d.h. nicht sicher zwischen Kindern und Erwachsenen unterscheiden kann. Auch ihr negatives Selbst und die Übernahme von Schuld und Verantwortung kommen in den Befunden deutlich zum Ausdruck.

Und nun zum Ablauf des Besuchskontaktes bei uns: Als wir Marion sagen, daß, als es geklingelt hat, ihre Eltern gekommen seien, um hier mit ihr zu spielen, wirft sie sich rückwärts auf die Couch, verdreht die Augen, sagt mit tiefer und unwilliger Stimme: »Mein Papa? Was hat der denn gesagt?« Dann greift sie ihr Foto, das wir von ihr beim Scenobauen gemacht haben, und behauptet: »Da guck ich böse – warum?« und verwickelt uns, indem sie zu verleugnen sucht, daß die Eltern da sind, in ein Spiel. Auf den wiederholten Vorschlag, die Eltern nun hochzuholen, geht sie überhaupt nicht ein, guckt nur böse und fordert den Untersucher immer wieder auf, mit ihr weiterzuspielen. Sie blickt maulig vor sich hin, als der Untersucher ankündigt, daß er dann allein hinuntergehe, um die Eltern zu holen.

Als die Eltern das Zimmer betreten, unterbricht Marion ihr Spiel nicht, blickt aber nach kurzer Zeit den Vater an, und ihre finstere Miene wandelt sich plötzlich in ein Lächeln. Als der Vater kritisiert, daß Marion nichts sagt und sie nicht begrüßt und ob er und die Mama denn kein Küßchen bekommen würden, kommt sie der Aufforderung nach, um sogleich ihr Spiel mit dem Sceno-Material fortzusetzen. Fragen des Vaters beantwortet sie recht monoton mit »nein« und »ja«. Nur in wenigen Sequenzen kommt eine dichtere Interaktion zwischen ihr und dem Vater zustande, indem sie sich für wenige Minuten auf seine Spielvorschläge einläßt. Auch läßt sie sich – wenn auch mit unglücklichem Gesicht – auf die Forderung des Vaters ein, sich zwischen ihn und die Mutter zu setzen. Als er sie jedoch auf den Schoß nimmt und küssen will, läuft Marion weg und sagt grimmig: »Ich bin doch kein Baby mehr.«

In der Beziehung zur Mutter, zu der Marion spontan überhaupt keinen Kontakt aufnimmt, dominieren von vornherein ein sich steigernder Negativismus und Aggression, wobei sich Marion hier immer wieder, uns anblickend, zu sichern sucht. Sie widerspricht – wenn auch zunächst noch sehr verhalten – der ins Spiel eingreifenden Mutter und kritisiert sie, wie später auch den Vater (»doch« – »ach quatsch, das kommt doch nicht hierhin« u.ä.), provoziert die Eltern, indem sie, mit einer Puppe in der Hand, von einem zum anderen blickt und sagt: »Ach Scheiße, Schiete, Scheiße.« Als die Eltern empört sagen: »Das sagt man doch nicht!«, versteckt sich Marion hinter der Handpuppe: »Sagt doch nur das Kind (die Puppe).« Schließlich greift Marion mit einem Krokodil (Handpuppe) die Mutter an, läuft aber rasch wieder weg und attakkiert statt dessen ein Spielzeugtier (ein großes Nilpferd, das sie zuvor als »Mutter-Nilpferd« bezeichnet hatte). Als schon der Abschied der Eltern angekündigt wird, sagt Marion unvermittelt aus sicherer Entfernung zur Mutter: »Ich hau Dich.«

Als die Eltern gehen, verabschiedet sich Marion nur kurz von ihnen und setzt dann ungerührt ihr Spiel fort, als der Vater sagt: »Nicht traurig sein.« Sie läßt sich nicht einmal durch die Ankündigung der Eltern, daß sie im Auto noch eine Schokolade für sie hätten, locken, sie mit zur Tür zu begleiten, und wirkt befreit und wesentlich aktiver und neugieriger als in Anwesenheit der Eltern.

Nach dem Weggang der Eltern möchte Marion noch einmal mit dem Sceno bauen. Sie baut spontan die gleiche Szene wie beim ersten, anfänglichen Sceno-Test vor dem Besuch der Eltern: Sie stellt sich in der Pflegefamilie mit den Pflegeeltern und Pflegegeschwistern in befriedigender Interaktion dar. Dann kommen »noch 'ne Mama und noch ein Papa« dazu, die aber schnell wieder entfernt, in einen Kasten gesperrt und dort verbarrikadiert werden. Sie sagt dazu: »Die sollen wegbleiben, die sind kaputt«, wobei sie die Nase rümpft und böse und ernst blickt. Jetzt, beim zweiten Mal, benennt sie »die andere Mama und den anderen Papa« eindeutig als ihre leiblichen Eltern (»die, die eben da waren«). Die Sceno-Puppe, mit der sie sich identifiziert, läuft immer wieder zum Kasten und guckt nach, ob die Eltern denn auch wirklich »wegbleiben«. Das heißt, das Kind hat kein Schutzobjekt, das es vor den abgelehnten und weggewünschten Eltern beschützt.

Im Licht dieser Befunde – und sie entsprechen denen vieler anderer Fälle, die wir untersucht haben – muß die freundliche Reaktion des Kindes auf die leiblichen Eltern bei den Kontakten in der Pflegefamilie als angstmotivierte Überanpassung an die Erwartungen der Eltern bei gleichzeitiger Abwehr der eigenen Ängste und Aggressionen ihnen gegenüber und Verdrängung und Verleugnung seiner Erfahrungen verstanden werden, weil es durch die aufrechterhaltenen Besuchskontakte und die offengehaltene Perspektive einer möglichen Rückkehr zu den Eltern die Erfahrung macht, daß offenbar niemand es vor dem Einfluß derjenigen schützen kann, mit denen es so beängstigende Erfahrungen verbindet. Das Kind muß die Pflegeeltern und auch die Sozialarbeiterin als Verbündete der Eltern erleben oder zumindest als Menschen, die die Ansprüche der Eltern rechtfertigen und vertreten. Und – da in der Regel alle Beteiligten bei solchen Besuchen um ein freundliches Miteinanderumgehen und die Bahnung einer freundlichen Beziehung bemüht sind – alle tun so, als wäre nichts Schreckliches passiert und als bestünde gar kein Grund, Angst und Wut zu haben. Das heißt, die Angstabwehrmaßnahmen des Kindes wie Verdrängung, Verleugnung, Idealisierung, Identifikation mit dem Aggressor werden unterstützt, statt daß dem Kind beim Gewinn einer kritischen Distanz und einer realistischen Verarbeitung seiner Erfahrungen geholfen wird.

In der Untersuchungssituation hatte das Kind uns zunächst als mit den Ursprungseltern überhaupt nicht in Verbindung stehende Menschen kennengelernt. In dieser geschützten Situation und auf der Phantasieebene – im Spiel und in den projektiven Tests – war es ihm möglich, die es bedrängenden Erfahrungen und Affekte von Angst und Wut zum Ausdruck zu bringen. Dabei machte es mit uns die Erfahrung, daß es mit all seinen Äußerungen angenommen wurde, seine Signale und zunächst nur symbolischen Darstellungen verstanden wurden und seine Affekte und Wünsche so, wie sie zur Darstellung gebracht wurden, als berechtigt betrachtet und unterstützt wurden. Dies reichte bei dem nicht an seine leiblichen Eltern gebundenen Kind aus, um sich durch uns so hinreichend geschützt zu fühlen, daß es auch direkt den Eltern gegenüber zumindest ansatzweise eine kritische und auch aggressive Distanz herstellen und seinen Wunsch nach Abbruch der Kontakte schließlich im Sceno-Test sehr direkt zum Ausdruck bringen konnte.

Hier spielt allerdings auch noch eine Rolle, daß die traumatischen Erfahrungen dieses Kindes nicht so hoch bedrohlich waren wie in anderen Fällen. Das Kind war zwar vernachlässigt worden, aber doch nicht tage- und nächtelang allein in völligem Chaos gewesen. Die Eltern hatten sich zwar oft gestritten, der Vater war häufig betrunken und hat das Kind und die Mutter geschlagen, aber doch hatten die begleitenden Affekte nicht die Qualität der mörderischen, völlig unkontrollierten narzißtischen Wut, die charakteristisch für Mißhandlungen ist, so daß das Kind zu Recht wahrnimmt, daß es oft nur ein purer Zufall ist, ob das Kind oder die vom Vater mißhandelte Mutter überlebt oder nicht. Angesichts solcher Erfahrungen sind die Abwehrmaßnahmen, die notwendig sind, um die Ängste in Schach zu halten, sehr viel massiver und intensiver wirksam und das Ausmaß der Persönlichkeits- und Beziehungsstörungen sehr viel größer, als daß ein Kind wie Marion uns so rasch als befriedigende und schützende Menschen wahrnehmen, den Einsatz der Abwehrmaßnahmen so weit reduzieren und so rasch eine kritische Distanz gewinnen könnte.

3. Folgen verhinderter Ablösung

Wenn ein Kind, dessen Beziehung zu den leiblichen Eltern hoch angstbesetzt ist, auf die Beziehung zu den Angstobjekten verpflichtet und in ihr festgehalten wird, so hat dies weitreichende Folgen.

Ein Kind kann – wie wir es vielfach beobachten konnten – unter dieser Bedingung die neuen Sozialisationschancen im Heim oder in einer Pflegefamilie nicht hinreichend nutzen. Es hält an den in der Beziehung zu den mißhandelnden und vernachlässigenden Eltern entwickelten negativen Selbstdefinitionen fest. Es ist nicht in der Lage, die traumatischen Erfahrungen realistisch zu verarbeiten und zu bewältigen, sondern hält die Angstabwehrmaßnahmen aufrecht, die es angesichts der Gefahr, als es noch direkt von den überwältigenden Eltern abhängig war, eingesetzt hat, um mit seiner Angst überleben zu können, ohne verrückt zu werden. Es verleugnet und verdrängt weiterhin die traumatischen Erfahrungen, idealisiert die leiblichen Eltern und dämonisiert statt dessen die neuen Bezugspersonen oder elterlichen Übertragungsobjekte (z.B. Pflegeeltern, Therapeuten), denen es die Reaktionsmöglichkeiten zuschreibt, die es bei den Eltern erfahren und erlitten hat. Es wird, auch wenn bei kompetentem, helfendem und unterstützendem Umgang mit dem Kind eine Milderung seiner Probleme möglich ist, eine strukturelle, grundlegende Veränderung seiner Persönlichkeits- und Beziehungsstrukturen kaum möglich sein.

Auch dies möchte ich an einem Beispiel erläutern: Benedikt, heute acht Jahre alt, wuchs in den ersten zwei Jahren bei seinen leiblichen Eltern auf. Die Mutter – zur Zeit der Geburt des Kindes siebzehn Jahre alt – war aufgrund ihrer eigenen Sozialisationsgeschichte nicht in der Lage, primäre Mütterlichkeit zu entwickeln und ging sehr unbefriedigend mit dem Kind um. Der leibliche Vater war ein leicht gekränkt und aggressiv reagierender Mann. Zwischen den Eltern kam es häufig zu erheblichen Konflikten, in die Benedikt mit einbezogen wurde, indem der Vater die Mutter mit ihm zu erpressen suchte. Zum Beispiel hielt der Vater das Kind einmal an den Händen aus dem Fenster und drohte, es fallen zu lassen, wenn die Mutter seinen Forderungen nicht nachkommen würde.

Nachdem die Mutter mit dem Kind den Vater verlassen hatte, bat sie um die Unterbringung des Kindes in einer Dauerpflegefamilie. Kontakte zum Vater fanden nicht mehr statt, und auch Kontakte zur Mutter waren wegen der großen Entfernung zwischen ihrem Wohnort und dem des Kindes selten (etwa ein- bis zweimal pro Jahr). Die Mutter telefonierte jedoch zwischendurch öfter mit den Pflegeeltern, die durchaus Sympathie für sie empfanden, keinerlei Vorbehalte gegenüber Kontakten des Kindes zu ihr hatten und den Anspruch der Mutter auf die Mutterrolle auch nicht in Frage stellten.

Wir untersuchten das Kind, als es sieben Jahre alt war und seit viereinhalb Jahren in der Pflegefamilie lebte. Obwohl die Pflegeeltern behutsam und einfühlend mit dem Kind umgingen und es auch trotz seiner die Familie stark belastenden Schwierigkeiten emotional angenommen hatten, hatte das Kind im wesentlichen – wenn auch gemildert – die seit Beginn des Pflegeverhältnisses beobachtbaren Störungen aufrechterhalten und keine befriedigenden Beziehungen zu den Eltern entwickeln können.

Benedikt war ein unruhiges, lärmendes Kind, das ständig in Bewegung war, viel redete oder schrie, oft herumkasperte und grimassierte. Auf eine dichte und weiche Beziehung zu den Eltern konnte er sich nicht einlassen. Er flüchtete vielmehr in die Beziehung zu den Geschwistern und anderen Kindern, die er gleichzeitig jedoch nicht handhaben konnte, da er die anderen vollständig zu dominieren suchte. Auch verhielt er sich anderen Kindern gegenüber in Konflikt- und Frustrationssituationen oft aggressiv und zerstörerisch, was auch im Kindergarten und später in der Schule zu erheblichen Schwierigkeiten führte. Benedikt hatte Größenphantasien und verleugnete eigene Probleme und Gefahren. Er zeigte eine auf frühe orale Mangelerfahrungen hinweisende Gier, wobei er sich gleichzeitig auf mütterliche Versorgung nicht einlassen konnte.

In den Untersuchungen und später in der Therapie wird deutlich, daß bei Benedikt noch tiefgreifende, nicht bewältigte und verarbeitete, sondern verdrängte frühe traumatische Erfahrungen wirksam sind, wobei das ständige Reden und in Aktionsein der Abwehr dieser Erfahrungen und daran gebundenen Ängste dient. Den leiblichen Vater hat Benedikt als äußerst bedrohlich und überwältigend erlebt. Die leibliche Mutter hat er zum einen als nicht beschützend und gegenüber dem Vater ebenso als Opfer wie sich selbst, zum anderen aber auch als hinsichtlich der kindlichen Versorgungs- und Interaktionsbedürfnisse äußerst unbefriedigend erlebt, so daß er über keine schützenden und befriedigenden Objektbeziehungen, die ein Kind zur Entwicklung eines gesunden und positiven Selbst braucht, verfügen konnte.

Die starken, existentiellen Überwältigungsängste hat Benedikt in charakteristischer Weise durch den Angstabwehrmechanismus der Identifikation mit dem Aggressor abgewehrt, was zur Übernahme der väterlichen Dominanz, seiner aggressiven Reaktionsmuster und seiner erpresserischen Drohungen führt. In seiner negativen Selbstdefinition ist Benedikt das »Verbrecher«- bzw. »Räuberkind«, das, wie der Vater, ins Gefängnis gehört. Die Ohnmachtsgefühle und das aus den Überwältigungserfahrungen und oral-narzißtischen Frustrationen resultierende negative Selbst wehrt Benedikt durch das Agieren kompensatorischer Größenphantasien und durch Herumkaspern (»Pseudofröhlichkeit«) ab.

Obwohl Benedikt die Pflegeeltern durchaus schon als attraktiv und potentiell befriedigend wahrnahm und der Wunsch nach dichten Beziehungen zu ihnen vorhanden war, konnte er sich hierauf dennoch nicht einlassen, weil die aus den frühen traumatischen Erfahrungen resultierenden Ängste in Eltern-Kind-Beziehungen noch vollständig dominierten.

In der Therapie stand zunächst die mühsame Bearbeitung der starken Überwältigungsängste und Aggressionen gegenüber dem Vater im Vordergrund. Als Benedikt schließlich die Beziehung zum Therapeuten angstfreier und befriedigender handhaben konnte, wurde die frühe Beziehung zur Mutter und die in ihr erlittenen oral-narzißtischen Frustrationen thematisch. Schließlich waren bei ihm erste Ansätze positiver Regressionen, eines Sich-weich-Machens in der Beziehung zur Therapeutin als mütterlichem Übertragungsobjekt und des Sicheinlassens auf kindliche Abhängigkeit und Versorgung zu beobachten, was sich auch in seinen realen Beziehungen in der Pflegefamilie, zu der er sich jetzt nachdrücklich als zugehörig definierte, widerspiegelte. Seit einigen Wochen hatten sich auch sein agierendes Verhalten, seine Unruhe und Anspannung und sein aggressives Verhalten im häuslichen und außerfamilialen Bereich deutlich reduziert.

Zu diesem Zeitpunkt rief die Mutter in der Pflegefamilie an, um einen Besuch anzukündigen. Benedikt bekam mit, daß der Pflegevater mit der leiblichen Mutter sprach. Seit diesem Anruf stand Benedikt wieder unter großen Spannungen, fiel vollständig auf das agierende Niveau wie vor Beginn der Therapie zurück, war zu Hause und in der Therapie wieder lärmend, unruhig, äußerst frustrationsintolerant und aggressiv – wobei sich die Aggressionen jetzt in der Therapie vorwiegend gegen das mütterliche Übertragungsobjekt richteten – und drohte wieder wie früher bei minimalen Enttäuschungen mit Trennung, wobei er der Pflegemutter in solchen Situationen drohte: »Dann geh' ich zur Beate« (so nennt er die leibliche Mutter).

In den ersten zwei Therapiestunden nach dem Anruf der Mutter war mit Benedikt kaum umzugehen. Er flüchtete von einer Aktivität in die andere, suchte Sachen zu zerstören, warf mit Gegenständen nach der Therapeutin, beschimpfte sie bei allen notwendigen Einschränkungen und wehrte vehement und aggressiv alle deutenden Interventionen ab. In den dann folgenden Stunden dominierte als Thema in verschiedensten Varianten – zunächst noch eingebettet in sehr verworrene und schwer durchschaubare Phantasien und hektische Aktionen –, daß ein Kind (Benedikt) von einer Räuberfrau und einem Räubermann (der leiblichen Mutter und dem mit ihr assoziierten leiblichen Vater) geklaut wird, die das Kind einsperren, schlagen, anketten, ins Wasser werfen oder mit einem Messer erstechen wollen. Keiner kann das Kind davor schützen, auch nicht der Vater (der Pflegevater), der sich im Kampf mit dem Räuber als schwächer erweist oder der sich gar mit dem Räuber solidarisiert. Da verbündet sich schließlich das Kind mit dem Räuber (vgl. die Trennungsdrohungen Benedikts: »Dann geh' ich zur Beate«), und Benedikt sagt: »Mir kann keiner helfen. Dann bin ich lieber ein Räuberkind« (vgl. auch die Wiederherstellung des negativen Selbst nach dem Anruf der Mutter).

Die Bearbeitung dieser Phantasien und Ängste wurde für uns dadurch erheblich erschwert, daß Benedikt die inzwischen verbesserte Fähigkeit, sich mit den eigenen Gefühlen und Erinnerungen auseinanderzusetzen und Deutungen anzunehmen, wieder eingebüßt hatte, so daß er sich auch heftig dagegen wehrte, daß er selbst Angst habe, daß er jemals negative Erfahrungen gemacht habe und daß die im Spiel zum Ausdruck kommenden Phantasien und Affekte überhaupt etwas mit ihm zu tun hätten.

Das Protokoll einer Therapiestunde zwei Monate nach dem Anruf der Mutter: Benedikt wirkt wieder sehr angespannt, erregt und verwirrt. Die Räuber (die Therapeuten) wollen das Kind klauen. Das Kind hat aber Riesenfäuste und bedroht insbesondere die Therapeutin, die in den vorherigen Stunden schon den Räuber spielen mußte (»ich schlag Dich tot!«). Die Räuber sind aber stärker, überwältigen das Kind und stecken es in ihr Gefängnis (das Bett im Gästezimmer). Aber das Kind zieht den Zellenschlüssel ab, den die Räuber haben stecken lassen, so daß sie an das Kind nicht mehr rankommen. Und es macht sich autonom: Es hat zu essen, zu trinken und zu spielen in seiner Zelle (Benedikt fordert Kekse, eine Babyflasche mit Saft, Spielzeug und eine Uhr), in seiner Brust hat es einen prall gefüllten »Kühlschrank« (Benedikt steckt die Babyflasche und die Keksschüssel in seinen Pullover), so daß es von der Versorgung durch andere völlig unabhängig ist. Und es kann sich selbst groß und klein, aus der Zelle raus oder rein zaubern.

M. Nienstedt zu A. Westermann: »Weißt Du, seit wann der Benedikt wieder so aufgeregt ist und so viel Angst und Wut hat und glaubt, daß ihn keiner schützen kann und daß er sich selbst schützen und versorgen muß? – Seitdem die Beate neulich angerufen hat.« Benedikt wehrt zunächst heftig ab: »Ich hab' ja gar keine Angst!« Im folgenden ist aber M. Nienstedt der »Beate-Räuber«, den Benedikt nun einsperrt. Er zaubert zwischen sie und sich ein unüberwindliches Gitter und ärgert sie, indem er ihr u.a. Essen anbietet und es ihr wieder wegnimmt. Benedikt wirkt stolz und glücklich, daß er diese Macht hat. Dann wird er wieder unruhiger und sagt kleinlaut: »Der Räuber kann doch das Kind klauen, sonst würde er ja nicht kommen.« Die Zusicherung, daß Beate ihn nicht mitnehmen darf und dies auch nicht will, reicht zu seiner Beruhigung nicht aus. Erst als schließlich dem Räuber verboten wird, überhaupt noch einmal zu kommen und sich dem Kind zu nähern, wird Benedikt entspannter und ruhiger.

Auch in der Realität wurde nun mit unterstützender Hilfe des Familienrichters jeglicher Kontakt der leiblichen Mutter zum Kind und zur Pflegefamilie abgebrochen.

4. Die Notwendigkeit, das Kind überzeugend zu schützen

Wenn ein Kind in der Beziehung zu seinen Eltern Erfahrungen existentieller Bedrohtheit oder Wertlosigkeit gemacht hat, die es nur mittels des Einsatzes von Angstabwehrmaßnahmen bewältigen kann, wenn ein Kind in der Beziehung zu seinen Eltern ein negatives Selbst und ein grundlegendes Mißtrauen entwickelt hat und ihm positive, anlehnende Identifikationsmöglichkeiten fehlen, wenn ein Kind durch diese Erfahrungen in der Entwicklung seiner Ich-Fähigkeiten und seiner Beziehungsfähigkeit weitreichend eingeschränkt ist, dann kann eine Bewältigung der gemachten Erfahrungen und eine Gesundung des Kindes nicht dadurch erfolgen, daß das Kind »vergißt«, was es bei seinen leiblichen Eltern erlebt hat. Eine Gesundung des Kindes setzt gerade voraus, daß es die Erfahrungen und Gefühle von Bedrohtheit und Schutzlosigkeit als realistisch und berechtigt begreift und wieder an denjenigen festmachen kann, die diese Ängste ausgelöst haben. Nur so kann es auch die neuen Objektbeziehungen von den früheren unterscheiden lernen und die befriedigenden und schützenden Aspekte in den neuen Beziehungsmöglichkeiten wahrnehmen und nutzen.

Aufrechterhaltene Beziehungen zu überwältigenden oder frustrierenden Eltern verhindern dies nur allzu leicht: Kontakte zu den Eltern kann das Kind nur so erleben, daß diejenigen, die angstbesetzt sind und als unbefriedigend erlebt wurden, weiter Macht und Einfluß auf das Kind und sein Leben haben. Der dadurch aufrechterhaltenen Angst kann das Kind nur durch den weiteren oder erneuten Einsatz von Angstabwehrmechanismen begegnen. Gerade auch dann, wenn die Pflegeeltern bei der Durchführung von Besuchen »mitarbeiten« und sich um eine gute und akzeptierende Beziehung zu den leiblichen Eltern bemühen, fühlen sich Kinder, die keine positive Beziehung zu den leiblichen Eltern haben, sondern nur eine Angstbindung an sie, nicht nur von den Angstobjekten (den leiblichen Eltern) bedroht, sondern auch von den Schutzobjekten (den Pflegeeltern) verraten. Die erlebte Schutzlosigkeit in den neuen Beziehungen begünstigt die Aufrechterhaltung der Übertragungsbeziehung zu den Pflegeeltern und der Idealisierung der leiblichen Eltern.

Aufrechterhaltene Beziehungen und Kontakte sind mit der Erwartung verbunden, daß das Kind zu seinen leiblichen Eltern freundliche und auch für die Eltern befriedigende Beziehungen herstellen soll – und entsprechend verleugnend verhalten sich dann auch alle beteiligten Erwachsenen. Das Kind kann dann nur an der Richtigkeit seiner Erinnerungen und der Berechtigung seiner Gefühle von Angst, Ohnmacht und Wut zweifeln. Auch das begünstigt und unterstützt die Aufrechterhaltung der Verdrängung der Erfahrungen und wirkt der Verarbeitung der Traumata entgegen.

Wie wir es vielfach beobachtet haben, macht schon die Möglichkeit einer Wiederaufnahme von Kontakten zu angstbesetzten Eltern, dem Kind außerordentlich große Angst, die es nur durch den Einsatz von Angstabwehrmaßnahmen bewältigen kann.

Wenn beispielsweise ein Kind vom Richter angehört und von ihm, vom Gutachter oder anderen verantwortlich Beteiligten dazu direkt befragt wird, ob es – entsprechend dem Wunsch der leiblichen Eltern – Kontakt zu ihnen wünscht, so nimmt das Kind wahr, daß dies offenbar denkbar ist, und es wird dies unmittelbar mit einer »Flucht nach vorn« und der Anpassung an die Wünsche der Eltern und an die vermeintlichen oder tatsächlichen Wünsche der mit den Eltern solidarisch erlebten Erwachsenen beantworten, indem es nun selbst den Wunsch formuliert, Kontakt zu den Eltern haben zu wollen oder zu ihnen zurückkehren zu wollen. Die tatsächlichen Gefühle existentieller Bedrohtheit und Schutzlosigkeit, Angst und Wut sowie der Abwehrvorgang sind dem Kind selbst nicht bewußt und auch der unmittelbaren Beobachtung nicht zugänglich, sondern allenfalls mittels projektiver Tests diagnostizierbar.

Da wird beispielsweise ein zehnjähriges Mädchen, dessen Vater die Mutter umgebracht hat, von einem Richter und Gutachter befragt, ob es Kontakt zu seinem Vater haben will. Das Kind stimmt zu, drängt nun sogar selbst darauf, den Kontakt herzustellen, und sorgt sich um seinen Vater. Angst wird überhaupt nicht sichtbar. Die projektiven Testbefunde und Phantasien des Kindes wimmeln jedoch vor schrecklichsten Bedrohungen durch Krokodile, Diebe und Mörder. Panische Ängste werden thematisch wie auch die Angstabwehr durch Verleugnung und Verkehrung ins Gegenteil – so, wenn sich z.B. in einer TAT-Geschichte der Verfolger, der eine Frau umbringen will, schließlich als ganz harmlos darstellt, als jemand, der selbst zu Unrecht von der Polizei gejagt und mit dem Tod bedroht wird, so daß die Frau sich mit ihm solidarisiert, ihn versteckt und ihn versorgt. Ganz heimlich aber ahnt sie doch, daß er ein Mörder ist und auch sie umbringen könnte. Sie hofft, daß er sie gerade dann, wenn sie sich mit ihm solidarisiert, am Leben läßt und »ganz schnell wieder abhaut«.

Von den Kindern und ihren Phantasien haben wir gelernt, welchen Ängsten man sie aussetzt, wenn man durch direkte Fragen nach Kontakt oder durch die Herstellung von Kontakten (z.B. auch zu dem Zweck einer gutachterlichen Beurteilung der Beziehungsqualität) dem Kind vermittelt, daß es nicht überzeugend zu schützen ist und ein erneuter Einfluß der angstbesetzten Eltern denkbar erscheint. Daher lehnen wir es auch grundsätzlich ab, wenn wir als Gutachter gefragt sind, Eltern und Kinder zwecks Begutachtung zusammenzubringen, bevor wir nicht durch die Einzeluntersuchung des Kindes und der Eltern, die in der Regel schon ein hinreichend genaues Urteil über die Beziehungsqualität zulassen, höchst beängstigende und frustrierende Erfahrungen und tiefgreifendere Beziehungsstörungen ausschließen können. Der von Marion geschilderte Fall stellte insofern eine Ausnahme dar, als häufige Besuchskontakte schon vor ihrer Untersuchung stattfanden, so daß wir bei der Untersuchung nicht Gefahr liefen, durch den direkten Kontakt neuen Schaden anzurichten.

Der Ausschluß jeglicher Kontakte (Besuche, Briefe, Telefongespräche) zu den leiblichen Eltern ist dann, wenn diese Beziehung aufgrund früher traumatischer Erfahrungen sehr angstbesetzt oder höchst unbefriedigend ist, nicht eine hinreichende Bedingung für die Wiederherstellung der psychischen Gesundheit des Kindes, wohl aber eine Rahmenbedingung dafür, daß das Kind sich überhaupt auf den komplizierten Weg einlassen kann, seine Erfahrungen realistisch aufzuarbeiten, eine kritische Distanz zu ihnen zu gewinnen und neue befriedigende Eltern-Kind-Beziehungen zu entwickeln, die es für eine gesunde Persönlichkeitsentwicklung braucht.

Bestätigung findet dies durch Kadushins Untersuchung (1970), nach der die Erfolgswahrscheinlichkeit für eine positive Persönlichkeitsentwicklung mißhandelter und vernachlässigter Kindern und das Gelingen der Entwicklung tragfähiger Beziehungen in der Ersatzfamilie vergleichsweise hoch war, wenn die Kinder (die in seiner Untersuchung zum Zeitpunkt der Vermittlung fünf bis elf Jahre alt waren) adoptiert worden waren, d.h. eine sichere und langfristige Perspektive in der Ersatzfamilie hatten (Erfolgsquote von dreiundsiebzig bis zweiundachtzig Prozent, je nach Schärfe des Erfolgskriteriums). Die Mißerfolgswahrscheinlichkeit bei vernachlässigten und mißhandelten Kindern in Pflegefamilien – d.h. in der Regel mit unklarer Perspektive und aufrechterhaltener Beziehung zu den leiblichen Eltern – wird dagegen in verschiedenen Untersuchungen (vgl. Zenz 1979) mit fünfzig bis siebzig Prozent angegeben.

Abschließend noch eine Anmerkung: Wenn wir mit dem Erleben früh vernachlässigter und mißhandelter Kinder konfrontiert sind, die das Gefühl entwickelt haben, der letzte Dreck zu sein, ein böses, unmögliches Kind, ein wertloser Mensch zu sein, wenn wir ihr Mißtrauen in menschliche Beziehungen erleben, ihre Angst davor, klein und abhängig zu sein, ihre abweisenden oder aggressiven Versuche, sich unabhängig, stark und unverletzlich zu machen, ihre Wut und ihren Haß oder auch ihre ungeheure Anstrengung, sich durch Überanpassung vor erneuten existentiellen Gefährdungen zu schützen, dann packt auch uns manchmal eine blanke Wut. Unsere Wut richtet sich nicht gegen die leiblichen Eltern, die ebenso Opfer sind wie die Kinder, sondern gegen die jetzt Verantwortlichen: beispielsweise gegen Richter und auch Kollegen, die verfügen, daß Kontakte auch gegen den oftmals zunächst direkt signalisierten Widerstand des Kindes durchgeführt werden. Wütend macht uns, was Kindern zugemutet wird und was man keinem Erwachsenen zumuten würde, der ja doch ungleich besser in der Lage ist als ein Kind, sich zu schützen und zur Wehr zu setzen.

Wenn erwachsene Partner sich trennen, nachdem sich einer dem anderen gegenüber – wie auch immer bedingt – höchst rücksichtslos verhalten hat, ihn vernachlässigt hat und nur seine eigenen Bedürfnisse und Interessen verfolgte, wenn er ihn geprügelt und vielleicht mit Mord bedroht hat, so käme keiner auf den Gedanken, zu fordern, daß diese beiden nach der Trennung und auf Dauer weiter freundliche und gute Beziehungen pflegen sollen. Wenn ein Erwachsener entführt wird und auch nur kurze Zeit von Menschen abhängig ist, die – für ihn nicht kalkulierbar – ihn am Leben lassen, ihn aber auch umbringen könnten, so begreift man und nimmt es ernst, daß dies ungeheure Ängste auslöst, die auch nach der Befreiung aus dem Alptraum aufrechterhalten bleiben und nur schwer zu bewältigen sind. Niemand käme auf die Idee, in einem solchen Fall zu verlangen, daß sich der Entführte mit dem Entführer zum Kaffee zusammensetzt und gute Beziehungen zu ihm pflegt. Niemand würde auch die Auffassung vertreten, daß er die überstandenen, aber nachhaltig wirksamen Schrekken nur im direkten Umgang mit dem Überwältiger verarbeiten kann.

Bei Kindern aber soll das alles ganz anders sein? Auch für Kinder gilt, was G. Mauz in seinem Spiegel-Artikel vom 14. Oktober 1985 über den Prozeß gegen die Entführer von Axel Springer schreibt: »Man darf aber Menschen nicht der Angst überantworten, der ohnmächtigen, blinden Angst; keinen Menschen darf man ihr ausliefern, nichts rechtfertigt das.«

Kapitel 5: Anmerkungen zur Identität des Pflegekindes*

1. Identität: Ein Zauberwort

Im Handbuch des Deutschen Jugendinstituts (DJI) »Beratung im Pflegekinderbereich« (1987) ist wiederholt von der Identitätsproblematik des Pflegekindes die Rede.

Das Identitätskonzept wird bemüht, um das Modell der Ergänzungsfamilie zu begründen, in der eine enge Kooperation zwischen Herkunftseltern und Pflegeeltern angestrebt wird. Denn – so heißt es in den Empfehlungen des Deutschen Landkreistages (1986) – das Kind habe das Bedürfnis, sein bisheriges Leben in der Herkunftsfamilie fortzusetzen (vgl. ebd., 18), und es bleibe bei seiner Suche nach seiner Identität auf seine Herkunftsfamilie bezogen (vgl. ebd., 16), und folglich muß die Aufrechterhaltung einer engen Beziehung zur Herkunftsfamilie als notwendig erachtet werden, um das Kind vor schwerwiegenden Identitätsstörungen zu bewahren. Im Handbuch des DJI wird die Lage des Kindes in einer »Pflegefamilie vom Ersatzfamilientyp« (Gudat 1987c, 53) als eine »zerrissene Situation« begriffen, in der »auch der Einsatz spezieller auf das Kind gerichteter pädagogischer oder therapeutischer Bemühungen, gleich ob durch die Pflegeeltern ausgeführt oder durch zusätzliche Helfer ... dem Kind nicht zu einem Gefühl von Sicherheit und unbeschädigter Identität verhelfen« kann (ebd., 54).

Sicher trifft es zu, daß »auch, wenn die Beziehungen des Kindes zu seinen Herkunftseltern ihrer psychologischen Natur nach wesentlich weniger eng sind, diese Beziehungen des Kindes Teil seiner Geschichte und seiner Identität sind« (ebd., 54). Aber die »gegenseitige Fremdheit der Familien, die vom Pflegekind die Aufgabe seiner Identität verlangt« (Schattner 1985, 271), für das Scheitern von Pflegeverhältnissen verantwortlich zu machen, ist völlig unbegründet. Dies ist nur möglich, wenn der Begriff der Identität überhaupt nicht geklärt wird. Es ist nicht einmal klar, ob mit dem Identitätsbegriff ein eher soziologischer Tatbestand (vgl. Krappmann 1969) oder ein eher psychologischer Tatbestand (vgl. Jacobson 1973) gemeint ist.

Ohne zu verstehen, was eigentlich mit Identität gemeint ist, und ohne zu untersuchen, welche Störungen und pathologischen Entwicklungen als gestörte Identitätsentwicklung zu begreifen wären, wird, wie es Felgenhauer (1985a) in seinem Artikel »Chancen für die Identitätsentwicklung von Kindern« tut, behauptet, daß »Kinder, die ihre Identität zwischen biologischer Abstammung und historisch gewachsener Elternschaft in einer Ersatzfamilie finden müssen, (einen) lebensgeschichtlich bedeutsamen Einschnitt in die Identitätsentwicklung im Sinne einer Bedrohung der seelischen Ent-

* *Nienstedt, M./Westermann, A.:* Vorträge auf der Fortbildungsveranstaltung für Pflege- und Adoptiveltern des Jugendamtes der Stadt Essen, Essen 1986.

wicklung des Kindes« (ebd., 28f) erfahren. Es macht auch keine Mühe zu behaupten, daß Symptome wie Schlafstörungen bei einem fünfjährigen Pflegekind auf den »hohen Anpassungsdruck ..., der einer gesunden Identitätsentwicklung widerspricht« (ebd., 31), zurückzuführen seien. Man kann auch leicht behaupten, daß »Schulleistungsstörungen, Weglaufen, Stottern, Bettnässen oder Aggressivität bei Adoptiv- und Pflegekindern durchaus mit Identitätskrisen in Verbindung stehen« (Felgenhauer 1985b, 10). Dabei bleibt nur die Frage offen, wie solche Verhaltensstörungen oder Symptome mit einer Identitätskrise zusammenhängen.

In der Tat spielen bei Pflegekindern Identitätsprobleme eine Rolle, die aber aus einer verengten familiensystemischen Sicht überbewertet und falsch bewertet werden, wenn sie vor allem als Ergebnis der Fremdplazierung des Kindes als aus der Zugehörigkeit zu einer Pflegefamilie resultierend gesehen werden. Störungen der Identität bei Pflegekindern stehen vielmehr in erster Linie im Zusammenhang mit den prägenden Erfahrungen in der Ursprungsfamilie.

Ein achtjähriges, von Vater und Mutter mißhandeltes Mädchen, das seit zwei Monaten in einer Pflegefamilie lebt, stellt sich im Sceno-Test (mit einer Mutter und einem Vater) den Untersuchern als gewünschten Elternobjekten dar. Draußen, im Zauberwald, sitzt ein Engel (das idealisierte Mutterobjekt) und ein Affe (das angstbesetzte Vaterobjekt). Das seien auch die Untersucher (als Repräsentanten der früheren Eltern). Und alle anderen Figuren im Zauberwald, Schneemann und Zwerg, Fuchs und Gans, Küken, Huhn und Pferd, sind auch Repräsentanten des Kindes. Das alles könnte sie selbst sein. Sie sagt auf die fragende Feststellung, daß sie dann ja gar nicht weiß, wer sie sei: sie könne es sich aussuchen, dann sei es nicht so langweilig.

Dieses distanz- und beziehungslose Kind rationalisiert seine unklare Selbstdefinition in der Beziehung zu Eltern. Aufgrund eines Übermaßes an Frustrationen in Beziehungen hat das Kind (wie viele fremdplazierte Kinder) keine spezifische Bindung an ein Objekt entwickelt. Elternobjekte bleiben austauschbar. Beziehungswünsche werden an beliebigen »möglichen Eltern« festgemacht, solange sie nur Befriedigung erwarten lassen, und entsprechend unklar bleibt die Selbstdefinition des Kindes. Diese Störung der Identitätsentwicklung ist nicht das Resultat der Fremdplazierung, sondern längst vor ihr in der Herkunftsfamilie entstanden.

Aber auch dieses Kind hat eine Identität entwickelt, wenn auch eine zutiefst gestörte, die bewirkt, daß es sich selbst gänzlich fremd bleibt. Die Unklarheit des Selbsterlebens wird, wie bei vielen Kindern, die von ihrer Ursprungsfamilie getrennt sind, auch dadurch verständlich, daß ein von Vater und Mutter mißhandeltes Kind die damit verbundene Angst mit der Identifikation mit dem Aggressor beantwortet: Dann ist das Kind der wütende Vater oder die zornige und schreiende Mutter und gleichzeitig das Kind, das für die Aggression der Eltern die Verantwortung übernimmt. Das Kind weiß in der Tat kaum, wer es selbst ist. Die Identifikation – Grundlage jeder Selbstdefinition – und besonders die Identifikation mit dem Aggressor hinterläßt tiefgreifende Spuren im Selbst des Kindes, weil durch die Identifikation mit dem Aggressor ein anderer Mensch gewissermaßen das Kind beherrscht und von ihm Besitz ergreift (vgl. Teil III, 2 u. 3). Solange es noch in der Abhängigkeit vom Aggressor lebt, dient die Identifikation mit dem Aggressor auch der Anpassung an die bedrohliche Situation. Das Kind wird durch Angst und Angstabwehr an den Aggressor gebunden. Es entwickelt eine Selbstdefinition, ein Selbstverständnis als Biest, als unmögliches Kind, als Drachen usw.: eine klare, eindeutige Identität, die aus der Beziehung zu Menschen resultiert, von denen es abhängig ist. Legte man Wert darauf, daß ein Kind vor allem eine einmal in Eltern-Kind-Beziehungen gewonnene Selbstdefinition braucht, die nicht in Frage gestellt werden darf, sollte man ein Kind mißhandelnden Eltern nicht wegnehmen. Wenn es andere Erfahrungen mit Eltern macht und den mißhandelnden Eltern nicht mehr ausgeliefert ist, wird gerade dieses prägende Selbstverständnis in Frage gestellt. Die Betonung des Wertes der Bindung des Kindes an die Eltern ist ebenso wie die Bemühung, daß die durch Eltern geprägte Identität des Kindes aufrechterhalten werden müsse, ein untauglicher Versuch, dem Wohl des Kindes gerecht zu werden.

In dem Konzept, das die Probleme der Pflegekinder vor allem als Identitätsprobleme darstellt und das Identitätsproblem gar noch aus dem Verlust der Primärbeziehungen herleitet, werden die Qualität der Eltern-Kind-Beziehung und die Qualität der Identität überhaupt nicht berücksichtigt. Wenn man nur fragt, ob das Kind an die Eltern gebunden ist, dann wird man feststellen müssen, daß auch das Kind, das von Eltern überwältigt wird, durch Angst und Aggression an sie gebunden ist. Aber wozu soll die Bindung dienen? Wenn man nur fragt, ob das Kind eine durch Eltern geprägte Identität besitzt – unabhängig davon, um was für eine Identitätsqualität es sich handelt –, und wenn man der Ansicht ist, daß diese Identität nicht in Frage gestellt werden dürfe, muß man durch die Aufrechterhaltung von Kontakten auch noch die pathologischsten Beziehungen unterstützen.

Statt genauer die Probleme und Konflikte bei Pflegekindern zu untersuchen, die zwangsläufig aus den traumatischen Erfahrungen in der Ursprungsfamilie und deren Bearbeitung resultieren, oder die Probleme zu untersuchen, die mit der Schwierigkeit verbunden sind, neue Beziehungen zu Eltern zu entwickeln, wird vom DJI eine Theorie favorisiert, die es erlaubt, alle möglichen Schwierigkeiten auf ein Strukturproblem, nämlich die Zugehörigkeit zu zwei Familien, zurückzuführen.

Die daraus zwangsläufig erwachsende Identitätskrise wird analog zu der Identitätskrise des Jugendlichen gesehen, die damit zusammenhängt, daß familiale Beziehungen in Frage gestellt werden und die Zugehörigkeit gelockert wird. Aber diese Identitätskrise ist weder ein zu vermeidendes Unglück noch eine neurotische Fehlentwicklung, sondern Kennzeichen eines notwendigen Entwicklungsschrittes. Denn es geht bei diesem Entwicklungsschritt des Jugendlichen – ebenso wie bei einem Kind in Pflegebeziehungen – nicht darum, die Beziehungen zur Ursprungsfamilie zu festigen, sondern darum, eine kritische Distanz zu den Eltern zu gewinnen, um für neue Beziehungen offen zu werden. Die Ablösungskrise des Jugendlichen ist geradezu zwangsläufig eine Identitätskrise, weil die aus der Kindheit stammenden Identifikationen aufgegeben werden müssen, womit der Jugendliche einen Teil seines Selbstverständnisses verliert. Es ist aber ein gründliches Mißverständnis, wenn dieser Identitätsverlust, weil er mit Verunsicherungen einhergeht, als zu vermeidender Verlust beklagt und nicht der Gewinn an Autonomie und Beziehungsoffenheit gesehen wird. Das gleiche gilt für das Pflegekind: Die Entwicklung neuer Eltern-Kind-Beziehungen in der Pflegefamilie ist notwendig mit einer kritischen Distanzierung von den leiblichen Eltern verbunden.

Die Identitätsproblematik als Rationalisierung für alle möglichen Konflikte und Schwierigkeiten ist ein Erklärungsversuch, der dazu dient, fehlende Kenntnisse und daraus resultierende Unsicherheiten zu verbergen. Dieser an der Identitätsproblematik orientierte theoretische Ansatz erinnert an pädagogische, soziologische oder psychologische Konzepte, die mit einem Schlag, mit einem Zauberwort Probleme lösen möchten. Aber damit verfügt man nicht über ein Instrument, das eine Analyse erlaubt und das Untersuchungen strukturiert. Denn man weiß von vornherein: Aus der doppelten Zugehörigkeit zu zwei Familien resultiert zwangsläufig eine Identitätskrise, die es zu vermeiden gilt.

2. Aspekte persönlicher und sozialer Identität

Ein Kind, das in der Ursprungsfamilie vernachlässigt oder geschlagen wurde, das mörderischen Erfahrungen ausgesetzt war, kann, wenn es nicht mehr in seiner Ursprungsfamilie lebt, diese beängstigenden und überwältigenden Erfahrungen vollständig durch Verdrängung abzuwehren suchen (vgl. Teil III, 1). Durch die Verdrängung der familialen Erfahrungen und die Verleugnung der Tatsache, daß es überhaupt Eltern hat, wird dem Kind der Boden für eine durch Beziehungen bestimmte Selbstdefinition entzogen. Und damit tritt in seiner Lebensgeschichte wirklich ein radikaler Bruch auf.

Ein fünfjähriges Mädchen, das aus der ersten Pflegefamilie herausgenommen und in eine zweite Pflegefamilie gekommen ist, erzählt, daß es schon immer bei der Tante, der ersten Pflegemutter, gewesen sei. Es verleugnet die Tatsache, daß es in der Zeit, bevor es in die erste Pflegefamilie kam, überhaupt woanders gelebt hat.

Ein solcher radikaler Bruch in der Lebensgeschichte geht mit einem partiellen Identitätsverlust einher. Das Kind tut so, als existierte es ohne Geschichte menschlicher Beziehungen. Folglich antwortet es, als es gefragt wird, wie es heißt, nicht mit seinem Namen. Es zeigt seine Hand und sagt: »Fünf«, als habe man es gefragt, wie alt es sei. Auch wenn auf den ersten Blick die Antwort unsinnig erscheint, so als habe das Kind eine so einfache Frage nicht richtig verstanden, erweist sie sich doch als wahre Antwort, denn es hat seine Identität und damit seinen Namen verloren, ohne eine neue Identität wieder neu erworben zu haben. Das Kind gibt eine richtige Antwort, es gibt das Alter als Bestimmungsstück seiner Selbstdefinition an, so wie jemand seinen Beruf als Bestimmungsstück seiner Selbstdefinition angibt, wenn er gefragt wird, wer er sei.

Wenn von der Identität eines Menschen gesprochen wird, werden meist zwei verschiedene Aspekte gesehen (vgl. de Levita 1971; Habermas 1973; Fetscher 1983):

Der erste Aspekt der Identität bezieht sich auf die Tatsache der Kontinuität im menschlichen Lebenslauf, die bei aller Entwicklung und allem Wandel erhalten bleibt und die man mit von Weizsäcker (1946) mit dem Satz beschreiben kann: »Ich bin und bin doch nicht derselbe, der ich gestern war.« Aber wer das, was früher einmal war, vergißt, wer verdrängt, wen er geliebt und gehaßt, vor wem er sich gefürchtet und von wem er erniedrigt wurde, der verfügt nicht mehr über seine persönliche Geschichte mit ihren damit verbundenen Gefühlen und Affekten. Wer sich als Erwachsener vielleicht noch daran erinnern kann, daß er als Kind von den Eltern geschlagen wurde, aber die damit verbundenen Gefühle von Ohnmacht und Haß verdrängt hat, wird gezwungen sein, seine Eltern zu rechtfertigen, und dazu neigen, das gleiche mit seinen Kindern zu tun. Dann handelt er gewissermaßen gar nicht selbst, sondern die Eltern in ihm, der zornige Vater oder die wütende Mutter. In der Beziehung zu seinen eigenen Kindern bleibt seine Identität eine von den eigenen Eltern geborgte Identität. Das durch Angst gebundene Kind, das aber die Angst abwehren muß durch die Identifikation mit einem überwältigenden Vater oder einer das Kind vernachlässigenden Mutter, weiß kaum mehr, wer es selbst ist. Es verfügt nicht mehr über eine persönliche Identität und wird darum zum Spielball der augenblicklichen Situation und zum Sklaven seiner Wünsche und Ängste, die es selbst nicht mehr kennt.

Der zweite Aspekt der Identität bezieht sich auf die Tatsache, daß jedes Individuum aufgrund seiner Gleichheit und Kontinuität in der Lage ist, einen festen Platz in der Gruppe, in Gruppenbeziehungen einzunehmen, durch den es sich als ein Mensch in Beziehungen versteht. Wer keinen festen Ort in Beziehungen hat, wer keinen bestimmten Menschen liebt oder haßt, für wen – wie für das distanz- und beziehungslose Kind – Beziehungen beliebig austauschbar sind, weiß nicht, wer er in Beziehungen ist, besitzt keine soziale Identität.

Diese beiden Seiten der Identität hat man auch als persönliches und soziales Ich (Mitscherlich/Mitscherlich 1967) oder als persönliche und soziale Identität (Habermas 1973) einander gegenübergestellt: »Die persönliche Identität kommt zum Ausdruck in einer unverwechselbaren Biographie, die soziale Identität in der Zugehörigkeit ein und derselben Person zu verschiedenen, oft inkompatiblen (d.h. nicht miteinander zu vereinbarenden; der Verf.) Bezugsgruppen. Während persönliche Identität so etwas wie die Kontinuität des Ich in der Folge der wechselnden Zustände der Lebensgeschichte garantiert, wahrt soziale Identität die Einheit in der Mannigfaltigkeit verschiedener Rollensysteme, die zur gleichen Zeit ›gekonnt‹ sein müssen« (ebd., 131).

Aus dieser Beschreibung geht gleichzeitig hervor, daß die persönliche und soziale Identität erst schrittweise im Laufe der individuellen Entwicklung gebildet wird. Das Kind, das noch nicht von sich selbst als »Ich« spricht, sondern so, wie es gerufen wird, besitzt noch keine persönliche Identität, denn es erlebt sich noch ganz im Spiegel des anderen. Identität besteht nicht einfach durch die soziale Zugehörigkeit eines Kindes zu diesen oder jenen Eltern. Ein kleiner Säugling besitzt weder eine persönliche noch eine soziale Identität, obwohl das Kind aus der Perspektive der Eltern eindeutig zu ihnen gehören mag und für ihre eigene Selbstdefinition als Vater oder Mutter von größter Wichtigkeit sein kann. Das Selbst ist ein Spiegel der Beziehung: Das Selbst heißt »Ich«, und das Objekt heißt »Du«. Durch die objektgerichteten Wünsche treten Selbst und Objekt miteinander in Beziehung: »Ich liebe Dich, ich hasse Dich.«

Das Kind, das noch nicht wie das Kindergartenkind verschiedene Rollen spielen kann – als Kindergartenkind, als Nachbarkind, als Familienkind –, besitzt noch keine soziale Identität. Beide Aspekte der Identität werden auf der Grundlage differenzierter persönlicher Beziehungen entwickelt. Diese Entwicklung bedeutet, daß das Kind bestimmte Fähigkeiten erwirbt: »Rollenambivalenzen bewußt zu ertragen ... und verinnerlichte Normen auf neue Lagen flexibel anzuwenden« (ebd., 131).

Statt von Identität kann man auch von Selbstdefinition sprechen (Mitscherlich/Mitscherlich 1967, 229, spricht z.B. von sozialer Definition), weil die Frage der Identität (Wer bin ich?) eine Frage ist, wie und durch wen ich mich als »ich selbst« definiere. Die Selbstdefinition, die schließlich eine Integration oder Balance von persönlicher und sozialer Identität (vgl. Krappmann 1969) bedeutet, wird im Sozialisationsprozeß hergestellt. Sie setzt die Entwicklung von sich differenzierenden Beziehungen voraus, die wiederum ihre Spuren in der Persönlichkeitsentwicklung hinterlassen und Persönlichkeitsstrukturen differenzieren. Diese Persönlichkeitsstrukturen tragen zur Entwicklung von Fähigkeiten bei, die es einem Kind ermöglichen, eine persönliche Identität auf der Grundlage von Erinnerungen an Beziehungserfahrungen und eine soziale Identität auf der Grundlage wechselseitiger Anpassungen an die Erwartungen der sozialen Gruppe zu entwickeln.

Diese beiden Aspekte persönlicher und sozialer Identität lassen sich vielleicht am einfachsten mit dem Hinweis auf unseren Namen veranschaulichen: Jeder von uns hat einen Vornamen und einen Nachnamen. Der Vorname ist der Rufname, der Name, mit dem Eltern ihr Kind rufen, also eine Trennung wieder aufheben (vgl. Bilz 1956). Das ist unser persönlicher Name, mit dem wir uns auch als Individuum von den anderen innerhalb der Familie unterscheiden und dem auch noch in der Betonung oder in Abänderungen zum Kosenamen oder Spitznamen ganz persönliche, intime Bedeutungen verliehen werden können. Der Nachname dagegen ist der Hausname. Mit ihm wird der soziale Ort der Zugehörigkeit angegeben. Es ist der Name für die entfernten anderen, der angibt, wo man hingehört, und der folglich überhaupt erst von Wichtigkeit wird, wenn sich das Kind als Kindergarten- oder Schulkind weiter nach draußen begibt. Für Pflegekinder, die ein Zugehörigkeitsgefühl zur Pflegefamilie entwickelt haben und ihren Lebensort in der Pflegefamilie sehen, wird es darum wichtig, daß sie, wenn sie in den Kindergarten oder in die Schule gehen, den Hausnamen ihrer Pflegeeltern tragen. Dann können sie von anderen gefunden und besucht werden, können anderen sagen, wo sie hingehören.

So ein Wechsel des Hausnamens ist ja überhaupt nichts Ungewöhnliches: Auch die Annahme eines gemeinsamen Ehenamens bezeichnet eine Änderung der sozialen Zugehörigkeit. Aber es wird nur der Hausname, nicht der Rufname geändert. Natürlich wird es absurd, wenn eine Mutter sich gegen die Namensänderung ihres Kindes in einer Pflegefamilie mit der Begründung zur Wehr setzt, daß die Tochter weiter so heißen soll wie sie, wobei die Mutter allerdings vergißt, daß sie selbst durch Scheidung und Wiederheirat längst nicht mehr den Namen wie ihre Tochter hat.

Den persönlichen Namen, den Rufnamen, behalten wir unser ganzes Leben. In ihm kommt am ehesten die persönliche Identität zum Ausdruck. Bei einer gelungenen Integration, wenn das Kind in der Ersatzfamilie neue Eltern-Kind-Beziehungen entwickelt hat, wird aber schließlich für das Kind der Rufname den Klang erhalten, der sich mit der Stimme der Pflegeeltern verbindet, der Stimme, die tröstet und fordert, die schließlich verinnerlicht und zu einem eigenen Besitz und zur Stimme des Gewissens wird, also zu einer Persönlichkeitsstruktur, die das eigene Handeln durch verinnerlichte Normen und Werte (durch das Über-Ich) nach dem Vorbild der Eltern und der sozialen Gruppe, der man sich zugehörig fühlt, durch die man sich definiert und mit der man sich identifiziert, reguliert.

3. Identitätsstörungen aufgrund traumatischer Erfahrungen

Wenn von der besonderen Identitätsproblematik bei Pflegekindern gesprochen wird, wird der Identitätsbegriff naiv gebraucht. Die Identität wird stillschweigend als etwas begriffen, das allein mit dem »festen Platz« in der Gemeinschaft bzw. der Familie zu tun hat. Identität wird mit Zugehörigkeit oder Rollenidentität verwechselt. Dann bedeutet der Verlust der Familie, daß die Identität gefährdet wird und daß die Integration in eine Ersatzfamilie unweigerlich mit einer Identitätskrise verbunden ist, die es zu vermeiden gilt.

Das läßt sich leicht behaupten, wenn man nicht untersucht, welche Identitätsprobleme bestehen, bevor ein Kind in eine Pflegefamilie kommt, welche Qualität seine Eltern-Kind-Beziehungen haben, solange das Pflegekind noch in der Ursprungs- bzw. Herkunftsfamilie lebt, und welche Fähigkeiten und Persönlichkeitsstrukturen sich bei einem Kind, das abgelehnt, vernachlässigt, mißhandelt oder in anderer Weise emotional ausgebeutet wird und schützender und befriedigender Eltern entbehrt, haben entwickeln können.

Die meisten und tiefgreifendsten Probleme von Pflege- und Adoptivkindern sind nicht begründet in der Trennung von der Ursprungsfamilie, in einem Verlust oder drohenden Verlust ihrer Primärbeziehungen, einem Entfremdetwerden von ihren Ursprungsbeziehungen durch die Trennung, einem durch die Fremdplazierung drohenden Identitätsverlust, sondern darin, daß es Kindern, die traumatische, verletzende Erfahrungen in ihrer Ursprungsfamilie gemacht haben, die infolge dieser Erfahrungen eine gestörte Persönlichkeitsentwicklung genommen und beispielsweise ein negatives Selbst entwickelt haben, nicht ermöglicht wird, die traumatischen Erfahrungen zu verarbeiten, sich aus den verletzenden Beziehungen zu lösen und neue befriedigende, den kindlichen Bedürfnissen gerecht werdende Eltern-Kind-Beziehungen zu entwickeln, in denen sie ein gesundes Selbst, eine positive persönliche und soziale Identität gewinnen können.

Die Folgen gestörter Persönlichkeitsentwicklung in der Abhängigkeitsbeziehung zu nicht schützenden und hinreichend befriedigenden, emotional ausbeutenden und überwältigenden Eltern sollen an zwei exemplarischen Fällen dargestellt werden:

1. Nadja, acht Jahre alt, lebt seit zwei Jahren in einer Pflegefamilie. In den ersten sechs Lebensjahren wuchs sie bei ihren leiblichen Eltern auf. Ihre Mutter, eine in ihrer Beziehungsfähigkeit erheblich eingeschränkte Frau, war kaum in der Lage, sich auf dichtere Beziehungen einzulassen. Sie lehnte das Kind und ihre Mutterrolle ab, vernachlässigte und schlug das Kind und flüchtete auch immer wieder aus der Partnerbeziehung. Der Vater war ein gutmütiger, von seinen Eltern, seiner Frau und schließlich vom Kind abhängiger Mann. Mit zunehmenden Ehekonflikten trank er exzessiv, klammerte sich an das Kind, das er idealisierte und brauchte, um wenigstens von einem Menschen geliebt zu werden. Wenn die Mutter die Familie verlassen hatte, versorgte Nadja den Haushalt und kümmerte sich um den Vater, wenn er betrunken war. Wenn die Zustände in der Ursprungsfamilie untragbar wurden, wurde Nadja wiederholt in der Verwandtschaft untergebracht und versorgt.

Nachdem die Mutter, als Nadja sechs Jahre alt ist, die Familie endgültig verlassen hat, kommt Nadja in eine Pflegefamilie. Die vermeintlich gute, intensive Beziehung zum Vater wird durch regelmäßige Besuchskontakte aufrechterhalten. Er überhäuft das Kind mit Geschenken, küßt es ab und behandelt es wie eine Partnerin. Nadja scheint stark an ihn gebunden zu sein. Sie sitzt oft verträumt da, macht sich Sorgen um ihn und wünscht sich eine Ausweitung der Kontakte und eine Rückkehr zu ihm.

In der Pflegefamilie hält Nadja eine ausgeprägte Überanpassung aufrecht und kann sich auf differenziertere, emotionale Beziehungen nicht einlassen. Probleme gibt es kaum mit ihr. Sie ist lernbegierig und hilfsbereit, und man kann sich sehr vernünftig mit ihr unterhalten. Auffallend ist nur, daß sie keine kindlichen Interessen besitzt, sich nicht bemuttern läßt, sondern die Pflegemutter eher wie eine Schwester behandelt, sich stark an Erwachsenen orientiert und auch eher wie eine Erwachsene als wie ein Kind aussieht, andere Kinder bevormundet und eigene Bedürfnisse und Gefühle stark abwehrt. Auffallend ist auch eine ausgeprägte Distanz- und Beziehungslosigkeit des Kindes, das zwischen »fremd« und »vertraut« nicht unterscheidet, auf jeden gleichermaßen freundlich zugeht und auch mit jedem mitgehen und bei jedem bleiben würde.

Die Untersuchungsbefunde machen deutlich, daß Nadja – wie es bereits aufgrund ihrer Distanzlosigkeit zu vermuten ist – ein Kind ist, das über keinerlei differenzierte Objektbeziehungen verfügt. Sie definiert sich überhaupt nicht als Kind durch einen Vater und eine Mutter, d.h. sie hat gar keine kindliche Identität entwickelt. Sie ist ein elternloses Kind mit dem falschen Selbst eines schon Erwachsenen: ein um seine Kindheit betrogenes Kind.

So baut sie im Sceno-Test ein Wirrwarr unterschiedlicher Situationen, in denen sie sich stets als Erwachsene darstellt, die die Erwachsenen, die teilweise als Kinder dargestellt werden, versorgt, kontrolliert und zu erziehen sucht. Sie schimpft mit ihnen, wenn sie ihr nicht gehorchen. Eine bewahrende Umwelt für ein Kind gibt es aber nicht. Ihre Wünsche (z.B. in CAT 11) sind: rasch groß zu sein, damit sie niemanden (keine Abhängigkeitsbeziehung zu Eltern) mehr braucht. Im Dienste der Verwirklichung dieser Wünsche steht auch die hohe Lernoffenheit und die progressive Ich-Entwicklung des Kindes, aus der man irrtümlich auf seine relativ gesunde Persönlichkeitsentwicklung geschlossen hat.

In den projektiven Tests (TAT, CAT, Düss-Fabeln, VF [Verzauberte Familie], Sceno) wird die Mutter als höchst enttäuschend, unkalkulierbar und auch bedrohlich-überwältigend thematisch und als äußerst rücksichtslos gegenüber den Bedürfnissen des Kindes dargestellt. Diese frustrierenden und beängstigenden Erfahrungen und die daraus resultierenden Ohnmachtsgefühle, die Erfahrung, daß es enttäuschend und bedrohlich ist, klein zu sein, ein Kind in der Abhängigkeit von einer Mutter zu sein, hat Nadja in charakteristischer Weise mit der Entwicklung eines negativen Selbst und der Übernahme von Schuld und Verantwortung: »Weil ich so böse bin, hat die Mutter geschlagen; weil ich nicht richtig auf die Mutter aufgepaßt habe, ist sie weggegangen« und mit kompensatorischen Größenphantasien beantwortet und zu bewältigen gesucht.

Der Vater wird kaum thematisch, und wenn, dann als hilfloses Kind, für das sie in einer Rollenumkehr wie eine Frau und Mutter sorgen muß. Die vermeintliche Bindung an den Vater erweist sich als Verpflichtung ihm gegenüber aus Schuldgefühlen: Weil sie für das Weggehen der Mutter verantwortlich ist, d.h. dem Vater Schutz und Hilfe geraubt hat, meint sie, diese Schuld wieder gutmachen zu müssen, indem sie für ihn sorgt. Und das Verhalten und die emotionalen Ansprüche des Vaters, die sich bei den Besuchskontakten dem Kind immer wieder vermitteln, verstärken diese Verpflichtung und tragen zur Aufrechterhaltung seines Größenselbst, seiner auch der Abwehr von Ängsten, Ohnmachtsgefühlen und Kränkungen dienenden Erwachsenenidentität bei. Sie verhindern gleichzeitig, daß das Kind sich auf korrigierende Erfahrungen in neuen Beziehungen einlassen kann, obwohl der Vater mit der Inpflegegabe des Kindes und mit den Pflegeeltern einverstanden ist und es in der Beziehung zwischen den Erwachsenen keine sonderlichen Konflikte gibt.

In diesem Fall war der leibliche Vater davon zu überzeugen, daß er auf jegliche weitere Kontakte verzichten mußte, um eine Gesundung des Kindes in Beziehungen zu ermöglichen. Anderenfalls hätte ein Ausschluß von Kontakten gerichtlich durchgesetzt werden müssen. Dem Kind gegenüber, dem erst jetzt eine kritische Distanzierung möglich wurde, wurden seine Verpflichtung dem Vater gegenüber und die Rollenumkehr, die Übernahme der Erwachsenenrolle, und die Probleme der leiblichen Eltern thematisiert: die Unfähigkeit der Mutter, sich auf die Mutterrolle einzulassen, und ihre berechtigten Wünsche nach Unabhängigkeit, ihre richtige Einsicht, aufgrund ihrer eigenen Geschichte keine Mutter sein zu können; die kindliche Abhängigkeit des Vaters von seinen Eltern und seine Unfähigkeit, ein Vater zu sein. Und erst jetzt, nachdem auch die Pflegeeltern nicht mehr auf die Überanpassung des Kindes hereinfielen und sie unterstützten, sondern ein differenzierteres Verständnis von den Problemen des Kindes und den notwendigen Entwicklungsschritten entwickelt hatten (vgl. Teil II, 1), kam die Herstellung von Übertragungsbeziehungen in Gang, die dem Kind einen Zugang und die Verarbeitung seiner traumatischen Erfahrungen ermöglichte.

In der Nachuntersuchung nach einem dreiviertel Jahr hatte Nadja sich deutlich verändert. Sie wirkte kindlich, konnte sich auf regressive Wünsche und Bedürfnisse einlassen und hatte eine sichere Zugehörigkeit zu den Pflegeeltern entwickelt, durch die sie sich jetzt als ihr Kind definierte.

2. Manuela, zum Zeitpunkt der Untersuchung sieben Jahre alt, lebte bis zum Alter von fünfeinhalb Jahren mit zwei Geschwistern bei ihrer debilen, kindlich-naiven, hilflosen Mutter und dem selten anwesenden Vater, der schließlich die Familie verläßt. Die Versorgung des Haushalts und der Kinder wird über Jahre durch eine sozialpädagogische Familienhelferin gewährleistet, die glaubt, durch gezielte pädagogische Förderung der Kinder auch die Sozialisationsdefizite der normal begabten Kinder ausgleichen zu können, die seitens der Mutter keinerlei Förderung erfahren. Und die Sozialisationsergebnisse der Kinder, die Entwicklung ihrer Anpassungs- und Ich-Fähigkeiten scheinen diesen Optimismus auch zu rechtfertigen: Manuela ist ein kluges und lernoffenes Kind, das sehr um Anpassung und gutes Funktionieren bemüht ist.

Eine solche scheinbar positive, progressive Entwicklung der Ich-Fähigkeiten und damit auch der Anpassungsfähigkeit ist insbesondere Kindern möglich, die in der frühen Kindheit im ersten Lebensjahr keine tiefgreifenden Traumata (z.B. durch Mißhandlung, sexuellen Mißbrauch, schwere Vernachlässigung, chaotische familiale Situationen) erlitten haben. Die progressive Ich-Entwicklung des Kindes kann eine Zeitlang auch tiefgreifende sozial-emotionale Störungen eines Kindes verdecken und über sie hinwegtäuschen, die zwangsläufig entstehen, wenn ein Kind, zwar äußerlich hinreichend versorgt und gefördert, in der Abhängigkeit von einem mütterlichen und väterlichen Objekt verbleibt, das als sicheres, orientierungbietendes, befriedigendes und schützendes elterliches Identifikationsobjekt völlig ungeeignet ist, durch das das Kind sich zu definieren aber gezwungen ist, weil eben nicht – wie in diesem Fall – die Familienhelferin, sondern die debile, selbst auf dem Entwicklungsniveau eines unmündigen Kindes stehende Frau die Mutter des Kindes ist.

Als es unübersehbar wird, daß die Familienhilfe die leibliche Mutter nicht in die Lage versetzen kann, autonom ihre hausfraulichen und mütterlichen Funktionen auszuüben, werden die Kinder schließlich fremdplaziert, und Manuela bekommt nach einem Jahr Heimaufenthalt sehr einfühlende und annehmende Pflegeeltern.

Nach einer kurzen Zeit der Überanpassung setzt eine dramatische Entwicklung ein: Manuela läßt sich überhaupt nicht durch die Pflegemutter steuern. Sie reagiert hoch aggressiv und negativistisch ihr gegenüber, findet jede Forderung empörend, verstrickt sich ständig in Machtkämpfe, versucht die Pflegemutter zu überlisten und auszutricksen. Sie beansprucht die gleichen Rechte wie die Erwachsenen, und sie versucht mit allen Mitteln, die elterliche Koalition zu sprengen und eine Partnerbeziehung zum Pflegevater herzustellen.

In den Untersuchungsbefunden (Sceno, TAT, CAT, Düss, VF, Übertragungsbeziehung zu den Untersuchern) wird deutlich, daß Manuela die leibliche Mutter als »doof, dumm«, ihr völlig unterlegen erlebt hat, als jemanden, der in keiner Weise die Mutterrolle übernehmen und folglich auch das Kind nicht schützen konnte. Aufgrund der Schutzlosigkeit erlebt das Kind die Welt voller Gefahren, denen es ausgeliefert ist. Was auch passiert, die Mutter ist zu dumm und nur mit sich selbst beschäftigt, als daß sie etwas merken würde, selbst dann nicht, wenn das Kind umkäme.

Die aus der Schutzlosigkeit resultierenden Ängste und Ohnmachtsgefühle wehrt Manuela durch Größenphantasien und die Phantasie von Elternunabhängigkeit ab. So ist sie beispielsweise überzeugt, daß sie größer und stärker als der Untersucher ist und ihn problemlos umlegen kann. Im Sceno-Test phantasiert sie sich mit anderen Kindern in ein einsames Haus im Wald, wo nur die Kinder (sie und ihr leiblicher Bruder als ein Paar und das zweite Geschwisterkind als ihr Baby) zu bestimmen haben und sich vollständig selbst versorgen können. Im Haus gibt es Gewehre und einen Wachhund. Das Baby hat eine Alarmanlage, damit die anderen Kinder merken, wenn Verbrecher kommen und das Baby umbringen wollen.

Angesichts dieser Größenphantasien, der Phantasie von Elternunabhängigkeit und Überlegenheit gegenüber Erwachsenen, muß es Manuela als empörend erleben, wenn Erwachsene Forderungen stellen. Diese Empörung wird der Mutter gegenüber – und in der Übertragungsbeziehung auch anderen mütterlichen Objekten gegenüber – durch Haß auf die Mutter verstärkt, der nicht nur aus der tiefgreifenden Frustration kindlicher Bedürfnisse durch die Mutter resultiert. Natürlich hat diese in ihrer Hilflosigkeit auch zugeschlagen, wenn ihr das Kind nicht gehorchte (und natürlich hat die Familienhelferin, die ja nicht rund um die Uhr in der Familie war, dies nicht beobachtet). Und wie anders kann ein Kind das Geschlagenwerden durch die Mutter erleben als zutiefst kränkend und empörend, wenn das Kind der Überzeugung ist, daß eigentlich die Mutter ihm wie ein Kind zu gehorchen hätte (Rollenumkehr). Der Haß gegen die Mutter kommt in mörderischen Phantasien, in denen das Kind z.B. die Mutter mit einer Eisenstange erschlägt, zum Ausdruck.

Die Gesundung des Kindes in den neuen Eltern-Kind-Beziehungen – nachdem auch hier auf Dauer jeder weitere Kontakt zur Ursprungsfamilie ausgeschlossen wurde – ist ein für die Pflegeeltern und insbesondere die Pflegemutter mit größten psychischen und physischen Anstrengungen verbundener Prozeß: Es gilt, die Wut und Aggression des Kindes anzunehmen, die immer wieder in vehementer Weise entstehen, wenn die Größenphantasien des Kindes in der Übertragungsbeziehung zur Pflegemutter zwar einfühlend als berechtigt und für das Kind notwendig verstanden und verbalisiert werden, ihre Verwirklichung (z.B. durch ein sicheres Festhalten an den realistischen Relationen von groß und klein, erwachsen [die Eltern] und Kind [Manuela]) jedoch nicht zugelassen wird. Die Pflegemutter muß ständig auf der Hut sein, sich nicht vom Kind für »doof« verkaufen und »aufs Glatteis führen« zu lassen. Sie muß eine verläßlich schützende, sichere Mutterrolle übernehmen, auch wenn das Kind – beherrscht von Ängsten vor erneuten tiefgreifenden Enttäuschungen, die es durch Größenphantasien und ein Ringen um Überlegenheit und Stärke, die es dadurch zu beweisen sucht, daß es die Mutter beherrschen, in Angst und Schrecken versetzen und auch körperlich überwältigen kann, zu bewältigen sucht – wild dagegen kämpft. Sie muß die Ängste, Enttäuschungen, Aggressionen und Angstabwehrmaßnahmen des Kindes verstehen, in der Übertragungsbeziehung annehmen und aussprechen, so daß es dem Kind Schritt um Schritt möglich wird, einen Zugang zu seinen früheren realen Erfahrungen zu entwickeln, sich zu erinnern und allmählich zwischen früher und heute unterscheiden zu können (vgl. Teil II, 1).

Als wir nach einem Jahr das Kind nachuntersuchen, ist auch bei Manuela viel auf dem Weg zur Gesundung des Kindes, zur Entwicklung eines positiven Selbst in Beziehungen erreicht. Die Pflegeeltern sind (vorübergehend) erschöpft, zumal mit der Auflösung der in der Übertragungsbeziehung durchzustehenden Kämpfe nur neue Anstrengungen in Gang gesetzt worden waren, als das Kind, sich nun endlich auf mütterliche Versorgung einlassend, ein wie ein Säugling zutiefst frustrationsintolerantes, ständige Zuwendung, Befriedigung und Hilfe verlangendes Kind wurde. Aber sie sind auch stolz und fühlen sich bereichert, weil sie gezwungen waren, viel Neues zu lernen, große Schwierigkeiten bis an die Grenzen ihrer Belastbarkeit durchzustehen, und weil sie schließlich auch durch die nun vom Kind hergestellte Nähe und die jetzt auch einsetzende Regression belohnt werden (vgl. Teil II, 1).

3. Auch in diesen beiden Fällen trifft es zweifellos zu, daß die Beziehungen des Kindes zu den leiblichen Eltern und die Sozialisationserfahrungen in der Ursprungsfamilie »Teil seiner Geschichte und seiner Identität sind« (Gudat 1987c, 54). Aber was ist das für eine Identität? Eine zutiefst gestörte, durch pathologische Selbstdefinitionen bestimmte, die es dem Kind nicht ermöglicht, sich selbst als Kind anzunehmen und sich auf differenziertere Rollenbeziehungen in befriedigender und nicht durch Übertragungen verstellter Weise einzulassen; die Identität eines Kindes mit einem negativen Selbst, dem falschen Selbst eines bereits Erwachsenen oder – wie in vielen anderen Fällen – dem falschen Selbst, das aus der weitreichenden angstabwehrenden Identifikation mit dem Aggressor oder dem Opfer (beispielsweise dem hilflos abhängigen Vater oder einer selbst kindlich abhängigen, vom Vater geprügelten Mutter) resultiert. Die »Bedrohung der seelischen Entwicklung des Kindes« (Felgenhauer 1985a, 29) liegt hier schon längst vor der Fremdplazierung des Kindes.

Die aus dem Identitätskonzept des DJI abgeleitete Schlußfolgerung, daß das Kind seine leiblichen Eltern als Eltern behalten müsse, um es vor Identitätskrisen zu bewahren – d.h. als diejenigen, durch die sich das Kind selbst definiert –, bedeutet angesichts dieses Faktums nichts anderes, als daß alles getan wird, damit die beschädigte Identität des Kindes aufrechterhalten bleibt. Dieses Konzept der Identitätserhaltung verhindert, daß das Kind sich auf den mühsamen Weg einlassen kann, die neuen Eltern-Kind-Beziehungen zu nutzen, um in einem geradezu therapeutischen Prozeß seine in der Ursprungsfamilie gemachten, in vielen Fällen traumatischen, frustrierenden und beängstigenden Erfahrungen zu bewältigen und zu verarbeiten (vgl. Teil II, 1). Dieses Konzept unterscheidet sich grundlegend von dem theoretischen Ansatz, der für unsere Arbeit bestimmend ist, nämlich dem, daß mit der Integration eines Kindes in eine Ersatzfamilie – und nur dann wäre von Integration zu sprechen – das Kind neue persönliche Liebesbeziehungen entwickelt, die die Grundlage sind für die Herstellung gesunder Persönlichkeitsstrukturen und für die Entwicklung einer neuen persönlichen und sozialen Identität.

4. Zur Identitätsentwicklung bei früh fremdplazierten Kindern

In Stellungnahmen von Sozialarbeitern, psychologischen Gutachten und Gerichtsbeschlüssen begegnet uns zunehmend eine Anwendung des Identitätskonzepts des DJI und der daraus abgeleiteten Empfehlungen des Deutschen Landkreistages (1986) auch auf die Situation von Kindern, die als Säuglinge vermittelt wurden und schon jahrelang in der Pflegefamilie leben:

1. So unterstützt beispielsweise ein für die Ursprungsfamilie zuständiges Jugendamt den Antrag von leiblichen Eltern, den seit Jahren unterbrochenen Kontakt zum jetzt fast sechsjährigen Kind, das seit seinem sechsten Lebensmonat bei kompetenten und befriedigenden Pflegeeltern lebt, wiederherzustellen. Zwar wird in der Stellungnahme des Jugendamtes betont, daß nicht verkannt werde, daß das Kind seine Pflegeeltern auch aufgrund der Dauer des Pflegeverhältnisses als psychologische Eltern erlebe und daß diese familialen Bindungen »des Schutzes und der Absicherung bedürfen«. Dennoch – wobei völlig verleugnet wird, daß die leiblichen Eltern faktisch eine Rückgliederung des Kindes anstreben – wird eine Wiederherstellung von Kontakten als geradezu für das Wohl des Kindes förderlich gerechtfertigt und damit begründet, »daß sich das langfristige Gelingen oder Scheitern der Beziehung zwischen den Herkunfts- und den Pflegeeltern unter anderem auch auf das Gelingen oder Scheitern eines Pflegeverhältnisses auswirken kann. Unseres Erachtens sollten Pflegeeltern und Herkunftseltern motiviert und unterstützt werden, ihr Verhältnis im Interesse (des Kindes) zu verbessern, da nach unserer Einschätzung die Herkunftsfamilie ganz wesentlich zur eigenen Geschichte und Identität eines Kindes gehört.«

Eine solche Argumentation signalisiert eine ausgeprägte Unkenntnis oder Ignoranz gegenüber den Entwicklungsbedürfnissen eines Kindes, der Psychologie der Persönlichkeitsentwicklung und der Objektbeziehungen, der Identitätsentwicklung.

Es wird verkannt, daß der primäre Garant für eine gesunde Persönlichkeitsentwicklung die Herstellung und Differenzierung befriedigender, verläßlicher und eindeutiger Eltern-Kind-Beziehungen ist. Wenn die die Persönlichkeitsentwicklung des Kindes prägenden, seine Identität, seine Selbstdefinition in Beziehungen bestimmenden Objekte nicht die leiblichen Eltern, sondern Pflege- oder Adoptiveltern sind, so ist das allenfalls für Erwachsene, die leiblicher Elternschaft eine besondere Bedeutung beimessen, ein Problem, nicht aber für das Kind selbst (vgl. Hassenstein 1973; Teil III, 4).

Ein Aspekt der Beziehungsqualität zu den psychologischen Eltern – und das können die leiblichen Eltern oder Pflege- oder Adoptiveltern sein – ist der der Wahrhaftigkeit, Offenheit und Verläßlichkeit. Und dazu gehört bei Ersatzeltern auch der von vornherein offene Umgang mit dem Faktum, daß die Pflege- oder Adoptiveltern nicht die leiblichen Eltern sind. Dann wird es ein Kind bei sonst positiver, befriedigender Beziehungsqualität nicht irritieren, wenn es sich mit drei oder vier Jahren für den Vorgang der Geburt – wie für viele andere Dinge auch – interessiert und beispielsweise fragt, ob es auch im Bauch der Mutter gewesen sei, zu hören, daß dies nicht so war, sondern daß es z.B. in der blauen Tasche im Krankenhaus abgeholt wurde. Fehlt dieser offene Umgang mit diesem Faktum, so sind es andere Momente als das der Fremdplazierung selbst, die für die Entwicklung der persönlichen Identität des Kindes, seine Selbstdefinition in Beziehungen u.U. irritierend sind. Beispielsweise kann die Tabuisierung dieser Thematik durch die Pflege- oder Adoptiveltern in einer eigenen Selbstunsicherheit hinsichtlich der Elternrolle begründet sein, die zu Ängsten führt, daß das Kind mit dem Wissen um seine Herkunft sie als Eltern nicht mehr in gleicher Weise annehmen wird. Es können sich hinter der Tabuisierung ambivalente Gefühle dem Kind gegenüber verbergen oder auch Ängste, die aus dem fehlenden Verständnis für die Persönlichkeitsentwicklung der leiblichen Eltern und dem Glauben an Erbbelastungen des Kindes resultieren. Diese die Orientierung des Kindes in annehmenden und sicheren Eltern-Kind-Beziehungen gefährdenden, abgewehrten Ängste und Unsicherheiten der psychologischen Eltern können zu Irritationen, zu Selbstzweifeln, zu Problemen in der Identitätsentwicklung des Kindes führen, nicht aber das Faktum der Fremdplazierung selbst.

Die leiblichen Eltern haben, wenn für ein Kind von vornherein andere Eltern zu befriedigenden psychologischen Eltern geworden sind, keine identitätsbildende Funktion. Ja, selbst für den Jugendlichen beschränkt sich das Interesse an den leiblichen Eltern auf ein historisches Interesse an den eigenen Wurzeln, ohne daß dies – immer unter der Voraussetzung befriedigender psychologischer Eltern-Kind-Beziehungen und eines offenen, realistischen Umgangs mit dem Faktum der Fremdplazierung – prägend für die Identitätsentwicklung des Jugendlichen und das Gelingen der Ablösung von den psychologischen Eltern und einer eigenständigen Neustrukturierung der persönlichen und sozialen Identität wäre (vgl. Ebertz 1987). Nicht der Kontakt des Kindes zu den leiblichen Eltern ist für das Kind bedeutsam, wenn es andere psychologische Eltern hat, sondern die Auseinandersetzung mit der Realität im Kopf des Kindes.

2. Das Mißverständnis, daß das Pflegekind – und dies müßte dann ja auch für das Adoptivkind gelten – den unmittelbaren Kontakt zu seinen leiblichen Eltern braucht, um eine unbeschädigte Identitätsentwicklung zu nehmen, resultiert möglicherweise aus der häufig konstatierten Parallele zwischen Pflegeverhältnissen und Ehescheidungen, die auch vom DJI nahegelegt wird, wenn im Vorwort ihres Handbuches auf die Parallelität der »Diskussion um die gemeinsame elterliche Sorge nach einer Schei-

dung« (1987, 20) hingewiesen wird oder wenn von »geteilter Elternschaft« und von der Möglichkeit, daß das Kind sich »an beide Elternparteien emotional gebunden fühlt« (Schumann 1987, 88), die Rede ist, oder wenn behauptet wird: »Ähnlich wie bei Sorgerechtsentscheidungen nach Ehescheidungen ist die Frage, wo das Kind ›letztlich besser aufgehoben‹ ist, ... oft kaum zu beantworten. Deshalb ist es nicht nur bei geschiedenen Eltern, sondern auch bei Pflege- und Herkunftseltern so wünschenswert, daß ... die Brücken zwischen ihnen nicht ganz abbrechen, sondern Verständigung und Kontakt zwischen ihnen möglich bleibt, so daß das Kind nicht eines seiner Elternpaare für immer verliert« (Permin 1987, 261).

Es sei angemerkt, daß, wenn dies bei einer Pflegevermittlungsstelle ein häufiger Fall wäre – daß kaum zu entscheiden ist, wo das Kind »letztlich besser aufgehoben« ist –, etwas in der Vermittlungspraxis dieser Stelle nicht stimmt: Entweder wurden leichtfertig Dauerpflegeverhältnisse begründet, wo eigentlich andere Hilfeformen (z.B. Tagespflege) angemessener gewesen wären oder allenfalls kurzfristige, begrenzte Fremdplazierungen als Krisenintervention (z.B. bei akuter Erkrankung der alleinerziehenden Mutter) denkbar wären (vgl. Teil IV, 1), weil hinsichtlich der Erziehungsfähigkeit der leiblichen Mutter und ihrer eigenen Lebensplanung hinreichende Voraussetzungen gegeben sind, daß das Kind ihr Kind werden und bleiben kann. Oder die Auswahl der Pflegefamilie würde inkompetent erfolgen, so daß das Kind in ihr auch keine befriedigenderen Sozialisationsbedingungen findet als bei seinem Verbleib in der Ursprungsfamilie.

Grundsätzlich ist einzuwenden, daß der Vergleich bzw. die Gleichsetzung von Dauerpflegekindern mit Scheidungskindern, woraus auch die Umgangsregelung (nach § 1634 BGB) der leiblichen Eltern mit dem in einer Pflegefamilie lebenden Kind hergeleitet wird, aus psychologischer Sicht nicht angemessen ist und fragwürdig erscheint, da hier zwei strukturell höchst unterschiedliche Konstellationen miteinander verglichen werden (vgl. Salgo 1987).

Im Scheidungsverfahren bestehen zwischen den getrennten Elternteilen Beziehungen, auch wenn es sich um gescheiterte oder enttäuschte Partnerbeziehungen handelt, die in einer gemeinsamen Geschichte begründet sind. Der anschaulichste Ausdruck dieser gemeinsamen Geschichte ist das Kind, das zwar durch die Scheidung der Eltern seine Eltern als Elternpaar verliert (vgl. Lempp 1976), aber gleichzeitig eine Klammer für die geschiedenen Eltern darstellt. Zumindest erinnert das Kind jeden Elternteil an die gemeinsame Geschichte. In der Beziehung von leiblichen Eltern und Pflegeeltern gibt es dagegen keine gemeinsame Geschichte; es gibt keine Partnerbeziehungen, in denen sich das Kind orientieren müßte wie in den notwendigerweise unterschiedlichen Beziehungen zu einem Vater und einer Mutter, denn es hat in der Pflegebeziehung beides: einen Vater und eine Mutter.

In der elterlichen Koalition – wie auch im Fall der Scheidung nach dem Auseinanderbrechen der elterlichen Koalition – wird aufgrund der Unterschiedlichkeit der Beziehung des Kindes zum Vater und zur Mutter die Beziehung des Kindes zu einem Elternteil gerade nicht durch die Beziehung zum anderen Elternteil in Frage gestellt. Die Mutter-Kind-Beziehung steht qualitativ nicht in Konkurrenz zur Vater-Kind-Beziehung. Diese Beziehungsdifferenzierung ist für jedes Kind eine entwicklungsspezifische Aufgabe, die auch dann noch bestehen bleibt, wenn sich Eltern getrennt haben. Das

Besuchsrecht des nicht sorgeberechtigten Elternteils nach der Trennung der Eltern verfolgt u.a. das Ziel, dem Kind die Bewältigung dieser Aufgabe trotz der Trennung der Eltern zu ermöglichen, wobei auch dies nur gelingen kann und auch nur dann einen Sinn hat (zumindest bei noch kleinen Kindern), wenn bei den Eltern ein Mindestmaß an Solidarität aufrechterhalten oder wiederhergestellt werden kann (vgl. Klußmann 1981; Lempp 1976).

Dagegen sind die Beziehungen zu leiblichen Eltern und zu Dauerpflegeeltern qualitativ konkurrierende Beziehungen, und so werden sie auch von den Eltern und vom Kind erlebt (vgl. Zenz 1982; Teil IV, 1). Ein Dauerpflegekind ist nicht in der Lage, Beziehungen zu zwei verschiedenen Müttern als Mutter aufrechtzuerhalten oder zu entwickeln. Denn die Liebesbeziehung zu einer Mutter schließt die Liebesbeziehung zu einer anderen Frau als Mutter aus. Daher ist es eine Illusion, die leiblichen Eltern und Pflegeeltern wie geschiedene Eltern zu betrachten.

Zudem wird im Scheidungsverfahren davon ausgegangen, daß das Kind zu beiden Eltern altersspezifische, positive und tragfähige Beziehungen entwickelt hat oder entwickeln kann, die nicht abgebrochen, sondern weiterentwickelt werden sollten. Diese Bedingungen sind aber gerade beim Dauerpflegekind in der Regel (von Ausnahmen abgesehen: vgl. Teil IV, 1) nicht zutreffend.

Das Pflegekind verfügt meist entweder überhaupt nicht über Eltern-Kind-Beziehungen zu den leiblichen Eltern (wie im Fall frühvermittelter Kinder), oder es hat gerade die leiblichen Eltern als Menschen erleben müssen, die auf die kindlichen Bedürfnisse keine Rücksicht haben nehmen können, so daß das Kind nicht nur keine befriedigenden, sondern darüber hinaus nur pathologisch verzerrte Beziehungen hat entwikkeln können. Die Entwicklung befriedigender Beziehungen zu Ersatzeltern stellt dann eine notwendige Korrektur seiner fehlenden oder traumatischen Beziehungserfahrungen dar, die das Kind notwendigerweise braucht, um differenzierte Objektbeziehungen (vgl. Kutter 1982) herzustellen, die die Voraussetzung für eine gesunde Persönlichkeits- und Identitätsentwicklung des Kindes sind.

3. Wenn es als zumutbar angenommen wird, daß ein als Säugling in eine Pflegefamilie vermitteltes Kind tragfähige Objektbeziehungen zu den Pflegeeltern als Eltern und gleichzeitig Beziehungen zu seinen leiblichen Eltern als Eltern entwickelt, indem regelmäßige Kontakte aufrechterhalten (oder später hergestellt) werden und das Kind auf die leiblichen Eltern als seine Eltern verwiesen wird, dann mag auch noch ein anderer Begründungszusammenhang eine Rolle spielen.

Gudat (1987a) weist darauf hin, daß Beobachtungen an Säuglingen (Schaffer/ Emerson 1964) zeigen, daß die meisten in Familien aufwachsenden Kinder sich nicht nur an eine Bezugsperson binden, sondern gleichzeitig an zwei oder mehrere Bezugspersonen, ja, daß gerade Kinder mit einer intensiven Bindung an die Hauptbindungsfigur mehr und stärkere Beziehungen und Bindungen auch an weitere Bezugspersonen in der Lage wären zu entwickeln, so daß »bestehende Bindungen keineswegs ein Hindernis für das Kind darstellen, eine neue zusätzliche Bindung einzugehen« (Gudat 1987a, 28). Auch zeigten die Ergebnisse bei kompetenter Tagesmütterbetreuung oder in Gruppenbetreuungseinrichtungen wie im Kibbuz, daß auch hier die Kinder neben der Bindung an die leiblichen Eltern eine sichere Bindung an die Betreuungspersonen entwickeln, ohne daß dies die kognitive und sozial-emotionale Entwicklung der Kinder beeinträchtigen würde. Aber auch hier werden die Erfahrungen aus Sozialisationssituationen auf Pflegeverhältnisse übertragen, die so nicht übertragbar sind, da es sich strukturell um andere Tatbestände handelt. Bei der Tagesmütterbetreuung wie bei der Gruppenbetreuung im Kibbuz ist und bleibt die Eindeutigkeit und Sicherheit der Zugehörigkeit des Kindes, die Eindeutigkeit, wer die psychologischen Eltern des Kindes sind (in diesem Fall die leiblichen Eltern), sowohl in der Selbstdefinition aller beteiligten Erwachsenen als auch im Erleben und der Selbstdefinition des Kindes gewahrt. Das Kind hat nur eine Mutter und nur einen Vater. Und wenn diese Beziehungen hinreichend befriedigend sind, dann ist das Kind in der Tat in der Lage, auch zusätzliche, differenzierte, aber qualitativ andersartige Beziehungen zu weiteren Betreuungspersonen zu entwickeln, die jedoch für die Persönlichkeits- und Identitätsentwicklung des Kindes nicht den gleichen bestimmenden Einfluß haben wie die »Hauptbindungsfigur«: die psychologische Mutter, der psychologische Vater.

So betonen auch Schaffer/Emerson (1964) den Unterschied zwischen der spezifischen Bindung des Kindes an die Mutter und der Bindung an eine oder mehrere zusätzliche Pflegepersonen. Auch in der Kibbuz-Erziehung beispielsweise bleiben die primären Identifikationsobjekte – die Objekte, die für die Selbstdefinition des Kindes und die Bildung und Differenzierung seiner Persönlichkeitsstrukturen von entscheidender Bedeutung sind – die Eltern des Kindes: Die Eltern, aber nicht die Betreuungsperson sind diejenigen, denen sich das Kind qua Nachahmung und Identifikation ähnlich macht. »Die Eltern sind die ersten und beständigsten Objekte der Liebe und Identifikation des kleinen Kindes; ›Normalität‹ und Wärme der Eltern-Kind-Beziehung entscheiden grundsätzlich auch über die ›Normalität‹ der gesamten emotionalen und sozialen Entwicklung des Kibbuz-Kindes, während umgekehrt gestörte Familienbeziehungen die gesunde Persönlichkeitsentwicklung des Kindes gefährden« (Liegle 1971, 92). Gerade die »klinischen Beispiele von Kindern aus gestörten Familienbeziehungen können als Hinweis darauf dienen, wie entscheidend für das Kibbuz-Kind seine emotionale Sicherheit und seelische Gesundheit, die emotionale Einheit der Familie und die Liebe der Eltern ist« (ebd., 94).

Dies bestätigt im übrigen auch unsere Erfahrungen, daß ein schon älteres Kind, das sichere, befriedigende, differenzierte Beziehungen zu den leiblichen Eltern hat, auch in der Lage ist, helfende und unterstützende Beziehungen zu »Gasteltern« oder Gruppenerziehern anzunehmen und zu nutzen – ohne daß diese jedoch zu den Eltern des Kindes würden, wie es auch die Beobachtung unterstützt, daß ein früh vermitteltes Kind unter günstigen Bedingungen Beziehungen z.B. zur leiblichen Mutter wie zu einer anderen Bekannten der psychologischen Familie (der Pflegefamilie) entwickeln kann, daß dies aber nur dann möglich und unschädlich ist, wenn die Mutter den Anspruch aufgibt, die Mutter des Kindes sein zu wollen oder zu werden, und wenn auch alle anderen Beteiligten – die Pflegeeltern, der betreuende Sozialarbeiter – dies so sehen und handhaben (vgl. Teil IV, 1). Wenn sich dagegen Erwachsene mit ihrer Sicht und Überzeugung durchsetzen, daß für das Kind selbst dann die Beziehung zu seinen leiblichen Eltern als Eltern bedeutsam sei, wenn es von klein auf bei anderen Eltern aufwächst, an die es sich in positiver Weise gebunden und zu denen es bereits differenziertere Beziehungen entwickelt hat, und wenn diese positiven Bindungen und sich differenzierenden Beziehungen des Kindes dadurch in Frage gestellt werden, daß die leiblichen Eltern weiter die Elternrolle beanspruchen und in Aussicht stellen, daß das Kind irgendwann einmal zu ihnen zurückkommen soll, dann führt dies unweigerlich zu erheblichen Problemen und mitunter auch beim schon älteren Kind zu anhaltenden Identitätskrisen. Und wird dieser Anspruch auch von den Pflegeeltern vertreten, so fühlt sich das Kind nicht nur von den leiblichen Eltern angegriffen, sondern auch von den psychologischen Eltern, den Pflegeeltern, verraten (vgl. Teil IV, 1). In den Phantasien solcher Kinder wimmelt es von Räubern, die das Kind klauen könnten.

Beispiel Hanna, ein zehnjähriges Kind, das in positiver Weise an die Pflegeeltern gebunden ist, aber regelmäßige, von allen akzeptierte zweiwöchentliche Besuchskontakte zur leiblichen Mutter und sporadische zum Vater hat mit dem Ziel der Mutter, daß das Kind als Jugendliche zu ihr zurückkehren soll: Im Sceno-Test stellt sich Hanna spontan als Prinzessin, d.h. mit ihren positiven Selbstaspekten, als gutes Kind mit ihren Pflegeeltern dar. Neben sich stellt sie einen Hund. Die Gruppe wird von einem Fuchs belauert, der das Kind rauben will. Der Fuchs könnte ein Mann oder eine Frau sein (die leiblichen Eltern). Die kommen abwechselnd und wollen das gleiche. Das Mädchen (Hanna) braucht den Hund, damit er es beschützt. Der Hund soll bellen und den Fuchs vertreiben. Eigentlich müßten die Eltern (die Pflegeeltern) das Kind vor dem Fuchs beschützen. Die haben aber selbst Angst vor dem Fuchs und laufen weg (wie vor dem leiblichen Vater), oder sie sagen, der Fuchs ist doch ganz lieb (wie gegenüber der leiblichen Mutter). Das heißt, sie verleugnen die Gefahr, die das Kind als höchst bedrohlich wahrnimmt, nämlich den möglichen Verlust seiner gewünschten Beziehungen. Und der Hund kann das Mädchen auch nicht richtig beschützen, weil er nicht groß genug ist. Da denkt das Kind: Dann bin ich mal ganz still und brav. Dann merken die mich nicht (der Mann oder die Frau, der Fuchs), und dann nehmen die mich vielleicht nicht mit.

Und in der Tat, Hanna ist ein außerordentlich überangepaßtes Kind, weil sie sich furchtbar anstrengt, nicht die Unsicherheit ihrer Beziehungen noch durch eigenes Fehlverhalten zu vergrößern. Und sie ist außerordentlich selbstunsicher, weil sie sich bei allen positiven Beziehungserfahrungen in der Beziehung zu ihren Pflegeeltern doch nicht wirklich angenommen fühlen kann. Es kränkt sie sehr, daß es für ihre Liebesobjekte denkbar wäre, sie abzugeben. Daher denkt sie, daß doch etwas Schlechtes an ihr sein müßte. Sie hat trotz positiver Beziehungserfahrungen ein negatives Selbst entwickelt.

4. Wenn dagegen ein Kind in sicheren Pflege- oder Adoptivbeziehungen aufwächst, so haben wir noch keinen Fall gesehen, in dem sich allein aus dem Faktum der Fremdplazierung eine Identitätskrise für das Kind ergeben hätte, wenn folgende Bedingungen gegeben sind (vgl. Ebertz 1987):

- daß die psychologischen Eltern-Kind-Beziehungen hinreichend befriedigend sind, d.h. die psychologischen Eltern angemessen auf die sich verändernden kindlichen Bedürfnisse und Fähigkeiten eingehen;
- daß die Ersatzeltern selbst leibliche Eltern-Kind-Beziehungen nicht idealisieren und höher bewerten als psychologische Eltern-Kind-Beziehungen, so daß sie sich selbst nicht als Eltern zweiter Wahl begreifen;
- daß die Ersatzeltern ein annehmendes, realistisches und differenziertes Verständnis von der Abgabe oder Inpflegegabe des Kindes haben und den Gründen, die dazuge-

führt haben, und in den Schritten, in denen das Kind selbst danach fragt, offen und realistisch darauf reagieren und die Tatsache der Inpflegegabe oder Adoption nicht tabuisieren.

Wenn diese Bedingungen nicht erfüllt sind, werden bei Kindern wie bei Erwachsenen durch Angst und Angstabwehr bestimmte Beziehungsstörungen sichtbar, die zu einer »beschädigten Identität« (Goffmann 1967) führen, wie es im Fallbeispiel Frau L. deutlich wird:

Frau L., vierunddreißig Jahre alt, wurde im Alter von drei Wochen von ihrer leiblichen Mutter in Pflege gegeben. Die Mutter brach jeglichen Kontakt zum Kind ab und gab später ihre Einwilligung zur Adoption durch die Pflegeeltern. Die Adoptiveltern waren einfache, pflichtbewußte, ordentliche, strenge, »aber gerechte« Leute, die viel arbeiten und sich materiell sehr einschränken mußten. Von der Tochter wurde früh Selbständigkeit erwartet. Die Eltern hatten wenig Zeit für sie. Zärtliche Beziehungen gab es kaum, und es wurde früh moralisierend von der Tochter »Verzicht« gefordert.

Frau L. entwickelte sich – wie es auch bei einem leiblichen Kind gewesen wäre – zu einem überangepaßten, leistungsehrgeizigen, gehorsamen, eigene Bedürfnisse abwehrenden, nichts für sich fordernden, aggressiv gehemmten und nägelkauenden Kind, das sich den Eltern sehr verpflichtet fühlte und sich schon mit zehn Jahren ihr gesamtes Taschengeld selbst verdiente und davon freiwillig auch noch den Eltern etwas abgab. Das heißt, Frau L. war ein mit ihren unbefriedigenden Eltern hoch identifiziertes Kind, das eine neurotische Fehlentwicklung genommen hatte, wie es nur allzuoft auch bei leiblichen Kindern vorkommt.

Die Identitätskrise der Pubertät konnte jedoch von Frau L. nicht mehr bewältigt werden – nicht, weil sie ein adoptiertes Kind war, sondern weil sie in unbefriedigenden psychologischen Eltern-Kind-Beziehungen lebte und im Laufe der Pubertät durch die Adoptiveltern nun plötzlich auf ihre leibliche Mutter verwiesen wurde, durch die sie mit einem Makel behaftet sein könnte, nämlich dem, zu vorehelichen sexuellen Beziehungen prädestiniert zu sein.

Die in der Beziehung zu den Adoptiveltern erlittenen Frustrationen und Kränkungen – zuletzt die, daß die Eltern dem intelligenten und leistungsehrgeizigen Kind den Besuch des Gymnasiums verwehren wollten, weil sie ein Mädchen war – führten bei Frau L. in der Vorpubertät zu Tagträumen, die man auch bei leiblichen Kindern kennt und die Freud (1909) als »Familienroman der Neurotiker« beschrieben hat: In der Phantasie, ein Stiefkind oder ein angenommenes Kind zu sein, das eigentlich von bedeutenderen Eltern abstammt, versucht das Kind, die unbefriedigenden Eltern durch andere, sozial höher stehende zu ersetzen. Diese Phantasien verknüpfen sich nun bei Frau L. mit der Realität, tatsächlich von anderen Eltern abzustammen; und die Erzählungen über die Eltern stützen die Träume des pubertierenden Kindes: ihre Mutter sei eine schöne, elegante Frau gewesen, ihr Vater ein wohlhabender Mann. Die leiblichen Eltern werden zu idealisierten Elternobjekten, an denen Frau L. sich nun zu orientieren beginnt. Als wir sie kennenlernen, ist sie eine auffallend elegante Frau. In unkontrollierten Erregungssituationen bricht jedoch die Sprache ihrer Adoptivfamilie durch, die mit dem Bild, das sich Frau L. von sich macht, überhaupt nicht übereinstimmt. Die Orientierung an den phantasierten, idealisierten Elternobjekten ist aber gleichzeitig mit Ängsten und Befürchtungen seitens der Adoptivmutter verknüpft: Die Adoptivmutter hat Angst, daß die Tochter wie ihre leibliche Mutter ein uneheliches Kind bekommen könnte, auf Abwege und unter die Räder kommen könnte. Deswegen verhält sich die Mutter der Jugendlichen gegenüber kontrollierend und einengend und untersagt ihr jeglichen Kontakt zu Jungen.

Frau L. gerät in ein schreckliches Dilemma: Die Identifikation sowohl mit der idealisierten leiblichen Mutter als auch mit der Adoptivmutter ist mit ausgeprägten negativen Aspekten versehen: Die Identifikation mit der Adoptivmutter und ihren Normen und Werten läßt die Verwirklichung der an der leiblichen Mutter orientierten Idealvorstellungen nicht zu und macht erhebliche Schuldgefühle. Die Identifikation mit der idealisierten leiblichen Mutter, die zu einer Herabsetzung der Adoptivmutter beiträgt, ist mit der Vorstellung verbunden, ein Mensch zu sein, der wie die leibliche Mutter leicht unter die Räder geraten kann. Und von beiden mütterlichen Identifikationsobjekten fühlt sich Frau L. zutiefst gekränkt: von der Adoptivmutter durch die alltäglichen übermäßigen Frustrationen, so daß sie sich nicht als angenommenes Kind fühlen kann, und von der leiblichen Mutter, weil sie sie abgegeben hat, obwohl sie vermeintlich doch alle Voraussetzungen dazu hatte, eine wirklich attraktive Mutter zu sein. Aus dieser Konfliktstruktur resultiert ein negatives Selbst, eine Herabsetzung der Selbstachtung und des Selbstwertgefühls; und die einander ausschließenden, aus den unterschiedlichen Identifikationen resultierenden Selbstaspekte können nicht integriert werden.

Frau L. versucht, die tiefe Selbstunsicherheit durch enorme Anstrengungen im Leistungsbereich zu kompensieren, was ihr auch erfolgreich gelingt, bis sie in der Tat – wie von der Adoptivmutter befürchtet – ein uneheliches Kind bekommt und depressiv dekompensiert.

Teil V: Beratung in der Pflegefamilie

Die in diesem Teil zusammengefaßten Beiträge stellen eine Sammlung dar, der jegliche Systematik fehlt und in der eine Reihe von Aspekten unberücksichtigt geblieben sind, wie beispielsweise die Auswahl von Pflegeeltern, die Motivation von Pflegeeltern zur Aufnahme eines Kindes oder auch methodische Aspekte der Beratung. Dies liegt vor allem daran, daß wir der systematischen Aufarbeitung dieser Thematik bisher wenig Aufmerksamkeit gewidmet haben und uns mehr kursorisch mit einzelnen, uns häufig begegnenden, speziellen inhaltlichen Problemen und Erfahrungen beschäftigt haben, die wir, wenn wir aufgefordert waren, hierzu einen Vortrag zu halten, für mitteilenswert erachteten (siehe Kap. 2–5).

Unser besonderes Anliegen war es, auf die Problematik der Unterbringung von Kindern bei ihren leiblichen Großeltern als Spezialfall der Verwandtenpflege hinzuweisen, da dies eine weitverbreitete Praxis ist, die jedoch nach unseren Erfahrungen nur allzuoft die Chance der Kinder auf eine gesunde Persönlichkeitsentwicklung zerschlägt (siehe Kap. 1). Die Einordnung dieser Problematik zu dem Teil »Beratung in der Pflegefamilie« erfolgte mangels angemessener Alternativen.

Hinsichtlich der Beratung von Pflegeeltern folgen wir dem Grundsatz, daß die inhaltliche Aufklärung, Hilfen zum genaueren Verstehen von Problemen und Entwicklungen einen zentralen Beitrag zur Bewältigung von Problemen liefern. Und folglich denken wir, daß die übrigen Beiträge dieses Buches die wesentlichen Grundlagen für eine kompetente Beratung in Pflegefamilien liefern.

Angemerkt sei, daß wir vor einem typischen Fehler in der sozialarbeiterischen Arbeit mit Pflegeeltern warnen möchten: den zu weitreichenden Schlußfolgerungen aus einzelnen, isolierten Beobachtungen, die leicht zu Fehlschlüssen führen können. Was es in der Beratung von Pflegeeltern wie auch von leiblichen Eltern zu beurteilen und zu thematisieren gilt, sind Grundsätze der Erziehung und der Einstellung zum Kind und seinen Problemen, die das Kind sehr genau wahrnimmt, auch wenn einzelne Äußerungen und Situationen diesen Grundsätzen zu widersprechen scheinen. Kein Mensch ist vollkommen und ständig in der Lage, seinen Grundsätzen, Überzeugungen und Idealen zu folgen. Alle Pflegeeltern – wie auch wir als Therapeuten – machen Fehler, begreifen nicht zu jeder Zeit und sofort und sind nicht immer in der Lage, adäquat und hilfreich zu reagieren. Aber es gibt große und kleine Fehler, die es wohl zu unterscheiden gilt. Viele Einstellungen und Reaktionen von Eltern kann man kritisieren und diskutieren, ohne daß sie wesentlich für den Erfolg bzw. Mißerfolg ihrer Sozialisationsarbeit, für das Gelingen bzw. Mißlingen der Aufarbeitung traumatischer Erfahrungen und die Entwicklung neuer, befriedigender Beziehungen des Kindes sind. Große Fehler sind dagegen solche, die die spezifischen Traumata von Kindern zementieren – wenn also beispielsweise ein mißhandeltes Kind geschlagen wird oder wenn ein vernachlässigtes Kind oral frustriert wird und dies gerechtfertigt wird, weil den Pflegeeltern ihre eigenen Grundsätze und die Verteidigung ihrer eigenen Sozialisationserfahrungen wichtiger sind als das Wohl des Kindes oder weil sie aufgrund ihrer eigenen Probleme nicht in der Lage sind, eigene Einstellungen und Reaktionstendenzen verläßlich zu verändern, die gerade für das ihnen anvertraute Kind Gift sind. In einem solchen Fall vermag nur der rasche Abbruch eines Pflegeverhältnisses sowohl das Kind als auch die Eltern vor weitreichendem Scheitern und Schaden zu bewahren.

Kapitel 1: Der Anspruch der Großeltern auf die Elternrolle*

1. Das Großelternmärchen

Die Erziehung des Kindes durch die Großeltern anstelle der Eltern erscheint mir wie ein rührendes Märchen, das man so erzählen könnte:

»Es war einmal eine glückliche Familie. Die Eltern rackerten und mühten sich ab und erzogen ihre Kinder, so gut es ging. Aber das Aschenputtel, auf das die Eltern weder mit Liebe und Güte noch mit Drohungen und Strafen Einfluß hatten, suchte Anschluß in schlechter Gesellschaft, vor der die Eltern das Kind immer gewarnt hatten. – Und da konnte es auch nicht ausbleiben, daß das Aschenputtel schwanger wurde. Da waren die Eltern zornig und wollten es aus dem Haus jagen. Schließlich aber sagte ihnen ihr gutes Herz, daß sie die junge Mutter nicht wieder auf die Straße treiben dürften, denn es sei ja auch ihr Enkelkind, das sie nicht einer ungewissen Zukunft aussetzen dürften. Also nahmen sie die junge Mutter und ihr Kind bei sich auf und behielten ihr Enkelkind bei sich wie ihr eigenes, als die Mutter nicht mehr selbst für ihr Kind sorgen mochte. Und sie rackerten und mühten sich ab auf ihre alten Tage mit ihrem Enkelkind.«

So ein Großelternmärchen, das weder bei den Gebrüdern Grimm steht noch von mir erfunden wurde, wird uns von Großeltern als realistische Geschichte erzählt, wenn es um die Frage geht, ob das Enkelkind besser bei den Großeltern oder in einer anderen Familie, etwa in einer Pflegefamilie, leben sollte. Aber das Großelternmärchen hörte nicht auf mit den Worten: »Und wenn sie nicht gestorben sind, dann leben sie noch heute.« Nur wird gewöhnlich nicht die Fortsetzung des Märchens von den Großeltern erzählt:

»Die Großmutter fütterte, wickelte und badete ihr Enkelkind in der Hoffnung, daß es nicht ein so verdorbenes Aschenputtel werden würde. Sie kontrollierte jeden Schritt und jedes Wort. Denn noch einmal sollte sie nicht mit einem Kind bestraft werden, auf das sie nicht stolz sein konnte.«

In solchen Fällen beanspruchen die Großeltern die gleichen Rechte wie die leiblichen Eltern. Im Familienrecht gibt es aber meines Wissens keine Vorschrift oder Regelung, nach denen die Großeltern einen Anspruch auf die Übertragung des Sorgerechts hätten, wenn dieses von den Eltern nicht wahrgenommen werden kann oder ihnen entzogen wurde. Um so mehr überrascht es, wenn Großeltern den Anspruch auf die

* *Westermann, A.:* Vortrag auf der Fortbildungsveranstaltung des Landesjugendamtes Westfalen-Lippe für Sozialarbeiter, Hardehausen 1984.

Elternrolle erheben und darauf bestehen, daß das Enkelkind bei ihnen lebt und von ihnen erzogen wird. Bei der Durchsetzung dieses Anspruchs finden sie jedenfalls vielfältige Unterstützung bei Gerichten, Anwälten und Sozialarbeitern, so daß dieser Anspruch schließlich nur abgewiesen werden kann, wenn den Großeltern Erziehungsunfähigkeit nachgewiesen werden kann, die einen Entzug des Sorgerechts begründen würde. Dabei geht man offenbar davon aus, daß Großeltern-Enkel-Beziehungen ebenso natürlich und folglich naturrechtlich begründet sind wie Eltern-Kind-Beziehungen. Man sieht nicht, daß – von Ausnahmen abgesehen – die Erziehungsunfähigkeit der Eltern bzw. der Mutter oder des Vaters gerade in der Großeltern-Familie hergestellt wurde, daß das Aschenputtel des Märchens mit der Unfähigkeit, für ein Kind zu sorgen, nicht einfach vom Himmel gefallen ist.

Aus welchen Gründen, aufgrund welcher Motivation wollen Großeltern noch einmal Eltern werden? Oder aus welchen Gründen wollen sie Eltern bleiben?

Aus der Soziologie kann man lernen, daß Frauen im Durchschnitt vierundfünfzig Jahre alt sind, wenn ihr erstes Enkelkind geboren wird, und daß die Haushaltstrennung nicht stattfindet, weil die Eltern alt sind, sondern weil die Kinder heiraten (Kökers 1970), und daß in den meisten Fällen die Großeltern bei Berufstätigkeit der Mutter eine ergänzende Erziehungsfunktion haben (vgl. Zweiter Familienbericht 1975, 27; Lehr/Thomae 1968; Leitner 1976), aber nicht die Elternfunktion übernehmen.

Aus der historischen Familienforschung läßt sich entnehmen, daß die drei Generationen umfassende Großfamilie zwar regional gehäuft vorkommt, aber doch eher in unserem Kulturraum die Ausnahme ist, daß in der Vergangenheit zwischen den Generationen, zwischen den auf dem Altenteil lebenden Großeltern und ihren Kindern oft so große Spannungen und Konflikte bestanden, die eine räumliche Trennung notwendig machten und eine Erziehung der Enkel durch die Großeltern ausschlossen. Das Rotkäppchen des Märchens muß erst durch den dunklen Wald, um zur Großmutter zu kommen.

Wenn trotzdem ein Großteil der Kinder bei den Großeltern lebt und von ihnen erzogen wird, dann scheint mir dies auf die ökonomische Unabhängigkeit der Großeltern durch die Rentenversicherung und auf eine romantische Familienideologie zurückzuführen zu sein, die im Zusammenleben der Generationen die quasi natürliche Familienordnung sah nach dem Motto: »Urahn, Großmutter, Mutter und Kind / im stillen Stübchen beisammen sind« (Schwab, zit. nach Mitterauer/Sieder 1977, 40). Aber diese Idylle ist wie das oben erwähnte Märchen kaum ein realistisches Abbild der Wirklichkeit.

Diese Familienideologie der Großfamilie, die mehr durch die romantischen Bilder von L. Richter (Der Spiegel 1984) und durch die kindlichen Erfahrungen bei einer ergänzenden Großeltern-Erziehung geprägt ist, wo der weise Großvater Geschichten erzählt und die Großmutter für die Enkel strickt, trägt sicher dazu bei, daß Großeltern als Ersatzeltern von vornherein prädestiniert zu sein scheinen. Im Einzelfall sieht das dann z.B. so aus:

Die Eltern von Matthias leben im Haus der Großeltern väterlicherseits. Die Mutter verläßt nach einem halben Jahr ihren Mann und ihren Sohn, der von nun an von den Großeltern, insbesondere der Großmutter erzogen wird. Denn der Vater, der weder lesen noch schreiben und nicht einmal sein Alter angeben kann, der als schwachsinnig gilt und von der Großmutter vollkommen beherrscht wird, ist überhaupt nicht in der Lage, irgendwelche Erziehungsfunktionen zu übernehmen. Matthias bleibt bis zum Alter von sechs Jahren bei den Großeltern und kommt dann in eine Pflegefamilie. Seitdem – mehr als drei Jahre lang – kämpfen die Großeltern darum, daß der Junge wieder zu ihnen zurückkommt.

Rudis Mutter war siebzehn Jahre alt, als er geboren wurde. Vier Jahre lebten die Eltern zusammen, bis die Mutter die Familie verließ, weil ihr Mann sie verprügelte und als Nutte beschimpfte. Rudi kommt zu den Großeltern väterlicherseits, die in einer Notunterkunft leben und denen wegen Vernachlässigung das Sorgerecht über ihre fünf Kinder entzogen wurde. Nach vier Monaten kommt der Junge wieder zur Mutter, die zeitweilig mit einem Freund zusammenlebt. Hier bleibt er, bis sie nicht mehr mit dem siebenjährigen Jungen fertig wird. Rudi kommt jetzt – nach dem Motto: Wie gut, daß es Großeltern väterlicherseits und mütterlicherseits gibt – zu den Großeltern mütterlicherseits, wo er bis heute seit zwei Jahren aufwächst.

Diese hier wirksame Familienideologie ist aber nicht nur für den Einzelfall maßgebend. Im 3. Jugendbericht des Landes NW (1979) heißt es: »Die Zahl der bei Großeltern und nahen Verwandten untergebrachten Pflegekinder liegt nach Stichproben-Schätzungen weiterhin im Schnitt bei 25 bis 35 v.H. aller Pflegefälle. Diese Pflegestellen bedürfen innerhalb des Pflegekinderwesens einer besonderen Beratung und Hilfe. Zwar haben sie zum einen oft den Vorteil, daß der Übergang des betreffenden Kindes in eine solche Pflegefamilie leichter vonstatten geht als in anderen Fällen, da hier eine emotionale Vorgabe aufgrund des Verwandtschaftsverhältnisses vorhanden ist« (ebd., 53).

Hier ist nicht nur vollkommen unklar, worin eigentlich die »emotionale Vorgabe aufgrund des Verwandtschaftsverhältnisses« und sein Vorteil besteht. Offensichtlich werden die auch die Generationen bindenden Momente nicht gesehen, weil man nur den leichteren Übergang von der Eltern- zur Großeltern-Familie sieht: Man sieht nicht die der Familienharmonie dienende Aufrechterhaltung von Abhängigkeitsbeziehungen zwischen Großeltern und Eltern und sieht nicht die Verleugnung der defizitären Sozialisation der Eltern durch die Großeltern und die daraus resultierenden Verleugnungs- und Wiedergutmachungstendenzen. Da man nur den leichteren Übergang sieht, der sich scheinbar quasi natürlich vollziehen würde, so als sei es das Natürlichste auf der Welt, daß Kinder bei ihren Großeltern aufwachsen, wenn ihre eigenen Eltern die Elternrolle nicht verantwortlich übernehmen können, scheint es auch kaum notwendig zu sein, den Anspruch der Großeltern auf die Elternrolle und ihre Erziehungsfähigkeit, die sich ja in der Sozialisation ihrer eigenen Kinder dokumentiert, kritisch zu untersuchen. Würde man auch nur annähernd die sonst bei der Fremdplazierung von Kindern angewandten Kriterien gelten lassen, kein vernünftiger Mensch käme in den meisten Fällen dazu, Großeltern als Pflegeeltern zu akzeptieren. – Wir haben zumindest bisher keine Großeltern kennengelernt, die uns als Pflegeeltern geeignet erschienen wären.

Der Großeltern-Mythos hat offenbar eine verklärende Wirkung, die gegenüber defizitären Sozialisationsbedingungen blind macht und die höchstens eine Einschränkung der Erziehungsfähigkeit in der bei der Großeltern-Erziehung typischen Verwöhnungshaltung sieht. Dem entspricht, was im 3. Jugendbericht weiter ausgeführt wird:

»Auf der anderen Seite fehlt es aber vor allem bei Großeltern-Pflegeeltern oft an einer zureichenden Erziehungskraft, so daß die Fachkräfte des Jugendamtes in diesen Fällen zumeist kontinuierlich beratend und unterstützend tätig werden müssen. Insgesamt sind die Großeltern- und Verwandten-Pflegestellen gleichwohl ein Hilfekapital, auf das eine familienfreundliche Jugendhilfe nicht verzichten kann« (ebd., 53). Wenn Jugendhilfe diesem Bericht entsprechend anstatt kinderfreundlich familienfreundlich sein will, bleiben die Interessen und das Recht des Kindes auf eine gesunde Entwicklung nur zu leicht auf der Strecke. Und zwar bleibt das Recht des Kindes auf eine gesunde Persönlichkeitsentwicklung auch dann unzureichend berücksichtigt, wenn man versucht, die Sozialisationsdefizite der Großeltern-Erziehung durch zusätzliche Hilfen zu kompensieren. Es scheint so, als läge diesem Konzept familienergänzender Hilfen das Modell der ergänzenden Großeltern-Erziehung zugrunde, bei der es ja nur darauf ankommt, daß gegenüber der typischen, verwöhnenden und einengenden Großeltern-Erziehung ein Gegengewicht existiert, und ein Modell von Erziehungsfähigkeit, das bei der Großeltern-Erziehung nur eine quantitative Einschränkung der Erziehungsfähigkeit sieht.

2. Defizitäre Großeltern-Erziehung

Die Einschränkung der Erziehungsfähigkeit bei Großeltern hängt mit den Einschränkungen zusammen, die sich aufgrund des Alters ergeben und mit der Motivation zur Übernahme der Elternrolle. Es ist sicher richtig, daß mit zunehmendem Alter eine Abnahme der Flexibilität und eine Zunahme starren, rigiden Verhaltens verbunden sind, so daß dadurch die Sozialisation und Erziehung von Kindern problematischer wird. Einen solchen negativen Einfluß des Alters der Eltern stellte z.B. Schmidt (1974) fest, der die Altersstruktur der Eltern kinderpsychiatrischer Patienten untersuchte und zu dem Ergebnis kommt, daß mit zunehmendem »Alter die Fähigkeit zu einer komplikationslosen Kindererziehung nachläßt ... da Kinder älterer Eltern nicht nur häufiger, sondern auch in früherem Alter auffällig werden« (ebd., 80). Bei der Untersuchung von Pflegefamilien mit fünfzig bis siebzig Jahre alten Pflegemüttern stellte Dührssen (1958) in fast allen Fällen einen ungünstigen Einfluß auf die Sozialisation der Kinder fest, der darin bestand, daß die Betreuung der Kinder »typische Züge der Großmutter-Erziehung trug, nämlich starke motorische Einengung bei kompensatorischer Verwöhnung in Besitzdingen« (ebd., 51).

Dieses Ergebnis ist nicht überraschend, da mit abnehmender Sicherheit und Flexibilität und zunehmender Ängstlichkeit im Alter hinsichtlich des kindlichen Expansionsstrebens und Explorationsverhaltens die einschränkenden Aspekte der Großeltern so sehr verstärkt werden, daß die Regulation der kindlichen Bedürfnisse nach starren, nicht modifizierbaren Regeln erfolgt und dadurch das Expansionsstreben des Kindes eingeschränkt, die Ängstlichkeit der Großeltern auf das Kind übertragen und die Selbständigkeitsentwicklung gehemmt wird (vgl. Bielicki 1971a, 131ff), so daß sich das Kind zu einem zwar braven, aber gehemmten Kind entwickelt.

Wenn dies alle Gründe wären, die die Großeltern-Erziehung einschränken und die Erziehungsfähigkeit begrenzen, dann brauchte der Anspruch der Großeltern auf die

Elternrolle nicht kritisch in Frage gestellt zu werden. Wenn Enkelkinder als neurotisch gehemmte Kinder heranwachsen, dann könnte dies immer noch die bessere Alternative zu einer verwahrlosenden Erziehung in der Ursprungsfamilie sein.

Die Motivation der Großeltern zur Übernahme der Elternrolle für das Enkelkind muß sicher im Zusammenhang mit den Veränderungen der Familienstrukturen und des eigenen Rollenverständnisses gesehen werden, die zwingend notwendig werden, wenn die Kinder wegen anderer Partnerbeziehungen das Elternhaus verlassen. Wenn Kinder sich von den Eltern abzulösen beginnen, sich distanzieren, die Eltern nicht mehr brauchen und einen elternunabhängigen Status erwerben, geraten die Eltern in eine Identitätskrise, die schließlich durch die Geburt des Enkels verschärft wird. Die mit der Übernahme der Großelternrolle verbundene Identitäts- und Rollenunsicherheit führt zum »Syndrom des leeren Nestes« (Deykin u.a. 1966), zu depressiven Reaktionen (Benedek 1974), d.h. zu einer erheblichen Herabsetzung des Selbstwertgefühls, zu einer narzißtischen Krise.

Die Statusveränderung der Großeltern und die damit verbundene Kränkung, die möglicherweise durch Großeltern-Enkel-Beziehungen kompensiert werden soll, reicht aber nicht zur Erklärung dafür aus, daß die Großeltern mehr als nur bestätigende Großeltern-Enkel-Beziehungen wünschen und beanspruchen. Sowohl die Motivation für die Übernahme der Elternrolle als auch die Einschränkung der Erziehungsfähigkeit ergeben sich vielmehr daraus, daß man es in diesen Fällen meist mit einem drei Generationen umfassenden gestörten, dysfunktionalen Familiensystem zu tun hat. Wenn man bei der Großeltern-Erziehung in erster Linie nur die Reduktion der Erziehungsfähigkeit durch eine einschränkende Verwöhnungshaltung (vgl. Marberg 1971) und als Motivation nur den solidarischen, Hilfe gewährenden Familienzusammenhalt sieht, wie er bei der ergänzenden Großeltern-Erziehung gegeben sein mag, bleiben wesentliche Aspekte der Erziehungsunfähigkeit unberücksichtigt:

- daß die Qualität der Großeltern-Enkel-Beziehungen ein Indikator für die Erziehungsfähigkeit der Großeltern ist;
- daß die Qualität der Großeltern-Eltern-Beziehungen ebenso wie die Qualität der Großeltern-Enkel-Beziehungen für die Entwicklung der Persönlichkeitsstrukturen der Eltern und des Enkels von entscheidender Bedeutung sind;
- daß die Motive für die Übernahme der Elternrolle abhängig sind von den in der Familie verwirklichten Beziehungsformen, die nur im Rahmen der gesamten Familienbiographie verständlich werden;
- daß dabei die Tatsache eine Rolle spielt, daß die Sozialisation der Kinder hinsichtlich der Liebes-, Arbeits- und Erziehungsfähigkeit gerade nicht erfolgreich war.

Die Störungen des drei Generationen umfassenden Familiensystems führen dazu, daß die Großeltern-Eltern-Konflikte aufrechterhalten bleiben, daß das Versagen der Großeltern gegenüber dem eigenen Kind verleugnet werden muß, so daß die Sozialisation des Enkels eine blinde Wiederholung oder ein Kompensationsversuch der bei den eigenen Kindern praktizierten Erziehungsstrategien ist. Wie verschieden im Einzelfall auch die Störungen des Familiensystems sein mögen und zu welchen Folgen das Versagen der Großeltern gegenüber dem eigenen Kind auch immer führen mag, wenn ein Elternteil nicht in der Lage ist, in verantwortlicher Weise die Elternrolle zu übernehmen, ein gemeinsames Problem scheint darin zu liegen, daß die Ablösungskrise in der

Jugendzeit nicht progressiv bewältigt wurde. Wenn die Ablösung einer Mutter oder eines Vaters von den eigenen Kindern nicht bewältigt, ein elternunabhängiger Status, eine elternunabhängige Selbstidentität nicht erreicht wird, die eine kritische Distanzierung von den eigenen Eltern ermöglicht, und dadurch erst die Voraussetzung geschaffen wird, daß befriedigende Partnerbeziehungen möglich sind, kann man zwei verschiedene Fälle unterscheiden:

- Aufgrund der aufrechterhaltenen Bindung bleibt die Mutter (oder der Vater) des Enkels als Kind im Haushalt der Großeltern. Der aus der Elterngebundenheit resultierende Kampf um Abhängigkeit und Unabhängigkeit, die Ambivalenz von Abstoßung und Anklammerung bleiben aufrechterhalten. In solchen Fällen übernimmt die Großmutter manchmal von vornherein die Rolle der Mutter. So überließ z.B. eine einundzwanzigjährige Tochter, die weiter bei ihren Eltern wohnte, ihr uneheliches Kind vom ersten Tag an der Großmutter, die darum ihren Beruf aufgab, während die Mutter des Enkels selbst weiter arbeiten ging. Die frühkindliche Sozialisation wurde so nie Aufgabe der Mutter, was zur Folge hatte, daß das Kind Jahre später, als die Mutter sich einem anderen Partner zuwandte, bei seinen Großeltern blieb.
- Die aufrechterhaltene Bindung an die Eltern führt zur Flucht aus dem Elternhaus, in wechselnde Partnerbeziehungen oder in eine Ehebeziehung, in der an den Partner elterliche Wünsche und Erwartungen gestellt werden (vgl. Willi 1975). Aber damit ist die Gebundenheit auch noch nicht bewältigt, sondern nur eine scheinbare Elternunabhängigkeit erreicht, die gleichzeitig reife Partnerbeziehungen und die Übernahme der Elternrolle ausschließt.

So war es z.B. bei der Mutter von Karl, die, nachdem sie als Jugendliche wiederholt von zu Hause weggelaufen war, als Fünfzehnjährige einen fast fünfzehn Jahre älteren Mann kennenlernte, den sie kurz vor der Geburt ihres ersten Kindes mit siebzehn Jahren heiratete, weil sie in ihm einen Vaterersatz fand, der ihr Geborgenheit und Verständnis gab, was sie in ihrer Familie stets vermißt hatte. Aber aufgrund der fehlenden Ablösung konnte sie weder eine elternunabhängige Selbstidentität entwickeln noch die Mutterrolle innerhalb einer Partnerbeziehung übernehmen, so daß sie sich als Achtzehnjährige von ihrem Mann trennte und das Kind den Großeltern überließ.

In beiden Fällen ist also ein Elternteil nicht in der Lage, reife Partnerbeziehungen zu entwickeln und die Elternrolle zu übernehmen, so daß sich die Großeltern zur Übernahme der Elternrolle gezwungen sehen.

2.1 Das Enkelkind als Substitut des idealen Selbst der Großeltern

Einmal besteht eine erhebliche infantile Abhängigkeit eines Elternteils von den Großeltern, wobei das Enkelkind gerade dazu dient, diese Elternabhängigkeit aufrechtzuerhalten und jeden Schritt der Emanzipation und Ablösung zu verhindern. Der aufrechterhaltene pubertäre Ablösungskonflikt, der sich u.U. auch in einem beständigen Kampf um Abhängigkeit und Unabhängigkeit niederschlägt, endet oftmals in der infantilen Unterordnung der Mutter (oder des Vaters) unter ihre Eltern, so daß die Mutter (oder der Vater) als Kind im Elternhaus der Großeltern bleiben. Selbst wenn das

Enkelkind kein uneheliches Kind ist und beide Eltern bei den Großeltern wohnen, erweist sich häufig die Elternabhängigkeit stärker als die Partnerbeziehung, so daß die Schwiegertochter oder der Schwiegersohn aus dem Familiensystem ausgeschlossen wird.

Als Matthias geboren wurde, lebten seine Eltern bei den Großeltern väterlicherseits. Der Vater, ein fünfundzwanzigjähriger Mann, der weder lesen noch schreiben, nicht einmal sein Alter angeben konnte, wurde zwar von seiner Mutter in eine Ehe gedrängt, blieb aber in allem, was er tat, von der ihn vollständig dominierenden Mutter abhängig.

Wenn die Beziehungsfähigkeit durch die kindliche Abhängigkeit von den Eltern auf dem Niveau eines Kindes bleibt, kann ein Vater weder Partnerbeziehungen noch Eltern-Kind-Beziehungen entwickeln. Folglich ist es auch nicht verwunderlich, daß seine Frau nach einem halben Jahr die Familie verläßt, weil sie – wie man unterstellen darf – die zwischen ihm und den Großeltern bestehenden Beziehungsformen nicht mehr ertragen konnte. Gerade das Weggehen der Mutter stellt dann eine überall anerkannte Rationalisierung dafür dar, daß die Großeltern nun die Elternrolle übernehmen müssen. Aber gerade dadurch, daß die elterliche Koalition durch den Einfluß der Großmutter nicht mehr besteht, stellt sich in der Großeltern-Familie wieder eine klare lineare Abhängigkeitsbeziehung zwischen Großeltern, Vater und Enkel her. Das Enkelkind wird von den Großeltern wie ein eigenes Kind angesehen. Die Großeltern sehen ihre Rolle als Fortsetzung ihrer Elternrolle. Die natürliche Verwandtschaftsbeziehung wird als Garant sicherer Zugehörigkeit und verläßlicher Beziehungen genommen. Weil das Enkelkind schließlich »ihr Fleisch und Blut« sei, erleben es die Großeltern als Zumutung, daß das Enkelkind etwa bei Pflegeeltern aufwachsen sollte, und wehren sich mit Händen und Füßen gegen eine Herausnahme des Enkels.

In solchen Fällen besteht eine unklare Abgrenzung der Generationen. Die Großeltern beanspruchen das Enkelkind wie ihr eigenes und tabuisieren die Tatsache, daß es überhaupt bei Großeltern aufwächst, die vom Enkel häufig Mama und Papa genannt werden. Damit verwischen sich die Generationsgrenzen; die Mutter oder der Vater des Enkels bleiben ebenso in der Kindesrolle wie das Enkelkind. Dann erscheint dem Kind »die Mutter zunächst wie eine ältere Schwester, dann (wenn sich das Enkelkind mit den Großeltern identifiziert) wie eine jüngere« (Rappaport 1977, 350). So wird das Enkelkind zu einem Bindeglied zwischen der Mutter (oder dem Vater) und den Großeltern, oder es wird als gemeinsames Kind begriffen. Es garantiert, daß die Großeltern nicht durch die Ablösung ihrer Tochter oder ihres Sohnes ihre dominierende Elternrolle verlieren und daß die Tochter oder der Sohn die Elternbindung nicht aufzugeben brauchen. »Das Enkelkind dient als Geschenk an die Großmutter, das deren Interesse an der Mutter wiedererwecken und ihre Feindschaft gegen die Mutter besänftigen soll. Die Großmutter akzeptiert das Geschenk, macht aber das Kind zum Verbündeten gegen die Eltern und beutet so die Gabe aus« (ebd., 350).

An dieser Stelle wären zwei Fragen zu beantworten: Auf welche Weise haben die Großeltern dazu beigetragen, daß ihre Tochter oder ihr Sohn sich nicht von ihnen distanzieren und ablösen dürfen? Warum nehmen sie das Enkelkind als Geschenk an?

Immer wieder kann man in solchen Fällen sehen, daß es sich bei den Großeltern um Eltern handelt, die durch eine ausgeprägt restriktive Erziehung zu Unterordnung und Gehorsam die altersspezifischen Autonomiebestrebungen der eigenen Kinder unterbunden haben. Dies ist aber nicht nur eine Frage des Erziehungsstils, sondern weist auch auf spezifische Probleme der Eltern hin, nämlich darauf, daß sich der Wert des Kindes daran bemißt, ob es den Eltern hinreichende Selbstwertbestätigung verschafft oder nicht. Die Autonomiebedürfnisse erleben die Eltern aber aufgrund eines unsicheren, labilen Selbstwertgefühls als ganz erhebliche narzißtische Kränkung, die abgewehrt werden muß. Die spätestens mit der Pubertät einhergehenden Bemühungen um elterliche Unabhängigkeit, die vom Jugendlichen mit der Entidealisierung der Eltern und aggressiver Abgrenzung verbunden sind, führen zu nicht tolerierbaren Strafängsten, die mit einer aggressiven Hemmung beantwortet werden. Auf diese Weise erlauben die Eltern ihrem Kind nicht, sich von ihnen ab- und anderen außerfamilialen Partnern zuzuwenden, weil sie dann ihre Elternrolle, die oft die einzige anerkannte Selbstdefinition darstellt, verlieren könnten. Folglich müssen die Großeltern jegliche Kritik an der Erziehung ihrer Kinder abwehren, um an der Selbstidealisierung festhalten zu können.

Im Fall von Matthias, der – wie schon erwähnt – in den ersten sechs Lebensjahren von den Großeltern erzogen wurde, bis er gegen deren Widerstand in eine Pflegefamilie kam, idealisiert die Großmutter nicht nur sich selbst, ihre eigene Erziehung und die ihrer Kinder. Sie betont, daß sie sich mit ihren Eltern, die einmalig gut gewesen seien, immer gut verstanden habe. Allen Ernstes sagt sie, daß sie als Kind nie etwas getan habe, was ihren Eltern nicht gefallen hätte. Und obwohl sie eines ihrer drei eigenen Kinder mit drei Jahren bei ihrer Mutter gelassen hat, behauptet sie, alle drei Kinder so gut erzogen zu haben, daß sie auch große Erfolge bei ihnen erwarten könnte. Die Idealisierung der Kinder und die Verleugnung der Mißerfolge lassen eine realistische Sicht der eigenen Kinder nicht zu.

Aber bei so hohen unrealistischen Erwartungen, die jetzt auch an den Enkel gestellt werden, können Enttäuschungen nicht ausbleiben, die darum zwangsläufig verleugnet werden müssen, weil ein Kind für die Großmutter vor allem die Bedeutung hat, ihr als narzißtische Bestätigung zu dienen: »Das Kind soll so sein, wie man gerne geworden wäre, wobei die Projektion des Ich-Ideals auf das Kind nur dem Bedürfnis dient, sich von drückenden Schuldgefühlen zu entlasten. ... Eltern fordern, daß es besser wird als sie selbst, um sich dann mittels Identifizierung mit dem Kind für das eigene Scheitern zu entschädigen« (Richter 1969, 168).

Daß Eltern wünschen, daß ihre Kinder mehr erreichen sollen als sie selbst, ist nicht ungewöhnlich. Wo aber diese Wünsche durch eigenes Versagen und Schuldgefühle determiniert sind, gerät das Kind in eine pathologische Rollenbeziehung, die Richter in dem Kapitel »Das Kind als Substitut des idealen Selbst« (ebd.) beschrieben hat. Die traumatische Bedeutung dieser Rolle, »die durch die narzißtische Projektion der Elternfigur konstituiert ist« (ebd., 193), besteht darin, daß das Kind die elterlichen Idealforderungen, lieb, gut und erfolgreich zu sein, nicht erfüllen kann und mit erheblichen Schuldgefühlen beantwortet. Die durch die Schuldgefühle und Frustrationen mobilisierten Aggressionen, die aber aufgrund von Strafängsten abgewehrt werden müssen, können dann nur gegen das eigene Selbst gerichtet werden, so daß nach Richter (ebd., 193) beim Kind eine depressive Persönlichkeitsentwicklung vorgezeichnet ist, die verhindert, daß sich das Kind kritisch von den Eltern distanzieren und eine elternunabhängige Identität entwickeln kann. Wenn dann aufgrund dieser pathologisch verzerrten Beziehungsformen zwischen den Großeltern und den eigenen Kindern die Kinder als Eltern versagen, muß dieser Mißerfolg von den Großeltern vollkommen verleugnet werden. Dann sagen die Großeltern, daß sie in der Erziehung ihrer Kinder überhaupt nichts falsch gemacht hätten. Darum müssen die Mißerfolge des Kindes, die die Bestätigung des eigenen Selbstwertgefühls und der Selbstidealisierung in Frage stellen, durch die Erziehung des Enkels kompensiert werden. In der Beziehung zum Enkelkind wird dann die gleiche Beziehungsform wie bei den eigenen Kindern wiederholt. Das Kind soll zu einem braven Kind oder zu einem gehorsamen Anhängsel der Großeltern werden, das ihnen zumindest soziale Anerkennung verschafft. Deswegen nehmen die Großeltern das Geschenk an.

Aber das bleibt nicht ohne Auswirkungen auf das Enkelkind. In solchen durch narzißtische Projektion verzerrten Beziehungsformen kann ein Kind – das eigene ebenso wie das Enkelkind – nicht im Spiegel der Eltern ein positives Selbstwertgefühl entwickeln, das die Grundlage für eigene Initiative, Neugier und Aktivität ist. Dabei ist in solchen Fällen nicht einmal ausgeschlossen, daß die Großeltern in der frühen Kindheit des Enkels befriedigende Beziehungsformen haben entwickeln können, die erst mit der beginnenden Autonomieentwicklung des Enkelkindes entgleisen mußten, weil die zunehmenden Bedürfnisse nach Distanzierung und Autonomie die narzißtische Bestätigung in Frage stellen. Durch starre und frühe Gehorsamsforderungen, wie z.B. eine verfrühte Reinlichkeitserziehung – etwa wenn das Kind im Alter von einem dreiviertel Jahr mit Schlägen bestraft wird, wenn es in die Hose gemacht hat –, wird das Kind zu einem bloßen Substitut großelterlicher Ideale, zu einem Anhängsel einer die kindlichen Bedürfnisse dominierenden Person, der es sich nur durch Passivität oder Negativismus entziehen kann. Das Kind kann gerade kein realistisches Anspruchsniveau und eine angemessene realistische Lern- und Leistungsmotivation entwickeln, weil alles, was es tut, nie den Ansprüchen und Erwartungen der Großeltern entspricht. Weil das Kind in solchen Beziehungsformen seines Eigenwertes beraubt wird, entstehen nicht nur keine befriedigenden Interaktionsformen, die der Befriedigung von Wünschen und Bedürfnissen und zum Aufbau positiver Beziehungen beitragen, sondern vor allem auch kein gesundes Selbstwertgefühl. Folglich entstehen beim Kind aufgrund der vielfältigen narzißtischen Frustrationen Haß und Aggression gegen diejenigen, von denen es abhängig ist. Solche Kinder stecken voller Wut und Aggression gegenüber den Großeltern, die sie allerdings oft nicht äußern können und dürfen.

Heiner, ein siebenjähriger Junge, der bei seinen Großeltern väterlicherseits lebt, nachdem die Mutter die Familie verlassen hatte, der alkoholabhängige Vater die Vaterrolle nicht verantwortlich übernehmen kann, bringt bei der psychologischen Untersuchung seine aggressiven Affekte gegenüber den Großeltern ganz unverblümt zum Ausdruck: z.B. wenn er beim Testbild 17 des PFT, wo die Eltern dem Kind, das im Bett liegt, sagen, daß sie ausgehen und daß es schlafen soll, antwortet: »Nein, ich will aber nicht, ich knall' Euch gleich meinen Ball an den Kopf, ihr blöden, dummen Arschlöcher.« Bei PFT 23, wo die Mutter dem Kind sagt, daß die Suppe leider kalt ist: »Die Oma sagt, sie macht die Suppe wieder warm. Das Kind: ›Nein, will ich nicht, will lieber was zu trinken, du blöde Arschloch-Oma.‹« Immer werden Frauen als Oma beschimpft: »Du dumme Buch-Oma, beknackte Frau.« Er erlebt die Großeltern als Räuber, die ihn seiner idealisierten Mutter, die er im Sceno-Test als kleine Prinzessin darstellt, geraubt haben und die wütend auf das Baby sind.

Die von den Großeltern idealisierte Familienharmonie erweist sich bei genauerem Hinsehen als bedrohlich und die psychische Entwicklung störend, so daß befriedigende Beziehungsformen nicht entwickelt werden können. Nicht die Überbehütung oder Verwöhnung durch die Großeltern, sondern die narzißtische Ausbeutung des Kindes ist der entscheidende Punkt, warum die Großeltern-Erziehung und ihr Anspruch auf die Elternrolle so verheerende Auswirkungen hat.

2.2 *Das Enkelkind als Substitut des elterlichen Selbst*

Wenn die Mutter oder der Vater des Enkelkindes das Kind bei den Großeltern lassen und selbst aus der Großeltern-Familie fliehen, könnte man annehmen, daß das Enkelkind als Kind der Großeltern überhaupt nicht in den Ablösungskonflikt der Eltern gerät. Aber warum liefert eine Mutter ihr Kind bei den Großeltern ab? Und warum wollen die Großeltern das Kind haben?

Auch in diesem Fall ergibt sich die Motivation zur Übernahme der Elternrolle durch die Großeltern und die Ablehnung der Elternrolle durch die Eltern aus dem zwischen Großeltern und einem Elternteil bestehenden Ablösungskonflikt, der mit Hilfe des Enkels fortgesetzt wird. Nur handelt es sich hier nicht darum, daß ein gehorsamgebundenes Kind das Enkelkind den Großeltern zum Geschenk macht, um selbst in der kindlichen Elternabhängigkeit bleiben zu können, sondern darum, daß der Elternteil, der jetzt den Großeltern das Enkelkind »schenkt«, als Kind oder Jugendlicher in der Rolle des Sündenbocks war (vgl. Richter 1969, 197ff) und an dieser Rolle festzuhalten gezwungen ist. In typischer Weise findet man bei den Großeltern einen Erziehungsstil, der durch eine Vermischung von Verführung und unerbittlicher Strenge im elterlichen Verhalten gekennzeichnet ist, so daß das Kind solche abgewehrten Impulse, wie etwa aggressive Rachegefühle oder sexuelle Wünsche, ausagiert, die die Eltern bei sich selbst unterdrücken müssen.

So erzählt z.B. eine selbst zur Überanpassung, Außensteuerung und aggressiver Gehemmtheit neigende Großmutter voller Stolz und Anerkennung von den Sauftouren und Schlägereien ihres jugendlichen Sohnes, gegen den sechs Strafverfahren eingeleitet wurden: »Wenn die freitags und samstags nicht voll sind bis oben hin, dann wären das keine richtigen Jungens, dann wären das keine richtigen Männer, meinen die jungen Böcke« und fügt gleich hinzu, weil der Sohn auch mal zu Hause abgewaschen habe: »So 'n prima Junge ist das!«

Dadurch, daß das Kind die negativen Selbstaspekte der Eltern agiert, d.h. anstelle der Eltern verwirklicht, zerfällt das Eltern-Kind-Verhältnis in Gutsein und Schlechtsein. Die Eltern können sich nur gut fühlen, wenn das Kind schlecht ist. Das Kind, das sich gegen diese Rollenzuschreibung nicht wehren kann, braucht die Eltern wie einen guten Teil von sich selbst und bleibt darum an sie gebunden.

Diese narzißtische Beziehungsform bewirkt folglich, daß das Kind gegenüber den Eltern keine Autonomie, keine wirkliche Unabhängigkeit in Beziehungen entwickeln darf: »Die Elternfigur kann ohne das Kind, dieses ohne jene nicht leben« (ebd., 227). Die Ablösungskrise kann weder von den Eltern noch vom Kind progressiv bewältigt werden.

So war es auch bei der Mutter der zweijährigen Beate, die gerade erst neunzehn Jahre alt war, als ihre Tochter geboren wurde, und die bald nach der Geburt einen anderen Mann, aber nicht den leiblichen Vater des Kindes heiratete. Nach erheblichen Ehekonflikten verließ die Mutter fluchtartig die Familie, als das aufgrund von Vernachlässigung in seiner Entwicklung retardierte, beziehungslose Kind kaum acht Monate alt war. Die Großeltern mütterlicherseits holten daraufhin das Enkelkind für drei Wochen zu sich, bis es in die Pflegefamilie kam. Seitdem kämpfen die Großeltern, insbesondere die Großmutter, darum, daß das Enkelkind wieder in die Großeltern-Familie zurückkehren soll, damit es vielleicht später einmal wieder zu seiner Mutter, die nichts mehr mit dem Kind zu tun haben will, zurückkehren könnte, vor allem aber, weil es nicht bei fremden Menschen (bei denen es schon ein Jahr lebt), sondern in »seiner Familie« aufwachsen solle.

Diese Mutter war von frühester Kindheit an ein abgelehntes Kind gewesen. Kurz vor ihrer Geburt war eine vier Jahre ältere Schwester durch die Unachtsamkeit ihrer Mutter bei einem Unfall ums Leben gekommen. Aufgrund der damit verbundenen Schuldgefühle schwankte die Erziehungshaltung der Großmutter – wie auch bei den Geschwistern – in extremer Weise zwischen nachgiebiger Verwöhnung und unnachgiebiger Strenge. Auf diese Weise suchte die Großmutter ihren eigenen Bedürfnissen entsprechend die Abhängigkeitsbeziehung ihrer Kinder zu erhalten.

Aber ein Kind, das nur zur narzißtischen Bestätigung der Mutter gebraucht wird, dessen Bedürfnisse nie angemessen beantwortet werden, kann diese Erwartungen nicht erfüllen. Das Versagen des Kindes wird von den Eltern wieder als unerträgliche Schuld erlebt, so daß, um diese Schuldgefühle abzuwehren, schließlich die Idealisierung des Kindes in Haß und Aggression gegen diese umschlägt. Dann wird – wie nicht anders zu erwarten – die Tochter zu einem mißratenen, unmöglichen Kind, das als verwahrloste Jugendliche alle schlimmen Befürchtungen der Großmutter bestätigt: von zu Hause wegläuft, Diebstähle begeht, auf den Strich geht und in keiner Institution der Fürsorgeerziehung gehalten, geschweige denn positiv beeinflußt werden kann. Aber mit Hilfe des Enkels soll diese ambivalente Liebes-Haß-Beziehung zwischen Mutter und Großmutter aufrechterhalten werden.

Das ist auf den ersten Blick ganz unverständlich, weil eine Mutter (oder ein Vater), die bei der Bewältigung realer Anforderungen in der Schule, bei der Berufsausbildung, in der Partnerbeziehung und schließlich in der Elternrolle versagt, »sich gleichsam als der lebende Beweis elterlichen Versagens repräsentiert« (Stierlin 1976, 189).

Aber nur als mißratene Tochter, die bei der Großmutter Schuldgefühle mobilisiert, gewinnt sie Macht über die Großeltern. Jetzt ist sie in der Lage, aufgrund dieser Schuldgefühle ihre Eltern zu manipulieren. Sie kann ihnen in gleicher Weise vorwerfen, daß sie sich in ihre Angelegenheiten einmischen oder daß sie sich nicht genügend um das Enkelkind kümmern würden. Und weil die Großeltern trotz der unübersehbaren Mißerfolge an der Vorstellung festhalten, großartige Eltern zu sein, die am Unglück ihres Kindes überhaupt nicht schuld sein können, können sie sich dem Anspruch nicht entziehen, für das Enkelkind Elternfunktionen zu übernehmen. Auf diese Weise, wenn sich z.B. eine Großmutter darüber empört, daß es für sie das Schlimmste sei, wenn sich eine Mutter nicht um ihr Kind kümmert, bleibt die Tochter in der die Großeltern bestätigenden Rolle des Sündenbocks, deren Versagen die Großeltern dazu zwingt, für das Enkelkind zu sorgen. Durch die abgewehrten und verleugneten Schuldgefühle sind die Großeltern gezwungen, das wieder gutmachen zu wollen, was sie bei der Erziehung ihres Kindes versäumt haben. Das Enkelkind wird so zu einem Ersatz des elterlichen Selbst, zu einem Stellvertreter der Mutter (oder des Vaters). Die Großmutter, so könnte man sagen, kann so tun, als hätte sie ihre »mißratene« Tochter noch einmal als kleines Kind.

In beiden Fällen, bei denen ein Elternteil in der Rolle des idealisierten oder des negativen Selbst als Sündenbock an die Großeltern gebunden ist, ist die Erziehungsfähigkeit durch die neurotisch verzerrten Beziehungsformen grundlegend in Frage gestellt. Durch die Wiederholung narzißtischer Beziehungsformen in der Beziehung zum Enkel, die keine an den kindlichen Bedürfnissen orientierte Einfühlung zuläßt und aufgrund der Verleugnung von Schuld und Versagen in der Erziehung Lernen aus Erfahrung unmöglich macht, wird bei den Großeltern die Beziehungs-, Einfühlungs- und Lernfähigkeit und damit die Erziehungsfähigkeit weitgehend eingeschränkt.

In der Beziehung zum Enkel werden gerade jene Beziehungsformen wiederholt, die eine erfolgreiche Erziehung und Sozialisation der eigenen Kinder verhindert haben. Dabei steht nicht selten am Anfang jene Beziehungsform, bei der das Enkelkind idealisiert wird, bis es aufgrund seines Versagens gegenüber den Erwartungen seiner Großeltern schließlich zum »unmöglichen« Kind wird. Insofern kann man die beiden hier hervorgehobenen Beziehungsformen nicht immer scharf voneinander trennen. In jedem Fall wird aber das Enkelkind funktionalisiert und dadurch – trotz aller äußerlich sichtbaren Liebe und Zuwendung der Großeltern – seines Eigenwertes beraubt, so daß eine Dysregulation des narzißtischen Wertsystems und mehr oder minder tiefgreifende narzißtische Persönlichkeitsstörungen nicht ausbleiben.

Kapitel 2: Zur Geschwisterproblematik in der Pflegefamilie*

Nach einer repräsentativen Erhebung des Deutschen Vereins für öffentliche und private Fürsorge nehmen etwa ein Drittel der Pflegefamilien mehrere Pflegekinder auf, wobei keine gesonderten Angaben über die Aufnahme von Geschwisterkindern gemacht werden; fünfundachtzig Prozent der Pflegefamilien haben außer dem Pflegekind ein oder mehrere leibliche Kinder oder Adoptivkinder. Kinderreiche Familien sind unter den Pflegefamilien nicht seltener, sondern eher häufiger vertreten als in der Gesamtbevölkerung (Junker u.a. 1978).

Die Geschwisterkonstellation müßte also ein für die Integration und Entwicklung eines fremdplazierten Kindes äußerst relevantes Thema sein, zumal eine Reihe von Untersuchungsergebnissen darauf hinweisen, daß die Geschwisterkonstellation einen gravierenden Einfluß auf das Ge- oder Mißlingen der Integration eines Kindes hat (Blandow 1972).

Dennoch finden sich in der Literatur zum Pflegekinderwesen kaum inhaltlich differenziertere Analysen der Probleme, die sich aus Geschwisterbeziehungen ergeben, und erst recht keine Hinweise auf die Problematik der gemeinsamen Vermittlung von Geschwisterkindern. In Gesprächen mit Sozialarbeitern, Heimerziehern und Pflegeeltern haben wir den Eindruck gewonnen, daß diese Problematik vielfach darum nicht schärfer und kritischer gesehen wird, weil Geschwisterbeziehungen eher idealisiert werden und daher schwer in Frage gestellt werden können.

1. Geschwisterrivalität und Geschwistersolidarität

Überbetont werden oft die zweifellos positive Chance sozialen Lernens und die Bereicherung, die gelungene, positiv strukturierte Geschwisterbeziehungen darstellen. Dabei wird allerdings übersehen, daß dies das Ergebnis der gelungenen Bewältigung eines oft schwierigen Weges ist, der mit Angst um den Verlust der elterlichen Zuwendung und hinreichenden Versorgung und Bedürfnisbefriedigung, mit Wut über das nicht mehr ständig verfügbare Objekt und die nun verstärkt geforderte Rücksichtnahme und mit Haß und Eifersucht auf das Geschwisterkind gepflastert war (Toman 1980; Spiel 1980). Wie Bettelheim (1975) betont, sind, solange es Kinder gibt, die älteren Geschwister auf ihre jüngeren eifersüchtig, und die jüngeren haben darunter zu leiden,

* *Nienstedt, M.:* Vorträge auf der Fortbildungsveranstaltung des Landesjugendamtes Westfalen-Lippe für Sozialarbeiter, Hardehausen 1980, und auf der Fortbildungsveranstaltung des Landeswohlfahrtsverbandes Hessen für Erziehungsstelleneltern, Hülsa 1983.

und manchmal ist es auch umgekehrt. Das heißt, die Geschwisterrivalität ist, auch wenn sie durch einen kompetenten Umgang der Eltern mit ihr zu mildern ist, dem guten Verstehen, der positiven Beziehung zwischen Geschwistern vorgeordnet.

Nur unter günstigen Bedingungen, auf die ich noch zurückkomme, entsteht – bei Überwindung dieser primären Rivalität und Eifersucht oder zumindest deutlichen Ambivalenz dem Geschwister gegenüber – eine intensive Geschwisterliebe oder zumindest eine ausgeprägte Geschwistersolidarität, ein auf gegenseitigem Vertrauen, Verstehen und Helfen beruhendes Gefühl besonderer Nähe.

In einer Reihe von Geschwisterbeziehungen bleibt jedoch die Rivalitätsbeziehung dominierend (vgl. Psychologie heute 1982). Geschwisterbeziehungen können auch die individuelle Entwicklung eines einzelnen Kindes erheblich behindern – z.B. wenn ein Kind in eine Sündenbockrolle gerät, von den Eltern im Unterschied zu den Geschwistern nicht recht angenommen werden kann oder in vielen Bereichen sich im Vergleich zu einem erfolgreichen Geschwister stets hoffnungslos unterlegen fühlt.

Geschwister zu haben muß also nicht in jedem Fall ein beglückender Gewinn sein und ist es in der Regel zunächst auch nicht, selbst wenn Eltern dies nicht wahrhaben wollen und Hinweise darauf entsprechend ihrem Wunschbild umdeuten: so, wenn ein Dreijähriger im Sceno-Test eine Mutter mit einem Säugling auf dem Schoß darstellt und mit grimmigem Gesicht und vernehmlichem »Ham-ham« ein Krokodil auf sie richtet und die Mutter kommentiert: »Oh, das ist aber ein niedliches, kleines Krokodil, das will mit dem Kleinen spielen!« Oder wenn ein Vierjähriger zum Baby sagt: »Ich mach' Dir Feuer unterm Arsch«, die Mutter den kleinen Sohn anlächelt und zum Baby sagt: »Was Du für einen lieben Bruder hast, der möchte es Dir warm machen.«

2. Die Vorrangigkeit der Eltern-Kind-Beziehung

Noch ein Zweites muß bedacht werden: Geschwisterbeziehungen haben zweifellos einen prägenden und modifizierenden Einfluß auf die Persönlichkeitsentwicklung eines Kindes (Toman 1980; Adler 1920), schaffen jedoch nicht die Grundlage für eine gesunde Persönlichkeitsentwicklung und -strukturierung, denn diese wird in der Eltern-Kind-Beziehung gelegt, die der Geschwisterbeziehung vorgeordnet ist.

In der natürlichen Abfolge bei leiblichen Geschwistern ist dies im »positiven Normalfall« dadurch gewährleistet, daß jedes Kind in der frühen symbiotischen Beziehung zur Mutter und noch darüber hinaus – aufgrund seiner Hilflosigkeit und seines eindeutigen Angewiesenseins auf die Versorgung durch die primäre Bezugsperson – die Chance hat, ohne Rücksichtnahme auf andere und quasi außerhalb der Rivalitätsbeziehung zu Geschwistern zunächst eine sichere Beziehung zur Mutter aufzubauen. In dieser Beziehung kann es Urvertrauen entwickeln, eine grundsätzlich positive Einstellung zu anderen Menschen und zu sich selbst gewinnen, bevor es sich, immer noch im besonderen Schutz der Erwachsenen, mit Geschwistern und auch den durch sie gesetzten Einschränkungen und Frustrationen auseinandersetzen muß.

Wir gehen davon aus, daß für auf Dauer fremdplazierte Kinder das gleiche gilt wie für in stabilen Familienbeziehungen aufwachsende leibliche Kinder, nämlich daß auch sie zunächst in erster Linie die Beziehung zu Eltern statt zu Geschwistern brauchen, wenn die Aufarbeitung alter Probleme und der Aufbau neuer familialer Beziehungen gelingen soll. Das Ge- oder Mißlingen der Sozialisation von Kindern in Ersatzfamilien ist primär abhängig davon, ob der Beziehungsaufbau zu den Eltern gelingt. Dies ist insbesondere bei schon älteren Kindern mit problematischen familialen Vorerfahrungen ein mühsamer, langwieriger und klippenreicher Prozeß, den wir in drei Phasen beschrieben haben: der Anpassungsphase, der Phase der Übertragungsbeziehungen und der Regressionsphase (vgl. Teil II, 1). Dabei ist die Einschränkung zu machen, daß bei der Aufnahme Jugendlicher dieser Prozeß oftmals nicht mehr vollständig durchlaufen wird und das Ziel, neue Eltern-Kind-Beziehungen zu entwickeln, auch nicht mehr unbedingt angemessen ist. Dieser Integrationsprozeß kann aber durch Geschwisterkinder erheblich erschwert werden.

3. Geschwisterkonstellationen

Wiederholt haben Pflegeeltern und Sozialarbeiter die Auffassung vertreten, daß Geschwisterkinder, die gemeinsam in die Pflege- oder Adoptivfamilie aufgenommen wurden, oder in der Ersatzfamilie schon vorhandene Kinder die »Eingewöhnung« des Pflegekindes erheblich erleichtert hätten. Und in der Tat können diese – insbesondere am Anfang der Pflegebeziehung – eine entlastende Funktion haben, ähnlich wie die Kinder in einer Heimgruppe: Gerade dann, wenn ein Kind sehr negative, angstmachende und frustrierende Erfahrungen mit Eltern gemacht hat, wird es Geschwisterbeziehungen als Schutz vor beängstigenden Beziehungen zu Eltern erleben, als Beziehungen, in die es sich flüchten kann, wenn es sich auf dichtere Beziehungen zu Eltern noch nicht einlassen kann. Auch hat das neue Kind die Möglichkeit, erst einmal »per Distanz« zu beobachten, wie diese Eltern mit Kindern insbesondere auch in Konfliktsituationen umgehen, auch wenn es selbst – in der Anpassungsphase – noch keinen Konflikt mit den Eltern wagt. Schließlich können gerade von einem Kind, das sich aufgrund seiner Vorerfahrungen von Eltern leicht überwältigt und beherrscht fühlt, Einschränkungen und Regeln, die durch andere Kinder vermittelt werden, oft leichter und besser toleriert werden, als wenn das gleiche von Eltern gefordert wird.

Aber diese anfänglichen Vorteile wiegen bei weitem nicht die Nachteile auf, wenn es, wie es allzuoft geschieht, dabei bleibt, daß das Kind vor dem Sicheinlassen auf dichtere Beziehungen zu den Eltern in die Beziehung zu Kindern flieht, oder wenn es dem Kind in der Konkurrenzbeziehung zu Geschwistern schließlich nicht möglich ist, befriedigende, intime, exklusive Beziehungen zu den Eltern zu entwickeln.

3.1 Aufnahme von Geschwisterkindern

Die Wahrscheinlichkeit, daß sich bei der Aufnahme von Geschwisterkindern die Geschwister gegenseitig in der Aufarbeitung der Vorerfahrungen und der Entwicklung neuer Eltern-Kind-Beziehungen behindern, ist so hoch, daß wir in der Regel nur dringend raten können, Geschwister, die auf Dauer in eine Ersatzfamilie integriert werden sollen, getrennt zu vermitteln.

Eine Ausnahme mag dann gegeben sein – und dies ist sicherlich relativ selten der Fall –, wenn bereits ältere Kinder bisher eine hinreichend befriedigende, positive, ungestörte Entwicklung genommen haben, zueinander differenzierte und die gegenseitige Entwicklung nicht behindernde Beziehungen entwickelt haben und wenn es ihnen aufgrund guter Primärerfahrungen in der Beziehung zu den leiblichen Eltern möglich ist, sich auf neue familiale Beziehungen relativ unverstellt einzulassen.

Es gibt auch vereinzelt sicherlich besondere Konstellationen, die ein Abweichen von der Regel getrennter Vermittlung nahelegen und möglich erscheinen lassen: wenn beispielsweise die späteren Ersatzeltern bereits vor der Fremdplazierung der Kinder jahrelang relevante Kontakte zu den Kindern hatten, für die Kinder schon zuvor die Bedeutung positiver, idealisierter Elternobjekte gewonnen hatten und wenn die Ersatzeltern über besondere Fähigkeiten und günstige äußere Umstände wie häufiges Vorhandensein beider Eltern verfügen, um auf die unterschiedlichen Bedürfnisse der Kinder so differenziert reagieren zu können, daß trotz der geschwisterlichen Konkurrenz die Entwicklung individualisierter Eltern-Kind-Beziehungen möglich ist.

In der Regel sind Eltern mit der Aufnahme zweier Kinder überfordert, und die Kinder sind erst recht damit überfordert, Eltern-Kind-Beziehungen in der Konkurrenz zu einem gleichzeitig aufgenommenen Geschwisterkind zu entwickeln. Nur allzuoft scheitern solche Konstellationen, so daß allenfalls die Integration eines Kindes – meist des jüngeren oder unproblematischeren – gelingt, während das ältere oder schwierigere Kind ein Fremdkörper in der Familie bleibt, keine neuen tragfähigen Eltern-Kind-Beziehungen entwickelt oder gar wieder abgestoßen wird.

Das Problem liegt zum einen darin, daß die Korrektur der aus traumatischen Erfahrungen resultierenden Persönlichkeits- und Beziehungsstörungen eines Kindes und die Herstellung befriedigender und tragfähiger Eltern-Kind-Beziehungen ein so hohes Maß an Einfühlung, differenzierter Zuwendung und Rücksichtnahme auf die spezifischen kindlichen Bedürfnisse erfordert, daß dies mit zwei Kindern gleichzeitig kaum erfolgreich zu leisten ist. Zum anderen potenzieren rivalisierende Ansprüche der Kinder in der Konkurrenzbeziehung zu den Eltern vielfach noch die Probleme, die schon mit jedem einzelnen Kind bewältigt werden müßten. So geht mit Sicherheit ein Großteil der von »Fritz und Flori« (Dericum 1976) geschilderten Integrationsprobleme, denen viele Eltern nicht gewachsen gewesen wären, auf dieses vermeidbare Konto.

Darüber hinaus nehmen Geschwisterkinder, wenn sie gemeinsam vermittelt werden, jeweils im anderen einen Teil ihrer früheren Familienidentität mit in die neuen Beziehungen, was leicht dazu führt, daß sie sich geradezu gegenseitig verpflichten, loyal an ihr festzuhalten – und wenn dies auch nur dazu dient, den jeweils anderen an dem Sicheinlassen auf gewünschte befriedigende neue Eltern-Kind-Beziehungen zu hindern, weil dies die Verwirklichung der eigenen Wünsche an die neuen Eltern konkurrierend in Frage stellen würde. Und sie halten oftmals an schädlichen und zuweilen extremen Rollenverteilungen fest, die ihnen eine progressive, individuelle und gesunde Persönlichkeitsentwicklung in neuen Eltern-Kind-Beziehungen erheblich erschweren oder gar unmöglich machen. Da bleibt beispielsweise das ältere Kind, das in der vernachlässigenden Ursprungsfamilie elterliche Funktionen und Verantwortung für das jüngere Kind übernehmen mußte und dadurch seiner Kindheit beraubt wurde, in seinem Selbsterleben die Mutter des jüngeren Geschwisterkindes. Oder das eine Kind bleibt das gut angepaßte Kind, dessen Charme jeder erliegt, und das andere bleibt das schlecht angepaßte Kind mit einem negativen Selbst, der eigenen Selbstdefinition, ein böses und blödes Kind zu sein, das »auf den Kopf gefallen ist und nur Scheiß baut«.

Wie nachhaltig wirksam und leicht wiederbelebbar solche in der gemeinsamen Geschichte erworbenen Verhaltensmuster und Rollenverteilungen sein können, mag an folgendem Beispiel deutlich werden: Zwei Geschwisterkinder, zehn und zwölf Jahre alt, die in verschiedene Pflegefamilien integriert worden waren und die sich schon vor der Integration gut voneinander abgelöst und sich in ihrer Persönlichkeitsentwicklung jeweils unabhängig voneinander sehr verändert und positiv entwickelt hatten, trafen sich nach gut einem halben Jahr bei einem kurzen Besuch wieder. Bei beiden rasteten sofort wieder die alten Verhaltensweisen ein. Das jüngere Kind bekam ein blasiertes Gesicht (was schon länger nicht mehr so bei ihm zu beobachten war), kommandierte das andere herum und ließ sich von ihm verwöhnen; das ältere nahm rasch eine unterwürfige und sorgende Haltung ein und ließ sich von dem jüngeren ausbeuten – ganz so, wie es früher gewesen war.

Bei der Überlegung, ob man Geschwisterkinder trennen sollte, und bei der Beurteilung der Qualität ihrer gegenseitigen Beziehung darf man sich nicht dadurch täuschen lassen, daß sich die Kinder in der Ursprungsfamilie oder nach der Herausnahme aus der Ursprungsfamilie und während ihres Aufenthaltes im Heim sehr aneinander klammern. Dieses Aneinanderhängen ist oft Ausdruck einer auf dem Mangel an befriedigenden und schützenden Eltern-Kind-Beziehungen beruhenden Ersatzbeziehung – einer Notgemeinschaft, die zurücktritt, wenn die Geschwisterkinder die Chance haben, neue Beziehungen zu Eltern zu entwickeln. Dazu ein Beispiel: Zwei Brüder, damals acht und zehn Jahre alt, die wir während ihres Heimaufenthaltes therapeutisch auf die Integration in Pflegefamilien vorbereiteten, wehrten sich zunächst heftig, als wir sagten, daß wir sie als ihre »Pateneltern« einmal pro Woche getrennt zu uns holen würden – was einer parallelen Kontaktanbahnung zu verschiedenen Pflegefamilien entspricht. Die Kinder hielten sich aneinander fest und beteuerten: »Ich tue nichts ohne meinen Bruder!« Schon wenige Wochen später war von dem Wunsch, gemeinsam zu uns kommen zu wollen, nicht mehr die Rede. Im Gegenteil: Nun achteten beide eifersüchtig darauf, daß wir mit dem jeweils anderen nicht das gleiche machten wie mit ihm, und beide schwiegen sich gegenseitig beharrlich über die eigenen Besuche bei uns aus. Auch im Heim war nun deutlich zu beobachten, wie sich die beiden Kinder schrittweise stärker auseinanderdividierten. Die endgültige Trennung durch die Integration in Pflegefamilien stellte dann überhaupt kein Problem mehr dar.

3.2 Integration eines Kindes in eine Familie mit Kindern

1. Wenn Blandow (1972) betont, daß alle vorliegenden Untersuchungen übereinstimmend zu dem Ergebnis kommen, daß die Integration eines Kindes am ehesten gelingt, wenn in der Ersatzfamilie keine weiteren Kinder vorhanden sind, und daß es sich als äußerst ungünstig erweist, wenn ein leibliches Kind der Pflegeeltern noch sehr klein ist oder nur einen geringen Altersabstand zum Pflegekind hat, so können wir dies aufgrund unserer Erfahrungen nur mit Nachdruck bestätigen.

Schon ein Familienkind erlebt häufig die Geburt eines neuen Geschwisterkindes zunächst als belastend und irritierend, weil dadurch die sichere Beziehung zu den Eltern in Frage gestellt wird. Ein neu aufgenommenes Kind, das gleichzeitig Eltern und Geschwister bekommt, befindet sich im Vergleich dazu in einer ungleich schwächeren Position, weil es bisher noch keinerlei sichere Beziehungen hat und die schon »sicheren« Kinder um so mehr als Rivalen in der Beziehung zu den Eltern erleben muß, als es im Vergleich mit ihnen hinsichtlich der Dichte der Beziehungen zu den Eltern, der Übereinstimmung mit ihnen und der Verständigungsmöglichkeiten in der Regel schlechter abschneidet.

Die Problematik verschärft sich, je ähnlicher die Interessen- und Bedürfnislage der Kinder ist, wenn sie sich also altersmäßig zu wenig unterscheiden. Dabei ergeben sich nicht nur verschärfte Interessen- und Rivalitätskonflikte bei annähernder Gleichaltrigkeit. Sie ergeben sich auch dann, wenn in der Familie jüngere, ja auch deutlich jüngere Kinder vorhanden sind, da das neue Kind im Zuge der regressiven Entwicklungsphasen auch mit diesen Kindern »gleichaltrig« wird.

Dazu eine Beispiel: Ein dreizehnjähriger Junge lebt seit einem halben Jahr in einer Pflegefamilie, die zwei kleine Kinder im Alter von vier und sechs Jahren hat. Während er vor einiger Zeit noch mit dem vierjährigen Kind rivalisierte, sagt er heute selbst, daß er sechs Jahre alt sei, in die Vorschule gehen möchte und auch gar nicht älter werden möchte. Er vergleicht sich ständig mit dem sechsjährigen Kind, setzt sich mit ihm mit seinen Mitteln, auf seinem Verhaltensniveau, aber mit der Kraft eines Dreizehnjährigen auseinander und achtet peinlich genau darauf, daß er in der Beziehung zu den Eltern im Vergleich zu diesem Kind ja nicht zu kurz kommt.

Bei der Integration eines Kindes in eine Familie mit Kindern sollte daher darauf geachtet werden, daß das neue Kind in einer quasi »natürlichen« Abfolge zu den anderen Kindern steht, d.h. das jüngste Kind ist, und daß der Altersabstand hinreichend groß ist. Als günstig erweist sich ein Altersunterschied von drei bis vier Jahren, der im übrigen auch in der Abfolge leiblicher Kinder der unproblematischste ist (Toman 1980).

2. Problematisch wird die Aufnahme eines Kindes für ein Familienkind, wenn es selbst eine unsichere oder negative Position in der Familie einnimmt, wenn seine Rollenbeziehungen zu einem Elternteil konflikthaft und belastet sind oder wenn seine Ich-Fähigkeiten durch entwicklungsspezifische oder aktuelle Probleme momentan stark eingeschränkt werden.

Insbesondere wenn in einer Familie schon ein Dauerpflege- oder Adoptivkind lebt und die Eltern ein weiteres Kind aufnehmen wollen, kann die Entwicklung des ersten Kindes und die Aufarbeitung seiner Probleme erheblich verzögert oder auch zunichte gemacht werden, wenn die Integration eines neuen Kindes zu rasch erfolgt, d.h. wenn die Integrationsprozesse des ersten Kindes noch nicht zum Abschluß gekommen sind (vgl. Teil II, 1). Auch hier erweist sich ein Abstand von mindestens drei Jahren zwischen der Aufnahme des ersten und eines weiteren Kindes als günstig und notwendig.

Auch die Schwangerschaft und Geburt eines leiblichen Kindes während der noch nicht abgeschlossenen Integrationsphasen eines älteren Kindes führen in der Regel zu erheblichen Krisen im Beziehungsaufbau, zu erneuter Überanpassung oder aber zur Verschärfung bereits teilweise bewältigter Schwierigkeiten und zu starken Aggressionen gegen die Pflegemutter und das erwartete Kind, die für viele Mütter gerade in dieser Situation schwer erträglich sind und das Verhältnis zum Pflegekind anhaltend belasten oder gar zum Abbruch führen können. Um diesen Risiken vorzubeugen, erscheint es uns wichtig, vor der Aufnahme eines älteren Dauerpflege- oder Adoptivkindes mit den Eltern zu besprechen, ob sie bereit sind, ihren Wunsch nach einem leiblichen Kind in Abhängigkeit von den Entwicklungsschritten des aufgenommenen Kindes aufzuschieben und aktive Schwangerschaftsverhütung zu betreiben, wenn es keine eindeutigen medizinischen Befunde für die Unmöglichkeit einer Schwangerschaft gibt. Denn häufig spielen – wenn keine klaren organischen Ursachen vorliegen – unbewußte Konflikte und Widerstände bei der vermeintlichen Unfruchtbarkeit eine Rolle, die mitunter reduziert werden, wenn die Angst vor der Übernahme der Mutterrolle durch den Umgang mit einem nicht leiblichen Kind reduziert worden ist. Dies scheint eine alte Erfahrungstatsache zu sein, die sich auch in einem chinesischen Sprichwort widerspiegelt, das lautet: »Ein fremdes Kind lockt ein eigenes.«

4. Überlegungen zur Milderung geschwisterlicher Konkurrenz

Die Integration eines Kindes in eine Familie mit einem oder mehreren Kindern verlangt besondere Einstellungen und Strategien der Eltern, damit der Integrationsprozeß trotz der Geschwisterkonstellation nicht blockiert wird.

4.1 Das Herstellen individualisierter Beziehungen

Wenn ein Kind in eine Familie aufgenommen wird, in der schon andere Kinder leben, dann ist es von größter Wichtigkeit, Bedingungen herzustellen, die es dem Kind ermöglichen, außerhalb der Konkurrenzbeziehung zu den Geschwistern individualisierte Beziehungen zu den Eltern zu entwickeln.

Wenn Eltern den Anspruch und Wunsch haben, eine große Familie zu sein und alles gemeinsam zu machen, wenn Eltern den Geschwisterbeziehungen einen hohen Wert beimessen und glücklich darüber sind, wenn die Kinder sich rasch als Geschwister akzeptieren und viel und gut miteinander spielen, dann wird dies kaum gelingen können. Wir haben wiederholt mit Eltern, die mehrere Kinder hatten, gesprochen, denen kaum eine Situation eingefallen ist, in der sie mal alleine mit dem Pflegekind gewesen wären. Und in der Regel wußten diese Eltern kaum Differenzierteres über das Pflegekind noch hatten sich tragfähige Beziehungen entwickeln können, wie es beispielsweise in der folgenden Fallgeschichte deutlich wird:

Frank, heute zehn Jahre alt, lebt seit dem dritten Lebensjahr ohne Kontakt zur Ursprungsfamilie in einer Pflegefamilie mit einem gleichaltrigen leiblichen Sohn und zwei weiteren Kindern. Die Eltern berichten stolz, daß sich Frank und sein Bruder von vornherein gut verstanden hätten. Sie hätten auch das gemeinsame Spiel der Kinder unterstützt und immer alles mit beiden Kindern gemeinsam gemacht und sie völlig gleich behandelt. Sie hätten Frank, der deutliche Entwicklungsrückstände hatte, in seinen Fähigkeiten und in seiner Selbständigkeit sehr gefördert, so daß er schon bald nach der Aufnahme in die Familie gemeinsam mit dem Bruder in den Kindergarten gehen konnte. Jahrelang sei die Entwicklung Franks ganz unproblematisch verlaufen, und es habe kaum Konflikte und Schwierigkeiten mit ihm gegeben. In letzter Zeit seien die Eltern jedoch beunruhigt, weil er die Pflegemutter bestehle, ständig mit dem gleichaltrigen Bruder rivalisiere, sich den Normen und Werten der Familie nur anpasse, wenn die Eltern anwesend seien, während er in ihrer Abwesenheit und außerhalb der Familie zunehmend aus dem Ruder gehe. Er käme nicht mehr mit anderen Kindern zurecht, weil er in allem der Größte und Stärkste sein wolle. Andererseits ziehe er sich oft zurück und würde tagträumen.

Die Untersuchungsbefunde zeigen, daß Frank, der jahrelang eine oberflächliche, äußere Überanpassung aufrechterhalten hatte, keine sicheren Beziehungen zu den Eltern entwickelt hat, weil sein Bruder ihm den Weg zu ihnen versperrt. Er phantasiert sich in stark verschlüsselten Bildern in seine Ursprungsfamilie zurück und ist auf der Suche nach Eltern, die allein für ihn da sind. So entwickelt er auch rasch die Phantasie, unser Kind sein zu können. Seine Macht- und Größenphantasien dienen der Abwehr und Kompensation erheblicher Ohnmachts- und Minderwertigkeitsgefühle, die aus der Einflußlosigkeit auf Eltern resultieren. Tatsächlich hat das Kind starke regressive Bedürfnisse – Wünsche nach Nähe und vollständigem Versorgtwerden, den Wunsch, noch einmal ein Baby zu sein –, die in der Pflegefamilie von Anfang an frustriert worden sind. Aufgrund der Anpassung des Kindes an die Wünsche der Eltern, die rasch einen Spielkameraden für ihren Sohn und ein altersentsprechend entwickeltes, selbständiges Kind haben wollten, waren diese Wünsche und Bedürfnisse in den familialen Beziehungen nicht einmal thematisch geworden.

Um solchen Entwicklungen vorzubeugen, ist ein wichtiger Grundsatz der, die Kinder so häufig wie möglich auseinanderzudividieren, damit das neue Kind auch außerhalb der unmittelbaren Konkurrenz zum Geschwister Einfluß auf Vater und Mutter gewinnen kann.

4.2 Annahme von Rivalitätskonflikten

Wenn ein Kind in eine Familie aufgenommen wird, in der schon andere Kinder leben, so wird es fast zwangsläufig zu erhöhten Konflikten und Rivalitäten kommen.

Für die vorhandenen Kinder bedeutet das Hinzukommen eines weiteren Kindes immer auch – neben allem Gewinn – ein Aufgeben von Besitzständen, erhöhte Unsicherheit, die entsteht, wenn sich Änderungen im Beziehungsgefüge und in den alltäglichen Gewohnheiten ergeben, einen Zuwachs an Frustrationen und verlangter Rücksichtnahme, vor allem aber Unsicherheit darüber, ob die Beziehung zu den Eltern trotz des neuen Konkurrenten die gleiche bleibt – so wie es auch bei der Geburt eines leiblichen Geschwisters der Fall ist.

Das neu aufgenommene Kind, das gleichzeitig Eltern und Geschwister bekommt, befindet sich im Vergleich zu leiblichen Kindern, die ein Geschwister bekommen, in einer noch weitaus schwierigeren Lage, weil es ja noch über keinerlei sichere Beziehungen verfügt und weil seine Wünsche nach vollständig befriedigenden und exklusiven Eltern-Kind-Beziehungen angesichts des zuvor erlittenen Mangels mitunter außerordentlich stark sind im Vergleich zu den leiblichen Kindern, die als Säugling in diesen Wünschen befriedigt worden sind.

Nun ist es aber der Wunsch vieler Eltern, daß es allen Familienmitgliedern auch anschaulich gutgehen solle, daß Harmonie herrschen sollte, daß Eifersucht und Rivalitäten möglichst nicht sein sollten oder rasch befriedet werden müßten. Und folglich versuchen sie, jedem Rivalen mehr Verständnis für den anderen Rivalen zu vermitteln und den Kindern die Berechtigung ihrer Gefühle auszureden.

Ich denke jedoch, daß man mit der Wirklichkeit von Gefühlen besser umzugehen lernt, wenn man sie in ihrer Existenz anerkennt, sich auf sie einläßt, sie zu kultivieren lernt, statt sie wegzudiskutieren, nicht zuzulassen oder ihre Berechtigung da zu bestreiten, wo sie berechtigt sind. Ein leibliches Kind hat ein Recht auf Wut und Eifersucht, wenn es die Eltern nun noch mehr teilen muß. Das neue Kind hat ein Recht auf die gleichen Gefühle, wenn es die Möglichkeit ahnt, Eltern für sich zu haben, und dann erlebt, daß ihm dabei ständig andere vor der Nase sitzen.

Alle – die eigenen, die bereits integrierten und die neuen Kinder – werden besser mit ihren eigenen Gefühlen, Konflikten und Frustrationen umgehen können, wenn sie sich mit den Eltern identifizieren können. Und das können sie nur dann, wenn sich die Eltern auch mit ihnen und ihren Gefühlen und Wünschen identifizieren, d.h. wenn Eltern die Gefühle der Wut, Aggression, Eifersucht, Rivalität anerkennen und verbalisieren und wenn sie die dahinter sich verbergenden Wünsche – z.B. nach alleiniger oder vermehrter Zuwendung – als legitim achten und mit dem Kind bedauern, daß dies so oder in diesem Maße nicht zu verwirklichen ist.

So geht es uns Erwachsenen ja auch. Wenn wir uns auf etwas sehr gefreut haben – z.B. am Abend mit dem Partner nach langer Zeit einmal wieder essen zu gehen – und dieser Wunsch durchkreuzt wird und wir sehr enttäuscht sind, so wird sicher die Wut gemildert, wenn der Partner tröstend und bedauernd sagt, daß es ihm ganz schrecklich leid tue, daß daraus nichts wird, und einen ausgleichenden Vorschlag macht, als wenn er sagt: »Stell Dich nicht so an. So schlimm ist das nun auch wieder nicht.«

Das heißt, es hilft den Kindern, die Rivalitätskonflikte zu bewältigen und Frustrationen zu verkraften, wenn die Eltern in der Lage sind, die Gefühle und Bedürfnisse der Kinder einfühlend zu respektieren und aggressive Auseinandersetzungen und Rivalitätskonflikte auszuhalten und als legitim zu akzeptieren, was tröstende und helfende Eingriffe nicht ausschließt, sondern nur wirksamer machen wird.

4.3 Die Fragwürdigkeit des Gleichbehandlungsprinzips

Mit dem Problem von Rivalitätskonflikten sind nicht nur Eltern, sondern ebenso Lehrer, Kindergärtner und Heimerzieher konfrontiert. Und immer wieder wird mit großer Übereinstimmung die Auffassung vertreten, daß man diese Konflikte dadurch mildern könne, daß man peinlich darauf achtet, alle Kinder gleich zu behandeln. Aber gerade das Gegenteil ist der Fall.

Zwar trifft es zu, daß ein Kind, das in der Beziehung zu einem Erwachsenen mit einem anderen Kind rivalisiert, peinlich genau darauf achtet, daß es bloß nicht weniger vom gleichen bekommt als sein Rivale. Da entwickelt ein Kind Bedürfnisse und Wünsche, die es primär selbst gar nicht hat, nur weil das andere Kind sie hat und befriedigt bekommt. Und Eltern und Erzieher fühlen sich dann leicht gedrängt, dem Kind dadurch, daß sie auf Gleichbehandlung achten, beweisen zu müssen, daß jedes Kind ihnen gleichwertig ist – in der Hoffnung darauf, daß so die Rivalität abnehmen werde. Tatsächlich aber wird die Rivalität verstärkt, weil das Sich-Messen am anderen, der Vergleich mit dem anderen und was er bekommt, d.h. die Konkurrenzbeziehung, als Thema und Problem unterstützt wird, statt daß den Kindern geholfen wird, gerade die Unterschiedlichkeit von Bedürfnissen, Fähigkeiten und Interessen anzuerkennen und zu entwickeln, was Konkurrenz und Rivalität mildert. Die Betonung der Unterschiedlichkeit der Bedürfnisse und der Individualität jedes einzelnen Kindes, das Zurückweisen des Anspruchs auf Gleichbehandlung wird dazu führen, daß sich die Kinder – nach einer möglicherweise kurzen Phase verstärkter Kämpfe um Gleichbehandlung – auf ihre jeweils eigenen Bedürfnisse und Interessen stärker einlassen können und das Sich-Messen am anderen aufgeben, weil es bei weitem befriedigender ist, wenn jedes Kind für sich mit seinen Gefühlen, Problemen und Bedürfnissen zu seinem Recht kommt. Im übrigen erweist sich das Prinzip der Gleichbehandlung schon dadurch als falsch, als es diese angesichts unterschiedlicher Vorerfahrungen und Bedürfnisse gar nicht gibt.

So erlebt beispielsweise ein mißhandeltes Kind einen freundschaftlichen Klaps, den ich mir vielleicht beim eigenen oder gut integrierten Kind erlauben kann, als höchste Bedrohung. Ein Kind in der »oralen Regressionsphase«, d.h. ein Kind, das, auch wenn es schon älter ist, noch einmal Ansprüche auf totale Versorgung stellt und Verhaltensweisen zeigt, die dem eines ganz kleinen Kindes entsprechen, oder ein in früheren Beziehungen unterversorgtes Kind, das orale Gier entwickelt, erlebt das auf Mahlzeiten-Achten und sich beim Essen Einschränken-Sollen gänzlich anders als ein beziehungssicheres und von klein auf verläßlich versorgtes Kind. Während man bei ihm an seine guten Fähigkeiten, sich zu steuern, appellieren kann und es dadurch in seinem Stolz über sich verstärken kann – was einen Ausgleich für den Verzicht darstellt –, würde das gleiche Verhalten von einem Kind mit den oben genannten Erfahrungen und Bedürfnissen als erhebliche Frustration erlebt und die Korrektur früherer Mangelerfahrungen und die Befriedigung noch vorrangiger Bedürfnisse sehr erschwert.

Eine andere Variante des Anspruchs von Eltern, Kinder gleich zu behandeln, ist die, alle Kinder gleich zu lieben, d.h. die Unterschiedlichkeit der Positionen der Kinder in der Familie zu kaschieren und zu negieren, indem z.B. Eltern einem neu integrierten Kind versichern, daß sie es liebhaben und daß sie alle Kinder gleich lieben. Dieser Anspruch entspricht nicht der Wirklichkeit. Einen noch fremden Menschen liebe ich nicht, ich achte ihn im günstigen Fall und interessiere mich für ihn, möchte ihn besser kennen- und verstehenlernen. Ich kann ihm signalisieren, daß ich ihn, egal was er tut, annehme, daß er mir ganz wichtig ist, daß ich darum ringen werde, alles zu tun, daß es ihm gutgeht und daß ihm nichts Schreckliches mehr passiert. Diese annehmende und helfende Offenheit für den anderen kann die Voraussetzungen dafür schaffen, daß sich Schritt um Schritt eine größere Nähe herstellt und schließlich eine Liebesbeziehung entsteht.

Der Anspruch aber, jedes Kind gleich zu lieben und sofort, überfordert die Eltern, macht ihnen Schuldgefühle, weil sie es so nicht können. Und er entspricht auch nicht der Gefühls- und Beziehungswirklichkeit des neuen Kindes, sondern stellt es unter einen zu hohen Anpassungsdruck und läßt ihm die Eltern unglaubwürdig erscheinen. Auch für das neue Kind sind die Eltern nicht gleich Liebesobjekte, sondern u.U. zunächst nur Repräsentanten der bedrohlichen Erwachsenen.

4.4 Symptomtolerante Geschwisterkinder

Wie bereits in der Familie vorhandene Kinder auf das neue Kind reagieren, ob sie es auch mit seinen sie selbst belastenden Schwierigkeiten akzeptieren und annehmen können, hängt entscheidend von der Einstellung der Eltern zum neuen Kind und zu seinen Problemen ab. Vorausgesetzt, daß die leiblichen Kinder selbst eine sichere und befriedigende Beziehung zu den Eltern haben, identifizieren sie sich mit den Einstellungen der Eltern, was sowohl für den positiven als auch für den negativen Fall gilt.

So haben wir wiederholt beobachtet, daß Kinder entsprechend der Einstellung der Eltern ein hohes Maß an Solidarität und Sympathie für das Pflegekind entwickelt haben, obwohl sie selbst erheblich unter ihm zu leiden hatten, z.B. unter seiner Frustrations- und Konfliktintoleranz und seinen zuweilen unkontrollierten Aggressionen. Andererseits ist zuweilen bei scheiternden Pflegeverhältnissen zu beobachten, daß die Solidarität der Geschwisterkinder in Ablehnung umschlägt, wenn bei den Eltern oder einem Elternteil der Wunsch entsteht, das Pflegekind wieder abzugeben, ohne daß die Eltern dies schon ausgesprochen hätten. Die Kinder formulieren dann diesen Wunsch stellvertretend für die Eltern und in der Identifikation mit ihnen.

Natürlich gibt es andere Gründe als die Identifikation mit der bewußten oder unbewußten Haltung der Eltern dem neuen Kind gegenüber, wenn bei Geschwisterkindern Ablehnung entsteht. Aber diese liegen in der Regel eher in spezifischen Entwicklungs-, Persönlichkeits- oder Beziehungsproblemen des Geschwisterkindes selbst begründet – die es dann genauer zu verstehen und ebenso annehmend zu beantworten gilt wie die spezifischen Bedürfnisse und Probleme des Pflegekindes – als in der Unzumutbarkeit der Bedürfnisse und Reaktionsweisen des Pflegekindes für das andere Kind. Die orale Gier eines Kindes beispielsweise oder auch heftige aggressive Affekte und unkontrollierte Reaktionen sind für Kinder meist weitaus weniger irritierend als für viele Erwachsene, da den Kindern diese Bedürfnisse, Affekte und Reaktionsweisen selbst nicht fremd sind. Darüber hinaus besitzen Kinder eine uns immer wieder überraschende Fähigkeit, psychologische Zusammenhänge zu verstehen, wenn man ihnen durch Fragen und Erklärungen ein genaueres Verständnis ermöglicht. So kann man einem Kind beispielsweise erklären, daß das neue Kind so furchtbar gierig ißt und immer Angst hat, zu kurz zu kommen, weil es früher nicht richtig versorgt worden ist und dadurch die Überzeugung gewonnen hat, daß Eltern Menschen sind, die es verhungern lassen können. Man kann ihm erklären, daß man das Pflegekind schließlich nur dadurch davon überzeugen wird, daß die jetzigen Eltern verläßlich versorgend sind, wenn sie sich von den Bedürfnissen des Kindes steuern lassen und ihm immer dann, wenn es das wünscht und soviel, wie es verlangt, zu essen geben – so wie es das leibliche Kind schon als Säugling erfahren hat. Mit Hilfe dieses Verständnisses wird das Kind die orale Gier und die Überversorgung des Pflegekindes tolerieren können.

Wenn ein Kind beispielsweise in der Phase der Übertragungsbeziehungen aggressiv aus dem Ruder geht und die Pflegemutter als »dumme Sau«, »Arschloch« oder »Hure« beschimpft, so kann man dem eigenen Kind erklären, daß sich hinter diesen Reaktionen oft ganz erhebliche Überwältigungsängste verbergen. Man kann dem Kind auch Aspekte des Angstabwehrmechanismus der Identifikation mit dem Aggressor erklären: daß es einem Kind schreckliche Angst macht, wenn es beispielsweise erlebt, daß die Eltern sich heftig streiten und sich beschimpfen oder daß der Vater die Mutter und die Kinder verprügelt, daß sich ein Kind dann den überwältigenden Eltern ähnlich macht, ihre Reaktionsformen übernimmt und sich dann vermeintlich ihre Stärke borgt, um nicht von der eigenen Angst überschwemmt zu werden, und daß das Kind nun, weil es sich durch andere Menschen noch so leicht bedroht fühlt, oft die Flucht nach vorn antritt, sich groß und stark macht und aggressiv droht, damit es selbst nicht so große Angst haben muß. Wenn man dieses dem leiblichen Kind erklärt, dann wird es – ebenso wie die Pflegeeltern selbst, wenn sie das Leiden und die Angst hinter der Aggression wahrnehmen und verstehen können – die Wut des Pflegekindes besser ertragen und es auch mit seiner Aggressivität annehmen können.

Kapitel 3: Die Pubertätskrise bei Pflegekindern*

Bei Pflegekindern ist die Situation in der Pubertät noch komplizierter, als sie ohnehin schon ist, und weist einige Besonderheiten auf, die diesen Entwicklungsabschnitt noch schwieriger machen. Ich möchte hier nur zwei Probleme hervorheben:

- das Problem der Ablösung, bei dem es um eine elternunabhängige Selbstdefinition des Jugendlichen geht;
- die Frage nach der eigenen Herkunft, bei der es um das Bedürfnis geht, seine eigenen historischen Wurzeln zu kennen.

1. Ablösung

Mit der Pubertät gehen nicht nur körperliche Veränderungen einher (die den Jugendlichen schon genug beunruhigen können), wird nicht nur sein Status als Kind unsicher, weil es sich nicht mehr eindeutig als Kind, aber auch noch nicht als Erwachsener sieht, sondern der Jugendliche muß vor allem lernen, mit seinen sexuellen Triebbedürfnissen umzugehen. Dabei muß man sich klarmachen, daß der Jugendliche nicht erst mit der Pubertät ein sexuelles Wesen wird, dessen Beziehungen sexuelle Liebesbeziehungen sind. Bereits im Alter von drei bis fünf Jahren, wenn sich die vorher bestehende Zwei-Personen-Beziehung (Mutter und Kind) zu einer Drei-Personen-Beziehung erweitert, gerät das Kind in einen Beziehungskonflikt, der sexuell motiviert ist. Auf der einen Seite sucht das Kind die exklusive Partnerbeziehung der Eltern zu sprengen und phantasiert sich in die Rolle eines Partners zum gegengeschlechtlichen Elternteil, wobei der gleichgeschlechtliche Elternteil aus der Beziehung verbannt werden soll. Andererseits machen diese Wünsche Angst und Schuldgefühle, die das Kind abwehren muß, weil es ja auch beide Eltern braucht. Dieser ödipale Konflikt wird schließlich dadurch gelöst, daß das Kind die schmerzliche Erfahrung macht, daß es die elterliche Koalition nicht sprengen kann und sich mit dem gleichgeschlechtlichen Elternteil identifiziert. Indem sich das Kind wünscht, so wie der Vater oder die Mutter zu sein, kann es auf seine Partnerwünsche verzichten.

Mit der Pubertät werden nun aber diese frühen Gefühle von gleichzeitiger Zuneigung und Abneigung, von Liebe und Haß wiederbelebt. Es entsteht noch einmal ein ganz ähnlicher Konflikt, wie er früher bestanden hatte. Der wesentliche Unterschied jedoch besteht darin, daß jetzt die sexuellen Triebimpulse nicht verdrängt werden

* *Westermann, A.:* Vortrag auf der Fortbildungsveranstaltung des Landeswohlfahrtsverbandes Hessen für Erziehungsstelleneltern, Hülsa 1983.

und zugleich das Inzestverbot bestehen bleibt, so daß die Verknüpfung von Sexualität und Zuneigung zu den übrigen Familienmitgliedern gelöst wird (Lidz 1971). Diese Wiederbelebung des ödipalen Konfliktes bringt es mit sich, daß sich der Jugendliche mitunter sehr lebhaften, vielfach wenig maskierten Phantasien hingibt, in denen er von liebevoller Zuneigung zum gegengeschlechtlichen Elternteil träumt und gleichzeitig den gleichgeschlechtlichen Elternteil als Rivalen überlegen ausmanövriert, auch wenn sich solche Phantasien an Ersatzpersonen (z.B. Lehrern) festmachen. Natürlich weiß der Jugendliche, daß er seinen Vater oder seine Mutter nicht heiraten kann. Trotzdem werden wieder Ängste und Konflikte heraufbeschworen, denn die durch die Triebverstärkung bedingten sexuellen Wünsche müssen dem Jugendlichen um vieles gefährlicher erscheinen als in der ödipalen Phase, weil biologisch die Erfüllung dieser Wünsche ja möglich wäre. Indem aber die Inzestschranken anerkannt und als endgültig hingenommen werden, ergibt sich aus diesen sexuellen Wünschen zugleich der Ansporn, sich außerfamilialen Liebesobjekten zuzuwenden und sich aus den familialen Bindungen zu lösen.

Aber dieser Weg ist manchmal durch die unzureichende Lösung, die der ödipale Konflikt in der frühen Kindheit gefunden hatte, erheblich erschwert. Bei Pflegekindern, die in den ersten Lebensjahren in ihrer Ursprungsfamilie gelebt haben und dabei in pathologische Rollenbeziehungen verstrickt waren, wird u.U. die Hinwendung zu außerfamilialen Liebesobjekten verstellt. Die nicht aufgearbeiteten, angstmachenden Erfahrungen führen dazu, daß neue Beziehungen nach alten Beziehungsmustern gestaltet werden könnten. Das ist beispielsweise der Fall, wenn ein Junge in seiner frühen Kindheit in eine überwältigende sexuelle Partnerrolle von seiner Mutter gedrängt wurde; dann werden Überwältigungsängste die Beziehungen zu Freundinnen beeinflussen, weil er befürchten muß, daß ihm das, was er früher erlebt hat, wieder passieren kann. Oder er wird schließlich Triebbedürfnisse überhaupt als etwas Gefährliches und Überwältigendes wahrnehmen, so daß sie nur noch negiert und verleugnet werden können; dann wird der Jugendliche ein jugendlicher Asket, wie ihn A. Freud (1936) beschrieben hat.

2. Identifikationskrise

In der ödipalen Phase werden Angst- und Schuldgefühle dadurch vom Kind abgewehrt, daß es sich in geschlechtsspezifischer Weise mit den Eltern identifiziert. Durch diese Identifizierung übernimmt das Kind die Normen und Werte der Eltern als seine eigenen. Dadurch bildet sich das, was man Gewissen (Über-Ich) nennt, und die Orientierung an den elterlichen Idealen. Mit Hilfe dieses Mechanismus, der Identifizierung, sind aber in der Pubertät Angst- und Schuldgefühle nicht mehr abzuwehren. Denn die Identifikation fortzusetzen hieße, sich weit wirkungsvoller an die Stelle des gleichgeschlechtlichen Elternteils zu setzen, was nur zu verstärkten Angst- und Schuldgefühlen führen müßte. Darum ist es notwendig, daß der Jugendliche seine Identifikation mit seinen Eltern lockert und aufgeben kann. Die Aufgabe der früher erworbenen Identifikation, durch die das Kind eine elternabhängige Selbstdefinition erlangt hatte, bedeutet aber, daß damit auch die Normen, Werte und Ideale, die sich am Vorbild der Eltern gebildet haben, in Frage gestellt werden. Das ist nicht nur eine Befreiung, sondern auch ein Verlust an Orientierung. Indem sich der Jugendliche von den Eltern abzuwenden beginnt und die Identifikation mit ihnen fragwürdig wird, werden zwangsläufig auch die elterlichen Forderungen (Über-Ich-Forderungen) und Ideale, für die der Jugendliche kurz vorher noch geschwärmt hatte, unsicher und bekämpft. Das hat eine erhebliche Selbstunsicherheit zur Folge, die sich hinter herablassender Verachtung und Überheblichkeit Autoritäten gegenüber verbirgt. Denn wenn man die Eltern als Vorbild und Ideal verliert, verliert man ja nicht nur etwas Äußerliches, sondern einen Teil von sich selbst. Und wegen dieser Verunsicherung wird für den Jugendlichen nichts wichtiger, als neue Vorbilder und Ideale außerhalb der Familie zu finden, denen er sich häufig ebenso blindlings unterwirft wie der elterlichen Autorität.

Wenn Jugendliche ihre Identifikation mit den Eltern lockern, werden die Beziehungen grundlegend verändert. Wenn sich der Sohn nicht mehr am Vater orientiert, seine Wünsche als etwas ansieht, was ihn nicht mehr betrifft, sehen viele Eltern die Beziehung zu ihren Kindern grundlegend gefährdet. Durch solche zwangsläufig eintretende Entfremdung werden Pflegeeltern aber noch mehr beunruhigt als leibliche Eltern, weil sie sich nicht auf sichere Beziehungen in der frühen Kindheit stützen können. Sie meinen, wenn z.B. der Pflegesohn (wie uns ein fünfzehnjähriger Junge erzählt hat) versucht, den Pflegevater »aus sich herauszuschaffen«, daß das Kind nie ihr Kind geworden sei; und sie verstehen leicht alle Schwierigkeiten, die mit der Ablösung verbunden sind, als Ergebnis der frühkindlichen Sozialisation, auf die sie ja keinen Einfluß hatten. Damit stellen Pflegeeltern die Beziehung zum Pflegekind von sich aus in Frage und reagieren auf Schwierigkeiten mit Ausstoßungstendenzen nach dem Motto: Wir haben alles getan, was wir tun konnten, aber es hat nichts gebracht.

Wenn Pflegeeltern die Ablösungskrise als eine Krise der Pflegebeziehung wahrnehmen, werden sie selbst auch in ihrer Elternrolle verunsichert, obwohl es um nichts anderes geht, als daß die Eltern wie auch das Kind ihre Beziehungen neu definieren können. Aber das merken sie oft nicht, sie merken nur, daß ihr Einfluß auf das Kind geringer wird, daß sie das Kind nicht mehr so steuern können, wie sie es früher tun konnten. Und darum setzen sie aufgrund ihrer Rollendefinition den Selbstbestimmungstendenzen und Autonomiebestrebungen des Kindes Widerstände entgegen, so daß es zwischen Eltern und Kind zu Machtkämpfen kommt, die u.U. dazu führen, daß das Kind seine leiblichen Eltern als die nicht einschränkenden idealisiert.

Diese Ablösungskrise kann nur gemeistert werden, wenn nicht nur das Kind, sondern auch die Eltern ihre Beziehungen im Sinne einer zunehmenden Distanz modifizieren können. Sie müssen, wenn sie die Beziehung zum Kind nicht verlieren wollen – so paradox es auch klingt –, den Jugendlichen bei seinen Ablösungsbemühungen unterstützen und die Ambivalenz, das Hin- und Herschwanken des Jugendlichen zwischen Abstoßung und Anklammerung ertragen. Dazu sollten sie

- zuerst für den Jugendlichen da sein, ohne sich ihm aufzudrängen;
- die Identitätskrise mitfühlend zu verstehen suchen und die widersprüchlichen Gefühle von Zuneigung und Abneigung ertragen;
- ihre eigene Lebenserfahrung nicht als einzig mögliche hinstellen, sondern gerade als Vorbild kritisierbar sein, auch wenn der Lebensweg und die Ziele des Jugendlichen den eigenen Idealen vollkommen widersprechen;

- dem Jugendlichen ermöglichen, daß er seine Pflegeeltern und ihre Geschichte kennenlernt, was nur möglich ist, wenn die Pflegeeltern der eigenen Selbstidealisierung mit kritischer Einsicht begegnen, d.h. wenn sie versuchen, sich an ihre eigenen Ablösungsschritte realistisch zu erinnern (vgl. Mitscherlich 1963).

Und ich will noch einen weiteren Punkt anfügen: Bei der Unterstützung der Ablösungsbemühungen ist nicht zu vermeiden, daß die Eltern-Kind-Beziehung zu einem von aggressiven Affekten bestimmten Verhältnis wird. Trennung und Trauer gehen notwendigerweise mit Aggressionen einher (vgl. Bowlby 1979). Die Aggression dient der Distanzierung. Wenn man nicht die menschliche Aggression als vermeidbare und darum auch unterdrückbare Bosheit mißversteht, sondern als ein wertvolles, stammesgeschichtliches Erbe, wird erst seine biologische Funktion gesehen werden können, die der Herstellung von Distanz dient. Ohne Aggression scheint eine kritische Distanzierung nicht möglich zu sein. Der aggressiv Gehemmte ist darum oft auch nicht in der Lage, sich von den Eltern zu lösen, sondern kann nur noch, wie es Stierlin (1975) beschrieben hat, die Flucht antreten. Aber auch wer ans Ende der Welt flieht, trägt seine Eltern mit sich und bleibt von ihnen abhängig. Denn Ablösung erfolgt nicht mit den Beinen, sondern mit dem Kopf. Und darum sollten Pflege- und Adoptiveltern aber auch das Bedürfnis respektieren, das jeder Mensch hat, der selbständig wird, die eigenen Wurzeln zu kennen.

3. Das Bedürfnis, die eigenen Wurzeln zu kennen

Eine elternunabhängige Selbstdefinition zu finden, setzt voraus, daß sich der Jugendliche mit seiner Familiengeschichte kritisch auseinandersetzen kann. Denn die Frage: »Wer bin ich – und zwar unabhängig von meinen Eltern« läßt sich nur beantworten, wenn man sich als jemand verstehen kann, der weiß, woher er kommt.

»Das Bedürfnis des Kindes, seine eigenen Wurzeln zu kennen« (Paul 1977), wird zwangsläufig bei Pflege- und Adoptivkindern verschärft. Denn der Jugendliche muß sich nicht nur mit seinen Pflegeeltern als seinen psychologischen Eltern auseinandersetzen, sondern gleichzeitig mit seiner Ursprungsfamilie, d.h. konkret: mit Gründen und Motiven, die dazu geführt haben, daß er nicht bei seinen leiblichen Eltern aufwachsen konnte. Dabei ist zu berücksichtigen, daß es viel schwerer ist, sich mit jemandem auseinanderzusetzen und sich abzulösen, der real in der Lebenswirklichkeit nicht vorhanden ist und mehr in der Phantasie existiert. Und diese Auseinandersetzung mit der Ursprungsfamilie ist deshalb so schwierig, weil der Jugendliche diesen Teil seiner Geschichte als seine private Angelegenheit ansieht, die ganz allein seine Sache ist, mit der die Pflegeeltern nichts zu tun haben und mit denen er deswegen auch nicht darüber reden kann. Das führt dazu, daß er mit seinen Erinnerungen sehr allein ist. Und wo Erinnerungen mit Gefühlen von Angst und Haß verbunden sind, neigt man dazu, Erfahrungen aus seinem Gedächtnis zu streichen. Aber es gibt keinen anderen Weg, als sich noch einmal seinen frühen Erfahrungen erinnernd auszusetzen – auch und gerade, wenn sie Angst und Wut erzeugen. Denn nur so kann sich der Jugendliche mit seiner Geschichte aussöhnen.

Der Wunsch des älteren Pflegekindes, das schon viele Jahre in der Pflegefamilie lebt, Kontakte zur Ursprungsfamilie herzustellen, kann ganz verschieden motiviert sein. Hier sind zwei Fälle zu unterscheiden:

- Der Wunsch nach Kontakt zur Ursprungsfamilie resultiert aus dem Wunsch, die eigenen Wurzeln kennenzulernen, und dient der Rekonstruktion der Geschichte, d.h. der Identitätsbildung durch Integration der verschiedenen Beziehungserfahrungen.
- Der Wunsch, Kontakt zur Ursprungsfamilie herzustellen, resultiert aus der doppelten Zugehörigkeit zu zwei Familien, insbesondere aus einer Aufspaltung in negative, reale Familienbeziehungen in der Pflegefamilie und positive, idealisierte Familienbeziehungen in der Ursprungsfamilie. Der Kontakt bzw. die Wiederherstellung von Beziehungen dient der Flucht aus negativ besetzten Beziehungen.

Im ersten Fall handelt es sich um Wünsche und Bedürfnisse eines Jugendlichen, der anfängt, sich mit seiner Lebensgeschichte auseinanderzusetzen und von den Pflegeeltern abzulösen. Das wird nur dann der Fall sein, wenn der Integrationsprozeß positiv verlaufen ist. Ein Pflegekind, das mit neun oder zehn Jahren in die Pflegefamilie gekommen ist, wird sich bei einer gelungenen Integration in geschlechtsspezifischer Weise mit den Pflegeeltern identifizieren. In der Pubertät, in der die Identitätsbildung die Revision früherer Identifikationen verlangt, werden gleichzeitig die Selbstdefinitionen auch auf die frühere Entwicklungsgeschichte, die vorläufige Identitätsbildung in der Ursprungsfamilie gestützt.

Die Auseinandersetzung mit der eigenen Lebensgeschichte darf diesen Abschnitt der Beziehungsgeschichte nicht ausklammern. In diesem Fall dient der Wunsch nach Kontakt zur Ursprungsfamilie der Rekonstruktion der eigenen Geschichte. Und ein solcher Kontakt wird, wenn er überhaupt notwendig ist, nicht schaden. Aber der Kontakt mit der Ursprungsfamilie kann ebensogut auch durch Information durch andere, z.B. den Sozialarbeiter, ersetzt werden. Es kommt nicht auf den realen Kontakt an, sondern darauf, daß die Auseinandersetzung mit der eigenen Lebensgeschichte nicht im luftleeren Raum, nicht nur in der Phantasie stattfindet, sondern auf Tatsachen und erinnerten Ereignissen beruht.

Die Gründe und Ursachen für die Fremdplazierung und Ereignisse, die mit Wut, Trauer und Enttäuschungen verbunden sind, zu erinnern und zu verstehen, ist eine Voraussetzung, um mit der doppelten Familiengeschichte zurechtzukommen. Die zweifache Familiengeschichte selbst ist nicht unbedingt schon ein Problem. Das Problem besteht u.a. darin, daß dem Pflegekind oft die Lebensgeschichte in der Ursprungsfamilie weitgehend verschlossen ist:

- aufgrund der Tatsache, daß sie mit zu viel beängstigenden Erfahrungen verknüpft ist und darum vom gegenwärtigen Leben abgespalten wird;
- aufgrund der Tatsache, daß das Pflegekind durch die Konkurrenz zwischen Ursprungs- und Pflegefamilie nicht einen Zugehörigkeitskonflikt heraufbeschwören möchte;
- aufgrund der Tatsache, daß das Pflegekind seine diffusen, undeutlichen Erinnerungen nicht durch Information ergänzen kann.

Was das Kind zur Bewältigung dieser Probleme braucht, ist eine Unterstützung bei der Auseinandersetzung mit seiner Geschichte. Dabei kommt es – wie auch schon in früheren Auseinandersetzungen – bei der Aufarbeitung der frühen prägenden Erfahrung darauf an, daß die Pflegeeltern dem Kind helfen, ein realistisches Bild von seinen leiblichen Eltern zu gewinnen. Viele Pflegeeltern scheuen vor einer Auseinandersetzung mit den frühen Erfahrungen, die das Kind in seiner Ursprungsfamilie gemacht hat, zurück, weil sie denken, wenn sie die leiblichen Eltern kritisieren, würden sie diese schlechtmachen. Aber Kritiklosigkeit hilft dem Kind nicht. Wenn Pflegeeltern sehr genau über die Hintergründe informiert sind, die zur Fremdplazierung geführt haben, können sie dem Kind helfen – ohne daß sie die leiblichen Eltern verteufeln –, ein realistisches Bild ihrer Eltern zu gewinnen. Das ist um so eher möglich, wenn Pflegeeltern verstehen, daß die Unfähigkeit, für ein Kind angemessen zu sorgen, selbst eine Geschichte hat. Eltern, die ein Kind mißhandeln oder vernachlässigen, alkoholabhängig oder psychisch krank sind, haben meist selbst in ihrer eigenen Kindheit nie die Erfahrung befriedigender Eltern-Kind-Beziehungen gemacht. Solche Erklärungen ermöglichen dem Pflegekind, die eigene Familiengeschichte besser zu verstehen, ohne die leiblichen Eltern verteidigen zu müssen. Wenn man sich gezwungen fühlt, seine Eltern zu verteidigen, wenn sie durch Dritte kritisiert werden, so als ob man selbst angegriffen würde, weist dies auf eine bestehende Identifikation mit den Eltern hin. Die Identifikation wird dadurch geradezu verstärkt.

Wenn sich ein Jugendlicher mehr oder weniger genau an seine frühe Familiengeschichte erinnern kann, wird er u.U. Zweifel haben, ob seine Erinnerungen realistisch sind. Das Bedürfnis, sich seiner eigenen Erfahrungen zu vergewissern, kommt u.a. in dem Wunsch zum Ausdruck, Fotos aus der frühen Kindheit haben zu wollen. Ein Vierzehnjähriger sagte uns, daß er andere Kinder deswegen beneide, weil sie Fotos aus der Säuglingszeit besäßen. Gerade Fotos demonstrieren auf sehr anschauliche Weise, daß die frühe Lebensgeschichte tatsächlich ist. Das Pflegekind, das sich an verschiedene Szenen und Erlebnisse erinnert, hat Zweifel daran, ob es sich diese Szenen nur ausdenkt oder ob sie tatsächlich stattgefunden haben. Die Fotos scheinen darauf hinzuweisen, daß an den Erinnerungen an die frühe Kindheit tatsächlich etwas dran ist, daß Erinnerungen Wirklichkeit widerspiegeln. Natürlich zeigen die Fotos nicht die wirksamen und prägenden Szenen. Prügelszenen werden kaum je fotografiert. Aber auf den Fotos ist ja gewöhnlich mehr zu sehen: das Inventar, die Möbel, einzelne Gegenstände, die sich mit anderen Erfahrungen verknüpfen. Und diese erlauben den Schluß, daß die vagen Bilder und Vorstellungen an beängstigende Situationen, an überwältigende Erfahrungen ebenso real sind wie die Gegenstände selbst.

3.2 Mißverständnisse

Das Interesse des Jugendlichen an seiner Ursprungsfamilie wird sowohl von den Pflegeeltern als auch von den leiblichen Eltern oft mißverstanden.

Bei einer gelungenen Integration des Kindes in die Pflegefamilie geht die Ablösung des Jugendlichen nicht nur mit einer starken Verunsicherung seinerseits, sondern auch mit einer erheblichen Verunsicherung der Eltern einher. Das Interesse des Jugendlichen an seiner Ursprungsfamilie wird aufgrund der Verunsicherungen in der Pflegefamilie als Hinweis darauf verstanden, daß sich jetzt die frühen Beziehungen und Bindungen eben doch durchsetzen. Die Verunsicherung der Pflegefamilie wird irrtümlich auf das Interesse des Jugendlichen an seiner Ursprungsfamilie zurückgeführt. Dabei handelt es sich lediglich um ein Interesse an der eigenen Geschichte. Es geht oft gar nicht darum, daß der Jugendliche die Beziehungen zu den Pflegeeltern durch die Beziehung zu den leiblichen Eltern zu ersetzen sucht.

Auch bei den leiblichen Eltern wird das Interesse des Jugendlichen für die frühe Lebensgeschichte leicht mißverstanden. Da es den leiblichen Eltern – wenn Kontakte zwischen ihnen und dem Kind hergestellt werden – nicht um die Rekonstruktion der Geschichte und damit um eine neue Selbstdefinition geht, wird das Interesse des Pflegekindes an seiner Ursprungsfamilie als persönliches Interesse interpretiert und weckt dadurch Ansprüche an das Kind, die an die frühen Beziehungsformen anknüpfen, wobei die Neigung bei leiblichen Eltern besteht, die Gründe und Ereignisse, die zur Fremdplazierung geführt haben, zu verleugnen und so zu tun, als habe das Kind nicht viele Jahre bei anderen Eltern gelebt und als seien vor allem die Pflegeeltern nicht die psychologischen Eltern geworden. Dieses Interesse der leiblichen Eltern wird aber vom Pflegekind nicht geteilt.

Kapitel 4: Beratung und Krisenintervention in Pflegefamilien*

1. Beratung bei der Vorbereitung von Pflegeverhältnissen

Die Beratung zukünftiger Pflegeeltern steht oft unter einem unglücklichen Stern, weil zwei verschiedene Ziele miteinander konkurrieren:

- Einerseits wollen wir zukünftigen Pflegeeltern so viel Informationen wie möglich geben, um sie auf die großen Schwierigkeiten, die sich für sie, ihre Ehe, ihre Familie und ihren Beruf durch die Aufnahme eines Pflegekindes zwangsläufig ergeben, besser vorzubereiten. Das bedeutet aber auch, daß wir Eltern warnen müssen, wenn wir nicht wollen, daß sie sich blind in ein Abenteuer mit ungewissem Ausgang stürzen.
- Andererseits wollen wir Eltern für diese Aufgabe werben, wenn es um die Vermittlung älterer Kinder geht und wir von den Eltern den Eindruck haben, daß sie mit Einsicht und Einfühlung der Sozialisationsaufgabe gewachsen sein könnten. Zweifel bleiben dabei allemal und besonders bei denjenigen, die uns kompetent erscheinen.

Im Endeffekt bleibt da nur die Strategie übrig, daß man die zu erwartenden Schwierigkeiten nicht »unter den Teppich kehrt«, die Probleme nicht bagatellisiert und gleichzeitig den Pflegeeltern Mut macht, daß sie es schon schaffen werden. Aber kann man – selbst wenn man zukünftige Pflegeeltern sehr gut kennt – garantieren, daß sie in Krisensituationen lern- und kooperationsfähig sind, daß sie das, was sie z.B. über Kindererziehung und über den Umgang mit Konflikten denken, in ihren Handlungen verwirklichen können? Ich kann auch nicht meine Hand dafür ins Feuer legen, daß z.B. die Ehebeziehung so stabil ist, daß sie künftigen Belastungen standhält.

Nun kennen wir ja in den Fällen, wo wir die Beratung übernommen haben, die Geschichte des Kindes und seine psychischen Probleme aus der Untersuchung oder aufgrund unseres langen Kontaktes mit dem Kind recht genau. Daraus lassen sich vielfältige Voraussagen ableiten, z.B. daß es wahrscheinlich ist, daß das Kind wieder einnässen wird, daß es einen Elternteil meiden und den anderen bevorzugen wird, daß es größere Konflikte mit der Pflegemutter geben wird, weil das Kind mit einem Vater keine negativen Erfahrungen gemacht hat, daß es das Heim oder die Ursprungsfamilie wieder idealisieren wird und in Konfliktsituationen sagen wird, daß es nicht bei den Pflegeeltern bleiben will usw. Die bloße Gewißheit, daß dies alles geschehen wird, und auch differenzierte Kenntnis über Inhalt und Form der zu erwartenden Probleme

* *Westermann, A.:* Vortrag auf der Fortbildungsveranstaltung des Landesjugendamtes Westfalen-Lippe für Sozialarbeiter, Hardehausen 1980.

werden aber oft nicht präventiv wirksam. Wenn dann – wie schon vorausgesagt – bestimmte Probleme oder beunruhigende Verhaltensweisen auftreten, trifft es die Pflegeeltern oft wie aus heiterem Himmel. Fassungslos rufen sie an und fragen, was sie denn nun tun sollen. Die Überraschung kommt darin zum Ausdruck, daß die Pflegeeltern oft gar nicht mehr wissen, daß wir vor der Aufnahme des Pflegekindes genau diese Schwierigkeit oder Reaktionsweise besprochen haben, z.B. wenn das Pflegekind nach einer mehr oder minder heftigen Auseinandersetzung seinen Koffer holt, ein paar Sachen hineinwirft und sagt, daß es wieder zurück ins Heim wolle. Solche Überraschungserlebnisse zeigen, daß eine Verknüpfung zwischen dem erörterten Problem und dem aktuellen Geschehen oft gar nicht geleistet werden kann. Die Pflegeeltern scheinen der Überzeugung zu sein, es handele sich um ein ganz individuelles, einmaliges und nicht voraussagbares Problem. Woran liegt das, daß man durch präzise Voraussagen solche Krisen nicht besser meistern kann? Ich kann dazu nur zwei Vermutungen äußern:

1. Offensichtlich ist es fast so etwas wie eine Beleidigung, wenn wir feststellen müssen, wie ähnlich wir Menschen reagieren, wie gesetzmäßig wir funktionieren, obwohl wir uns doch so sehr als einmalig und individuell begreifen, als Menschen, die sich gründlich von allen anderen unterscheiden. Das ist mir bei einer »Weglauf«-Geschichte deutlich geworden, als uns die Pflegemutter eines zwölfjährigen Jungen anrief und sagte, daß der Junge wieder zurück ins Heim möchte, er es uns aber selbst erzählen wolle. Er wolle weg, wieder ins Heim, erzählte er kühl und bestimmt. Familie habe er sich ganz anders vorgestellt. Er wisse ja auch von einem anderen Pflegekind, einem gleichaltrigen Jungen, daß der auch mal weg wollte. Aber der hat es ja nicht ernst gemeint. Er meine es aber ernst. Und das sei bei ihm auch etwas ganz anderes.

Sie kennen alle die Wendung: »Das ist auch etwas ganz anderes«, wenn jemand auf die Ähnlichkeit des Verhaltens hingewiesen wird. Es darf nicht dasselbe sein. Und deswegen erkennt man nicht die Ähnlichkeit.

2. Diese Abwehr des Ähnlichen ist natürlich auch ein Stück Psychologie, nämlich eine Alltagspsychologie, eine naive Verhaltenstheorie (vgl. Laucken 1974), die besagt, daß gleich aussehende Handlungen oder Verhaltensweisen ganz Verschiedenes bedeuten. Und daran ist auch etwas Richtiges. Im gegenseitigen Umgang miteinander, bei dem unser Verhalten durch Erwartungen gesteuert wird, hat jedermann seine eigenen, privaten, psychologischen Theorien im Kopf. Da diese Theorien aber nicht überprüft werden, gewinnt man die anschauliche Gewißheit, daß sie richtig sind. Solche naiven Verhaltenstheorien drücken sich z.B. in Behauptungssätzen aus wie: Eine Ohrfeige hat noch niemandem geschadet (ob sie aber etwas nützt, ist eine andere Frage), womit dann eigenes Verhalten gerechtfertigt oder begründet wird. Unabhängig davon, wie falsch oder richtig solche naiven psychologischen Alltagstheorien sind, besteht das Problem darin, daß sie häufig einer präventiven psychologischen Beratung im Wege stehen. Denn die Alltagstheorien, die auf vielfältigen Erfahrungen beruhen und vor allem auf Erfahrungen – soweit es die Erziehung betrifft –, die man selbst erlebt und erlitten hat, werden gewöhnlich als unumstößliche Wahrheiten verteidigt, beispielsweise wenn es um die Beurteilung von Verhalten geht, das als normal oder nicht normal gilt. Darum können sich Pflegeeltern auch kaum vorstellen, daß ein Kind freiwillig seine Familie aufgibt, es sei denn, daß es seine Eltern haßt. Folgerichtig denken sie – um

beim Beispiel des Weglaufens zu bleiben –, das wird gar nicht passieren, wenn sich das Kind wohlfühlt. Sie glauben uns nicht, wenn wir ihnen sagen, das Kind wird weglaufen wollen oder damit drohen, nicht weil es die Eltern nicht mag, sondern weil es nur auf diese Weise eine Antwort auf seine ernste Frage erhalten kann: »Wollt ihr mich wirklich haben? Bin ich für euch wichtig?« Das glauben uns die Pflegeeltern oft nicht und ziehen dann, entsprechend ihrer eigenen naiven, psychologischen Theorie, den falschen Schluß, daß das Kind weg will, weil es sich nicht wohlfühlt, und meinen, sie müßten es gehen lassen und dürften es nicht festhalten wollen.

Schließlich ist es deswegen so schwierig, Pflegeeltern auf solche und ähnliche Probleme vorzubereiten, weil Eltern – wie die meisten Menschen – erst dann lernfähig werden, wenn sie aktuelle Probleme lösen müssen, aber nicht, wenn sie sich auf Probleme für übermorgen vorbereiten sollen. Das Interesse kommt erst dann, wenn die Probleme akut sind. Bis dahin kommt man meist mit einem guten Teil Selbstüberschätzung über die Runden.

Obwohl das sehr pessimistisch klingt, wenn man feststellen muß, daß präventive Beratung vor Krisen nicht schützt, sind dennoch vorausgehende Informationen nicht überflüssig. Wenn Pflegeeltern daran erinnert werden, daß man über dieses Problem, das sie gerade beunruhigt, schon gesprochen hat, wird ihnen deutlich, daß ihre individuellen Schwierigkeiten solche sind, die sich zwangsläufig in einem Pflegeverhältnis ergeben müssen und die darum kein individuelles Versagen bedeuten.

2. Beratung bei der Integration

Die Beratung bei einem bestehenden Pflegeverhältnis steht auch unter einem unglücklichen Stern – oder besser: unter dem »Damoklesschwert« des Pflegeabbruchs. Die meisten Pflegeeltern geraten im ersten Jahr, wenn nicht schon in den ersten Monaten an einen Punkt, wo sie einfach nicht mehr können, wo ihre Kräfte erschöpft sind. Was Eltern in der Regel gar nicht in den Sinn kommt, nämlich ein Kind wieder abzugeben, ist für Pflegeeltern durchaus denkbar. In dieser Möglichkeit steckt eine ständige Bedrohung des Pflegeverhältnisses, die auch der Berater zu spüren bekommt: »Dann sind wir eben nicht die richtigen Eltern.« Oder: »Wir können halt nur so mit dem Kind umgehen wie mit unseren eigenen, aber das, was hier von uns verlangt wird, das können wir nicht.« Solche Drohungen führen bei uns u.U. auch zu einer Verunsicherung im Umgang mit den Pflegeeltern, weil wir uns gehemmt fühlen, die Pflegeeltern zu kritisieren, ihnen zu sagen, was sie besser machen könnten.

Dabei handelt es sich gerade oft um Probleme und Schwierigkeiten, die eng mit den eigenen biographisch begründeten Problemen verknüpft sind. In solchen Fällen muß man manche persönlichen Schwierigkeiten bei den Pflegeeltern akzeptieren. Es wäre sicherlich schön, wenn ein Pflegevater beispielsweise lernen könnte, sich auf spielerisch-aggressive Weise mit dem Pflegekind auseinanderzusetzen. Aber wenn der Pflegevater Angst im Umgang mit aggressiven Affekten bekommt, nützt ihm der Rat nichts, Boxhandschuhe anzuschaffen. Da muß man sich schon etwas anderes einfallen lassen. Man kann mit den Pflegeeltern überlegen, ob Vater und Kind nicht zusammen Tischtennis spielen könnten, wobei genügend Distanz gewahrt bleibt und vielleicht trotzdem dem Kind ermöglicht wird, auch einmal gegenüber dem Vater wütend zuzuhauen.

Wenn man davon ausgeht, daß jeder Erwachsene in bestimmten Bereichen Schwierigkeiten und Probleme hat, die aus seiner eigenen unbewältigten Kindheit stammen, die aber gerade im Umgang mit Kindern wiederbelebt werden und den Erwachsenen hindern, Einfühlung und Verständnis für bestimmte Verhaltensweisen des Kindes zu entwickeln, könnte man daraus den Schluß ziehen, daß ein solcher Mensch ungeeignet ist, mit schwierigen Kindern umzugehen. Dieser Schluß ist ganz unrealistisch. Es kommt vielmehr darauf an – etwa nach dem Grundsatz Bettelheims (1971, 21) –, daß derjenige bei bestimmten Schwierigkeiten und Problemen mit dem Kind etwas macht und mit ihm in Beziehung tritt, der die geringsten Schwierigkeiten in diesem Bereich hat. Es ist klar, daß man die eigenen Schwierigkeiten oft auch erst herausfinden und als eigene Begrenzungen akzeptieren lernen muß. Wenn z.B. eine Pflegemutter immer sehr empfindlich darauf reagiert, wenn das Pflegekind irgendwelche Sachen kaputtmacht, dann sollte derjenige dieses Problem mit dem Kind besprechen, der damit gelassen umgehen kann, etwa der Pflegevater, der sich ohne Scham an seine eigenen wütenden Reaktionen erinnern kann. Wenn eine Pflegemutter selbst sehr empfindlich auf Lügen und Stehlen reagiert, weil sie selbst hinsichtlich dieser Probleme sehr starr und unnachsichtig erzogen worden ist, wird sie selbst bei einem Kind eine Lüge und eine Phantasie, mit der das Kind den Eltern etwas erzählen will, nicht auseinanderhalten können. In all diesen Fällen ist es nützlich, wenn sich Eltern flexibel auf bestimmte Schwierigkeiten einstellen können und nicht einfach starr an bestimmten Rollenaufteilungen festhalten.

Bei der Beratung von Pflegeeltern kann man zwei strukturell verschiedene Beratungsbereiche unterscheiden:

1. die Beratung in akuten Krisenfällen,
2. die Beratung bei länger anhaltenden Schwierigkeiten.

Zu 1: Akute Krisen beziehen sich häufig auf vorhersagbare Ereignisse, z.B. die Idealisierung der früheren Situation und des Weglaufens, die Einschränkung sozialer Kontakte usw. In diesen Fällen muß man mit Eltern, da sie leicht handlungsunfähig werden, rasch Handlungsstrategien entwickeln, was um so eher gelingt, wenn man bestimmte Krisen schon einmal vorbesprochen hat. Wenn beispielsweise ein Kind nach einer wütenden Auseinandersetzung wegläuft, müssen die Eltern wissen, daß es darauf ankommt, das Kind davon zu überzeugen, daß die Eltern es auch und gerade mit seinen Affekten von Wut, Zorn und Verzweiflung akzeptieren. Da gibt es dann nur einen Weg: Wenn das Kind wegläuft, müssen Vater oder Mutter hinterherlaufen – unter allen Umständen. Aber das Kind soll nicht eingefangen, sondern begleitet werden. In einem Fall ist die Pflegemutter (als der zwölfjährige Pflegesohn wegrannte) in aller Eile – weil sie noch zwei jüngere Kinder blitzartig bei Nachbarn unterbringen mußte – auf Socken hinterhergerannt, immer ein paar Meter hinter dem Jungen, bis schließlich seine Schritte langsamer wurden und sie dann schweigend nebeneinander hergingen. Dann brauchte sie nur noch zu sagen: Kehren wir jetzt um? In einem anderen Fall erzählte uns ein Pflegekind enttäuscht, das stundenlang von zu Hause fort war, daß die Pflegeeltern nicht einmal gefragt hätten, wo es gewesen war. Es hatte das Gefühl, es sei den Pflegeeltern völlig gleichgültig.

Zu 2: Die Beratung bei länger anhaltenden Schwierigkeiten – z.B. ständigem Negativismus, Hyperaktivität, depressiver Handlungsunfähigkeit oder anhaltender Ablehnung eines Elternteils – muß vor allem den Zeitpunkt der Integration berücksichtigen. Bei solchen länger anhaltenden Schwierigkeiten ist es nützlich, den Eltern den Prozeß der Integration verständlicher zu machen und sie auf die verschiedenen Integrationsschritte, die ja manchmal wie Rückschritte erscheinen, hinzuweisen, weil erst so bestimmte Verhaltensweisen als Symptom einer progressiven Beziehungsentwicklung deutlich werden.

Hierbei handelt es sich um einen in der Entwicklungspsychologie vertrauten Gesichtspunkt. Wenn z.B. ein kleines Kind von eineinhalb Jahren das Neinsagen entdeckt und sich ständig mit dem Nein gegenüber elterlichen Forderungen zur Wehr setzt, bedeutet dieses, die Kommunikation erschwerende Verhalten im Kontext der Entwicklung, daß das Kind in seiner Autonomieentwicklung einen wesentlichen Schritt getan hat. Das Verhalten ist symptomatisch für einen Entwicklungsfortschritt. Ähnlich ist es bei der Entwicklung neuer Beziehungen. Auch hier zeigen u.U. störende Verhaltensweisen einen Entwicklungsfortschritt an, z.B. wenn das Kind sein überangepaßtes Verhalten aufgibt und erst einmal aggressiv und expansiv aus dem Ruder geht.

Diese Beratung i.S. von Informationsvermittlung stößt leicht auf vielfältige Widerstände, weil bei länger anhaltenden Schwierigkeiten die Maßnahmen, die man Eltern empfehlen kann – z.B. die Geschwister auseinanderzudividieren, Regressionen zu tolerieren –, nicht rasch an ihrem Erfolg überprüft werden können. Aber Eltern wollen Erfolg haben. Wenn sie keine Erfolge sehen, geraten sie leicht in eine Phase zunehmender Verunsicherung und Resignation. Die Versuchung wird dann groß, vom Kind eigentlich nichts anderes zu verlangen, als daß es sich den eingespielten Interaktionsformen in der Familie anpaßt, ohne daß die Pflegeeltern ihre eigene Rolle neu definieren müßten. Der Wunsch der Eltern, Erfolg haben zu wollen, führt auch leicht dazu, daß sie sich an bestimmte, z.B. enggefaßte lerntheoretische Konzepte klammern und nicht davon überzeugt werden können, daß eine helfende, fragende und abwartende Haltung (etwa bei der Frage des Einnässens) erfolgreicher sein könnte. In einem Fall haben uns Pflegeeltern nach einem Jahr bekannt, daß ihr eingesetztes Belohnungssystem zur Behebung des Einnässens die Entwicklung positiver Beziehungen um viele Monate verzögert habe.

Nun ist einfühlendes Abwarten-Können wirklich eine schwierige Sache. Sicher wird es erleichtert, je eher man bestimmte Schwierigkeiten des Kindes aufgrund seiner Lebensgeschichte verständlich machen kann, aber so hat man keine Erfolgserlebnisse. Die gewinnt man erst, wenn man Fortschritte sieht, was aber nur möglich ist, wenn man sich erinnern kann. So wie Eltern oft eine Gedächtnisfunktion für ihre Kinder übernehmen, wenn sie etwa ein Kind darauf hinweisen, was sich in der Vergangenheit zugetragen hat: »Weißt Du noch, da war das, wo Du so unglücklich warst«, so kann auch der Berater eine Gedächtnisfunktion für die Pflegeeltern übernehmen.

Bei uns spielen sich viele Beratungsgespräche am Telefon ab. Das hat den Vorteil, daß man sich am Telefon viel besser als sonst in einem persönlichen Gespräch Notizen machen kann. Sie ermöglichen, daß man Eltern auf frühere Erlebnisse, Verhaltensweisen und elterliche Reaktionen hinweist, woraus dann erst klar wird, welche

Fortschritte ein Kind gemacht hat. Denn man muß die Tatsache, so erstaunlich sie ist, hinnehmen, daß viele Schwierigkeiten, die Eltern mit ihren Kindern haben, rasch wieder vergessen werden. Aus der Alltäglichkeit des Familienlebens ragen sehr oft nur die aktuellen Probleme wie die Spitze eines Eisberges hervor. Ich denke, das gilt sehr allgemein, daß wir genau wahrnehmen, wann ein Schmerz entsteht; wir nehmen aber nur sehr ungenau wahr, wann er wieder verschwindet. Bei Problemen mit Kindern ist das nicht anders. Wenn ein Kind sich ständig mit anderen Kindern (Geschwistern, Schulkameraden) prügelt, versetzen solche Aggressionen die Pflegeeltern leicht in Panik. Sie sehen überall blutende Nasen. Wenn sich dann das Verhalten des Kindes ändert, wird diese Veränderung kaum registriert, sondern nur die nächsten Schwierigkeiten. Darum brauchen Pflegeeltern ein zusätzliches Gedächtnis.

Ich will hier auch gleich noch ein anderes Problem bei der Beratung anfügen: die Dramatisierung von Schwierigkeiten. Wir sind immer wieder darüber verblüfft, daß in schwierigen Situationen sehr viele Pflegeeltern zur Dramatisierung neigen, d.h. aus einem eingegrenzten Problem – etwa der Prügelei mit anderen Kindern – wird in der Optik der Eltern leicht ein ganzes Sündenregister, wobei Erfahrungen und Beobachtungen, die u.U. schon längst erledigt sind, zu einem Riesenproblem aufgetürmt werden, das auf der anderen Seite die Ohnmachtsgefühle der Pflegeeltern fürchterlich verstärkt. In diesen Fällen hilft dem Berater nur die genaue Kenntnis der Erlebnisse und Erfahrungen, die die Eltern gemacht haben, die Fähigkeit, Ereignisse historisch richtig einzuordnen, um beim aktuellen Konflikt und seiner Bedeutung für die Pflegeeltern zu bleiben.

3. Krisenintervention

Ohne hier auf die verschiedenen psychodynamischen Aspekte der Krise (vgl. Houben 1975) einzugehen, möchte ich zum Schluß anhand von zwei Beispielen die Notwendigkeit der Krisenintervention in Pflegefamilien hervorheben, weil, wie gesagt, gerade über der Pflegefamilie das Damoklesschwert des Pflegeabbruchs schwebt, d.h. eine Radikallösung von Krisen naheliegt. »Viele Krisen sind akute Zuspitzungen seit langem schwelender Konflikte und werden durch belanglose Ereignisse ausgelöst« (Pörksen 1970). Darum kommt es bei der Krisenintervention, d.h. dem aktiv handelnden Eingriff eines Dritten in ein soziales System, vor allem darauf an, den latenten Konflikt, das von den Beteiligten nicht gesehene Problem zu entdecken. Folglich müßte man annehmen, daß man nur dann erfolgreich bei einer Krise eingreifen kann, wenn man von einer sorgfältigen Analyse der Krisensituation ausgehen kann, um so Handlungsstrategien zu ihrer Bewältigung abzuleiten. Aber erstens erfordert die Krisensituation meist ein rasches Eingreifen, zweitens lassen sich in den meisten Fällen Erkenntnise über die zugrundeliegenden Probleme und eingreifendes Handeln nicht sorgfältig trennen, so daß einem nichts anderes übrig bleibt, als sich fragend und forschend zu verhalten, und drittens ist man schließlich manchmal ebenso auf den Zufall angewiesen wie der Dramatiker auf den deus ex machina.

Beispiel 1: Ein dreizehnjähriger Junge hat sich, kurz nachdem er in die Pflegefamilie kam, mit den meisten Lehrern angelegt, indem er sich trotzig weigerte, irgend etwas zu tun. Er brüllte in der Klasse herum, griff andere Kinder an usw., bis den Lehrern nichts anderes übrig blieb, als ihn nach Hause zu schicken, was wiederum zu Ängsten und Befürchtungen bei den Pflegeeltern führte. Die Gesamtsituation hatte sich gefährlich zugespitzt. Darum hatten wir in diesem Fall vorgeschlagen, daß wir mit den Lehrern die Problemsituation besprechen wollten, vor allem, weil sich dieses negativistische Verhalten bei einer Lehrerin zäh hielt, während es sich bei anderen, zu denen der Junge Vertrauen gefaßt hatte, abgebaut hatte. Als wir ins Lehrerzimmer kamen, glaubten wir unseren Augen nicht zu trauen: Die Lehrerin, bei der die meisten Schwierigkeiten auftraten, hatte eine verblüffende Ähnlichkeit mit einer Tante des Jungen, bei der er in den ersten sieben Lebensjahren gelebt hatte und deren Verhalten zwischen totaler Verwöhnung und aggressiver Ablehnung schwankte, so daß der Junge damals nur aggressiv aus dem Ruder gehen konnte. Uns wurde rasch klar, daß der Junge geradezu verführt wurde, die Lehrerin mit seiner Tante aufgrund der Ähnlichkeit zu verwechseln und auf sie in gleicher Weise zu reagieren. Wir haben dann unsere Vermutung der Lehrerin mitgeteilt, die diese Deutung akzeptieren konnte. Sie fühlte sich entlastet, weil sie jetzt das ablehnende Verhalten des Jungen nicht mehr persönlich auf sich beziehen mußte. Und um den Jungen davor zu bewahren, daß er im Umgang mit seiner Lehrerin seine alten Probleme und Affekte blind ausagiert, haben wir unsere Beobachtungen und Vermutungen ebenso mit dem Jungen besprochen, was dazu führte, daß sich sein Verhalten deutlich veränderte.

Der Grund für Störungen im Erleben und Verhalten aufgrund von Übertragungsbeziehungen liegt natürlich selten so klar vor Augen. In vielen Fällen wird der Berater umfangreiche Nachforschungen anstellen und mit allen in die Krise verwickelten Personen sprechen müssen, um Einsicht in die spezifische Krisensituation zu gewinnen. Allerdings ist es dabei oft auch nicht mit bloßem Hinsehen und Zuhören getan.

Beispiel 2: In einem anderen Fall wurden wir um Hilfe gebeten, weil der fünfjährige Pflegesohn nach einem dreiwöchigen Krankenhausaufenthalt wegen einer Hauterkrankung nicht mehr mit den Pflegeeltern sprach, jede Nahrung verweigerte oder das Essen wieder erbrach. Die Pflegeeltern hatten den Eindruck, als seien ihre in zwei Jahren entwickelten Beziehungen jäh zusammengebrochen. Aber noch beunruhigender war die Nahrungsverweigerung, weil sie die Eltern dazu verurteilt, vollständig ohnmächtig mit ansehen zu müssen, wie das Kind abmagert.

Es liegt auf der Hand, daß in einem solchen Fall einer beginnenden Anorexia nervosa (Magersucht) eine schnelle Intervention notwendig ist, die darin bestand, daß wir uns bei den Eltern über Ereignisse der letzten Zeit erkundigten und den Jungen untersuchten. Dabei stellte sich heraus, daß das Pflegekind den Krankenhausaufenthalt offenbar genossen hatte, weil es jeden Tag von einem seiner Eltern ohne den gleichaltrigen leiblichen Sohn im Krankenhaus besucht wurde. Als das Pflegekind dann nach Hause entlassen worden war, zog es sich zunehmend mehr zurück und verweigerte das Essen. In der Untersuchung zeigte sich, daß der Junge von heftigen Aggressionen gegen den Bruder beherrscht wurde, die er aber gegenüber seinen Eltern nicht zum Ausdruck bringen konnte. In seiner Phantasie fühlte er sich groß und allmächtig, spaltete aber seine aggressiven Gefühle vollständig ab und entwickelte die Phantasie, als sei die ganze Familie von äußeren bösen Mächten bedroht, zerstört und vernichtet zu werden.

Nachdem diese Gefühle und Affekte von Aggression und Zerstörung im Spiel mit Kasperlpuppen und im Sceno-Test zum Ausdruck gebracht wurden, konnte er in unserem und im Beisein seiner Pflegeeltern wilde, von Aggressionen beherrschte Phantasien in Form phantastischer Geschichten äußern, wodurch seine eher aggressiv gehemmten Eltern in Angst und Schrecken versetzt wurden. Wir versuchten darum, den Pflegeeltern verständlich zu machen, daß das Kind nach dem Krankenhausaufenthalt wohl den Eindruck gewonnen habe, daß es irgendwie aus den Familienbeziehungen ausgeschlossen sei und sein Platz bei den Eltern durch den Bruder besetzt sei. Dadurch seien die latenten Rivalitätsgefühle erheblich verschärft worden, so daß es jetzt darauf ankäme, das Pflegekind gerade mit seinen heftigen, den Eltern angstmachenden Gefühlen anzunehmen. Darum sprachen wir mit den Eltern über ihre eigenen Schwierigkeiten, mit Aggressionen umzugehen, um ihnen zu helfen, auf die aggressiven Gefühle des Kindes toleranter zu reagieren.

Einige Tage nach diesem Gespräch entstand zwischen beiden Jungen ein heftiger Streit, in den die Eltern zwar eingriffen, indem sie die Kampfhähne trennten, aber auf die Aggressionen des Pflegekindes nicht beschwichtigend reagierten. Die jetzt zugelassenen Aggressionen wurden im Gegenteil von der Mutter akzeptiert und unterstützt, indem sie das Kind ermutigte, aggressiv zu sein. Als es anfing, alle seine Spielsachen wütend aus dem Regal auf den Boden zu werfen, sagte sie ihm, sie wolle ihm dabei helfen. Erst durch ihre handgreifliche Unterstützung bei seiner wütenden Aktion konnte sie ihm überzeugend zeigen, daß es mit seinen Gefühlen von Wut und Zorn angenommen und akzeptiert wird. Daraufhin fing der Junge wieder an, mit seinen Pflegeeltern zu sprechen und gab seine Nahrungsverweigerung auf. Er hatte die für ihn heilsame Erfahrung gemacht, daß seine Eltern die zwangsläufig auftretende Geschwisterrivalität besser tolerieren konnten, so daß er nicht mehr gezwungen war, seine aggressiven Impulse durch Wendung gegen die eigene Person abzuwehren.

Wenn man sich fragt, worin in diesem Fall die Krisenintervention bestand, wird man sagen müssen, daß ein eingespieltes Interaktionsmuster (Aggressionsabwehr bei Eltern und Kind) durch die Intervention (zugelassene Aggression im Spiel und in der Phantasie) so durchkreuzt wird, daß die an der Krise Beteiligten neuen Wege zur Konfliktlösung gehen können. Das heißt, man kann selten die Probleme anderer Leute lösen, aber u.U. gelingt es, die für eine Konfliktlösung notwendigen Weichen zu stellen.

Kapitel 5: Scheiternde Pflegeverhältnisse*

Es gibt Pflegeverhältnisse, die von vornherein zum Scheitern verurteilt sind. Aber das kann man erst dann mit Gewißheit sagen, wenn das Scheitern durch den Pflegeabbruch nicht mehr zu verleugnen ist. Hinterher ist man natürlich immer klüger und sieht im Einzelfall die Gründe klarer, die für das Mißlingen ausschlaggebend waren. Die folgenden Ausführungen sollen deshalb dazu dienen, wenn schon nicht weise, doch etwas klüger zu werden. Aus Mißerfolgen zu lernen ist immer eine peinliche Angelegenheit, der man sich am ehesten dadurch erwehrt, daß man die Mißerfolge anderen, der Sozialisation in der frühen Kindheit, der Lernunfähigkeit der Pflegeeltern oder dem schwierigen Charakter des Kindes anlastet oder indem man sich durch Rationalisierung und Verleugnung der Mißerfolge erwehrt, wenn man sagt, so habe man doch wenigstens dem Kind viele Jahre Heimaufenthalt erspart oder das Pflegeverhältnis habe von Anfang an aufgrund der erheblichen Verhaltensstörungen des Kindes nur eine geringe Chance gehabt.

1. Pflegeabbrüche

Nach dem 3. Jugendbericht des Landes NW (1979) werden bis zu fünfzehn Prozent der Pflegeverhältnisse aufgrund unaufhebbarer Spannungen zwischen Pflegekind und Pflegeeltern abgebrochen (ebd., 52). Wenn man sich an den Untersuchungen von Blandow (1972) orientiert, ist zu vermuten, daß dieser Prozentsatz nur die Spitze eines Eisberges ist. So stellt Liegle (1980) fest: »Untersuchungen in der Bundesrepublik und den USA machen überdies deutlich, daß es um ein entscheidendes Kriterium der Familienpflege, ihre zeitliche Dauer und Beständigkeit, in vielen Fällen schlecht bestellt ist ... die von diesen Autoren (Blandow/Maas/Engler; der Verf.) durchgeführten Untersuchungen belegen, daß zwischen 25 und 50 Prozent der Pflegefamilien Mißerfolg zu bescheinigen ist« (ebd., 552).

Sicher ist Dauer und Beständigkeit nicht das Maß aller Dinge. Wenn Liegle von Mißerfolg spricht, meint er eine Dauer des Pflegeverhältnisses unter fünf Jahren. Wenn ein älteres Pflegekind z.B. mit dreizehn Jahren in eine Pflegefamilie käme und dort bliebe, bis es mit achtzehn Jahren die Familie verläßt, brauchte ein solcher Fall nicht unbedingt schon ein Mißerfolg zu sein. Allerdings liegt der Anteil der Pflegeabbrüche bei Kindern, die über zehn Jahre alt sind, wenn sie in die Pflegefamilie kommen, nach der Blandowschen Untersuchung bei vierundachtzig Prozent; und bei den

* *Westermann, A.:* Vortrag auf der Fortbildungsveranstaltung des Landesjugendamtes Westfalen-Lippe für Sozialarbeiter, Nordwalde 1981.

übrigen sechzehn Prozent stellt er eine negative Komplementarität fest, so daß er auch diese Fälle als gescheitert ansieht. Aus diesen Beobachtungen ließe sich der Schluß ziehen, daß man ältere (über zehn Jahre alte) Kinder nicht erfolgreich in eine Pflegefamilie integrieren kann und es dann auch nicht tun sollte.

Aber lassen wir diese Frage hier einmal offen. Das Stichwort »negative Komplementarität« (vgl. Blandow 1972, 28), mit dem der Tatbestand beschrieben wird, daß zwischen Rollenpartnern (Eltern und Kind) unerträgliche Spannungen, Angst und Feindseligkeit entstehen, so daß eine positive Entwicklung von Beziehungen ausgeschlossen wird, weist darauf hin, daß der Pflegeabbruch nicht als Kriterium für das Scheitern von Pflegebeziehungen genommen werden kann. Der Pflegeabbruch ist ja nur das äußerlich sichtbare Zeichen einer gescheiterten Beziehung. Analoge Verhältnisse hat man beim Scheitern von Ehebeziehungen; auch hier ist die Scheidung bzw. Trennung der Partner nur das sichtbare und meßbare Kriterium gescheiterter Beziehungen. Die große Zahl gescheiterter Ehebeziehungen bzw. Pflegeverhältnisse, die nicht zur Trennung bzw. zum Abbruch führen, bleibt unberücksichtigt.

Unabhängig von den Gründen, die zum Scheitern der Beziehungen führen, sind die unterschiedlichsten Reaktionsweisen möglich:

- Das Scheitern wird verleugnet, verharmlost, bagatellisiert und nicht realistisch wahrgenommen, weil das Eingeständnis des Scheiterns für die Eltern eine erhebliche Kränkung darstellen würde, was sie mit ihrer Rollendefinition, unentbehrlich oder ein unermüdlicher Helfer zu sein, nicht in Einklang bringen können.
- Das Scheitern wird resignativ zur Kenntnis genommen, ohne daß irgendeine Veränderungsmöglichkeit gesehen wird, sei es, daß die Pflegeeltern keine Veränderungsmöglichkeit beim Kind oder daß sie aufgrund ihrer eigenen Sozialisationserfahrung keine Lern- und Entwicklungsmöglichkeiten mehr bei sich selbst sehen, so daß sie sich auf den Status quo einstellen, besonders dann, wenn ein Elternteil an der Beziehung zum Pflegekind festhält.
- Das Scheitern wird realistisch wahrgenommen, und die Eltern versuchen es durch eine Neudefinition der Beziehungen zu kompensieren bzw. die an das Kind gerichteten Erwartungen zu verändern, etwa indem sie – u.U. auch nur vorübergehend – einem jugendlichen Pflegekind gegenüber eine größere Distanz einnehmen und ihren Erziehungsanspruch reduzieren.
- Aus dem Scheitern werden dramatische Konsequenzen gezogen und das Pflegeverhältnis – u.U. von einem Tag auf den anderen – beendet.

Wie auch immer das Scheitern verarbeitet wird: Es bleibt festzuhalten, daß in Pflegeverhältnissen neben der Reaktionsform der Verleugnung, der Resignation oder der Kompensation die Alternative Abbruch schon ständig vorprogrammiert ist und eine ständige Drohung darstellt, wodurch die Interventionsmöglichkeiten durch Beratung erheblich eingeschränkt werden.

2. Was heißt Scheitern?

Wenn man danach fragt, wie das Scheitern von Pflegeverhältnissen zustande kommt, müßte man sich zuerst die Frage stellen, wie und woran man in einem frühen Stadium des Scheiterns die hierzu führenden Probleme und Konflikte, aber auch die Grenzen der Beziehungsfähigkeit, d.h. die zum Scheitern führenden Faktoren erkennen könne. Diese am medizinischen Denken orientierte Frage ist die Frage nach den Symptomen des Scheiterns. Dabei ist allerdings zu berücksichtigen, daß die Genese scheiternder Beziehungen vielfältige Gründe haben kann (woraus auch zwangsläufig verschiedene Interventionsformen resultieren). Berücksichtigt werden müßte die Tatsache, daß Beziehungsstörungen vielfach überdeterminiert sind, daß sich u.U. die Probleme des Kindes mit denen der Eltern zu einem kaum durchdringbaren Dickicht verfilzen. Dadurch werden die Symptome uneindeutig und die Diagnose unsicher.

Wenn eine Pflegemutter erregt sagt, daß sie das Pflegekind, wenn es wieder einmal einen Wutanfall gekriegt hat, »am liebsten an die Wand knallen würde«, oder wenn eine Pflegemutter verzweifelt sagt, das sie sich »nicht einmal mehr in ihrer Wohnung frei bewegen könne«, solange das Pflegekind da ist, könnte man beide Äußerungen als Symptom tiefgreifender Ablehnung und zum Scheitern führender Beziehungsstörungen verstehen, wobei die aggressiven Impulse der Pflegemutter bedrohlicher erscheinen mögen als die Klage über die durch das Kind verursachte Einschränkung des eigenen Spielraumes. Auf den ersten Blick ist überhaupt nicht klar, welcher Äußerung ein größeres symptomatisches Gewicht zukommt. Erst wenn man genauer sieht, daß im ersten Fall die Äußerung aggressiver Impulse ein unverstellter Ausdruck von Wut und Zorn ist, der als Reaktion auf heftige Aggressionen des Kindes auftritt und durch Gefühle der Zuneigung gesteuert und aufgehoben wird, wird man der Äußerung von Ablehnung im zweiten Fall, in dem sich weitreichende Probleme der Pflegemutter widerspiegeln, ein größeres symptomatisches Gewicht beimessen müssen. Und schließlich kommt noch ein weiterer, die Diagnose erschwerender Faktor hinzu, nämlich der, daß die »Selbstheilungstendenzen«, d.h. die bei Schwierigkeiten mobilisierten progressiven Entwicklungsmöglichkeiten innerhalb eines sozialen Systems, schwer abzuschätzen sind. Wer hat sich nicht schon in seiner Prognose über Ehebeziehungen gründlich geirrt? Erweist sich nicht oft erst in Krisen, was Menschen möglich ist?

Zunächst aber entsteht die grundsätzliche Frage, was als gescheitertes Pflegeverhältnis gelten soll. Dies ist eine Frage des Maßstabes, normativer Erwartungen, die an Beziehungen gestellt werden. Hinsichtlich der Frage gescheiterter oder gelungener Pflegeverhältnisse könnte man sich an der Geschichte des Pflegekinderwesens orientieren, und man würde feststellen, daß das Ziel der Pflegeverhältnisse im Laufe der Geschichte höchst unterschiedlich definiert wurde (vgl. Schnabel 1974; Sauer 1979).

Wenn das Ziel darin gesehen wird, einem Kind einen negativ bewerteten Heimaufenthalt zu ersparen, da Heimerziehung »keine Alternative zur Familienpflege« (3. Jugendbericht 1979, 54) sei, wird das Ziel schon erreicht sein, wenn nur verhindert wird, daß das Kind wieder ins Heim kommt, unabhängig davon, wie die Beziehungen in der Pflegefamilie aussehen, und unabhängig davon, ob die Pflegeeltern in der Lage sind, das Kind zu erziehen. Wenn das Ziel darin gesehen wird, daß das Kind von Erwachsenen erzogen wird, die aufgrund ihrer elterlichen Autorität wirksamen Einfluß auf das

Verhalten des Kindes haben, wird das Ziel erreicht sein, wenn ihnen das Kind nicht aus dem Ruder geht und wenn es sich von ihnen steuern und beeinflussen läßt, unabhängig davon, ob sich das Kind den eingespielten Familiennormen nur passiv anpaßt oder ob es sich aufgrund individueller und persönlicher Beziehungen mit den Eltern identifiziert und ihre Normen und Werte aktiv übernimmt. Wenn das Ziel darin gesehen wird, daß das Kind neue, verläßliche, emotionale Beziehungen zu Eltern entwikkelt, die es ihm ermöglichen, aufgrund korrigierender Erfahrungen seine Sozialisationsdefizite auszugleichen, wird das Ziel nicht erreicht, wenn es, an seiner alten Familienidentität festhaltend, seine Verhaltensstörungen beizubehalten gezwungen ist.

Je nachdem welche Ziele bei der Aufnahme eines Kindes verfolgt werden, unterscheiden sich auch die Erwartungen, die die Eltern hinsichtlich des alltäglichen Familienlebens, ihrer Erziehungsfunktion oder ihrer persönlichen Beziehungen haben. Auch wenn die subjektiven Ziele der Pflegeeltern selten explizit formuliert werden, schlagen sich diese in Erwartungen nieder, die konkret im Umgang mit dem Kind wirksam werden. Das Scheitern beruht auf enttäuschten Erwartungen. Ich möchte daher das Scheitern anhand der von uns beschriebenen Integrationsphasen verdeutlichen. Mit dieser Anlehnung an die drei Integrationsphasen soll zugleich zum Ausdruck gebracht werden, daß wir, wenn das Unternehmen Integration in eine Pflegefamilie Sinn haben soll, als Ziel eines Pflegeverhältnisses den Aufbau und die Entwicklung neuer, intensiver und individueller Eltern-Kind-Beziehungen ansehen. Dabei geht es nicht um die Verwirklichung eines Ideals, um die Verwirklichung eines Selbstzweckes oder um die Entwicklung von Beziehungen um der Beziehungen willen. Beziehungen haben ja nur dann einen Sinn, wenn sie einen bestimmten Zweck erfüllen – und das gilt für Partnerbeziehungen von Erwachsenen oder Jugendlichen ebenso wie für Eltern-Kind-Beziehungen –, wenn sie dazu beitragen, daß sich Menschen entwickeln und entfalten können. Beziehungen sind sinnlos, wenn sich Menschen in ihnen behindern, an pathologischen Rollenbeziehungen festhalten, wenn Eltern z.B. ein Kind in eine Ersatzpartnerrolle drängen oder wenn – was ja keine individuellen, intensiven Beziehungen ausschließt – das Kind für einen Elternteil dazu da zu sein hat, daß es seinen Ergeiz befriedigen soll (vgl. Richter 1969). Das heißt, man darf hinsichtlich der Entwicklung von Beziehungen nicht nur fragen, ob jemand Beziehungen hat, sondern man muß fragen, welcher Art sie sind. Und außerdem muß man fragen, ob Eltern-Kind-Beziehungen ihre Funktion, ihren Zweck erfüllen.

3. Scheiternde Pflegeverhältnisse in den Integrationsphasen

Wenn wir die Integration eines Pflegekindes verfolgen, stellen wir immer wieder fest, daß sich die Entwicklung von Beziehungen in ganz typischen Schritten vollzieht, die wir als Integrationsphasen gekennzeichnet haben. Diese Phasen – die Anpassungsphase, die Phase der Wiederholung früherer Beziehungsformen in der Übertragungsbeziehung und die Regressionsphase – stellen zugleich charakteristische Krisen dar (vgl. Teil II). Aufgrund unserer Beobachtungen kommen wir zu dem Schluß, daß Pflegeverhältnisse in jeder dieser Phasen scheitern können. Jede Phase hat sozusagen ihr spezifisches Risiko, da sie spezifische Anforderungen an die Pflegeeltern stellt.

Man könnte leicht denken, daß in der Anpassungsphase, in der sich das Kind den Erwartungen der neuen Eltern stark anpaßt, in einer Art Überanpassung auf die neue Familiensituation reagiert, ein Scheitern kaum vorkommen könne. Das ist aber nicht der Fall. Hier kann man zwei Fälle unterscheiden:

- Die Eltern versuchen, das so prima funktionierende Kind in seiner Überanpassung zu halten und haben z.B. dadurch Erfolg, daß das Pflegekind auf eine Geschwisterbeziehung verwiesen und zu einem guten Spielkameraden des Geschwisters wird, ohne daß es aber selbst je die Chance gehabt hat, neue Eltern-Kind-Beziehungen zu entwickeln (vgl. Blandow 1980). Es bleibt, selbst wenn es als relativ junges Kind in die Familie gekommen ist, seiner alten Familienidentität verhaftet (vgl. Teil V, 2).
- Im anderen Fall versuchen die Pflegeeltern das Kind ohne Erfolg in der Überanpassung zu halten. Wenn das Kind zunehmend sicherer geworden ist, sich in der Familie zu orientieren gelernt hat und seine Überanpassung aufzugeben beginnt, versuchen die Pflegeeltern, es durch zunehmenden Druck so zu erhalten, wie es anfänglich war: brav, lieb und dankbar. Sie reagieren auf die positiv zu bewertenden Verhaltensänderungen, die sie als Verhaltensstörungen interpretieren, mit Enttäuschung, so als sei das Kind ein abartiges Geschöpf. Wenn sich dann Pflegeeltern nicht belehren lassen, daß alle ihre verstärkten Erziehungsbemühungen nur die Spannungen und Schwierigkeiten verstärken werden, ist das Scheitern des Beziehungsaufbaus schon eingeleitet.

Wenn Eltern lernfähig sind und ihren Erziehungsanspruch aufgeben, weil sie begreifen, daß Beziehungen die Voraussetzung für die Erziehung sind und nicht umgekehrt, kann man in dieser Krise in vielen Fällen das Pflegeverhältnis retten, wenn nur die Weichen richtig gestellt werden. Das gelingt natürlich nicht, wenn sich Eltern gegen jede Lernerfahrung mit dem Argument wehren, daß wir ihnen nichts sagen könnten, weil sie das Kind, das neun Wochen bei ihnen lebt, ja viel besser kennen würden. So verhielten sich die Pflegeeltern eines achtjährigen Jungen, der in seiner Ursprungsfamilie und in einer Verwandtenpflegestelle erhebliche negative Erfahrungen gemacht hatte. Er wurde als Säugling vernachlässigt, in der ersten Pflegestelle geschlagen und in eine Sündenbockrolle gedrängt.

Wir untersuchten den Jungen fünf Wochen nach Aufnahme in die zweite Pflegefamilie, weil er, wie die Eltern klagten, trotz guter Intelligenz erhebliche Konzentrations- und Lernschwierigkeiten hatte, mit anderen Kindern nicht zurecht kam, grundlos log und häufig vom Tod sprach. Die Pflegeeltern sahen keine anderen Schwierigkeiten und meinten, daß sie vom ersten Tag an eine richtige Familie gewesen seien und der Junge sie schon vollkommen als Eltern anerkannt hätte. Er sei sehr anlehnend und gehorche ihnen gut. Unsere Erklärung, daß es sich hierbei um eine Überanpassung handele und der Junge ihren Erwartungen zu gehorchen versuche, konnten sie nicht akzeptieren. In den Testbefunden wurde, wie zu erwarten, deutlich, daß der Junge familiale Beziehungen als verwirrend und angstmachend erlebte und seine vorherigen Familienerfahrungen überhaupt nicht aufgearbeitet hatte. Die gegen die Eltern gerichteten Aggressionen, die er aber aus Angst nicht ausdrücken konnte, wurden auf die Ebene der Auseinandersetzung mit anderen Kindern verschoben.

Wie wir es schon häufig beobachtet haben, schien auch bei diesem Kind die Untersuchungssituation einen therapeutischen Effekt zu haben, weil durch die Darstellung der Konflikte auf der Phantasieebene das Ausagieren der Konflikte im realen Verhalten gebahnt wird. Unmittelbar nach der Untersuchung gab der Junge seine Überanpassung auf und verhielt sich den Eltern gegenüber fordernder und aggressiver. Als wir wenige Tage später zum Nachgespräch zu den Eltern kamen, berichteten sie uns davon und machten uns Vorwürfe. Immer wieder forderten sie uns auf, daß wir ihnen Rezepte geben sollten, um die zuvor genannten Schwierigkeiten zu beseitigen. Einige Tage danach hatten sie das Problem der »von uns inszenierten neuen Schwierigkeiten« durch eine Ohrfeige erledigt: Der Junge war wieder das liebe, angepaßte Kind, und sie selbst waren sehr glücklich über diese Entwicklung. Das Kind aber gab so schnell nicht auf. Wenige Tage später machte es erneut den Versuch, sich aktiv mit den Eltern auseinanderzusetzen, den die Eltern aber mit der abrupten Abstoßung des Kindes beantworteten.

3.2 Scheitern in der Phase der Übertragungsbeziehung

Diese Integrationsphase ist zweifellos die schwierigste und oft die turbulenteste, weil sie durch die Übertragungsbeziehung des Kindes geprägt ist, d.h. dadurch, daß das Kind seine neuen Eltern durch die Brille der alten Erfahrungen wahrnimmt, so daß die Kommunikation zwischen Eltern und Kind u.U. vollständig verzerrt wird. Wenn ein Elternteil – und typischerweise ist es zunächst nur ein Elternteil, weil sich das Kind gleichzeitig bei dem anderen zu sichern sucht – mit dem Vater oder der Mutter der Ursprungsfamilie verwechselt wird, entstehen leicht unerträgliche Spannungen und Konflikte. Wenn dann die Eltern diese manchmal dramatischen Veränderungen im Verhältnis zum Pflegekind nicht verstehen können oder wenn sie meinen, sie müßten alleine damit fertig werden und darum nicht um Rat fragen, ist das Scheitern des Pflegeverhältnisses oft nur eine Frage der Zeit.

Es kommt hinzu, daß sich diese Krise gleichzeitig an zwei Fronten abspielt. Durch das Verhalten des Kindes in der Übertragungsbeziehung und die unangemessene elterliche Reaktion wird das Eltern-Kind-Verhältnis immer stärker verzerrt, z.B. wenn eine Pflegemutter zum Kind sagt: »In meinem Hause dulde ich nicht so ein aggressives, pampiges, verachtendes oder gleichgültiges Verhalten.« Dann sieht sich das Pflegekind in seiner Reaktionsform bestätigt und verstärkt gleichzeitig die Ablehnung durch die Pflegemutter. Gleichzeitig entsteht, weil das Kind mit einem Elternteil gut auskommt und nur mit dem anderen in einen Kleinkrieg verhakt ist, ein Konflikt zwischen den Eltern, der u.U. sogar auf die Alternative Ehescheidung oder Scheidung vom Pflegekind hinausläuft.

Diese Krise in der Übertragungsbeziehung wird außerdem oft verschärft und treibt auf einen Pflegeabbruch zu, wenn die gestörten Beziehungen zwischen einem Elternteil und dem Pflegekind bei einem Elternteil unbewältigte Probleme und Konflikte hochspülen, die aus der eigenen Kindheit stammen. Eine solche Konfliktlage wird erst recht zu einem »Sprengsatz«, wenn die sich wiederholenden Konflikte des Kindes zu denen der Eltern wie Schlüssel und Schloß zusammenpassen: wenn z.B. ein unbewältigtes Autonomieproblem der Mutter mit dem Negativismus des Kindes zusammentrifft und einer gegen den anderen trotzig und nicht nachgebend reagiert.

In solchen Krisen erweist sich auch, wieweit das anfangs wirksame Helferkonzept trägt. Entweder wird das Pflegeverhältnis aufgrund des Helferkonzeptes noch aufrechterhalten, führt aber bei einem Elternteil zu einer tiefen und u.U. nicht mehr zu verändernden Resignation nach dem Motto: »Dann mußt Du das mit dem Kind machen«, oder das Helferkonzept trägt gerade noch so weit, daß das Kind nicht gleich morgen, sondern erst übermorgen die Familie verlassen muß.

3.3 Scheitern in der Phase regressiver Bedürfnisse

Die in dieser Integrationsphase auftretenden regressiven Bedürfnisse und Verhaltensweisen sind von Pflegeeltern – im Vergleich zu den anderen Integrationskrisen – noch am ehesten zu tolerieren und mit weniger emotionalen Spannungen verbunden, wenn die Pflegeeltern erst einmal verstanden haben, welche Bedeutung dem kleinkindhaften, in krassem Widerspruch zum tatsächlichen Alter des Kindes stehenden Verhalten zukommt; ferner, wenn die Pflegeeltern begriffen haben, daß Beziehungen durch Bedürfnisse strukturiert werden, daß die Wiederholung kleinkindhafter Verhaltensweisen eine Chance für die Entwicklung neuer Beziehungen ist und daß die Diskrepanz zwischen tatsächlichem und emotionalem Alter sich nicht auf alle Lebensbereiche erstreckt und sich schrittweise verringern wird.

Wo dagegen Pflegeeltern regressive Verhaltensweisen als abartig, als Verhaltensstörung falsch interpretieren und dabei aus Unkenntnis von anderer Seite in ihrer Auffassung unterstützt werden, können sie, weil sie Angst vor den Schwierigkeiten in der weiteren Entwicklung bekommen, sich nicht gewährend auf das Kind wie auf ein kleineres und jüngeres einlassen. Statt dessen versuchen sie, das Kind altersgemäß zu erziehen, und verhalten sich so – z.B. entsprechend dem fachkundigen Rat einer Erziehungsberatungsstelle –, auf Symptome fixiert, daß sie mit konstanter Bosheit die Bedürfnisse des Kindes übersehen und nicht zur Kenntnis nehmen.

Unbefriedigte Bedürfnisse aber bleiben bestehen. Sie lassen sich nicht wegzaubern, höchstens unterdrücken. Unbefriedigte Bedürfnisse, wie z.B. das nach liebevoller, totaler, durch keine Leistung gerechtfertigte oder verdiente Versorgung, produzieren immer neue Probleme, die, wenn sie nicht richtig wahrgenommen werden, ein Leben lang bestehen können, etwa Eßprobleme, die mit dem Gefühl einhergehen, nie genug zu bekommen. Und irgendwann werden die aus dem unbefriedigten Bedürfnis entstandenen Probleme, z.B. ein süchtiges Verhalten, so weit von dem ursprünglichen Bedürfnis entfernt sein, daß weder das Kind noch ein anderer die Verbindung zwischen aktuellen Verhaltensproblemen und den vergebenen Chancen mehr sehen kann.

Teil VI: Polemisches

Die Polemik, der wissenschaftliche Meinungsstreit, ist – wie Mitscherlich (1965) bemerkte – ebenso wie das Pamphlet, die Streit- und Schmähschrift unbeliebt. Der Wunsch nach Harmonie und Einigkeit verträgt sich mit dem Streit schlecht. Allzu leicht werden der Streit wie auch die Emotionalität diffamiert nach dem unsinnigen Motto: Wer schimpft, hat unrecht.

Wir schimpfen und denken, wir schimpfen zu Recht. Und gleichzeitig bedauern wir, daß da, wo sich eine Diskussion widerstreitender Auffassungen ergeben könnte – wie z.B. auf der Jahrestagung des Bundesverbandes der Pflege- und Adoptiveltern e.V. 1988 in München –, sich der Direktor des DJI H. Bertram mit seinem Vortrag »Kinder in der Postmoderne« einer Diskussion entzieht und sich für Fragen der Sozialisation von Pflegekindern als nicht zuständig und inkompetent erklärt.

Der Vortrag »Das Recht des Kindes auf einen Neuanfang in Eltern-Kind-Beziehungen« (siehe Kap. 1), den wir auf der Jahrestagung des Bundesverbandes der Pflege- und Adoptiveltern e.V. am 14. März 1987 in Münster gehalten haben, ist eine durchaus polemisch gemeinte Auseinandersetzung mit dem Konzept des DJI. Der Vortrag »Die Ausbeutung kindlicher Abhängigkeit« (siehe Kap. 2) auf der Jahrestagung des Bundesverbandes der Pflege- und Adoptiveltern e.V. am 28. Mai 1988 in München stellt eine Fortsetzung dieser Polemik dar, in der wir versuchen, auf die politischen Wurzeln dieses verfehlten Ansatzes hinzuweisen.

Kapitel 1: Das Recht des Kindes auf einen Neuanfang in Eltern-Kind-Beziehungen*

1. Sozialisationsziele

Die Aufnahme eines Kindes in eine Pflegefamilie hat in den meisten Fällen nur dann einen Sinn, wenn die Pflegebeziehung dazu dient, daß ein Kind, dessen Eltern es nicht versorgen und erziehen können, noch einmal neue befriedigende, individuelle Eltern-Kind-Beziehungen entwickeln kann. Denn Eltern-Kind-Beziehungen sind die Grundlage für die Ausbildung von Persönlichkeitsstrukturen, für die Entwicklung der Ich-Fähigkeiten, des Selbstwertgefühls und des Gewissens. Befriedigende Eltern-Kind-Beziehungen dienen dazu, daß ein Kind aus seiner Kindheit als gesunder Mensch hervorgeht und als ein erwachsener Mensch arbeits- und liebesfähig und schließlich auch als Vater oder Mutter erziehungsfähig sein wird.

Dieses Ziel der Sozialisation ist bei den meisten Eltern, die ihr Kind in eine Pflegefamilie abgegeben haben oder denen es aufgrund von Vernachlässigungen, Mißhandlungen, sexuellen Mißbrauchs weggenommen werden muß, nicht erreicht worden. Eingeschränkt in ihrer Liebes- und Beziehungsfähigkeit in Partnerbeziehungen ebenso wie in Eltern-Kind-Beziehungen, eingeschränkt in ihrer Arbeits- und Lernfähigkeit, die es ihnen unmöglich macht, eigene Sozialisationsdefizite auszugleichen, und ebenso eingeschränkt in jeglicher Einfühlung in das Kind, verfügen viele leibliche Eltern der Pflegekindern nicht über eine hinreichende Erziehungsfähigkeit, so daß ein Kind bei ihnen keine Chancen für eine auch nur halbwegs gesunde Persönlichkeitsentwicklung hat. Diese Chance hat das von den leiblichen Eltern vernachlässigte und überwältigte Kind nur, wenn es in neuen Eltern-Kind-Beziehungen die traumatischen Erfahrungen in seiner Herkunftsfamilie wie in einem geradezu therapeutischen Prozeß in der Pflegefamilie korrigieren kann. Diese Zielsetzung, die viele Pflegeeltern zu ihrem Engagement und zu vielfältigen Anstrengungen motiviert, ist aber keineswegs eine selbstverständliche Grundlage für die Sozialarbeit und Sozialpolitik.

Seitdem das DJI seine fünfjährige Projekt-Studie »Beratung im Pflegekinderbereich« (1985) abgeschlossen hat, wird bei der Unterbringung von Kindern in Pflegefamilien von einzelnen Jugendämtern und vom Deutschen Landkreistag (DLT) in »Pflegekinder – Hinweise und Empfehlungen« (1986) eine Politik favorisiert, die die

* *Nienstedt, M./Westermann, A.:* Vortrag auf der Fachtagung des Bundesverbandes der Pflege- und Adoptiveltern e.V., Münster 1987.

Pflegefamilie als Ergänzungsfamilie definiert, die Einbeziehung und Mitbetreuung der leiblichen Eltern fordert, auf jederzeitige Rückgliederung des Pflegekindes drängt, d.h. einen Ansatz vertritt, dem es in erster Linie um den Erhalt der biologischen Eltern-Kind-Beziehungen, die Aufrechterhaltung und Wiederherstellung der Herkunftsfamilie geht.

Wenn man sich wie wir seit vierzehn Jahren als Berater, Gutachter und Therapeuten mit den psychischen Störungen von Pflegekindern, den Problemen der Integration eines Kindes in eine Ersatzfamilie, der defizitären Sozialisation in der Herkunftsfamilie beschäftigt hat, weit über vierhundert Kinder psychologisch untersucht, ihre Geschichte analysiert und in vielen Fällen auch die leiblichen Eltern kennengelernt und untersucht hat (etwa wenn es um die Herausnahme von Kindern aus ihrer Herkunftsfamilie oder um die Frage der Rückgliederung geht), kann man den theoretischen Ansatz und die praktischen Folgerungen der DJI-Studie nur als abenteuerlich, naiv und töricht und die daraus resultierenden Empfehlungen des DLT als unverantwortliches Gerede kennzeichnen. Denn ohne jegliche empirische Untersuchung, ohne Berücksichtigung elementarer Tatsachen haben sich die Autoren der DJI-Studie ein Konzept ausgedacht, das das Ziel verfolgt, mit Hilfe der Pflegefamilie die Aufrechterhaltung und die Wiederherstellung der familialen Beziehungen in der Herkunftsfamilie anzustreben, aber dabei das Kindeswohl und das dem § 1 des JWG entsprechende Interesse der Gesellschaft, daß aus einem jungen Menschen ein gesellschaftsfähiger Erwachsener wird, vollkommen außer acht gelassen. Wenn man nicht sieht, daß das, was aus den sechzig oder siebzig Jahren eines Menschen wird, sich ganz wesentlich in der frühesten Kindheit entscheidet, wenn man nicht in dem zwei-, drei- oder sechsjährigen Kind den späteren Erwachsenen sieht, sondern nur die aktuellen Wünsche und Bedürfnisse der Eltern oder den aktuellen finanziellen Aufwand sieht, wird sowohl der einzelne als auch die Gesellschaft einen unverantwortlich hohen Preis bezahlen müssen.

2. Familienideologische Orientierung

Ob ein Kind vernachlässigt, mißhandelt, sexuell mißbraucht und ausgebeutet wurde, nach dem DJI-Konzept geht man davon aus, daß nicht das Kind, sondern die Familie Adressat der Hilfe durch die Unterbringung in einer Pflegefamilie sei. Dies ist schon, wie Klußmann (1986) gezeigt hat, ein rechtlicher Irrtum. Das JWG schützt nicht das Familienwohl, sondern rechtfertigt staatliche Interventionen durch ein Interesse an einer gesunden Entwicklung des Kindes. Im JWG steht eben nicht, daß jede Familie, was auch immer Eltern mit ihren Kindern machen, geschützt und mit staatlicher Hilfe wiederhergestellt werden muß.

Diese Fehleinschätzung beruht offenbar auf einem grundsätzlichen Irrtum, nämlich der Meinung, daß ein Mann, nur weil er ein Kind zeugen, und eine Frau, nur weil sie ein Kind gebären kann, auch in der Lage wären, Vater und Mutter zu sein oder zu werden. Und es ist reines Wunschdenken, anzunehmen, daß Eltern, die das Kind vernachlässigen oder mißhandeln, die in ihrer Erziehungsfähigkeit so weitreichend eingeschränkt sind, daß befriedigende Eltern-Kind-Beziehungen und eine halbwegs gesunde Persönlichkeitsentwicklung des Kindes nicht möglich sind, durch Hilfe der Pflegeeltern diese Erziehungsfähigkeit erlangen könnten. Diese unrealistische Hoffnung ist nur möglich, wenn man die Erziehungsfähigkeit lediglich als Kulturtechnik wie Lesen und Schreiben mißversteht. Und auch da weiß jeder, daß es viele Menschen gibt, die über diese Kulturtechnik nicht verfügen. Es ist unrealistisch, zu glauben, leibliche Eltern könnten in jedem Fall auch die psychologischen Eltern eines Kindes sein.

Viele der von uns untersuchten Kinder sind distanz- und beziehungslose Kinder, die uns nach einer zweistündigen Untersuchung fragen, ob sie nicht für immer bei uns bleiben könnten. Es sind Kinder, die in die Rolle von Eltern geraten, die auf ihre eigenen Eltern wie auf Kinder aufpassen und für sie und ihr Wohlergehen die Verantwortung tragen müssen. Aber mit einer derartigen Rollenumkehr – wie sie für mißhandelte und vernachlässigte Kinder typisch ist – ist eine gesunde Persönlichkeitsentwicklung nicht mehr möglich: Wenn man das Kind solchen pathologischen Beziehungsformen ausgesetzt läßt, beraubt man es seiner Kindheit, der Möglichkeit und Notwendigkeit, angstfrei Liebesbeziehungen zu entwickeln und sich an einem Erwachsenen zu orientieren.

3. Traumatische Erfahrungen

Die DJI-Autoren gehen von der Unterstellung aus, daß die weitreichendsten Störungen, die durch die Wiederherstellung und Aufrechterhaltung der biologischen Eltern-Kind-Beziehungen vermieden werden sollen, die aus der Trennung des Kindes von seiner Herkunftsfamilie resultierenden Loyalitätskonflikte seien. Es werden aber nicht nur diese Konflikte ohne Untersuchung und Begründung einfach behauptet, sondern – wie in den DLT-Empfehlungen – es wird sogar behauptet, daß psychotische Erkrankungen durch Loyalitätskonflikte ausgelöst würden: »Loyalitätskonflikte des Pflegekindes gegenüber einander ablehnenden oder sich offen bekämpfenden Eltern und Pflegeeltern können neurotische bzw. psychotische Erkrankungen auslösen« (DLT, 16). Würde man in den Empfehlungen des DLT einen solchen Satz nicht als pure Drohung verstehen können, man müßte wirklich annehmen, die Autoren haben den Verstand verloren. Aber es soll wohl eine Drohung sein: Denn wer kann schon durch die Trennung des Kindes von seiner Herkunftsfamilie das Risiko auf sich nehmen und verantworten, daß das Kind später als Jugendlicher eine Schizophrenie oder manisch-depressive Erkrankung entwickelt?

Sicher werden die DJI-Autoren in ihrer fünfjährigen Erfahrungssammlung davon gehört haben, daß viele Pflegekinder vielfältige psychische Störungen und Probleme haben. Da sie aber nichts untersucht und analysiert haben, erklären die Autoren kurzerhand alle Probleme als Identitätsprobleme, die aus ungelösten Loyalitätskonflikten herrühren würden. Der allen Pflegekindern gemeinsame Tatbestand, daß sie nicht bei ihren Eltern leben, wird zur Ursache für neurotische und sogar psychotische Erkrankungen gemacht.

Aber auch diese kühnen Behauptungen, die mit Wissenschaft überhaupt nichts mehr zu tun haben, resultieren nicht nur aus Unkenntnis über psychische Erkrankungen, sondern folgen einer ideologischen Logik: Denn wenn man die Schwierigkeiten von Pflegekindern auf diesen Loyalitätskonflikt zurückführt, kann man um so leichter die Tatsachen verleugnen, die dazu geführt haben, daß Eltern das Aufenthaltsbestimmungsrecht oder Sorgerecht für ihr Kind entzogen und ihnen das Kind weggenommen wird. Dann braucht man nämlich nicht zu sehen, daß die Vernachlässigung in der frühen Kindheit, die Mißhandlungen, das Fehlen jeglicher Annahme und Bestätigung des Kindes, d.h. das Scheitern einer befriedigenden Eltern-Kind-Beziehung, zu weitreichenden Störungen der Persönlichkeitsentwicklung führen, die in der Tat – wie z.B. bei mißhandelten Kindern – zu einer kindlichen Schizophrenie oder Depression führen können (vgl. Bettelheim 1977a).

4. Rückführung

Die vollständige Verleugnung von dem, was in der Herkunftsfamilie geschehen ist und zur Intervention des Jugendamtes führt, ist die Voraussetzung dafür, daß an der Beziehung des Kindes zu seiner Herkunftsfamilie unter allen Umständen festgehalten werden soll. »Das Kind bleibt Teil seiner Herkunftsfamilie. Es behält Bindungen an seine Familie selbst dann, wenn diese ihm ›böse mitgespielt‹ hat« (DLT 1986, 15).

Aus der Verleugnung und Bagatellisierung von Vernachlässigung und Mißhandlung und deren Folgen für die Persönlichkeitsentwicklung (vgl. Zenz 1979) folgt unmittelbar, so wie es auch für die mißhandelnden Eltern typisch ist, die Unfähigkeit der Einfühlung, der Empathie für das Kind: Die traumatischen Erfahrungen werden nicht ernst genommen, die Todes- und Vernichtungsdrohungen (vgl. Mitscherlich 1960), denen ein Kind ausgesetzt wird, wenn die Eltern es halb verhungern lassen, es prügeln und ihm die Knochen brechen, es sexuell mißbrauchen und drohen, es totzuschlagen, wenn es etwas davon sagt, solche existentiellen Bedrohungen werden in zynischer Weise verharmlost, wenn man davon spricht, daß dem Kind »böse mitgespielt« worden sei, weil es keinen Grund für eine Trennung und Distanzierung des Kindes von seiner Herkunftsfamilie geben darf. Und folglich heißt es in den Empfehlungen des DLT: »Die Pflegefamilie soll gleichzeitig Heimunterbringung vermeiden und Reintegration in die Herkunftsfamilie ermöglichen« (ebd., 19).

Die Inpflegegabe zur Vermeidung einer Heimunterbringung dient sicher der Kosteneinsparung, nimmt aber auf die Bedürfnisse eines Kindes keine Rücksicht. Gerade das Kind, das Eltern als überwältigend und rücksichtslos erfahren hat, braucht, wenn man ihm helfen will, die traumatischen, an Eltern gebundenen Erfahrungen zu verarbeiten, zunächst eine Lebenssituation, in der es nicht erneut von Eltern abhängig ist. Die Heimgruppe, der alle Strukturelemente der Familie fehlen, ermöglicht dem Kind wechselnde und flüchtige, aber vor allem angstfreie Beziehungen, die es erst einmal braucht, um Distanz zu gewinnen und neue Beziehungsmöglichkeiten für die Verarbeitung seiner Erfahrungen nutzen zu können.

Die Unterbringung eines Kindes in einer Pflegefamilie mit dem Anspruch, daß es jederzeit, wenn sich die Familienverhältnisse der Herkunftsfamilie »stabilisiert« haben (als seien solche Familienverhältnisse labil, das Gegenteil ist richtig, sie sind ausgesprochen starr und deswegen kaum veränderbar), wieder zu den leiblichen Eltern zurückkehren soll, hat zwei weitreichende Folgen:

- Das, was das Kind bei seinen Eltern erlebt hat, von denen es ja abhängig bleibt, muß weiter verleugnet und verdrängt werden. Eine Klärung und realistische Auseinandersetzung mit dem, was es erlebt hat, wird dann verhindert, und das Erleben des Kindes bleibt durch Angst und ohnmächtige Wut bestimmt, die es aber nicht wahrnehmen und nicht gegen diejenigen richten darf, denen sie gelten.
- Das Kind kann keine neuen, befriedigenden Eltern-Kind-Beziehungen entwickeln, weil es die neuen Ersatzeltern nicht als beschützende Elternobjekte wahrnehmen darf, die das Kind vor dem übermächtigen Einfluß der Eltern bewahren können, sondern sie als Verbündete der Angstobjekte erleben muß.

Doch ohne Berücksichtigung dieser Zusammenhänge setzt man nach der DJI-Studie auf Rückgliederung. Dabei hat man nicht einmal den Versuch gemacht, die Frage zu untersuchen und zu klären, was geschieht und welche Folgen entstehen, wenn ein Kind, dessen Eltern nicht in der Lage waren, es verläßlich zu versorgen, oder wenn ein Kind, das zu Ersatzeltern psychologische Eltern-Kind-Beziehungen entwickelt hat, wieder in seine Herkunftsfamilie zurückkehrt. In keinem Fall hat man das Schicksal zurückgegliederter Kinder untersucht. Gerade zurückgegliederte Kinder sind in hohem Maße mißhandlungsgefährdet, weil ein Kind, das über keine angstfreien Eltern-Kind-Beziehungen verfügt oder dem die leiblichen Eltern den Verlust seiner Liebesobjekte zugemutet haben, den Erwartungen der leiblichen Eltern nicht entsprechen kann (Zenz 1979, 205). Selbst diese Tatsache wird nicht zum Anlaß genommen, die Frage der Rückgliederung zu untersuchen.

Ebenso wissen auch die Berliner und Gütersloher Kinderschutzzentren, die auf die Rückgliederung mißhandelter Kinder den größten Wert legen, nicht, wovon sie reden. Sie wissen nicht, was sie tun, und sie wollen es wohl auch nicht wissen. In dem mit 4,5 Millionen DM geförderten Kinderschutzprojekt wird schließlich die Frage der Rückgliederung auf ganzen drei von insgesamt 448 Seiten abgehandelt und mit einem Mangel an Zeit und Geld entschuldigt (Beiderwieden/Windaus/Wolff 1986).

Wir haben nicht nur mit zurückgegliederten Kindern therapeutisch gearbeitet, die nach der Rückgliederung schwer mißhandelt wurden, sondern haben bei der Untersuchung von Eltern, die in ihrer Erziehungsfähigkeit weitreichend eingeschränkt sind, oft feststellen müssen, daß viele von ihnen in ihrer Kindheit selbst »zurückgegliederte« Kinder waren.

5. Besuchskontakte

Wenn nach dem DJI-Konzept die Inpflegegabe »grundsätzlich« der Rückgliederung des Kindes in seine Herkunftsfamilie dienen soll, ist es auch folgerichtig – aber ebenso unrealistisch –, daß Pflegeeltern mit den Herkunftseltern »partnerschaftlich zusammenarbeiten ..., Besuchskontakte zulassen, Loyalitätskonflikte des Kindes vermeiden helfen, die ergänzende Elternfunktion annehmen und dem Kind Anspruch auf seine Identität zubilligen« (DLT 1986, 27). Die Aufrechterhaltung der Beziehungen zu den leiblichen Eltern auch dann zu fordern, wenn die Beziehungen höchst unbefriedigend und angstbesetzt sind, entspricht dem Interesse der leiblichen Eltern, die ja viele Gründe dafür haben, an der Illusion befriedigender Eltern-Kind-Beziehungen festzuhalten.

Denn die Eltern suchen zu verleugnen, daß sie nicht in der Lage waren, befriedigende Eltern-Kind-Beziehungen herzustellen und sich in die verändernden Bedürfnisse eines Kindes einzufühlen, weil sie an den selbst erlittenen Sozialisationserfahrungen und Erziehungsstrategien festzuhalten gezwungen waren. Ihren Verleugnungsstrategien und ihrem illusorischen Wunschdenken kommt man entgegen, wenn man behauptet: »Vernachlässigte und mißhandelte Kinder bleiben in ihren Gefühlen ihren Eltern gegenüber ambivalent, d.h. sie bringen ihnen auch Zuneigung entgegen« (ebd., 16).

Aber die Verfasser solcher Sätze haben es wohl noch nie mit einem mißhandelten Kind zu tun gehabt, oder sie gehen mit der Vernachlässigung und Mißhandlung ebenso verleugnend um wie die mißhandelnden Eltern. Die scheinbare Zuneigung oder »Liebe« des mißhandelten Kindes zu seinen Eltern, mit der die Aufrechterhaltung der Beziehungen gerechtfertigt werden soll, ist bei näherem Hinsehen nichts anderes als die Überanpassung an die Wünsche der Eltern, die Aufrechterhaltung einer wut- und angstabwehrenden Angstbindung des Kindes an die überwältigenden Eltern (Ferenczi 1932; A. Freud 1936). Das Kind wird durch Angst an die Eltern gebunden. Die angstabwehrende Identifikation mit dem Aggressor, die seine Identität bestimmt, bleibt aufrechterhalten. Aber das Kind kann Angst und Ohnmachtsgefühle, Wut und Haß gegenüber den überwältigenden Eltern nicht mehr wahrnehmen. Die Folge ist, daß es, selbst wütend und aggressiv oder vollkommen übergefügig, sich selbst als böses, wertloses Wesen begreift, d.h. eine narzißtische Persönlichkeitsstörung mit weitreichenden negativen Folgen für das eigene Selbstwertgefühl und seine Selbstachtung, Beziehungs- und Lernfähigkeit entwickelt. Das so durch die Identifikation mit dem Aggressor an die Eltern gebundene Kind übernimmt nicht nur Schuld und Verantwortung für die Vernachlässigung und Mißhandlung, sondern bleibt seinen Eltern verpflichtet. Daraus resultiert zwangsläufig eine pathologische psychische Entwicklung, wenn man das Kind nicht aus dieser Verpflichtung befreit, indem man ihm erlaubt, neue Eltern-Kind-Beziehungen zu entwickeln.

Man verweigert einem Kind aber jegliche Chance einer Korrektur seiner Entwicklung, wenn die Beziehungen zu den Herkunftseltern aufrechterhalten werden. Man verweigert ihm das Recht, ein gesunder Mensch werden zu können. Deswegen muß man dafür sorgen, daß das Kind vor den Beziehungsansprüchen seiner Herkunftseltern geschützt wird und ihm eine kritische Distanzierung zu ihnen ermöglicht wird.

6. Pflegeelternauswahl

Nach den Vorstellungen des DJI sollen Pflegeeltern »Beziehungen aufbauen zu eben denen, die das abweichende Verhalten des Kindes verursacht haben, nämlich zu den leiblichen Eltern« (DLT 1986, 20). Um diese Aufgabe als Ergänzungsfamilie zu erfüllen, wird ihnen eingeredet: »Jede Familie hat ihre Stärken und Schwächen« (ebd., 20). Daß eine Familie, in der ein Vater jahrelang seine Frau und Kinder verdrischt, die Mutter aber alle Probleme verleugnet und folglich weder sich selbst schützen kann, indem sie z.B. den gewalttätigen Mann verläßt, noch die Kinder vor mörderischer Wut bewahren kann, daß eine solche Familie Stärke haben soll, entspringt reinem Wunschdenken – der Idealisierung von Familie.

Wenn die Familie idealisiert wird, ist es auch nur folgerichtig, den Pflegeeltern die Aufgabe zuzuweisen, mit den leiblichen Eltern partnerschaftlich zusammenzuarbeiten, sich kennenzulernen und Beziehungen zu entwickeln, Gespräche mit dem »Gesamtsystem Herkunftsfamilie/Pflegefamilie zu führen« (ebd., 31) und »die Lebensansichten der Herkunftsfamilie zu tolerieren« (ebd., 27). Was wären das für Pflegeeltern, die »die Lebensansichten« von Eltern tolerieren, die ihre Kinder grün und blau schlagen, die sie tagelang einsperren oder sexuell mißbrauchen? Dann könnten sie auch sagen: Soll doch das Kind bei seinen leiblichen Eltern bleiben. Es wird vielleicht ein seelischer Krüppel werden, aber diese Eltern sind eben die Eltern des Kindes: Das ist das Schicksal des Kindes, solche Eltern zu haben.

Wenn man Pflegeeltern sucht, die nicht nur einem Kind helfen wollen, die Sozialisationsdefizite und daraus resultierenden Persönlichkeitsstörungen zu korrigieren, sondern die gleichzeitig eine helfende, therapeutische Beziehung zu den leiblichen Eltern entwickeln sollen, so daß diese wieder in die Lage versetzt werden, »in jeder Phase des Pflegeverhältnisses« (ebd., 36) wieder die Elternfunktionen zu übernehmen, dann wird man einsichtige, vernünftige Pflegeeltern gar nicht finden. Man wird nur noch Pflegeeltern finden, die es ja auch gibt, die sich in ihren Fähigkeiten maßlos überschätzen, die Opfer ihrer Größenphantasien werden. Nach unseren Vorstellungen und Erfahrungen über elterliche Kompetenz würden wir solche Pflegeeltern wegen ihres mangelnden Realitätssinns als für die Sozialisationsarbeit ungeeignete Pflegeeltern ansehen. Kritische, verantwortliche Leute, die das Interesse haben, einen Beitrag dazu zu leisten, daß die nachfolgende Generation mit weniger Defiziten als die gegenwärtige belastet ihr Leben meistern kann, wird man gerade für die Aufgabe als Pflegeeltern nicht gewinnen können.

7. Scheidung und Neuanfang

Nach dem DJI-Konzept geht man grundsätzlich davon aus, daß das Kind – wie ein Stück Holz – zu seinen Eltern gehört, über das sie verfügen dürfen. Aber das Kind gehört nicht den Eltern, sondern einzig und allein sich selbst. Dieses elementare Recht, daß kein Mensch einem anderen gehört, wird nicht anerkannt, wenn das Kind durch seine Unterbringung in einer »Ergänzungsfamilie« instrumentalisiert wird, wenn es zu einem Instrument gemacht wird, mit dem erziehungsunfähigen Eltern geholfen werden soll, Sozialisations- und Erziehungsfunktionen für das Kind wahrzunehmen.

Keinem Erwachsenen würde man zumuten, was nach dem DJI-Konzept Kindern zugemutet wird, daß auch vollständig einseitige, egozentrische Beziehungswünsche des Mächtigeren unterstützt werden und Beziehungen, die gegen das elementare Lebensinteresse eines Partners gerichtet sind, aufrechterhalten werden sollen. Jeder Erwachsene hätte die Möglichkeit und das Recht, sich von einem Partner zu trennen, der brutal und rücksichtslos ist. Keine Institution zwingt Erwachsene zur Aufrechterhaltung von Beziehungen, die jeden Sinn verloren haben. Bei Kindern sollen offenbar andere psychologische Gesetze gelten, wenn Kinder dazu verpflichtet werden, an Beziehungen festzuhalten, die nur Schaden anrichten und niemandem nützen, weder dem Kind noch den Eltern. Die Aufrechterhaltung pathologischer Beziehungen dient nur dazu, die Realität gescheiterter Eltern-Kind-Beziehungen zu verleugnen, um so an einem illusionären Wunschbild von heilen Familienbeziehungen festhalten zu können.

Aber so, wie man schließlich doch gelernt hat, das Scheitern von Ehebeziehungen anzuerkennen, die Zerrüttung einer Ehe zu respektieren, die die Trennung und Scheidung der Partner rechtfertigt, wird man auch lernen müssen, daß dieses Zerrüttungsprinzip in gleicher Weise auch für Eltern-Kind-Beziehungen gelten sollte. Ebenso wie Ehebeziehungen können Eltern-Kind-Beziehungen zerrüttet sein und eine Trennung und Scheidung notwendig machen.

Von seiten der Eltern ist ein faktisches Eltern-Kind-Scheidungsrecht längst verwirklicht. Ohne Nachteile in Kauf nehmen zu müssen, können sie sich von ihren Kindern trennen. Aber dieses Recht sollte nicht nur für Eltern, sondern auch für Kinder gelten.

Wenn ein sechsjähriger Junge nach einer Rückführung viermal von zu Hause wegläuft, weil er von der Mutter verdroschen wird, aber dreimal wieder vom Heim zur leiblichen Mutter zurückgebracht wird, bis er beim vierten Mal verständnisvolle Polizisten trifft, die den herumstreunenden Jungen aufgreifen, wird deutlich, daß gegenüber Menschen, die noch Kinder sind, Respekt eine seltene Tugend, die Familienideologie aber alltäglich ist.

Die Trennung und Scheidung des Kindes von seinen Eltern, die Ablösung aus verpflichtenden, lähmenden Angstbindungen ist eine Voraussetzung dafür, daß das Recht des Kindes auf einen Neuanfang in neuen Eltern-Kind-Beziehungen überhaupt verwirklicht werden kann.

Kapitel 2: Die Ausbeutung kindlicher Abhängigkeit*

1. Gewöhnliche Fälle

Beispiel 1: Manuel, zehn Jahre alt, hat bis zum achten Lebensjahr bei seinen leiblichen Eltern gelebt. Dann brachte der Vater, ein eher aggressiv gehemmt und überangepaßt wirkender Mann, die Mutter um. Er kam ins Gefängnis, Manuel in die Kinderpsychiatrie und von dort in eine Pflegefamilie.

Manuel ist ein liebes, freundliches Kind, das keinerlei Aggressionen und Widerstände zeigt und keine ausgeprägten Ängste zu haben scheint. Er scheint in seinen intellektuellen Fähigkeiten sehr eingeschränkt und besucht eine Sonderschule. Er weiß, daß sein Vater seine Mutter umgebracht hat. Er spricht jedoch nie darüber, auch nicht über seine ersten acht Jahre in der Ursprungsfamilie, auch nicht über seine Mutter.

Manuel besucht den Vater im Gefängnis. Er ist sehr besorgt um ihn, will ihm helfen und ihn trösten. Und später, wenn er groß ist, wenn sein Vater aus dem Gefängnis entlassen ist, dann will er wieder mit ihm zusammenleben und dafür sorgen, daß nicht noch einmal ein Mord geschieht. Denn Manuel fühlt sich am Tod seiner Mutter schuldig, weil er glaubt, er hätte sie beschützen müssen. Alle sind gerührt. Alle haben Mitleid mit dem Vater. Alle unterstützen die Helferrolle des Kindes für den Vater und die Aufrechterhaltung einer guten Beziehung zu ihm. Warum aber fällt es dagegen so schwer, Einfühlung in das Kind zu entwickeln?

Niemand läßt sich auf die Realität ein, daß der Mord natürlich nicht ein einmaliges Ereignis aggressiver Durchbrüche des Vaters war, daß das Kind den narzißtisch höchst kränkbaren Vater auch zuvor schon vielfach unkontrolliert aggressiv und drohend erlebt hat, auch gegen das Kind selbst. Niemand denkt darüber nach, daß das Kind tatsächlich panische Ängste vor seinem Vater haben muß und auch schreckliche Wut und Aggression gegen ihn. Niemand sieht, daß das Kind, solange es abhängig vom Vater bleibt, diese Gefühle und Affekte und die Erinnerung an all die Kränkungen und Bedrohungen nicht zulassen darf und verarbeiten kann. Niemand sieht die Depression des Kindes. Niemand ahnt, daß das Kind tatsächlich nicht geistig behindert ist, sondern unter Denkverboten steht und so durch die Notwendigkeit, vieles zu verdrängen, in seinen Ich-Fähigkeiten und seinen Gefühlen weitreichend beeinträchtigt ist.

Beispiel 2: Silke, vier Jahre alt, ist im Alter von neun Monaten in einer akuten Krisensituation vorübergehend in eine Pflegefamilie aufgenommen worden. Aus der »kurzfristigen« Unterbringung wurden fast zwei Jahre, in denen sie sich an die Pflege-

* *Nienstedt, M./Westermann, A.:* Vortrag auf der Fachtagung des Bundesverbandes der Pflege- und Adoptiveltern e.V., München 1988

eltern als psychologische Eltern band und sich in allen Bereichen positiv entwickelte. Zur leiblichen Mutter fanden trotz des zunehmenden Widerstandes des Kindes regelmäßige Besuchskontakte statt.

Als sich die Situation der leiblichen Mutter hinreichend stabilisiert hat, wird das Kind auch mit der Empfehlung eines psychologischen Sachverständigen zur Mutter zurückgegliedert. Der Sachverständige meint wie der Richter, daß sich das Kind schon umgewöhnen werde. Aber das Kind gewöhnt sich nicht um. Zwei Jahre lang hält es seinen stummen Protest aufrecht, lehnt die leibliche Mutter ab, reagiert mit vielfältigen Symptomen und einer ausgeprägten Depression.

Wie um alles in der Welt ist es zu verstehen, daß sich auch die Helfer und Berater in diesem Fall von dem kindlich-zähen Wunsch der Mutter, in jedem Fall das Kind behalten zu wollen, mehr beeindrucken lassen als von den traurig vorwurfsvollen, mißtrauischen Blicken und dem offenkundigen Elend des Kindes, daß sie sich mit der Mutter identifizieren, sich in ihre Wünsche einfühlen, nicht aber in die des Kindes?

Beispiel 3: Heike, fünf Jahre alt, hat mehr als die Hälfte ihres bisherigen Lebens in Kliniken verbracht: Zwölfmal wurde sie mit Knochenbrüchen, Hämatomen, Verbrennungen und Vernachlässigungssymptomen ins Krankenhaus gebracht, wo sie jeweils aufblühte und sich rasch körperlich und psychisch erholte. Elfmal wurde sie den Eltern zurückgegeben, um schon nach kurzer Zeit in erneut desolatem und verletztem Zustand wieder aufgenommen zu werden.

Drei Ermittlungsverfahren wegen Kindesmißhandlung wurden eingestellt, weil man den verleugnenden Erklärungen der Eltern glaubte bzw. weil ihnen eine Mißhandlung im strafrechtlichen Sinne nicht eindeutig nachgewiesen werden konnte. Auch Ärzte trugen zu dem langen Leidensweg des Kindes bei, indem sie sich ebenfalls verleugnend und bagatellisierend verhielten oder mit der auch die typischen psychischen Auffälligkeiten des Kindes ignorierenden Theorie einer möglichen Glasknochenkrankheit die Eltern entlasteten und den richtigen Verdacht anderer Kollegen in Frage stellten.

Erst als das Kind fünf Jahre alt ist, schlägt die Mutter so kräftig zu, daß am Tatbestand der Mißhandlung niemand mehr vorbeisehen kann. Auch wenn selbst jetzt ein Verfahren nicht eingeleitet wird, weil (zum damaligen Zeitpunkt) nicht zu klären ist, welches der Familienmitglieder, die alle wiederum die Mißhandlung verleugnen, der Täter ist, wird den Eltern nun doch das Sorgerecht entzogen. Das Kind wird zunächst im Heim, dann in einer Pflegefamilie untergebracht, in deren Schutz es dann endlich sagen kann: »Meine böse Mama hat mich totgemacht.«

2. Respekt

Zu uns kam eines Tages ein kleiner, hungriger, etwa sechs Monate alter Kater: »Ein Fell, vier Beine, Kopf und Schwanz, ungefähr so groß.« Zuerst war er überangepaßt und etwas distanzlos. Nachdem wir ein Kratzbrett gekauft hatten, reagierte er mit panischer Angst, aus der wir schlossen (wie wir es bei mißhandelten Kindern auch tun), daß es ein getretenes und geschlagenes Tier ist. Es ist typisch für kleine Kater, wegzugehen, wenn sie schlecht behandelt werden, um sich ein neues Zuhause zu suchen.

Ich erzähle diese Geschichte, weil der Kater die bemerkenswerte Fähigkeit besitzt, die kein kleines Kind hat: Das Kind kann nicht, wenn es schlecht behandelt wird, einfach weglaufen und sich andere »Eltern« und ein neues Zuhause suchen, weil es allein nicht überleben könnte. Das kann erst das größere Kind oder der Jugendliche – und Tausende tun es. Wenn kleine, abhängige Kinder diese Fähigkeiten hätten, wären viele tausend Kleinkinder unterwegs, denn die Annahme, daß nur größere Kinder so schlecht behandelt werden, nicht aber Kleinkinder, ist durch nichts begründet.

Aber wenn es weglaufen könnte, würde man den Entschluß des Kindes respektieren? Nein, man würde es seinen Eltern zurückbringen und ihm sagen, daß es zu seinen Eltern gehört, als könnte ein Kind Gefahren nicht wahrnehmen und nicht wissen, was ihm schadet, und als wäre es nicht vernünftig und berechtigt, Schutz und Hilfe bei anderen als den Eltern zu suchen.

Die Idee einer »natürlichen« Eltern-Kind-Beziehung macht blind für die Realität des Kindes. Die Familienideologie führt dazu, daß die Individualität des Kindes nicht respektiert wird. Kinder werden geliebt und zugleich geschlagen. Und nur zu oft werden Schläge mit Liebe gerechtfertigt – nach dem bekannten Motto: »Wer sein Kind liebt, der züchtigt es.«

Wir gehören nicht zu denen, die meinen, daß man Kinder, weil sie Kinder sind, lieben müsse. Das ist eine unmäßige und unrealistische Forderung. »Kindlein, liebt euch«, zitiert Goethe das christliche Liebesgebot in einem Brief vom 7. November 1816 an Zelter und fährt dann mäßigend fort: »und wenn das nicht gehen will, so laßt wenigstens einander gelten« (Goethe 1948, 192). Darum geht es, daß Kinder, wie andere Menschen auch, geachtet und respektiert werden.

Was hindert viele von uns, entsprechend dem Artikel 1 des Grundgesetzes, Kinder zu achten, ihre Wünsche, Bedürfnisse und Ängste anzunehmen und zu respektieren? Dieser mangelnde Respekt Kindern gegenüber ist schon im Artikel 6 des Grundgesetzes, der die Familie, aber nicht das Kind schützt, verankert. Wenn die Familie, unabhängig davon, ob sie ihre Funktion für die Sozialisation erfüllt oder nicht, zu einem schützenswerten Wert hochstilisiert wird, wird das Kind selbst nicht geachtet. Solange Eltern erlaubt wird, ein Kind zu schlagen, versagt man ihm den Respekt, den jeder Erwachsene beansprucht.

3. Verleugnung und Ausbeutung

Jugendhilfe wird nach dem 7. Jugendbericht (1986) als familienunterstützende Hilfe verstanden. Die Bundesregierung stimmt ausdrücklich der Kommission des 7. Jugendberichtes zu, wenn diese als leitendes Prinzip der Jugendhilfe »die enge Verknüpfung von Eltern und Kindeswohl« (ebd., 111) postuliert: »Da es zum Wesen der Familie gehört, daß Erwachsene und junge Menschen wechselseitig aufeinander Einfluß nehmen und daß Einschränkungen dieser Gegenseitigkeit auch Einschränkungen der Entwicklungsmöglichkeiten zur Folge haben, läßt sich das Wohl der Kinder nicht ohne eine Entsprechung im Wohl der Eltern vorstellen, wie umgekehrt das Wohl der Eltern mit dem der Kinder verknüpft ist. Die Sachverständigenkommission sieht darin einen Leitgedanken für familienunterstützende Leistungen der Jugendhilfe« (ebd., 13).

Auf den ersten Blick scheint dieser Grundsatz folgerichtig und klar zu sein. Aber dieser familienorientierte Grundsatz läßt elementare Tatsachen außer acht, daß Kinder klein und Erwachsene groß sind, daß das hilfsbedürftige Kind auf Gedeih und Verderb auf Erwachsene angewiesen ist, während dies Erwachsene nicht sind.

Verleugnet wird die kindliche Abhängigkeit, und folglich kommt das Kind als eigenständiges Subjekt, dem die Sorge der Gesellschaft zu gelten hätte, gar nicht mehr vor. Es geht als Teil in der Familie unter. Darum wäre es nur folgerichtig, das Jugendwohlfahrtsgesetz in Familienwohlfahrtsgesetz, das Jugendamt in Familienamt umzubenennen. Das ist die schreckliche Seite der familiensystemischen Sicht. In einem Familiensystem ist es zwar grundsätzlich möglich, daß jedes Mitglied des Systems Einfluß auf jedes andere ausübt. Aber Eltern können sich diesem Einfluß entziehen: Sie sind – vielleicht mit Ausnahme im hohen Alter – nicht von ihren Kindern abhängig. Das Kind kann sich nicht, was auch immer der Erwachsene mit ihm tut, diesem Einfluß entziehen, mag er es vernachlässigen oder überwältigen, die kindliche Abhängigkeit ist elementar. Kein Erwachsener ist – von Alter und Krankheit abgesehen – von einem anderen Menschen so abhängig wie ein Kind von seinen Eltern. Der unterschiedliche Grad von Abhängigkeit und Unabhängigkeit, den Spitz (1976) als anaklitische und diatrophische Beziehung beschrieben hat, bestimmt das Verhältnis von Eltern und Kindern.

Wenn eine Politik betrieben wird, die das Kind, so wie es im 7. Jugendbericht zum Ausdruck kommt, als eigenständiges Subjekt gar nicht sieht, sondern als Teil der Familie unterordnet, und wenn dem Kindeswohl, das ja nur deswegen einen eigenen Rang beanspruchen kann, weil das Kind ohnmächtig und abhängig ist, kühn ein »Elternwohl« zur Seite gestellt wird, das Hilfe begründet und rechtfertigt, muß das Kindeswohl auf der Strecke bleiben.

Der Gesichtspunkt des Kindeswohls geht verloren, wenn der Unterschied zwischen Erwachsenen und Kindern, zwischen denen, die Macht und Einfluß besitzen, und denen, die hilfsbedürftig und ohnmächtig sind, wenn die kindliche Abhängigkeit verleugnet wird.

Das Ausmaß der Verleugnung kommt im 7. Jugendbericht unmittelbar zum Ausdruck: An keiner Stelle wird erwähnt und erörtert, daß Kinder von Eltern vernachlässigt, mißhandelt, sexuell mißbraucht werden, daß größere Kinder von zu Hause ausreißen, vor überwältigenden, versagenden Eltern fliehen, daß es Eltern gibt, die nicht in der Lage sind, Eltern zu sein, auch wenn sie den Anspruch haben, Eltern sein zu wollen. Das Pflegekind und die Pflegefamilie werden im Jugendbericht nicht einmal erwähnt. Die Verleugnung der kindlichen Abhängigkeit ist die Voraussetzung für die Ausbeutung der kindlichen Abhängigkeit – und damit für die Verletzung des Kindeswohls.

Sicher wird die kindliche Abhängigkeit nicht aus purer Willkür, aus Sorglosigkeit oder Unempfindlichkeit ausgebeutet, sondern aus Gründen, die im Eltern-Kind-Verhältnis selbst liegen. Denn die kindliche Abhängigkeit stellt ja auch die Unabhängigkeit des Erwachsenen in Frage, macht den Erwachsenen von den kindlichen Wünschen und Affekten abhängig, schränkt seine Autonomie ein. Aber Abhängigkeit ist für viele erwachsene Menschen mit Gefühlen von Ohnmacht, mit einer Herabsetzung des Selbstwertgefühls und folglich mit Wut und Aggression verbunden. Wer selbst Abhängigsein als Überwältigung und Kränkung erfahren hat, für den stellt die kindliche Abhängigkeit eine Bedrohung dar. Diese Bedrohung wird abgewehrt, indem das Kind beherrscht und überwältigt oder vernachlässigt und seiner Kindheit beraubt wird:

- Das Kind wird zum absoluten Gehorsam gezwungen, seine kindliche Autonomie zerstört, es wird zum Objekt ungezügelter elterlicher Wut und Aggression, es wird geschlagen, sexuell mißbraucht, mit Vernichtung bedroht. Aus der elterlichen Macht und Stärke, die das Kind zu seinem Schutz und zur Sicherung seiner vitalen Bedürfnisse braucht, wird Übermacht und willkürliche Herrschaft, der sich das Kind nur unterwerfen kann. Abhängigsein bedeutet dann für das Kind vollkommene Ohnmacht und Einflußlosigkeit, die es schließlich mit Wut und Aggression und phantastischen Größenphantasien beantworten muß.
- Oder das Kind wird, weil es die elterliche Unabhängigkeit gefährdet, für das Wohlergehen der Eltern verantwortlich gemacht und soll für sich selbst und die Eltern verantwortlich sorgen oder eine therapeutische Funktion für die Eltern erfüllen. So aber werden nicht die Generationsunterschiede gewahrt. Das Kind wird seiner eigenen Kindheit beraubt und schließlich zu einem elternunabhängigen Kind, das Abhängigkeit nicht als befriedigende Nähe erfährt.

Die extreme Abhängigkeit des Kindes von seinen Eltern kann nur ausgeglichen werden durch den Einfluß, den es auf seine Eltern ausüben darf. Darum müssen Eltern – und besonders Pflegeeltern – bereit und in der Lage sein, sich vom Kind an die Hand nehmen zu lassen, die kindlichen Wünsche und Bedürfnisse, aber auch Angst und Aggression annehmen zu können und sich durch diese steuern zu lassen. Da, wo dem Kind dieser Einfluß nicht zugestanden wird, wird die kindliche Abhängigkeit ausgebeutet.

4. Identifikation mit Eltern

Warum wird die kindliche Abhängigkeit und damit der Unterschied von Eltern und Kindern verleugnet? Von der Psychologie darf man zu Recht erwarten, daß sie etwas zur Erklärung und Aufklärung beitragen kann. Es gibt einen einfachen psychologischen Tatbestand, der erklären kann, warum wir so leicht blind werden für die Realität des Kindes, zu der ja auch die Verletzung des Kindeswohls gehört. Die Antwort lautet: aus Angst und Angstabwehr.

In der kleinen Politik der menschlichen Beziehungen geht es mit der Angst ebenso zu wie in der großen Politik: Angst wird abgewehrt durch Verleugnung, Verdrängung, Idealisierung usw. (vgl. A. Freud 1936). Die Folge ist, daß wir uns nicht realistisch erinnern können, wie es war, ein Kind zu sein.

Die Erwachsenen, die ihre Kindheit idealisieren, statt sich realistisch an Angst und Elend, an die eigene Ohnmacht und die Übermacht der Eltern zu erinnern, verstellen sich nur zu leicht den Blick für die Wirklichkeit. Wer alles vergessen hat, was er als Kind erlebt und erlitten hat, wird keinen Zugang zur Wirklichkeit seiner eigenen Geschichte und keinen Zugang zur Realität des Kindes finden. Um am idealisierten Bild der Eltern festhalten zu können, muß man verdrängen, was wirklich war. Dann mündet die Idealisierung der Eltern unmittelbar in die Selbstidealisierung als Eltern.

Der Wunsch von erwachsenen Menschen, selbst Eltern werden zu wollen, ist ein alter Kinderwunsch. Den geliebten oder gefürchteten, idealisierten Eltern zu gleichen, die aus der Sicht des Kindes alle Macht und jeglichen Einfluß haben, wünscht sich nicht erst der Erwachsene, sondern das Kind, das Vater-Mutter-Kind spielt. Es ist der Wunsch nach narzißtischer Anerkennung und Bestätigung, der wirklich nur in Erfüllung gehen kann, wenn das Kind schließlich als Erwachsener selbst zu einer Mutter oder einem Vater wird. Diese Orientierung an den eigenen Eltern ist auch dafür bestimmend, ob ein Mensch die Fähigkeit entwickelt, in befriedigender und verantwortlicher Weise die Elternrolle zu übernehmen oder nicht. Die Fähigkeit zum Elternsein wird in der eigenen Kindheit entwickelt oder durch Angst und Ohnmachtsgefühle zerstört. In jedem Fall bleibt das Elternsein mit dem Wunsch verbunden, vom Kind Anerkennung und Bewunderung und als Vater oder Mutter Bestätigung zu erfahren. Aber diese Bestätigung wird nur zu leicht durch das Kind in Frage gestellt und enttäuscht. Dann ist das Kind für die Eltern eine Gefahr für ihr idealisiertes Selbstverständnis. Diese Gefahr muß, wenn das idealisierte elterliche Selbstbild von den Eltern nicht kritisch in Frage gestellt werden kann, abgewehrt werden durch die Überbetonung kindlicher Unabhängigkeit (Vernachlässigung) oder Überbetonung kindlicher Abhängigkeit (Überwältigung). Eltern-Kind-Beziehungen werden zu Täter-Opfer-Beziehungen.

Verständnis für die Nöte des Kindes, Einfühlung in das Kind, die auf der Identifikation mit ihm beruht, wird bei vielen Erwachsenen durch die Identifikation mit ihren Eltern verhindert. Das hat seinen guten Grund: Er liegt in der Geschichte der Identifikation selbst. Angst und Ohnmachtsgefühle werden von frühester Kindheit an durch die Identifikation mit den mächtigen Eltern in Schach gehalten. Die Identifikation mit den Eltern ist zunächst die Identifikation mit dem Angreifer, dem Aggressor (Ferenczi 1932; A. Freud 1936). Das kleine Kind, das gerade über eigene Handlungspläne verfügt, wird zwangsläufig durch das immer wiederkehrende Nein seiner Mutter eingeschränkt und wirft ihr schließlich trotzend ihr Nein an den Kopf (Spitz o.J.). Es identifiziert sich mit ihr als Aggressor. Aber es kann sich aufgrund seiner Abhängigkeit nicht wirklich aggressiv von den Eltern distanzieren. Es braucht beide Eltern und muß sich doch gegenüber einem elterlichen Rivalen zur Wehr setzen, den es nicht verlieren darf. Darum identifiziert es sich mit diesem und borgt sich so seine Identität.

Beide Formen der Identifikation, die angstabwehrende (defensive) und die anlehnende (anaklitische) beruhen auf dem Verhältnis von Stärke und Schwäche, von Abhängigkeit und Unabhängigkeit und bewahren dieses Verhältnis. Die angstabwehrende Identifikation mit dem Aggressor und die Ohnmachtsgefühle abwehrende Identifikation mit dem Ideal sind für das Kind notwendig. Aber ihre Aufrechterhaltung bis ins Erwachsenenalter erlaubt keine kritische Sicht der eigenen Eltern und verhindert die Identifikation mit dem Kind. Darum identifiziert sich der Erwachsene mit Erwachsenen, also mit Eltern. Das hat jeder von frühester Kindheit an gelernt. Während die Identifikation mit den Eltern angstabwehrend ist, macht die Identifikation mit dem Kind Angst, weckt die frühen Ängste und Ohnmachtsgefühle, die nicht ausgehalten werden, wenn der Erwachsene nicht eine Versöhnung ermöglichende kritische Distanz zu den eigenen Eltern entwickelt hat. Dann wird die kindliche Abhängigkeit verleugnet.

5. Verleugnung elterlichen Versagens

Diese auf der Identifikation mit den Eltern beruhende Verleugnung kindlicher Abhängigkeit wird unübersehbar, wenn z.B. die Kindesmißhandlung von vielen Ärzten, Psychologen, Sozialarbeitern und Politikern in gleicher Weise wie von den mißhandelnden Eltern verleugnet wird.

Im 7. Jugendbericht wird so getan, als gäbe es dieses alles nicht, als gäbe es kein elterliches Versagen und folglich auch nicht eine Antwort auf dieses Versagen: nämlich die Pflegefamilie. Elterliches Versagen und die Mißhandlung von Kindern werden auch verleugnet, wenn Gudat (1987b) vom Deutschen Jugendinstitut auf unsere kritischen Einwände so antwortet: »Mißhandlung und sexueller Mißbrauch (im strafrechtlichen Sinne) spielen, das bestätigen auch Anfragen von mir an eine Reihe von Jugendämter, zahlenmäßig im Pflegekinderwesen keine besondere Rolle. Das wird auch durch die erhebliche Dunkelziffer in diesem Bereich kaum relativiert, da solche Tatbestände, wenn sie nicht bekannt werden, ja auch nicht zur Fremdplazierung führen. Die überflüssig polemischen Ausführungen von Westermann und Nienstedt (1987) sind deshalb in ihrer Grundannahme für weite Teile des Pflegekinderwesens ohne Belang« (ebd., 84).

So einfach ist das. Es ist natürlich naiv anzunehmen, Mißhandlungen durch eine Nachfrage in Jugendämtern ermitteln zu wollen; und ebenso töricht ist es, nur dann von Mißhandlungen zu sprechen, wenn es sich um strafrechtliche Tatbestände handelt, die oft erst dann beweisbar sind, wenn das Kind tot ist: »600–1000 Kinder werden Jahr für Jahr von ihren eigenen Eltern getötet. ... Jährlich werden über 30000 Kinder körperlich und seelisch mißhandelt« (Trube-Becker 1982, 7). Nach Trube-Becker »kommen maximal 5 v.H. aller Fälle von Kindesmißhandlung zur Anklage, nach neueren Schätzungen werden sogar nur 0,5 % strafrechtlich verfolgt« (ebd., 13). Gudat hält sich offenbar an das halbe Prozent.

Als Gutachter sind wir immer wieder mit Fällen konfrontiert, wo von Mißhandlung zunächst nicht die Rede ist, wo sich aber bei genauerer Untersuchung herausstellt, daß das Kind ein mißhandeltes, d.h. ein von den Eltern mit Vernichtung bedrohtes Kind ist.

Eltern-Kind-Beziehungen als Täter-Opfer-Beziehungen zu sehen widerspricht den kindlichen Idealisierungen der Eltern so elementar, daß sie verleugnet werden, bis schließlich sogar elterliches Versagen (wie im 7. Jugendbericht 1986) als unzulässige Stigmatisierung abgelehnt wird: »Wenn Familien Leistungen der Jugendhilfe gewährt werden, dann darf dies nicht einschließen, daß sie sich als grundsätzlich gestört, unfähig oder in anderer Weise abwertend kennzeichnen lassen müssen. Vielmehr darf kein Zweifel daran aufkommen, daß es durchaus zur Normalität des Lebens von Familien unserer Zeit gehört, bei unvermeidlichen Krisen und Belastungen Hilfe in Anspruch zu nehmen« (ebd., 52).

So reden auch viele der Erwachsenen, die wir in Gutachterfällen untersuchen. Wenn wir Eltern fragen, wie sie selbst groß geworden sind, wie sie von ihren Eltern erzogen wurden, lautet die Standardantwort: ganz normal, liebevoll und streng. Und dann erfahren wir, wie der Vater als Kind – auf eine Bank gebunden – von seinem Vater ausgepeitscht wurde, wie die Mutter als Kind vom Stiefvater über sieben Jahre lang sexuell mißbraucht wurde. Alles ganz normal? Normale Krisen und Belastungen der Familie? Wenn der Bundesminister feststellt: »Die Inanspruchnahme von Beratung und Hilfe darf nicht zum Anlaß genommen werden, die Familie negativ zu bewerten« (ebd., V), dann ist es auch nicht verwunderlich, daß der Blick für die Realität pathologisch verzerrt wird. In Jugendamtsberichten ist dann die Rede davon, daß ein Vater oder eine Mutter »dem Alkohol zuspricht«, wenn Alkoholismus gemeint ist. Nach dem 7. Jugendbericht gibt es keine Alkoholiker, keine verwahrlosten Erwachsenen, von frühester Kindheit an schwerstgestörte Menschen, die nicht Eltern sein können, sondern es gibt nur Menschen, die Hilfe in Anspruch nehmen und dazu ein gutes Recht haben. Recht so! Wer kann und will, mag da helfen, obwohl mit solchen Verleugnungsstrategien auch versagenden Eltern kaum zu helfen sein wird. Ein Alkoholiker kann nur geheilt werden, wenn er sagen kann: »Ich bin ein Alkoholiker.« Aber es müssen ja nicht die Kinder sein, die die Zeche zu zahlen haben. Wer das Versagen verleugnet, schadet dem Kind und schädigt die nachfolgende Generation.

Literaturverzeichnis

Adler, A.: Praxis und Theorie der Individualpsychologie. München 1920

Aichhorn, A.: Verwahrloste Jugend (1925). Bern 1974

Alpert, A.: A special therapeutic technique for prelatency children with history of deficiency of maternal care. In: Amer. J. Orthopsychiatry 33, Nr. 1, 1963

Ammon, G.: Kindesmißhandlung. München 1979

Arbeitsgruppe Tagesmütter: Das Modellprojekt Tagesmütter. Erfahrungen und Perspektiven. München 1977

Aries, P.: Geschichte der Kindheit. München 1975

Balint, M.: Die Urformen der Liebe und die Technik der Psychoanalyse. Frankfurt 1969

Balint, M.: Therapeutische Aspekte der Regression. Stuttgart 1970

Balint, M.: Die Urformen der Liebe und die Technik der Psychoanalyse. Reinbek 1973

Bateson, G. u.a.: Schizophrenie und Familie. Frankfurt 1969

Becker, R./Zons, R.: Gedanken über Objektbeziehungspsychologie. In: *Kutter, P. (Hg.):* Psychologie der zwischenmenschlichen Beziehungen. Psychoanalytische Beiträge zu einer Objektbeziehungs-Psychologie. Darmstadt 1982, 356–378

Beiderwieden, J./Windaus, E./Wolff, R.: Jenseits von Gewalt. Basel/Frankfurt 1986

Benedek, T.: The psychobiology of parenthood. In: *Arieti, S. (Hg.):* American Handbook of Psychiatry, 1. New York 1974, 482–495

Benn, G.: Der Ptolemäer (1947). In: *ders.:* Prosa und Autobiographie. Frankfurt 1984, 193–234

Bettelheim, B.: Liebe allein genügt nicht. Die Erziehung emotional gestörter Kinder (1950). Stuttgart 1971

Bettelheim, B.: Der Weg aus dem Labyrinth. Stuttgart 1975

Bettelheim, B.: Die Geburt des Selbst. The Empty Fortress. Erfolgreiche Therapie autistischer Kinder. München 1977a

Bettelheim, B.: Kinder brauchen Märchen. Stuttgart 1977b

Bielicki, I.: Dein Kind braucht Liebe. München 1971a

Bielicki, I.: Die Psychotherapie des Waisensyndroms bei kleinen Kindern. In: Psyche 25, 1971b, 57–73

Bilz, R.: Die Kuckucksterz. Eine anthropologische Studie. In: Viktor von Weizsäcker. Arzt im Irrsal der Zeit. *Hg. von Vogel, P.* Göttingen 1956, 96–119

Blandow, J.: Rollendiskrepanzen in der Pflegefamilie. München 1972

Blandow, J.: Evaluation des Dauerpflegekinderwesens. In: *Blandow, J./Frauenknecht, B.:* Dauerpflege, Adoption und Tagesbetreuung. Materialien zum fünften Jugendbericht. *Hg. vom Deutschen Jugendinstitut.* München 1980, 15–229

Blüml, H.: Beziehungen. In: PATEN. Mitteilungen der Vereinigung der Pflege- und Adoptiveltern im Lande Nordrhein-Westfalen e.V. 1985, 52–54

Bonhoeffer, M./Widemann, P. (Hg.): Kinder in Ersatzfamilien. Stuttgart 1974

Bowlby, J.: Mutterliebe und kindliche Entwicklung. München 1972

Bowlby, J.: Mütterliche Zuwendung und geistige Gesundheit. München 1973

Bowlby, J.: Trennung. Psychische Schäden als Folge der Trennung von Mutter und Kind. München 1976

Bowlby, J.: Das Glück und die Trauer. Herstellung und Lösung effektiver Bindungen. Stuttgart 1979

Davoren, E.: Die Rolle des Sozialarbeiters. In: *Helfer, R.E./Kempe C.H. (Hg.):* Das geschlagene Kind. Frankfurt 1978

Dericum, C.: Fritz und Flori. Tagebuch einer Adoption. München 1976

Deutsches Jugendinstitut (Hg.): Abschlußbericht der wissenschaftlichen Begleitung des Modellprojekts Beratung im Pflegekinderbereich. München 1985

Deutsches Jugendinstitut (Hg.): Handbuch Beratung im Pflegekinderbereich. München 1987

Deutscher Landkreistag (Hg.): Pflegekinder – Hinweise und Empfehlungen. Schriften des Deutschen Landkreistages. Bd. 32. Bonn 1986

Deykin, E. u.a.: The empty nest: Psychosocial aspects of conflicts between depressed women and their grown children. In: Amer. J. Psychiat. 122, 1966, 1422–1426

Dührssen, A.: Heimkinder und Pflegekinder in ihrer Entwicklung (1958). Göttingen 1974

Ebertz, B.: Adoption als Identitätsproblem. Freiburg 1987

Eicke, D.: Vom Einüben der Aggression. Arbeiten zur Psychoanalyse und zum Verständnis der Schizophrenie. München 1972

Erikson, E.: Identität und Lebenszyklus. Frankfurt 1973

Expertenanhörung des Jugendwohlfahrtsausschusses am 29. April 1987 zum Thema »Situation mißhandelter Kinder«. *Hg. vom Oberstadtdirektor der Stadt Münster.* Münster 1987

Fanshel, D./Shinn, E.B.: Children in foster care. New York 1978

Felgenhauer, U.: Chancen für die Identitätsentwicklung von Kindern zwischen biologischer Abstammung und Ersatzfamilie. In: PATEN. Mitteilungen der Vereinigung der Pflege- und Adoptiveltern im Lande Nordrhein-Westfalen e.V. 1985a, 28–32

Felgenhauer, U.: Inhaltliche Begründung und Grenzen des »Expertenauftrags« bei der vorbereitenden und begleitenden Beratung mit Pflege- und Adoptivfamilien. In: Mitteilungen des Vereins der Pflege- und Adoptiveltern Essen e.V. 1985b, 10

Ferenczi, S.: Sprachverwirrung zwischen den Erwachsenen und dem Kind (1932). In: *Masson, J.M.:* Was hat man dir, du armes Kind, getan? Sigmund Freuds Unterdrückung der Verführungstheorie. Hamburg 1984, 317–330

Fetscher, R.: Selbst und Identität. In: Psyche 37, 1983, 385–411

Feuerlein, W.: Psychologische Theorien von Sucht und Abhängigkeit. In: Die Psychologie des 20. Jahrhunderts X. *Hg. von Peters, U.H.* Zürich 1980, 841–848

Flitner, A. (Hg.): Das Kinderspiel. München 1973

Freud, A.: Das Ich und die Abwehrmechanismen (1936). In: Die Schriften der Anna Freud I. München 1980, 193–268

Freud, A.: Über Agieren (1968). Die Schriften der Anna Freud IX. München 1980, 2451–2465

Freud, A./Burlingham, D.: Heimatlose Kinder (1934). Frankfurt 1971

Freud, S.: Zur Ätiologie der Hysterie (1896). GW I

Freud, S.: Der Familienroman der Neurotiker (1909). GW VII, 227–231

Freud, S.: Über einen besonderen Typus der Objektwahl beim Manne (1910). GW VIII

Freud, S.: Zur Dynamik der Übertragung (1912). GW VIII

Freud, S.: Erinnern, Wiederholen und Durcharbeiten (1914). GW X

Freud, S.: Triebe und Triebschicksale (1915a). GW X

Freud, S.: Trauer und Melancholie (1915b). GW X

Freud, S.: Vorlesungen zur Einführung in die Psychoanalyse (1917). GW XI

Freud, S.: Hemmung, Symptom und Angst (1926). GW XIV

Freud, S.: Konstruktion in der Analyse (1937). GW XVI

Fürstenau, P.: Soziologie der Kindheit. Heidelberg 1973

Furman, E.: Ein Kind verwaist. Untersuchungen über Elternverlust in der Kindheit. Stuttgart 1977

Gil, D.: Violence Against Children. Harvard 1973

Goethe, J.W.: Briefe. Gedenkausgabe Bd. 21. Stuttgart 1948

Goffmann, E.: Stigma. Über Techniken der Bewältigung beschädigter Identität. Frankfurt 1967

Goldstein, J./Freud, A./Solnit, A.J.: Jenseits des Kindeswohls. Frankfurt 1974

Grütter, E.: Zur Theorie des Agierens. In: Psyche 22, 1968, 582–603

Grunberger, B.: Überlegungen zur Oralität und zur oralen Objektbeziehung. In: *Kutter, P. (Hg.):* Psychologie der zwischenmenschlichen Beziehungen. Psychoanalytische Beiträge zu einer Objektbeziehungs-Psychologie. Darmstadt 1982, 105–131

Gudat, U.: Kinder bei der Tagesmutter: Frühkindliche Fremdbetreuung und sozial-emotionale Entwicklung. München 1982

Gudat, U.: Entwicklungspsychologie der Eltern-Kind-Beziehung: Bindung. In: *Deutsches Jugendinstitut (Hg.):* Handbuch Beratung im Pflegekinderbereich. München 1987a, 23–37

Gudat, U.: Das Pflegekind und seine Bindungen. Referat beim »2. Tag des Kindeswohls«. Kassel 1987b

Gudat, U.: Systemische Sicht von Pflegeverhältnissen – Ersatz- oder Ergänzungsfamilie? In: *Deutsches Jugendinstitut (Hg.):* Handbuch Beratung im Pflegekinderbereich. München 1987c, 38–59

Habermas, J.: Stichworte zur Theorie der Sozialisation. In: *ders.:* Kultur und Kritik. Frankfurt 1973, 118–194

Harlow, H.F.: The Nature of Love. In: Amer. Psychologist 13, 1958, 673–685

Hartmann, H./Kris, E./Loewenstein, R.M.: Anmerkungen zur Entwicklung der psychischen Struktur. In: *Kutter, P./Roskamp, H. (Hg.):* Psychologie des Ich. Psychoanalytische Ich-Psychologie und ihre Anwendungen. Darmstadt 1974, 105–140

Hassenstein, B.: Verhaltensbiologie des Kindes. München 1973

Heimann, P.: Bemerkungen zum Arbeitsbegriff in der Psychoanalyse. In: Psyche 20, 1966, 321–361

Heimann, P.: Bemerkungen zur analen Phase. In: Die Psychologie des 20. Jahrhunderts II. *Hg. von Eicke, D.* Zürich 1976, 594–607

Heinz, R.: Über Regression. In: Die Psychologie des 20. Jahrhunderts II. *Hg. von Eicke, D.* Zürich 1976, 493–498

Helfer, R.S./Kempe, C.H. (Hg.): Das geschlagene Kind. Frankfurt 1978

Henseler, H.: Die Theorie des Narzißmus. In: Die Psychologie des 20. Jahrhunderts II. *Hg. von Eicke, D.* Zürich 1976, 459–477

Hirsch, M.: Realer Inzest. Psychodynamik des sexuellen Mißbrauchs in der Familie. Berlin/Heidelberg 1987

Hoffmeister, M.: Michael Balints Beitrag zur Theorie und Technik der Psychoanalyse. In: Die Psychologie des 20. Jahrhunderts III. *Hg. von Eicke, D.* Zürich 1977, 250–300

Holzkamp-Osterkamp, U.: Grundlagen der psychologischen Motivationsforschung 1. Frankfurt 1975

Horn, K.: Dressur oder Erziehung. Schlagrituale und ihre gesellschaftliche Funktion. Frankfurt 1967

Houben, A.: Klinisch-psychologische Beratung. München 1975

Jacobson, E.: Das Selbst und die Welt der Objekte. Frankfurt 1973

Jugend in Nordrhein-Westfalen. 3. Jugendbericht des Landes NW. *Hg. vom Minister für Arbeit, Gesundheit und Soziales des Landes Nordrhein-Westfalen.* Düsseldorf 1979

Junker, R. u.a.: Pflegekinder in der Bundesrepublik Deutschland. Frankfurt 1978

Kadushin, A.: Adopting Older Children. New York/London 1970

Kempe, R.S./Kempe, C.H.: Kindesmißhandlung. Stuttgart 1980

Kernberg, O.F.: Borderline-Störungen und pathologischer Narzißmus. Frankfurt 1978

Kernberg, O.F.: Objektbeziehungen und Praxis der Psychoanalyse. Stuttgart 1981

Klußmann, R.W.: Das Kind im Rechtsstreit der Erwachsenen. München 1981

Klußmann, R.W.: Vortrag vor dem Jugendamt der Stadt Essen am 8. November 1986

Kohut, H.: Narzißmus. Eine Theorie der psychoanalytischen Behandlung narzißtischer Persönlichkeitsstörungen. Frankfurt 1973

Kökers, E.: Familienbeziehungen alter Menschen. In: *Lüschen, G./Lupri, P. (Hg.):* Soziologie der Familie. Opladen 1970, 508–527

Krappmann, L.: Soziologische Dimensionen der Identität. Stuttgart 1969

Krüger, B.: Timmi wird unser Sohn. Freiburg 1980

Krüll, M.: Freuds Absage an die Verführungstheorie im Lichte seiner eigenen Familiendynamik. In: Familiendynamik 3, 1978, 102–127

Kutter, P. (Hg.): Psychologie der zwischenmenschlichen Beziehungen. Psychoanalytische Beiträge zu einer Objektbeziehungs-Psychologie. Darmstadt 1982

Langmeier, J./Matejcek, Z.: Psychische Deprivation im Kindesalter. München 1977

Laplanche, J./Pontalis, J.-B.: Das Vokabular der Psychoanalyse. Frankfurt 1972

Laucken, U.: Naive Verhaltenstheorie. Stuttgart 1974

Lehr, U./Thomae, H.: Die Stellung des älteren Menschen in der Familie. In: *Lehr, U./Thomae, H. (Hg.):* Altern. Probleme und Tatsachen. Frankfurt 1968, 381–409

Leitner, U.: Großelternschaft und Alter. In: *Braun, H./Leitner, U. (Hg.):* Problem Familie – Familienprobleme. Frankfurt 1976

Lempp, R.: Die Ehescheidung und das Kind. München 1976

de Levita, D.J.: Der Begriff der Identität. Frankfurt 1971

Lewin, K.: Feldtheorie in den Sozialwissenschaften. Bern 1943

Lidz, Th.: Familie und psychosoziale Entwicklung. Stuttgart 1971

Lidz, Th.: Das menschliche Leben. Bd. 1. Frankfurt 1974

Lidz, Th. u.a.: Spaltung und Strukturverschiebung in der Ehe. In: *Bateson, G. u.a.:* Schizophrenie und Familie. Frankfurt 1969, 108–127

Liegle, L.: Familie und Kollektiv im Kibbuz. Weinheim 1971

Liegle, L.: Pflegeverhältnisse/Tagesmütter. In: Die Psychologie des 20. Jahrhunderts XI. *Hg. von Spiel, W.* Zürich 1980, 548–559

Lorenz, K.: Die angeborenen Formen möglicher Erfahrung. In: Zeitschrift für Tierpsychologie 5, 1943, 235–409

Lorenzer, A.: Sprachspiel und Interaktionsformen. Frankfurt 1977

Mahler, M. u.a.: Die psychische Geburt des Menschen. Symbiose und Individuation. Frankfurt 1980

Mannoni, O.: Itard und sein »Wilder«. In: *Malson, L. u.a.:* Die wilden Kinder. Frankfurt 1972, 221–245

Marberg, H.M.: Zum Problem der Verwöhnung in der Erziehung und Entwicklung des Kindes. In: Praxis der Kinderpsychologie und Kinderpsychiatrie 20, 1971, 97–102

Martin, H. (Hg.): The Abused Child. Cambridge/Massachusetts 1976

de Mause, L.: Hört ihr die Kinder weinen. Eine psychogenetische Geschichte der Kindheit. Frankfurt 1977

Megargee, E.I.: Persönlichkeitstypen mangelnder und übermässiger Selbstkontrolle bei extrem antisozialer Aggression. In: Aggression und Frustration als psychologisches Problem. Bd. 1. *Hg. von Kornadt, H.-J.* Darmstadt 1981, 466–505

Mester, H.: Psychiatrische Probleme der Elternschaft. In: Die Psychologie des 20. Jahrhunderts X. *Hg. von Peters, U.H.* Zürich 1980, 274–287

Metzger, W.: Frühkindlicher Trotz. Bern 1963

Miller, A.: Das Drama des begabten Kindes. Frankfurt 1979

Mitscherlich, A.: Der Reflex reicht nicht aus. Grundzüge einer Sozialpsychologie (1960). GS VII. Frankfurt 1983, 264–274

Mitscherlich, A.: Auf dem Weg zur vaterlosen Gesellschaft. München 1963

Mitscherlich, A.: Die Unwirtlichkeit unserer Städte. Anstiftung zum Unfrieden (1965). In: GS VII. Frankfurt 1983, 515–762

Mitscherlich, A./Mitscherlich, M.: Die Unfähigkeit zu trauern. München 1967

Mitterauer, M./Sieder, R.: Vom Patriarchat zur Partnerschaft. München 1977

Morris, M.G./Gould, R.W.: Role reversal: A concept in dealing with the neglected/battered child syndrome. In: *Child Welfare League of America:* The neglected-battered child syndrome. New York 1963, 29–49

Moser, U.: Die Entwicklung der Objektbesetzung. In: Psyche 21, 1967, 97–124

Muck, M.: Übertragung und Gegenübertragung. In: Die Psychologie des 20. Jahrhunderts III. *Hg. von Eicke, D.* Zürich 1977, 1109–1124

Müller-Braunschweig, H.: Die Wirkung der frühen Erfahrung. Das erste Lebensjahr und seine Bedeutung für die psychische Entwicklung. Stuttgart 1975

Muss, B.: Gestörte Sozialisation. Psychoanalytische Grundlagen therapeutischer Heimerziehung. München 1973

Napp-Peters, A.: Adoption – Das alleinstehende Kind und seine Familien. Neuwied 1978

Neraal, T./Scheer, J.W./Dierking, W.: Krankheitskonzepte von Eltern mit einem psychisch gestörten Kind. In: Familiendynamik 3, 1978, 317–332

Niederland, G.W.: Schrebers »angewunderte« Kindheitswelt. In: Psyche 23, 1969, 196–223

Nienstedt, M.: Psychologische Probleme der Eingliederung älterer Kinder in Ersatzfamilien. In: Mitteilungen des Landesjugendamtes. *Hg. vom Landschaftsverband Westfalen-Lippe,* Nr. 44, 1978, 55–60

Nienstedt, M./Westermann, A.: Ferienfortbildung für Pflege- und Adoptivfamilien. In: Mitteilungen des Landesjugendamtes. *Hg. vom Landschaftsverband Westfalen-Lippe,* Nr. 48, 1978, 42–50

Nienstedt, M./Westermann, A.: Neuorientierung in familialen Beziehungen bei der Eingliederung älterer Kinder in Ersatzfamilien. In: *Thomas, A./Brackhane, R. (Hg.):* Wahrnehmen – Urteilen – Handeln. Forschen im Spannungsfeld von Allgemeiner und Angewandter Psychologie. Bern 1980, 384–409

Nietzschmann, K./Riemann, E.: Heimkinder in Pflegestellen. In: Unsere Jugend 10, 1983, 417–422

Papousek, H./Papousek, M.: Die Mutter-Kind-Beziehung und die kognitive Bindung des Kindes. In: *Nissen, G./Strunk, P. (Hg.):* Seelische Fehlentwicklung im Kindesalter und Gesellschaftsstruktur. Neuwied 1974, 83–100

Paul, N.: Das Bedürfnis des Kindes, seine eigenen Wurzeln zu kennen. In: Familiendynamik 2, 1977, 159–165

Pearsons, G.H.: Handbuch der Kinder-Psychoanalyse. München 1972

Pelton, L.H.: Kindesmißhandlung und -vernachlässigung: der Mythos der Schichtunabhängigkeit. In: Familiendynamik 4, 1979, 303–317

Permin, H.: Rückführung von Pflegekindern in ihre Herkunftsfamilie. In: *Deutsches Jugendinstitut (Hg.):* Handbuch Beratung im Pflegekinderbereich. München 1987, 255–265

Petri, H./Lauterbach, M.: Gewalt in der Erziehung. Plädoyer zur Abschaffung der Pügelstrafe. Frankfurt 1975

Pfeiffer-Schramm, M.: Bedingungen von Adoptionsverläufen. In: Mitteilungen des Landesjugendamtes. *Hg. vom Landschaftsverband Westfalen-Lippe,* Nr. 60, 1981, 56–71

Plinke, R./Sell, I./Sell, H.: Erziehung in der Pflegefamilie. Stuttgart 1979

Pohlmeier, H.: Die psychoanalytische Theorie der Depression. In: Die Psychologie des 20. Jahrhunderts II. *Hg. von Eicke, D.* Zürich 1976, 675–696

Pörksen, N.: Über Krisenintervention. In: Psychotherapie und medizinische Psychologie 20, 1970, 85–95

Psychologie heute. Heft 3, 1982

Rappaport, E.A.: Das Großeltern-Syndrom. In: *Bonn, H./Rosmanith, K.:* Eltern-Kind-Beziehung. Darmstadt 1977, 337–356

Rauchfleisch, U.: Zum Agieren »dissozialer« Persönlichkeiten. In: Psyche 35, 1981, 527–543

Redl, F.: Erziehung schwieriger Kinder. München 1978

Redl, F./Wineman, D.: Kinder, die hassen (1951). München 1979

Richter, H.E.: Eltern, Kind und Neurose. Reinbek 1969

Richter, H.E.: Patient Familie. Reinbek 1970

Robertson, J./Robertson, J.: Reaktionen kleiner Kinder auf kurzfristige Trennung von der Mutter im Lichte neuer Beobachtungen. In: Psyche 29, 1975, 626–664

Rohde-Dachser, Ch.: Das Borderline-Syndrom. Bern/Stuttgart/Wien 1979

Roth, J.: Heimkinder. Ein Untersuchungsbericht über Säuglings- und Kinderheime in der Bundesrepublik. Köln 1973

Rummel, C.: Faktische Elternschaft – ein technokratischer Begriff. In: Neue Praxis 14, 1984, 235–250

Salgo, L.: Pflegekindschaft und Staatsintervention. Darmstadt 1987

Sandler, J.: Unbewußte Wünsche und menschliche Beziehungen. In: Psyche 36, 1982, 59–74

Sauer, M.: Heimerziehung und Familienprinzip. Neuwied 1979

Schaffer, H.R./Emerson, P.E.: The Development of Social Attachment in Infancy. In: Monogr. Soc. Rs. Child Dev. 29/3, 1964, 1–77

Schattner, H.: Von der Werbung von Pflegeeltern bis zur Vermittlung eines Pflegeverhältnisses. In: *Deutsches Jugendinstitut (Hg.):* Abschlußbericht der wissenschaftlichen Begleitung des Modellprojekts Beratung im Pflegekinderbereich. München 1985, 242–336

Schatzman, M.: Die Angst vor dem Vater. Langzeitwirkungen einer Erziehungsmethode/Eine Analyse am Fall Schreber. Reinbek 1973

Schmidt, M.: Zur Altersstruktur der Eltern kinderpsychiatrischer Patienten. In: *Nissen, G./Strunk, P. (Hg.):* Seelische Fehlentwicklung im Kindesalter und Gesellschaftsstruktur. Neuwied 1974, 71–82

Schnabel, R.: Von der Armenpflege bis zur Familienpflege heute. In: *Bonhoeffer, M./Widemann, P. (Hg.):* Kinder in Ersatzfamilien. Stuttgart 1974, 22–34

Schumann, M.: Herkunftseltern und Pflegeeltern: Konfliktfelder und Brücken zur Verständigung. In: *Deutsches Jugendinstitut (Hg.):* Handbuch Beratung im Pflegekinderbereich. München 1987, 60–99

Schwab, D./Zenz, G.: Soll die Rechtsstellung der Pflegekinder unter besonderer Berücksichtigung des Familien-, Sozial- und Jugendrechts neu geregelt werden? Gutachten A zum 54. Deutschen Juristentag. München 1982

Siebter Jugendbericht. Jugendhilfe und Familie. *Hg. vom Bundesminister für Jugend, Familie, Frauen und Gesundheit.* Bonn 1986

Spiel, G./Stachiv, A.: Aggressive kindliche Verhaltensstörungen. In: Die Psychologie des 20. Jahrhunderts XII. *Hg. von Spiel, W.* Zürich 1980, 535–560

Spiel, W.: Vom ersten bis zum fünften Lebensjahr. In: Die Psychologie des 20. Jahrhunderts XI. *Hg. von Spiel, W.* Zürich 1980, 93–125

Der Spiegel: Richter, L.: Die Kleinfamilie hat Tradition. Heft 28, 9. Juli 1984, 153

Spitz, R.: Nein und Ja. Die Ursprünge der menschlichen Kommunikation. Stuttgart o.J

Spitz, R.: Vom Säugling zum Kleinkind. Stuttgart 1967

Spitz, R.: Das Leben und der Dialog. In: Psyche 26, 1972, 249–264

Spitz, R.: Ein Nachtrag zum Problem des Autoerotismus. In: *ders.:* Vom Dialog. Studien über den Ursprung der menschlichen Kommunikation und ihrer Rolle in der Persönlichkeitsbildung. Stuttgart 1976, 27–65

Steele, B.F./Pollock, C.B.: Eine psychiatrische Untersuchung von Eltern, die Säuglinge und Kleinkinder mißhandelt haben. In: *Helfer, R.E./Kempe, C.H.:* Das geschlagene Kind. Frankfurt 1978, 161–243

Stern, Nr. 21, 1987, 207

Stern, D.: Mutter und Kind. Die erste Beziehung. Stuttgart 1979

Stierlin, H.: Eltern und Kinder im Prozeß der Ablösung. Frankfurt 1975

Stierlin, H.: Familientherapie von Adoleszenten. In: *Richter u.a. (Hg.):* Familie und seelische Krankheit. Reinbek 1976, 182–195

Stierlin, H.: Status der Gegenseitigkeit: die fünfte Perspektive des Heidelberger familiendynamischen Konzeptes. In: Familiendynamik 4, 1979, 106–116

Stork, J.: Die seelische Entwicklung des Kleinkindes aus psychoanalytischer Sicht. In: Die Psychologie des 20. Jahrhunderts II. *Hg. von Eicke, D.* Zürich 1976, 868–932

Thalmann, H.C.: Verhaltensstörungen bei Kindern im Grundschulalter. Stuttgart 1971

Thomas, A./Brackhane, R. (Hg.): Wahrnehmen – Urteilen – Handeln. Forschen im Spannungsfeld von Allgemeiner und Angewandter Psychologie. Bern/Stuttgart/Wien 1980

Toman, W.: Familienkonstellationen. München 1980

Trieschman, A.E.: Einzelphasen des typischen Trotzanfalls. In: *Trieschman, A.E./Whittaker, J.K./Brendtro, L.K.:* Erziehung im therapeutischen Milieu. Freiburg 1975, 190–217

Trube-Becker, E.: Gewalt gegen das Kind. Heidelberg 1982

Watzlawick, P./Beavin, I.H./Jackson, P.D.: Menschliche Kommunikation. Bern 1969

von Weizsäcker, V.: Anonyma. Berlin 1946

Willi, J.: Die Zweierbeziehung. Reinbek 1975

Winnicott, D.W.: Vom Spiel zur Kreativität. Stuttgart 1973

Winnicott, D.W.: Primäre Mütterlichkeit. In: *Kutter, P./Roskamp, H. (Hg.):* Psychologie des Ich. Psychoanalytische Ich-Psychologie und ihre Anwendungen. Darmstadt 1974, 231–238

Yarrow, L.J.: Trennung von den Eltern während der frühen Kindheit. In: *Bonn, H. (Hg.):* Eltern-Kind-Beziehung. Darmstadt 1977

Zenz, G.: Kindesmißhandlung und Kindesrechte. Frankfurt 1979

Zenz, G.: Soziale und psychologische Aspekte der Familienpflege und Konsequenzen für die Jugendhilfe. In: *Schwab, D./Zenz, G.:* Soll die Rechtsstellung der Pflegekinder unter besonderer Berücksichtigung des Familien-, Sozial- und Jugendrechts neu geregelt werden? Gutachten A zum 54. Deutschen Juristentag. München 1982, 9–61

Zulliger, H.: Heilende Kräfte im kindlichen Spiel. Frankfurt 1970

Zweiter Familienbericht. Hg. vom Bundesminister für Jugend, Familie und Gesundheit. Bonn/Bad Godesberg 1975

Namenverzeichnis

Stichwortverzeichnis